西方文化中的北京印象

吕 超 著

山東畫報出版社

图书在版编目（CIP）数据

西方文化中的北京印象 / 吕超著. —济南：山东画报出版社，2020.1

ISBN 978-7-5474-3298-3

Ⅰ.①西… Ⅱ.①吕… Ⅲ.①北京—地方史 Ⅳ.①K291

中国版本图书馆CIP数据核字（2019）第250184号

西方文化中的北京印象

吕超 著

责任编辑 韩 猛

封面设计 肃 甫

版式设计 邓慧蕾

出 版 人 李文波

主管单位 山东出版传媒股份有限公司

出版发行 山东画报出版社

社 址 济南市英雄山路189号B座 邮编 250002

电 话 总编室（0531）82098472

市场部（0531）82098479 82098476（传真）

网 址 http://www.hbcbs.com.cn

电子信箱 hbcb@sdpress.com.cn

印 刷 山东临沂新华印刷物流集团有限责任公司

规 格 160毫米×230毫米 1/16

23印张 276幅图 296千字

版 次 2020年1月第1版

印 次 2020年1月第1次印刷

印 数 1–3000

书 号 ISBN 978-7-5474-3298-3

定 价 68.00元

如有印装质量问题，请与出版社总编室联系更换。

建议图书分类：中西文化交流

目 录

Contents

绪 论

每一座城市都拥有众多颇具深意的多维度空间，为诸色“读者”提供多角度诠释的机会，在城市空间与人世百态之间建构出各种关联。同样，任何一座世界性的城市也都可以作为异域情调描写的对象，纵观人类文学历史，如古代的罗马，中世纪的耶路撒冷和近现代的巴黎、伦敦和纽约，世界文学中的相关作品可谓汗牛充栋[1]。就笔者目前所掌握的材料来看，关于城市的域外文学形象，研究个案做得较好的当推让·梅拉尔（Jean Méral）的《美国文学中的巴黎》[2]。众所周知，在某种意义上说，近代以来的巴黎已经成为许许多多知识分子所心向往之的耶路撒冷，成为他们设计、生产、制造和发布自己“时尚话语”的圣地。让·梅拉尔在该书中详细分析了美国作家笔下的巴黎是怎样从19世纪

[1] 譬如［法］夏多布里昂：《从巴黎到耶路撒冷》，曹德明等译，上海：上海人民出版社，2002年。

[2] Jean Méral, *Paris in American Literature*, translated by Laurette Long. Chapel Hill: University of North Carolina Press, 1989.

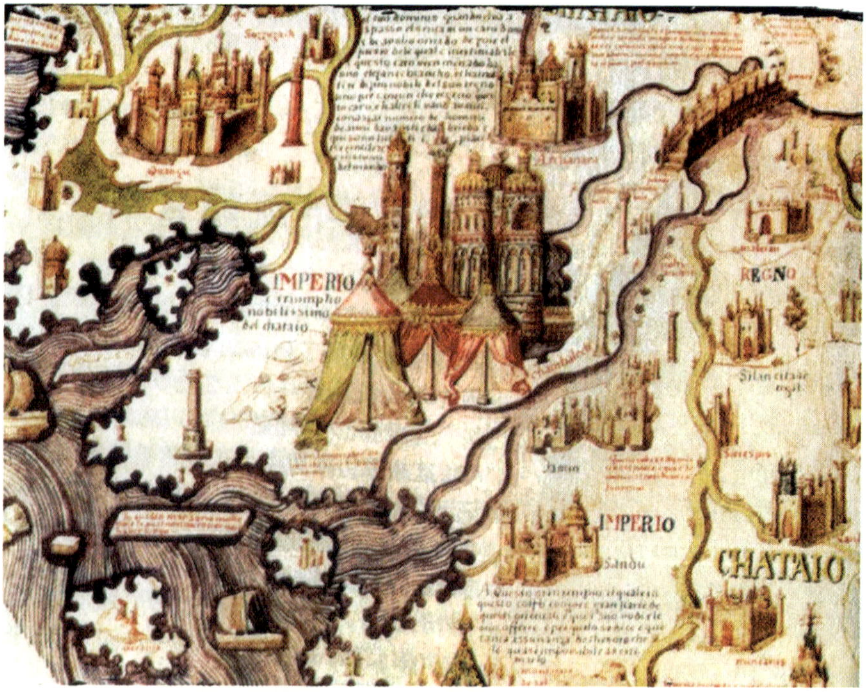

15 世纪《马可·波罗游记》抄本中的汗八里地图，地图中部是欧洲人想象的忽必烈宫殿，为哥特式城堡和蒙古包的混合体，该图参考了著名的“弗拉·毛罗地图”。

侦探小说中的神秘城市[1]过渡为一个衰败、堕落的都市（多斯·帕索斯、海明威），然后又过渡到一个内心经验之地（亨利·米勒、阿纳伊斯·宁），最终脱离了美国小说家们的兴趣范围。让·梅拉尔饶有兴趣地告诉我们：所谓“巴黎镜像”大都是美国式的想象，是美利坚民族“创作”的法兰西城市。

当然，中国也有这样的世界性城市，而历史底蕴最深厚的非北京莫属。目前从事中国域外形象研究的学者，多把中国作为一个整体来观照，其实，严格来说这是一种削足适履的研究方法。毕竟，中国的每一座城

[1] 如爱伦·坡的小说《莫格街凶杀案》(*The Murders in the Rue Morgue*)。

市在外国人眼中的形象都是不完全一样的，其中以北京最为特殊。如被阿根廷作家博尔赫斯誉为 20 世纪“最睿智作家”的法国人谢阁兰这样描写 1909 年的中国之旅：“我的行程先是经过香港，英国式的，不是我要找到的；然后是上海，美国味的；再就是顺着长江到汉口，以为可到了中国，但岸上的建筑仍然是早已眼熟的德国或英国或别的。最后我们上了开往北京的火车，坐了 30 个小时，才真正终于到了中国。北京才是中国，整个中华大地都凝聚在这里。”[1] 此外，日本作家芥川龙之介 1921 年来中国游历，到北京之前，他否决了所有途经的城市（上海、苏州、南京等），却对北京大加赞赏：“从南方来到北中国一看，我的眼界大开，所见之物都是大中国，那种在无言之中都好像在向你说明这就是数千年前就已文明了的中国的感觉，那确实是一股使人震撼的雄大的感觉。我想将来去统一的这大中国的都城一定还会是这北中国。我从南到北巡回旅行中国的过程中没有一个地方像北京这样使我喜欢的。正因为如此，在这里滞留了一个月之久，实在是让人心情愉快的好地方。登上城墙放眼望去，几座城门像是被那苍茫的白杨和洋槐的街道一点一点向内编织出来似的。在处处合欢开放着的花也是好的，特别是看到例如在城外广野上奔走的骆驼的样子等时，会从内心涌出一股难以名状的感觉。”[2]

北京当之无愧为世界上同时代城市规模最大、延续时间最长、布局最完整、建设最集中的封建都城。自北京建城至 19 世纪中叶[3]，除君士坦丁堡（今伊斯坦布尔）在 1650 年至 1700 年间一度领先外，北京一直是世界之最，代表着世界同时期城市建设的最高成就。数百年来，北京也是中外文化交流的中心城市之一，在融入域外文化的基础上孕育着博大精深的包容精神。诚如林语堂所言：“不管是中国人、日本人，或是欧洲人——只要他在北平住上一年以后，便不愿再到别的中国城市去住

[1] 华新民：《法国诗人和老北京》，载《人民日报》，2000 年 7 月 8 日。

[2] 天津《日华公论》1921 年 8 月号，第 87—88 页。

[3] 19 世纪后期，伦敦取代了北京的地位，成为世界上最大的城市。

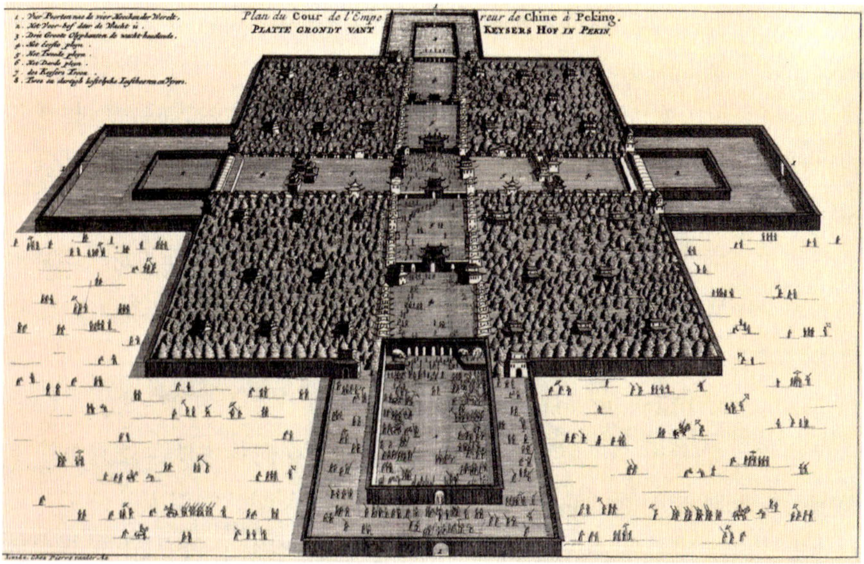

1655 年，荷兰东印度公司派特使约翰·纽霍夫（Johan Nieuhof）前往北京谒见顺治帝，旅途历时两年。1665 年，纽霍夫在阿姆斯特丹出版附有一百多幅插图的游记《从荷兰东印度公司派往鞑靼国谒见中国皇帝的外交使团》，该图为书中所画的北京：棋盘似的正方形格局，四边突出的建筑为外城（其实北京仅南面一处有外城），贯穿南北的中轴线清晰可见。

了。因为北平真可以说是世界上宝石城之一。除了巴黎和（传说）维也纳，世界上没有一个城市像北平一样的近于思想，注意自然、文化，娇媚和生活的方法。”[1] 林语堂并非信口开河，在北京建都以来的八百年间，无数外国人给予其很高的评价，不仅针对城墙、皇宫等建筑艺术，也包括那韵味悠长的京城文化。下面简单列举几例，以资证明。

中世纪意大利旅行家马可·波罗赞叹新建成的北京：“街道甚直，此端可见彼端，盖其布置，使此门可由街道远望彼门也。城中有壮丽宫殿，复有美丽邸舍甚多……全城中划地为方形，画线整齐。全城地面规划犹

[1] “Captive Peking”，*With Love and Irony*，New York:The John Day Company，1940，pp.54—62.

如棋盘。其美善之极，未可言宣。”[1]

16 世纪葡萄牙旅行家费尔南•门德斯•平托认为：“我们不能把北京想象成是罗马、威尼斯、巴黎、伦敦、塞维利亚、里斯本，或是欧洲众多名城中的任何一个，哪怕这个城市再有名、人口再多也不行……然而我敢断言，所有这些城市都无法与大北京最细微的东西相比，更难与北京各方面的宏大规模与气势相提并论，诸如雄伟壮观的建筑，用之不竭的财富，极其充沛的各种必需品，难以计数的人口、交易、船只、司法情况，国家的治理，宫廷的平稳等。”[2]

随八国联军游览紫禁城的法兰西院士洛蒂认为：“没有一座西方的都会有这样的设计，规划得如此恢宏且齐整；尤其是没有这样的主导思想——极力渲染仪仗的华美，烘托帝王驾临的威仪。”[3] 夕阳之下的紫禁城“在红彤彤的阳光照射下熠熠放光，呈现出我们从未领略过的华美”；“衬着远处永远漂浮着尘埃的灰蓝色的天际，简直像一座金的城市”。洛蒂觉得，与北京形成鲜明反差的是规划混乱的欧洲城市：“我们欧洲城市的鸟瞰图呈现的却是一个多么荒蛮的丑态——一堵堵丑陋的山墙，粗糙的瓦片；烟囱林立的肮脏的屋顶，此外还有纵横交错的黑压压的恐怖的电线网。”[4]

民国初年来华的瑞典汉学家喜仁龙，不仅迷恋北京的城墙和城门，更欣赏这座城市仙境般的环境：“如果你曾在北京城墙上度过秋季里风和日丽的一天，你绝不会忘记那绮丽的景色——明媚的阳光，清晰的万物，以及和谐交织起来的五彩斑斓的透明色彩……欣赏那目不暇接的奇妙景

---

[1] ［意］马可•波罗：《马可•波罗行纪》，冯承钧译，上海：上海书店出版社，2001 年，第 210—213 页。

[2] ［葡］平托等著：《葡萄牙人在华见闻录》，王锁英译，海口：海南出版社、三环出版社，1998 年，第 208—211 页。

[3] ［法］皮埃尔•洛蒂：《在北京最后的日子》，马利红译，上海：上海书店出版社，2006 年，第 136 页。

[4] ［法］皮埃尔•洛蒂：《在北京最后的日子》，马利红译，上海：上海书店出版社，2006 年，第 133—134 页。

纽霍夫笔下的北京城郭，融真实与想象为一体：远山碧树、阔城高塔，配以望不到边际的连绵城墙，给人以辽阔、恢宏之感。后世有不少仿作。

后世模仿纽霍夫的画作，从横版变为竖版，内容和色彩略有不同。

后世模仿纽霍夫的画作，1845 年，德国。

致：掩映在万绿丛中、黄色屋顶闪闪发光的故宫和庙宇，覆盖蓝色和绿色琉璃瓦的华美宅邸，带有前廊的朱红色房屋，半掩于百年古树下的灰色矮小平房，横跨有绮丽牌楼的商业繁庶的大街，以及一片片有牧童放羊的开阔场地——城内种种景象，无不尽收眼底。”[1]

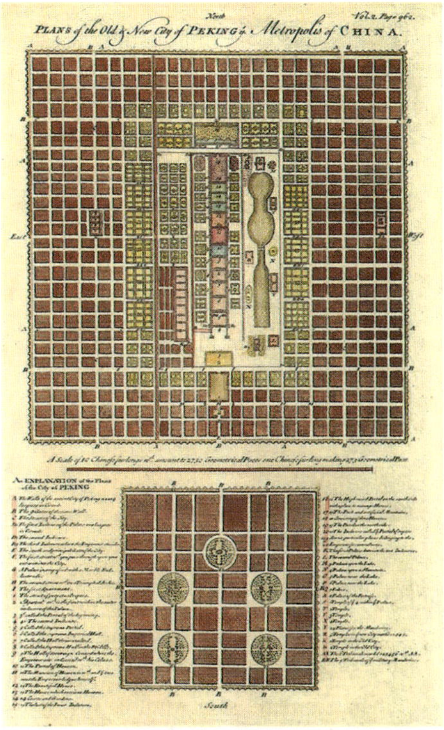

想象多于真实的“新旧北京设计图”（1744）。英国制图家伊曼纽尔·博文（Emanuel Bowen，约 1694—1767）为约翰·哈瑞斯（John Harris，约 1666—1719）的《航海和旅行记合集》（*Collection of Voyages and Travels*，1705）绘制的插图。

解放战争期间在北京求学的美国作家大卫·季德说：“我从来没有见过一个不热爱这个城市的人，即使不是一见钟情，过一个星期之后，他也会对这座古城怀有崇敬和爱慕之感。”“这座城市确实吸引着我们，我们住在古老的房子里，或徘徊在雪松树荫的庭院，或共同观赏月光和花园里的雪景。北平有一股力量，它能够触动、转变和更新所有居住在城墙内的人们。”[2]

中华人民共和国成立后，来北京作学术交流的日本早稻田大学教授竹中宪一写道：“漫步在北京街头，以帝都遗迹为背景的一幕幕历史剧便

[1] ［瑞典］奥斯伍尔德·喜仁龙：《北京的城墙和城门》，侯仁之译，北京：北京燕山出版社，1985 年，第 28 页。

[2] ［美］大卫·季德：《毛家湾遗梦：1949 年北京秘闻》，胡定译，北京：中华工商联合出版社，1996 年，序。

英国马戛尔尼使团画家威廉·亚历山大绘制的北京西直门，包括瓮城和护城河等。城门威严壮观，城楼高耸如宝塔，护城河上舟楫往来频繁。

1796 年出版的《马戛尔尼伯爵出使记》附录的版画。由雕刻师达德利（J. Dudley）仿照亚历山大水彩画雕刻，画面略有微调。

浮现在眼前。在另一方面还有与宫廷生活截然不同的生气勃勃的庶民文化。二者息息相通，浑然成为一体。这就是我所看到的北京……你一旦被北京的悠久历史所吸引，便会贪婪地漫步于北京街头。若想静穆无为，你可以到圆明园废墟或坐在颐和园的长凳子上度过一日。若是在北京城里会使你无暇安心读书的。”[1]

此外，丹麦城市规划学者罗斯缪森盛赞北京的城市格局道：“北京城乃是世界的奇观之一，它的布局匀称而明朗，是一个卓越的纪念物，一个伟大文明的顶峰……北京，古老中国的都城，可曾有过一个完整的城市规划的先例，比它更庄严、更辉煌的吗？”[2]

当代法国作家贝尔纳小说中的北京则美若仙境：“粗犷、温柔、美妙，很多相对的细微和诗意飘散在风中，从遥远遥远的过去开始就是这样。云彩的棉絮，散发香气的花朵，变幻的天空，摇动的荷花和月亮的阴影……所有这些都同时出现在北京干冷的空气，在光秃秃的树干上，在结了霜的地面，还有那个巨大的红太阳，每天早上都在升起，升起……所有这些，都像那些中国古画上的风景，与其说它是地上的景象，不如说更接近天上的梦幻。”[3]

从上文诸多评价我们可以看出，古都北京对外国人而言，有着巨大的感召力和无穷的魅力（甚至是诱惑力）。不过，这些都属于感性的认识，作为一项学术研究，在展开具体的论述时，我们必须明确古都得以形成的一系列学理逻辑。

北京这一“能指”，作为中国近八百年的都城，在西方文化中的“所指”基本上是明确的。从马可·波罗的“汗八里”到鄂多立克的“大都”，再到皮雷斯的“北京”，虽然名称不断变换，城址也屡有迁移，城市的

---

[1] ［日］竹中宪一：《北京历史漫步》，天津编译中心译，北京：中国文史出版社，1991年，前言。

[2] Steen Eiler Rasmussen，*Towns and Buildings*，First M.I.T. Press，1969，Preface，p.v.

[3] ［法］贝尔纳：《中国情人：一个外国女人在北京》，尹兵译，郑州：河南人民出版社，2003年，第5页。

“从南面北望看到的北京”，可见以紫禁城为中心的宫殿之海。参见 1858 年 9 月 4 日的法国《画报》（*L'Illustration*），以及 9 月 25 日英国的《伦敦新闻画报》（*The Illustrated London News*）。

1858 年 10 月 16 日美国《哈泼斯周报》（*Harper's Weekly*）刊印的紫禁城北望图。

范围更是变化很大[1]，但在西方文化中，北京作为“东方古都”的意义内核却是稳定的。当然，北京曾在一定历史时期并非中国的首都，如明朝 1368—1421 年和中华民国 1928—1949 年定都南京，但考虑到文学文化相对于政治变迁的滞后性和相对自足性，笔者一概将其纳入古都的视野来考察。

要考察西方文化中的北京形象，理所当然首先要关注那些到过北京的西方人。从中西文化交流的历史来看：13 至 14 世纪，来华的大都是意大利人；16 世纪，关于中国的报道基本是葡萄牙人和西班牙人的专利；

[1] 参见侯仁之等著：《北京城的起源与变迁》，北京：中国书店，2001 年。

17世纪，德国柏林成为欧洲最大的中文图书中心；进入18世纪，法国耶稣会士后来居上；18世纪后期，英国人逐渐垄断了与中国的联系；20世纪以后则以美国为主导。基于此，本书主要以意大利、葡萄牙、西班牙、德国、法国、英国、美国的文献材料为讨论的重点。

“古都北京”形象是西方文化在世界观念视域下认同或否定自我而构筑的“文化他者”。在现代和后现代思想中，“话语”与“他者”是两个重要概念。前者是在特定文化语境中生产与组织意义的方式，它所建立的知识体系，同时具有控制与排斥的双重功能[1]。“他者”指一种文化为确立以自身为中心的价值与秩序，而塑造的一个与自身对立的文化影像，更多地表现着文化主体的观念、价值、信仰与情感[2]，叙述者在言说“他者”的同时，也在言说着“自我”。因此，本书关于北京印象的研究不完全属于汉学范畴。汉学是指西方精英圈子对中国的研究，多为专门化的知识，而古都北京形象则是流行于西方的一整套“表述系统”（斯图亚特·霍尔），包含着知识与想象、真实与虚构的成分，它将不同意象或观念分类安排、联系组织起来，形成特定的“观念地图”（Conceptual Map）[3]。“古都北京”作为一种表述体系和话语方式，有着自身的历史传统和原型意象，并不断演绎、“生产”出新的能指。七百多年积淀的文本信息，创造转化为集体心理原型，着重表现着西方人构想他者形象的方式。从某种意义上说，追寻作为“他者”的“古都北京”，对西方人来说，正是另一种方式的寻找自我：“他者向我们揭示的也许正是我们自身的未知身份，是我们自身的相异性。”[4]北京在西方文化中，虽然没有成为严格意义上的“文学城

[1] Peter Brooke, *A Concise Glossary of Cultural Theory*, Oxford University Press, 1999, Discourse 词条。

[2] Peter Brooke, *A Concise Glossary of Cultural Theory*, Oxford University Press, 1999, Other 词条。

[3] Stuart Hall, *Presentation:Cultural Representation and Signifying Practices*, London:The Open University, 1997. Chapter I: “The Works of Representation”.

[4] 钱林森编：《20世纪法国作家与中国》，南京：南京大学出版社，2001年，第43页。

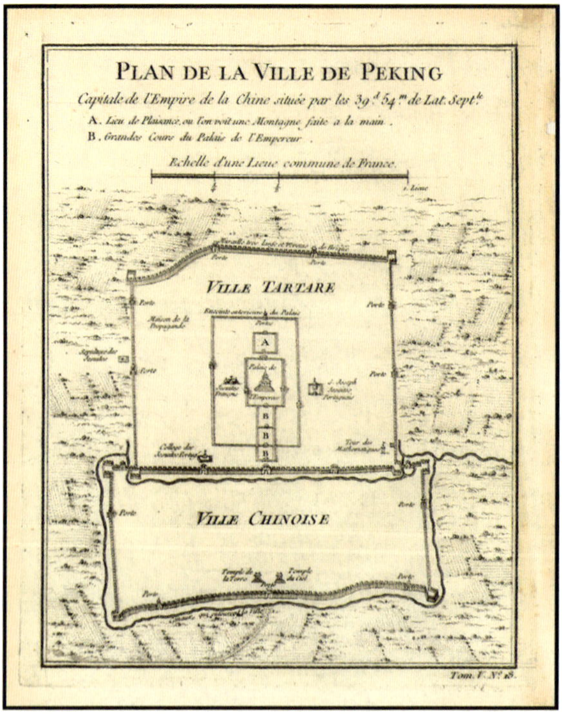

法国人贝林（Jacques Nicolas Bellin，1703—1772）1754 年绘制的清朝北京地图，此时西方的北京研究已逐渐走上精准的学术化道路。

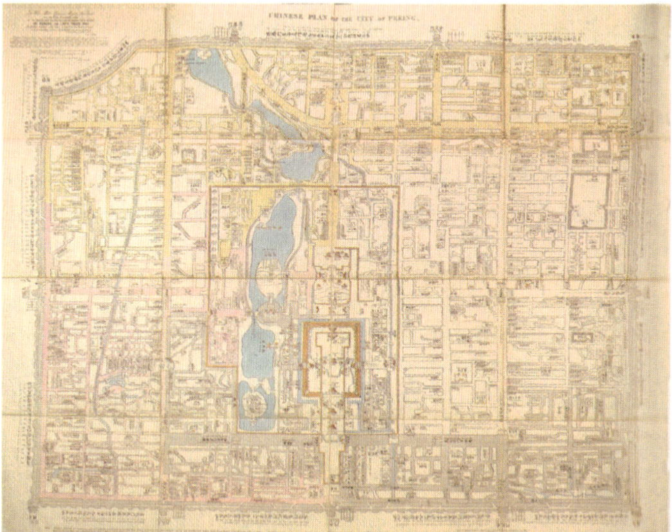

中、英、满三种文字对照的北京内城地图。英国人托马斯·杰维斯（Thomas Jervis）1843 年主持绘制。

今日的紫禁城太和殿，威严庄重，昭示着昔日的风范。太和殿俗称“金銮殿”，明清两朝有24位皇帝都在此举行盛大典礼，如皇帝即位、册立皇后、命将出征等。

市”[1]，但却扮演着一个启示者角色，西方人在处理北京题材时不触及自身是不可能的。

最后谈一谈文献材料的筛选问题。北京形象作为一种文学或社会的想象，它在各方面都超越了狭义的文学范畴，而扩展为人类学、史学和社会学的研究对象。从马可·波罗开始，无数的旅行家、商人、冒险家、学者、官员、小说家、诗人，还有各式各样的流浪汉和边缘人都为西方文化中北京印象的形成做出了贡献。从塑造北京形象的角度来判断文本价值时，不能只“根据它们的内在意义、生动性、可靠性来判断，而应根据它们为人所知、为人阅读及其对作者自己那一代人及以后各代人影

[1] 赵园：《北京：城与人》，北京：北京大学出版社，2002年，第199页。

响的程度而定”[1]。因此，面对卷帙浩繁的文本材料，笔者从一开始就做有意识的选择，主要考察影响较广泛的材料和代表集体想象的文本。

全书分六章，以时间为顺序讨论北京形象在西方文化中的流变情况。在不同时代观念背景下，客体北京没有变化，但意义却变了。在马可·波罗时代，汗八里被视为人间的黄金天堂，中世纪晚期的世俗欲望在大汗的财富中得到传奇般的映现。新航路的开辟带来了东方的新消息，中华王朝的神话托起了更具神秘色彩的“天城”。此后，一批批基督徒为了把上帝的福音传播到这个“希望之城”，进行了持久而不懈的努力。各种类型的文本在西方塑造出一个贤君圣城的典范。然而当启蒙大潮退去，许多叙述却暗含着猎奇和殖民的讽刺意味，晚清的京师已经沦为西方人眼中的“东方巴比伦”，并逐渐退化成黑暗东方的堕落中心。清朝帝制结束后，北京依然保存着梦幻般的古都余韵。因世界大战而迷惘的西方精英人士纷纷来到这里，试图寻求失落的精神家园。与此相呼应，此时文本中的北京则成为西方作家内心空间的隐喻。中华人民共和国成立后，西方文化中的北京印象更加复杂，在经过多次波折后，伴着改革开放和奥运会的契机，逐步向国际化大都市的地位迈进。

[1] ［英］雷蒙·道森：《中国变色龙》，常绍民等译，北京：时事出版社、海南出版社，1999 年，第 17 页。

街道甚直，此端可见彼端，盖其布置，使此门可由街道远望彼门也。城中有壮丽宫殿，复有美丽邸舍甚多……全城中划地为方形，画线整齐。全城地面规划犹如棋盘。其美善之极，未可言宣。

——［意］马可·波罗：《马可·波罗行纪》，冯承钧译，上海：上海书店出版社，2001 年，第 210—213 页。

第一章

中世纪晚期的『帝王之城』

第一节

汗八里：北京域外形象的起源

汗八里（即元大都）是北京城市建设的重要里程碑，为今日北京城奠定了基础。公元1264年，忽必烈迁都燕京（即金中都），并下诏以燕京为中都。三年后，又决定在其东北以太液池琼华岛离宫为中心建设新城。1274年，新都城基本建成，蒙古人称其为“汗八里”，意取“大汗之城”[1]，汉人则称其为“大都”。而后，忽必烈将在金中都旧址的中书省、枢密院、御史台、宣政院、通政院等中央官署和店铺等均迁置于汗八里城。

汗八里城是按《周礼·考工记》所载的“国中九经九纬，经涂九轨，前朝后市，左祖右社”规制修建的，有着周密设计和整体布局。“匠人营国，方九里，旁三门”，汗八里城虽然并不是正方形，北面城墙上也不是

[1]《马可·波罗行纪》的中译者冯承钧所据的沙海昂（Antoine J. H. Charignon）法文本里作Cambaluc。冯承钧在其注释中认为“汗八里犹言汗城”，并引传教士宋君荣的考证说：“汗（can、khan）犹言帝王。巴勒哈（balga）、巴勒哈惕（balgat）、巴勒哈孙（balgasun）、八里黑（balik）等字，在鞑靼语中皆犹言‘城’，则当作Cambalik或Khambalik，而在此处讹作Cambaluc，质言之，帝城是已。”

三个城门，而是仅有两个[1]，但总体来看，城内主要建筑群的布局和安排，基本上是合乎“匠人营国”的设计要求。汗八里中心部分为鼓楼和钟楼。其城墙周长为28.6千米，基部底宽24米。如马可·波罗的记载：“（此城）环以土墙，墙根厚十步，然愈高愈削，墙头仅厚三步。遍筑女墙，女墙色白。”[2]汗八里城为土城，易被雨水冲塌，因而用芦苇披在城墙上，外面抹白灰。

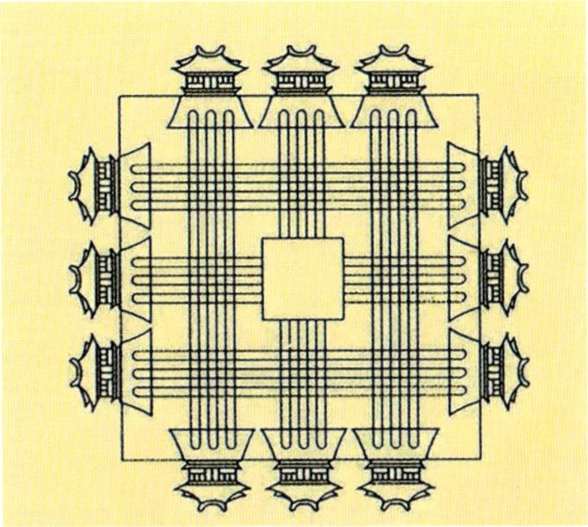

《三礼图》所描绘的周王城图，城市格局颇能体现《周礼》要求。

就城市功能而言，汗八里与前代都城相比，变化并不大。但就其文化传承而言，却是截然不同的。汗八里城在民居方面完全打破了汉唐时期的坊里制度。虽然仍有坊里的名称，但又高又厚的坊墙被废除了，整座都城变成了开放式的城市。这个变化在中国的城市发展史上是一个划时代的创举。汗八里城内除皇城外，划分为50坊。胡同东西向整齐排列，一般距离为50步（约77米），胡同宽约6米。这些胡同仍是今日北京内城的基础。现在的鼓楼东一带，就是当时遗存的街巷。

汗八里的宫苑在全城中央偏南，皇城将宫城、太液池、兴圣宫和隆福宫包围起来，宫城富丽堂皇，“虽天上之清都，海上之蓬莱，尤不足以喻其境也”[3]。在元代以前，宫廷广场一直处在宫城正门的前方，汗八里却把它安排在皇城正门前面，这在城市规划上是个极大的变化，它强调

[1] 城墙周围开十一门：东墙从北向南为光熙门、崇仁门、齐化门；南墙从东向西为文明门、丽正门、顺承门；西墙从南向北为平则门、和义门、肃清门；北墙西为建德门，东为安贞门。

[2] ［意］马可·波罗：《马可·波罗行纪》，冯承钧译，上海：上海书店出版社，2001年，第210页。

[3] 萧洵：《故宫遗录》序。

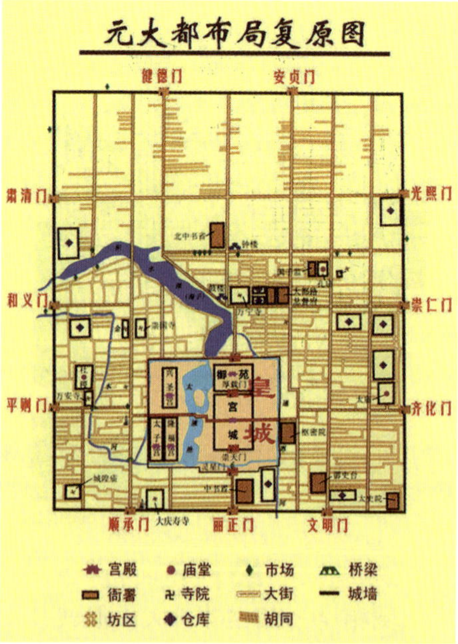

元大都布局复原图，城市格局如棋盘般规整。

了从汗八里正门到宫城正门之间建筑上的层次感，从而使宫阙的布置更为突出、门禁更为森严。

整体上看，汗八里的城市规划遵循着传统的农耕文化原则，但在具体的建筑上，则体现着集百家之长的精神。据文献记载，汗八里宫殿内的布置风格完全是游牧文化的体现，地上铺着厚厚的毛毡，墙上挂着各种名贵的兽皮；宫殿外面，则种满青草，环境怡人，宛若草原[1]。从现存的建筑来看，白塔寺的大白佛塔，体现了西藏建筑风格。此外，还有许多带有伊斯兰教和基督教风格的建筑，只是今天已经见不到了。因此，汗八里的城市面貌融合了三种不同的建筑文化（中原地区的农耕文化、草原地区的游牧文化，以及从西方传入的伊斯兰教和基督教文化）。另外，汗八里人口有数十万众，除汉族外，还有蒙古、回、维吾尔和色目人等，加上遍及欧亚大陆各国的商业网络，从而真正成了一座国际化大都会，让当时的罗马、巴黎等欧洲都会望尘莫及。来自阿拉伯和欧洲的旅行家、传教士、商人等，或在此城居留任职，或作考察旅行，无不折服于汗八里的壮丽和富足。

然而，遗憾的是，元顺帝至正二十八年（1368），明太祖朱元璋派大将徐达率兵北伐大都，七月攻占通州，元顺帝北逃。八月初，明军进至齐化门，“一鼓而克全城”。至此，北京易主，改称北平府。为了除掉元朝的“王气”，元宫城被明军全部拆除，汗八里城门亦被改建。

[1] 阎崇年：《燕京宫苑的民族特征》，载《北京社会科学》，1992 年第 3 期。

第二节

马可·波罗的发现

在以传说为主体的阶段，京都镜像必然以帝国（契丹）的想象做依托。早在10世纪初，欧洲人便开始以“契丹”（Cathay、Khitai）来称呼中国北部的辽王朝。第一个以“契丹”称中国者，为意大利传教士柏朗嘉宾（John of Plano Carpini，约1182—1252）。他受教皇之托，于1245年离欧赴华，次年7月到达蒙古都城喀喇和林。在返欧后写有《蒙古行记》，提到契丹处仅占全篇的百分之一[1]。1253年，法国人鲁布鲁克（William of Rubruck，约1217—1270）出使元廷，在喀喇和林晋见大汗。回国后撰写的《东行记》（1255年）虽涉及契丹的篇幅不足全文的百分之二，但明确了契丹即中国。柏朗嘉宾、鲁西鲁克的游记中几乎没有对东方城市的描写，因为他们所见到的草原帝国首都不过是一片大帐篷。见过罗马、威尼斯和巴黎的欧洲人，不会对此有兴趣。只有等西方人来到汗八里，才发现

[1] 张星烺:《中西交通史料汇编》第1册，北京：中华书局，1977年，第17页。

马可·波罗画像。

自己的城市视野太狭隘了。

第一位向欧洲介绍北京的西方人是意大利旅行家马可·波罗（Marco Polo，1254—1324）。作为“沟通东西交流的第一人”，马可·波罗向欧洲人揭开了奇异的东方世界之谜，在他们面前展开了地大物博、多姿多采的中国。1275 年马可·波罗抵达上都（即开平府），而后在中国生活游历达 17 年之久[1]，于 1292 年经海路回国。在其口述、鲁斯梯谦笔录的《游记》（约 1299 年）[2] 中，他称中国为契丹（Cathay），但多指中国北部，南部则称为“蛮子省”（Manji,Manzi）。古都北京第一次以“汗八里(Cambaluc)”的名称出现在西方文本中，意译为“帝王之城”[3]。在《马可·波罗游记》的影响下，“欧洲的文学，尤其是 15 世纪欧洲的传奇，充满着马可·波罗故事里的名字，如契丹、汗八里之类”[4]。当然，这里的描述大多只限于词语上的提及。

[1] 关于马可·波罗是否到过中国，学界一直存有争论，国内学者杨志玖先生坚持认为马可·波罗到过中国，反对意见可参阅［英］弗朗西斯·伍德：《马可·波罗到过中国吗？》，洪允息译，北京：新华出版社，1997 年。

[2] 本节引文参见［意］马可·波罗：《马可·波罗行纪》，冯承钧译，上海：上海书店出版社，2001 年，第 202—260 页。

[3] ［英］弗朗西斯·伍德：《马可·波罗到过中国吗？》，洪允息译，北京：新华出版社，1997 年，第 80 页。

[4] ［英］韦尔斯：《世界史纲》，吴文藻等译，北京：人民出版社，1982 年，第 769 页。

可汗宫殿。摘自中世纪抄本《世界奇异之书》(*Le Livre des Merveilles du monde*)。该书是当时欧洲关于东方异域想象的大合集，辑录了《马可·波罗游记》《曼德维尔游记》等作品（由 Jean le Long 翻译为法文，约完成于 1351 年），插图由多人绘制，书籍最终约完成于 1475 年。

一　有关城市的叙述

强大富庶的帝国和雄伟壮丽的都城强烈震撼着马可·波罗。“对一个欧洲人来说，东方几乎是被欧洲人凭空创造出来的地方，自古以来就代表着罗曼司、异国情调、美丽的风景、难忘的回忆、非凡的经历。”[1] 马可·波罗记述的中国魅力主要集中在三个方面：物产与贸易、城市与交通、政治与宗教习俗。而这些都集中表现在“尘世可以想见的最繁华地方”——汗八里。

尽管马可·波罗来自欧洲名城威尼斯，仍称赞“汗八里新城”为世界奇观：“街道甚直，此端可见彼端，盖其布置，使此门可由街道远望彼门

[1] ［美］萨义德：《东方学》，王宇根译，北京：三联书店，1999 年，第 1 页。

可汗带着鹰隼打猎。摘自《世界奇异之书》。

也。城中有壮丽宫殿，复有美丽邸舍甚多……全城中划地为方形，画线整齐。全城地面规划犹如棋盘。其美善之极，未可言宣。”这确实点明了汗八里设计规划的一大特色。自古以来，中国王城多采用经纬涂制道路网，即以“九经九纬”组成的三条大路为道，配以与之平行的次干道，结合顺城的环涂而构成。所以，典型的中国传统式城市道路网是“棋盘式”的。关于这一建筑特点，后来的许多欧洲人也看到了，他们认为以北京为代表的中国城市“都建有很好的街道，又宽又直。看到它们如此之直，没有任何东西凸出来，真是令人赞叹”[1]。利玛窦甚至在1584年的一封信中谈到中国的城市说：“似乎整个中国是由一个数学家建造的。”总之，这与欧洲许多城市街道，多以河流走向而弯曲，以教堂、皇宫为中心向外形成放射状大相径庭[2]。

[1] 澳门文化司署编：《十六和十七世纪伊比利亚文学视野里的中国景观》，郑州：大象出版社，2003年，第39页。

[2] 有研究者称，北京城的方正，体现着东方专制帝王的无限权力，反映出无所不在的君权和礼教的统治；欧洲城市的曲折，则是封建分裂状态的产物，是长期内战和混乱的见证。

在记述汗八里的建设艺术时，马可·波罗重点介绍了紫禁宫阙和皇家苑囿。皇宫大殿宏伟壮丽、气势轩昂，“足容千人聚食，房屋之多，可谓奇观，此宫壮丽富赡，世人布置之良，诚无逾于此者……上涂以釉，光泽灿烂，犹如水晶，致使远处亦见此宫辉煌”。在宫城和皇城两墙之间有“一极美草原，种植种种美丽果树，不少兽类繁殖其中，带麝之兽为数不少，其形甚美，而种类甚多”。这反映了蒙古皇族虽入主中原，但仍多少保持着游牧民族的生活习惯。

当然，马可·波罗的记述并不一定完全准确。譬如他说：“此城之广袤，说如下方，周围有 24 哩，其形正方，由是每方各有 6 哩。”马可·波罗故乡意大利的一哩相当于 2.77 里，由此推算，全城超过 66 里，这肯定是夸大了北京的面积。此外，大都的平面图并非正方形，而是北端呈抹角形的长方形。书中另有记载：“全城有十二门，各门之上有一大宫，颇壮丽。四面各有三门五宫，盖每角亦各有一宫，壮丽相等。”这里也可看出马可·波罗记述城门的失实，实际上，汗八里只有三面城墙是各开三门，北城墙仅开二门。

因为马可·波罗描写的失实，尾随其后的欧洲人也就难免出错了，这里以欧洲人画的汗八里地图为例。传统的观点认为，地图所反映的内容主要是城墙、宫殿、坛庙、苑囿、寺观、街道胡同、河湖水系等客观物象，有着很高的真实性。但随着人文地理学的崛起，人们则认为“要研究和使用过去时代编绘的地图……不应忽视编图者、绘图人当时对地理空间的认知，以及编图人和使用者的目的”[1]。15 世纪中叶，欧洲人依据马可·波罗的叙述，绘制了一张汗八里地图。其中的建筑多为哥特风格，大汗宫殿则是以伊斯兰建筑和蒙古帐篷作标记。正如美国地理学者丹尼丝·伍德所说：“地图建构世界，而非复制世界。”[2] 这张想象的地图正体现出汗

[1] 李孝聪：《古代中国地图的启示》，《读书》1997 年第 7 期，第 141 页。

[2] ［美］丹尼丝·伍德：《地图的力量》，王志弘等译，北京：中国社会科学出版社，2000 年，第 24 页。

“弗拉·毛罗地图”的中国部分，约完成于1450年，绘在长宽均2.4米的牛皮纸上，作者Fra Mauro是15世纪威尼斯修士。

八里在西方人心中的“镜像”。虽然汗八里曾一度保留专供忽必烈使用的“毡帐”（蒙古包），但城市建筑却主要体现汉文化的精髓[1]，以商人视角观察的马可·波罗是无法体验并表述出来的。这也正说明“所有的地图，势必如此地、不可避免地呈现了作者的成见、偏见和徇私。在描述世界时，描述者不可能不受到这些及其他特质的限制”[2]。

---

[1] 整个城市以帝居为中心，以庙宇风格为主体，通过天体观念上的线索和纵贯全城的中轴线，将正殿、城垣、离宫别馆、道路、河流、桥梁等有机地联系起来，借以宣扬国君“奉天承运”的统治思想。

[2] ［美］丹尼丝·伍德:《地图的力量》，王志弘等译，北京：中国社会科学出版社，2000年，第34页。

二　模式化的东方想象

作为先行者，马可·波罗也是用西方文化的期待视野阐述古都北京的第一人。“在游记中，作者——旅行者是叙事的生产者、叙事的主要对象、叙事的组织者和他自己的导演”[1]，他只有使用自己文化行李中携带的工具才能去“经验”异国。马可·波罗将大汗的禁卫军比作西方的骑士，禁卫军“命贵人为之，数有一万二千骑，名称怯薛丹（Quesitan），法兰西语犹言‘忠于君王之骑士’也。设禁卫者，并非对人有所疑惧，特表示其尊严而已”[2]。马可·波罗想得很天真，汗八里的禁卫森严只是为了帝王的尊严。后来，他又补充了另外一个理由：“每城门命千人执兵把守。把守者，非有所畏也，盖因君主驻跸于此，礼应如是，且不欲盗贼损害城中一物也。”这种解释的合理与否对中国读者来说是不言而喻的。

马可·波罗重点叙述了汗八里经济的繁盛。作为中国最大的“国际都会”，“汗八里城内外人户繁多，有若干城门即有若干附郭。此十二大郭之中，人户较之城内更众。郭中所居者，有各地来往之外国人，或来入贡方物，或来售货宫中。所以城内外皆有华屋巨室，而数众之显贵邸舍，尚未计焉”[3]。汗八里作为“商业繁盛之城”，“外国巨价异物，百物之输入此城者，世界诸城无能与比。……百物输入之众，有如川流之不息。仅丝一项，每日入城者计有千车”[4]。从马可·波罗开始，西方对中国都城的记述便充斥着夸张的数字，这既是旅行者随意猜想的结果，也体现着当时西方人的艳羡想象。在描写王宫“宴飨”时，马可·波罗一再强调大汗

[1] 孟华主编：《比较文学形象学》，北京：北京大学出版社，2001年，第146页。

[2] ［意］马可·波罗：《马可·波罗行纪》，冯承钧译，上海：上海书店出版社，2001年，第218页。

[3] ［意］马可·波罗：《马可·波罗行纪》，冯承钧译，上海：上海书店出版社，2001年，第237页。

[4] ［意］马可·波罗：《马可·波罗行纪》，冯承钧译，上海：上海书店出版社，2001年，第238页。

可汗将赦令金牌交给马可·波罗。摘自《世界奇异之书》。

游历中的马可·波罗。摘自《世界奇异之书》。

赐予一万两千名贵族同样的衣服，“此中袍服上缀有宝石、珍珠及其他贵重物品，每年并以金带与袍服共赐此一万二千男爵，金带甚丽，价值亦巨”，着力渲染场面的豪华。从这种炫耀中，西方人不难想象大汗的穷奢极欲是世界上其他君主所望尘莫及的。不仅如此，汗八里皇城之瑰丽与雄伟，也使欧洲所有皇宫都相形见绌。契丹帝国一切稀世珍宝，皇城里无不应有尽有。另外，国外进贡的所有珍宝也都收藏在这里。所以，整个皇城犹如一座宝城，拥有的珍宝璀璨夺目，举世无双。

当然，汗八里城内也有贫民，但大汗对他们甚是体恤，绝不让天子脚下的子民缺衣少食：“大汗在此城中，选择贫户，养之邸台之中，每邸舍六户、八户、十户不等，由是所养贫民甚众。每年赈给每户麦粮，俾其能供全年之食，年年如此。此外凡欲逐日至宫廷领取散施者，每人得大热面包一块，从无被拒者。盖君主命令如是散给，由是每日领取赈物之人，数逾三万。是盖君主爱惜其贫民之大惠，所以人爱戴之，崇拜如同上帝。”[1]

此外，《游记》对汗八里的宗教、婚葬等习俗，也有着繁简不同的记述。由于元朝对各种宗教持“兼容并蓄”的态度，佛、道、伊斯兰、基督教都有一定的发展。元朝统治者除了保留金中都原有的寺观外，还新建了许多宗教建筑，以佛教寺院最多，其次是道观，还有伊斯兰教礼拜寺、基督教教堂等。严格的城外丧葬管理制度保证了城内卫生。都城中的百姓“语言和善，互相敬礼，见面时貌现欢容，食时特别洁净。礼敬父母”。在科学文化上，“汗八里之星者”记叙了北京在天文历法方面所取得的成就，其中有些叙述颇具魔幻色彩，如把天文学家与巫师相提并论，认为天象甚至可以预测人间祸福、事业成败、叛乱谋反等事宜。

自古以来，在西方人的东方想象中，总少不了女性化的幻想，这“为打破西方的禁忌提供了可能性或想象的余地”[2]。马可·波罗的东方古都同

[1] ［意］马可·波罗：《马可·波罗行纪》，冯承钧译，上海：上海书店出版社，2001年，第257页。

[2] 孟华主编：《比较文学形象学》，北京：北京大学出版社，2001年，第180页。

可汗在象背搭建帐篷出巡。摘自《世界奇异之书》。

样如此：大汗后宫佳丽数以千计，并每隔两年到民间选取美貌女子进宫；都城附近则居住着无数多情而迷人的风尘女子：“凡卖笑妇女，不居城内，皆居附郭。因附郭之中外国人甚众，所以此辈娼妓为数亦夥，计有二万有余，皆能以缠头自给，可以想见居民之众。”无数商人和旅客被汗八里吸引，来往不绝。娼妓数目如此庞大，还不够满足各色旅客的需要。并且，每当外国专使到京城，并负有关系大汗利益的使命时，皇家特别命令总管给使节团的所有成员送去一个高等妓女，并每夜更换。妓女们也把这种差役看成是自己对大汗应尽的义务，所以不收取任何报酬。这种描述暗合着“东方/女性”的想象模式，使得汗八里的异域情调对西方人更具诱惑力。它有着“文化上、时间上和地域上的距离深不可测、神秘难寻、充满性的诱惑：像‘东方新娘的面纱’或‘神秘莫测的东方’一类的词语已经进入到了公众语言之中”[1]。

[1] ［美］萨义德：《东方学》，王宇根译，北京：三联书店，1999 年，第 283 页。

第三节

到汗八里拯救灵魂

“最早对中国的叙述确实唤起的只是无法置信，因为中国人和欧洲人的成见是那么相反，那么像神话。”[1]《马可·波罗游记》问世后虽广为流传，但当时的欧洲人并不相信书中的叙述。人们把马可·波罗当作取笑对象，朋友甚至在他临终时请他收回谎言，以拯救其灵魂。毕竟经历蒙古铁骑的噩梦，欧洲人一直认为鞑靼就是人间的地狱。“西方世界的古代理想城市是耶路撒冷，最不理想的则是巴比伦”[2]，而东方作为尚未发现的地方，则充满着神秘色彩。《圣经·新约·马可福音》告诉信徒“到世界各地去，将福音传播给每一个人”，为了拯救更多的受难灵魂，最初的一批传教士开始了漫长的东方之旅。

1289 年罗马教皇尼古拉四世接待了来自中国的列边·扫马，因而知道中国大汗对基督教的态度，于是决

[1] ［英］G. F. 赫德逊：《欧洲与中国》，王遵仲等译，北京：中华书局，1995 年，第 135 页。

[2] ［德］汉斯·比德曼：《世界文化象征辞典》，刘玉红等译，桂林：漓江出版社，2000 年，第 34 页。

定派遣约翰·孟德高维诺（John of Montecorvino，1247—1328）出使忽必烈。1294年，这位方济会士在忽必烈死后才到达汗八里，并在数年之内组建一个基督教团，教士由元朝政府支付宽裕的衣食津贴，并被获准在皇城外面修建一座教堂[1]。但遗憾的是，他与西方的联系因为交通不便而切断了，直到1307年，罗马教廷才知道他的存在，并将汗八里提升成为主教区，派助手前来传教。

孟德高维诺画像，汗八里的第一任大主教。

1328年孟德高维诺卒于北京，其生平遗札有三件，对北京的描述仅限于片语。以1305年1月8日从汗八里发出的致教廷书简为例："虽然皇帝本人极端执着于偶像崇拜，但他仍不失慷慨地对基督教广施浩荡皇恩。……我在汗八里城（Khanbaligh）筑一座教堂，皇帝的主要皇宫恰恰正是在汗八里城。迄今为止，我在那里已为大约六千人施行了洗礼。"[2]次年，孟德高维诺又在书信中说："余在大汗宫门前，又建新教堂一所。堂与大汗宫仅一街之隔。两处相去不过一箭耳。……第一教堂与第二教堂，皆在城内。两处相距，有二迈耳（Mile）半，盖汗八里城之大，莫与比拟也。"[3]教皇克莱蒙特回复说："汗八里城为此王国伟大光荣之首府，该城系遵照伟大鞑靼国王的旨意而建成。你的努力……使天国之歌声得以在此块陌生土地上回荡传

[1] ［英］道森：《出使蒙古记》，吕浦译，周良霄注，北京：中国社会科学出版社，1983年，第263页。

[2] ［法］雅克·布罗斯：《发现中国》，耿昇译，济南：山东画报出版社，2002年，第35—36页。

[3] 江文汉：《中国古代基督教及开封犹太人》，北京：知识出版社，1982年，第121页。

播。”[1] 不难看出，来往书信对汗八里的辽阔壮观赞颂不已。

1322 年，另一位方济会修士鄂多立克（Odoric of Pordenone，约 1286—1331）来华。他同马可·波罗一样被誉为中世纪四大旅行家之一。他在北京居留 3 年，就住在孟德高维诺的教堂里。鄂多立克返回意大利后口述了《东游录》（1330 年），此书不仅使西方人了解到汗八里传教的成功，而且还证实并补充了马可·波罗的叙述。因其经南亚从广州进入中国，鄂多立克称北京为大都（Taydo），是一座“高贵的城市，有十二门，两门之间的距离是两英里”，这样算来，大都的“周长超过了四十英里”；“宫廷确实雄伟，世上最井井有条者，有诸王、贵人、奴仆、书记、基督徒、突厥人及偶像教徒，都从宫里领取他们所需的东西”[2]。鄂多立克的《东游录》是一部典型的中世纪游记，中间充斥着很多奇迹故事。和马可·波罗的想法相似，他也担心读者不会相信其中的内容，所以事先声明，“有意”略去了许多奇怪的事情没有记录，因为人们除非亲眼见到，否则是不会相信的。

基督教传说东方有美好的伊甸园，此时的旅行家则在现实的契丹发现了一块世俗乐土。鄂多立克认为东方契丹（蛮子）有二万座大的城市，“其中任何一个规模之大都绝非特雷维佐（Treviso）或维琴察（Vicenza）所能相提并论”。其笔下的广州相当于一个威尼斯，并拥有一支数量极其庞大的船队；而杭州则是他从未见到过的大城市，方圆足有一百英里，郊区更大，城内有一万一千多座桥，每一座桥上都驻有一定的士兵，日夜不停地替身为契丹国皇帝的大汗守卫着这座城市。在所有的城市中，大汗的宫殿“悉全世界之最美者……宫墙内还有布满各种野兽的丛林；因之他能随意行猎，再不要离开该地。总之他居住的宫殿雄伟壮丽。其殿基离地约两步，其内有二十四根金柱；墙上均悬挂着红色皮革，据称

[1] ［英］穆尔：《一五五〇年前的中国基督教史》，郝镇华译，北京：中华书局，1984 年，第 190 页。

[2] ［意］鄂多立克：《鄂多立克东游录》，何高济译，北京：中华书局，1981 年，第 78 页。

鄂多立克游历至大都城外。摘自《世界奇异之书》。

系世上最佳者”[1]。鄂多立克还像马可·波罗一样描述了大汗规模庞大的盛宴：“当大王想设筵席的时候，他要一万四千名头戴冠冕的诸王在酒席上侍候他。他们每人身披一件外套，仅上面的珍珠就值一万五千佛洛林。”[2] 为了表现宫廷人数的庞大，鄂多立克列举了一个细节，仅“给御体看病的医师是四百偶像教徒、八名基督徒及一名撒剌逊人。所有这些人都从皇帝的宫廷领取他们需要的供应”[3]。在解释大汗之所以能够支撑都城大量的开销时，鄂多立克也同马可·波罗一样将原因归于纸币：“因为

[1] ［意］鄂多立克：《鄂多立克东游录》，何高济译，北京：中华书局，1981 年，第 73 页。

[2] ［意］鄂多立克：《鄂多立克东游录》，何高济译，北京：中华书局，1981 年，第 76 页。

[3] ［意］鄂多立克：《鄂多立克东游录》，何高济译，北京：中华书局，1981 年，第 76—77 页。

庆祝可汗的生日宴会。摘自《世界奇异之书》。

在他整个国土内使用的，不过是当作金钱流通的纸钞，同时有无穷的财富到他手里。”[1]

在使用夸张的艺术表现手法之后，鄂多立克逐渐转向神话般的描述：“宫廷中尚有很多金孔雀。当鞑靼人想使他们的君主高兴时，他们就一个接一个地去拍手；孔雀随之振翅，状若舞蹈。那么这必定系由魔法驱动，或在地下有机关。”[2] 故事说到这里，已经从奢华转向离奇不经了。更有甚者，在大汗的宴会上，“伶人带着狮子进来，让狮子向君王致敬礼。魔术士把盛满美酒的金杯飞过空中，送到愿喝者的嘴上。这些事和许多别

[1] ［意］鄂多立克：《鄂多立克东游录》，何高济译，北京：中华书局，1981年，第80页。

[2] ［意］鄂多立克：《鄂多立克东游录》，何高济译，北京：中华书局，1981年，第75页。

的事是在君王面前做的。该君王之威风，以及他宫中发生之事，说起来必定使那些没有亲眼看见的人难以相信”[1]。对比而言，此前的马可·波罗只是说：“节庆举行之日，引一大狮子至君主前，此狮见主即俯伏于前，似识其主而为作礼之状，狮无链锁，未见此事者，闻之必为奇也。”[2] 从二人离奇的叙述中，我们不难体会浓重的世俗情怀，这和理应恪守方济会托钵僧艰苦生活的修士风格明显相悖。修士偏作俗人语，这在一定程度上体现着东方文化对西方人强大的影响和同化作用[3]。笔者以为，当鄂多立克以这种传奇的方式称赞大都时，圣·奥古斯丁的“上帝之城”也许便是他的潜意识背景，同样虚无缥缈而又令人心驰神往。

此后，佛罗伦萨人马黎诺里（Giovanni de’ Marignolli）于 1338 年 12 月从亚未农城出发，1342 年 8 月 19 日到达北京。元朝安排了隆重的接待仪式。元顺帝对献给他的法兰克战马十分喜爱，并接受了马黎诺里在宫中代表教皇给予的祝福。当时的中国文人写了不少诗文赞赋此事，所谓“佛郎国献天马”的奇事轰动一时。《奉使东方记》（1354 年）中还有详细记载：“契丹国中共有大城市三万。此外尚有村堡，无不胜数。京师最为著名，面积最广，市街华丽，人民殷富，穷奢豪侈。”[4] 汗八里“乃东方帝国之首府，雄伟无比，其人口之众和军容之庄严，无须赘述……觐见时，我身着礼服，在我前面有人持一极为精美十字架，灯烛辉煌，香烟缭绕，我口唱‘笃信唯一真神’，进入豪华壮丽宫殿朝见大汗。……然后我们被送至宫馆，此馆早已为我们准备，装饰豪华。大汗派二亲王侍候我们，所需一切，如食物、酒，甚至糊灯笼用纸，皆极为丰富。仆从皆由宫廷派来。彼等侍候我们约四年，始终备恭备敬，随员皆着贵重衣

[1] ［意］鄂多立克：《鄂多立克东游录》，何高济译，北京：中华书局，1981 年，第 80 页。

[2] ［意］马可·波罗：《马可·波罗行纪》，冯承钧译，上海：上海书店出版社，2001 年，第 226 页。

[3] ［英］穆尔：《一五五〇年前的中国基督教史》，郝镇华译，北京：中华书局，1984 年，第 210 页。

[4] 张星烺编：《中西交通史料汇编》第 1 册，北京：中华书局，1979 年，第 230 页。

服”[1]。马黎诺里在汗八里居住四年，一切费用都由元廷供应，宫馆的生活十分安逸。但马黎诺里在繁华中看到了奢侈，在强大中看到了腐败，或许是预感到元朝的末日，作为使节的他才不愿意像孟德高维诺那样耗尽一生在汗八里传教，最后经泉州由海路返欧。

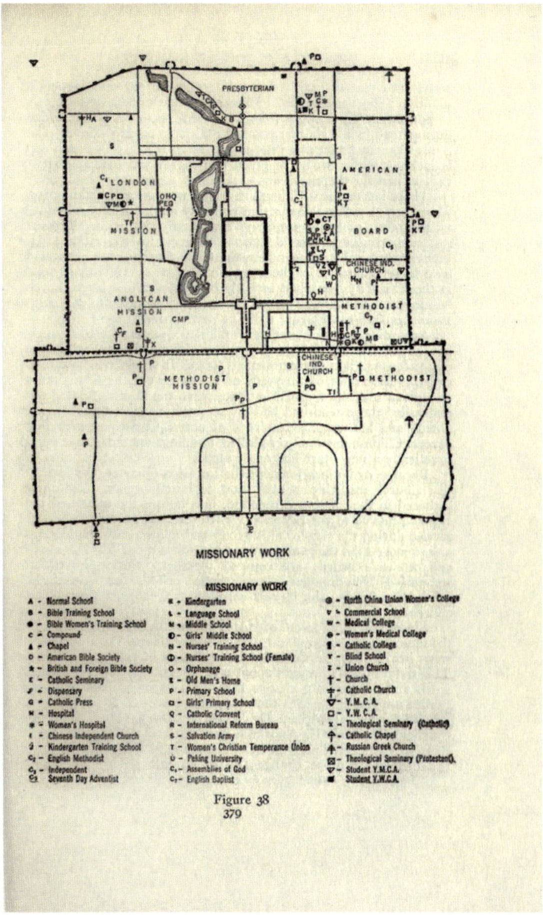

美国人西德尼·甘博（Sidney Gamble，1890—1968）的《北京社会调查》（*Peking: A Social Survey*，1921）对西方传教活动进行统计，并汇总成图。

1368年，汗八里被起义军攻陷，城中的基督教修会未能经受住考验而延续下来，孟德高维诺所有的努力均湮没于农民起义的战火中。教皇乌尔班五世于1370年任命了一名汗八里主教吉约姆·德·普拉托（J. de Prato），但他未能到任，离开欧洲后就下落不明了。等到17世纪初耶稣会士利玛窦在北京站稳脚跟，传播的依旧是“旷野”的福音。

[1] Henry Yule, *Cathay and the Way Thither*, vol II, 1915, p.335—356，另可参见［英］道森：《出使蒙古记》，吕浦译，周良霄注，北京：中国社会科学出版社，1983年，第262—263、267页。

第四节

大汗的“黄金城”

“东方……是欧洲文明和语言之源，是欧洲文化的竞争者，是欧洲最深奥、最常出现的他者形象之一。”[1]13 至 14 世纪西方视野中的汗八里，是一个不可思议的城市。一些旅行者带回的真实信息，受到普遍怀疑，而一些符合基督教传统与英雄传奇的虚构故事，却被当作真事广为流传。《鄂多立克东游录》和《曼德维尔游记》（约 1350 年）便是鲜明的对比。我们今天可以看到的手抄本《马可·波罗行纪》有 140 余种，《鄂多立克东游录》70 余种，而《曼德维尔游记》却有 300 余种。直到 17 世纪，欧洲依然有人相信《曼德维尔游记》的真实性，譬如英国学者萨缪尔·珀契斯（Samuel Purchas，1577—1626）就固执地认为曼德维尔是“迄今为止世界上最伟大的亚洲旅行家”。

《曼德维尔游记》在游记文学史和英国文学史上的地位是毋庸置疑的，它“首次或几乎是首次尝试把

[1] ［美］萨义德：《东方学》，王宇根译，北京：三联书店，1999 年，第 2 页。

世俗主题引入英语散文领域”[1]。曼德维尔其实是“英国散文之父”须约翰（John the Beard）的托名，被称为“座椅上的旅行家”。作者没有到过中国，书中关于北京的描写，多从鄂多立克的游记脱胎出来，只是更加离奇，赞叹之情也更为强烈。过去的欧洲人不相信马可·波罗的叙述，但现在却很少有人怀疑曼德维尔虚构游记的真实性和天花乱坠的北京镜像：世界上最强大的君主，以及他那布满黄金珍石、香飘四溢的雄伟宫殿。在这神奇斑斓的幻境里，真实与传奇紧密交织、难以分辨，共同构造出人们心目中的东方古都。因其虚构，这部浸润基督教教义和骑士精神的散文小说，才能更真切地反映西方人集体潜意识中的北京想象。

《曼德维尔游记》（1410 年法文版）插画。

曼德维尔有着一种将素材神奇化、戏剧化的本领，他成功地将西方关于东方古都的零碎传说整合成型。如鄂多立克告诉人们，大汉宫廷的变戏法者如何让金杯盛满酒在空中飞行，并使之自行到达赴宴者嘴边，曼德维尔认为这尚不足以激动人心，转而引入了能够制造白昼和黑夜的巫师，他们“从天而降，带来一片光明，好像太阳、月亮照着每个人。

[1] ［英］雷蒙·道森：《中国变色龙》，常绍民等译，北京：时事出版社、海南出版社，1999 年，第 37 页。

曼德维尔和人马兽交流。摘自《世界奇异之书》。

然后是漆黑一片，伸手不见五指。接着又是白昼，太阳令人愉快地照耀着。他们又带来世界上最美丽的少女跳舞，其他少女端着金杯装满不同动物的鲜奶，恭敬地递给领主和女宾享用。骑士们手持长枪，跨马比武。他们先是一路奔跑，然后猛烈地互相攻击，粗暴地打断对手的矛，碎片飘散大厅。还有许多其他奇异的东西均出自他们的魔法，令人惊叹不已"[1]。曼德维尔的描述确实令人难以置信，娇媚可人的少女翩翩起舞、英武豪侠的骑士厮杀比武，而这一切都只是巫师的魔术幻象！

大汗的宫殿最能撩动西方人的浪漫幻想，他们几乎要穷尽一切堂皇缛丽的辞藻来刻画帝苑奢华。在描写古都内最雄伟的宫殿和最美丽的园林时，曼德维尔大量使用兽皮、黄金、钻石、珍珠、美酒、水晶、玛瑙

[1] John Mandeville. *The Travels of Sir John Mandeville*. London：William Collins Sons，1973，中译可参见［英］约翰·曼德维尔：《曼德维尔游记》，郭泽民、葛桂录译，上海：上海书店出版社，2006 年，第 91 页。

等物品来装饰渲染。呈现在读者面前的东方古都流光溢彩、珠动玉摇，叫人眼花缭乱。或许正是这童话般的幻想强烈地刺激着西方人的神经，满足了他们心理上对权势、财富、珍宝的贪恋与艳羡。因此，尽管曼德维尔的游记经不起推敲，但时人仍视之为奇文，为之洛阳纸贵，其深层的人性欲望是不言自明的。

曼德维尔时代关于北京的描述已经演化为一种传说。一般来说，传说有着可信性、有中心点和纪念物、叙述自由可变等特征[1]。基于此考察，《曼德维尔游记》所描述的并不是真实的汗八里，而是一个在西方广泛流传的幻象。在充满奇迹的故事中，东方古都的真实形象并不重要，重要的是它如何演变为神话与传说，如何作为“他者”体现着西方中世纪晚期文化中的世俗欲望。

最后需要指明的是，曼德维尔此时还无法区分大都和汗八里，他特意写道 :“大汗夏天住在北方的名为上都的城市中，那里天气凉爽。冬天则住在人称汗八里的城市里，那里相当温暖。但大多时候他住在大都，因那不是太远。”这是当时欧洲人的普遍错觉。在很长的一段历史时期，欧洲人一直以为“契丹”和“中国”是两个国家，“汗八里”是前者的都城，“大都”则是后者的京师。直到新航路开辟，利玛窦来到北京，这一误解才得以澄清。

[1] ［日］柳田国南 :《传说论》，连湘译，北京 : 中国民间文艺出版社，1985 年，第 26—30 页。

第五节

世俗欲望的异托邦

1984 年，福柯在个人展览上展出他在 1967 年写成的一篇重要文章《其他空间》(*Des Espaces Autres*)，这篇文章是他在建筑界的演讲稿。福柯在文中提出了一个崭新的概念“异托邦”(Heterotopia)。该概念与乌托邦（Utopia）相对，乌托邦究其本源是指世界上并不存在的地方，而异托邦则是现实中实际存在的空间，同时具有神话和真实的双重属性，如花园、迪士尼主题公园、海船、度假村、汽车旅馆、殖民地等。福柯认为异托邦“是与现实完全对立的地方，它们在特定文化中共时性地表现、对比、颠倒了现实。它们作为乌托邦存在，但又是一些真实的地方，切切实实存在，并形成于该社会的基础上。这些地方往往是独立的、超然的，即使在现实中有它确定的方位，它似乎也不属于现实，与它所反映、表现的现实地方完全相反。它超然于现实之外但又是真实之地，从这个角度我称其为异托邦”[1]。当然，异托邦这一空间概念并不是福柯的发明，因为从中世纪的等级空间，直到当今时代，任何一个社会都在构筑自己的异托邦——既在现实之中，又超然于现实之外。正如卡尔维诺（Italo Calvino，1923—1985）在《看不见的城市》中所阐述的哲理：马可·波罗向忽必烈讲述他统治下的无数城市，整个叙述过程就是一个隐喻——作为异托邦的城市是一个生发幻想和表达欲望的地方，在这里，真实的空间和想象的虚妄相互交融。就影响力和知名度而言，西方文化关于中国城市的异托邦构想当首推《马可·波罗行纪》，该游记所带来的关于中国城市的正面宣传或隐或显地持续了数百年[2]。

对于没有到过北京的中世纪人而言，流传的文本就是唯一的真实。跨文化的理解是一种创造性的表现，各种意义都是由先在的幻想代码规定的。任何一个清醒的个人，一旦进入大众传媒所塑造的群体之中，就会被潜意识的原型感染。正巧，“欧洲文化中有一种根深蒂固的心理，就是将异域理想化为人间乐园”[3]，譬如柏拉图的《理想国》、莫尔的《乌托邦》、康帕内拉的《太阳城》、安德里亚的《基督城》等，都借想象中的神圣城邦来对比批判现实世俗社会。所以从马可·波罗开始，汗八里就被誉为“世界都市之都”，繁荣的古都给西方人留下了很深的印象。如约翰·柯拉在其《大可汗国记》中称：“契丹国人口殷众。都市大于巴黎及佛罗伦萨者，不计其数。人烟稠密之地甚多，至若小城市，则更不可以数计。”[4]他们不仅羡慕“大汗”这位王者之王，称他为天下最强大的君主，更向往其梦幻般的帝苑奢华，把这个遥远而又缥缈的汗八里想

[1] Michel Foucault："Of Other Places"，*The Visual Culture Reader*，edited by Nicholas Mirzoeff，Routledge，1988，p239.

[2] 吕超：《东方帝都——欧洲中世纪晚期游记中的北京形象》，《温州师范学院学报》2006年第3期。

[3] Henri Baudet，*Paradise on Earth：some Thoughts on European Images of Non-European Man*，Trans. by Elizabeth Wentholt，Yale University Press，1965，pp74—75.

[4] 张星烺编：《中西交通史料汇编》第1册，北京：中华书局，1979年，第186页。

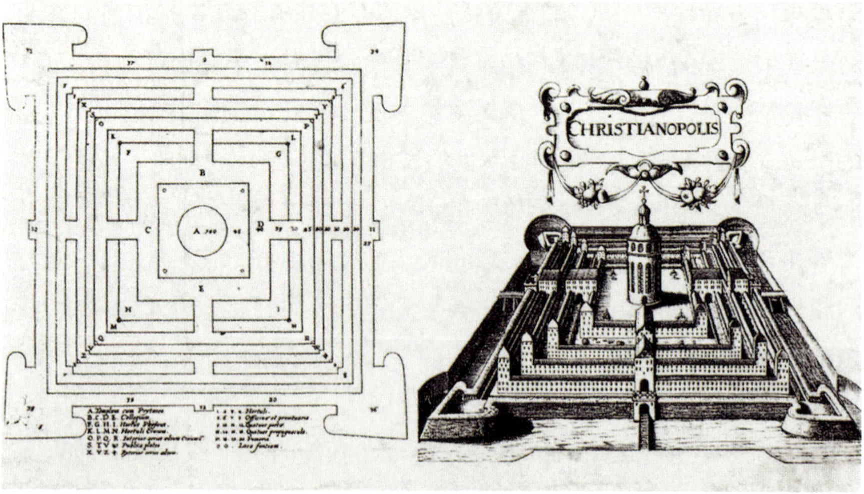

德国思想家安德里亚《基督城》中的插图。“基督城”建筑格局方正规范，体现着理性的基督精神。

象成一座“黄金城”。

“在中世纪，人类意识的两方面——内心自省和外界观察都一样——一直是在一层共同的纱幕之下，处于睡眠或者半醒状态。这层纱幕是由信仰、幻想和幼稚的偏见织成的，透过它向外看，世界和历史都罩上了一层奇怪的色彩。”[1] 中世纪文本中的东方古都形象既沾染了这一色彩，也在一定程度上颠覆着弃绝世俗欲望的宗教偏见。对当时的西方人而言，去“帝王之城”的旅行犹如一场“朝圣”，只不过这里的“圣殿”（紫禁城）更多财富的诱惑，而少了精神的升华。汗八里作为尘世中最繁华的古都，展示着中世纪晚期人们的世俗理想。中世纪的宗教神学压抑着人的现世欲望，而在这种种关于东方的叙述中却无不体现着社会潜意识的释放。此时的人们需要有一个物质化的异域古都，以此作为超越自身基督教文化困境的某种启示。汗八里的范围广袤、戒备森严、门阙重叠、庭院深

[1] ［瑞士］雅各布·布克哈特：《意大利文艺复兴时期的文化》，何新译，北京：商务印书馆，1996 年，第 125 页。

邃、楼阁连云，并且还隐藏着无数神秘的故事。作为世界大帝国的心脏，它向百万铁骑发号施令。无论是权力的巅峰，还是生活的奢华，都对向往这里的西方人有着摄人心魄的影响。

英国作家托马斯·莫尔《乌托邦》中的插图，这里的“邦”也是一个城市的规模。

旅行者在审视他者的同时，也审视着自我，并且把两者进行比较。几乎所有描述中国的游记、报告、史书都特别关注中国日益发达的城市文化，不惜笔墨地介绍汗八里这一政治经济文化中心，并在叙述时流露出一种不自觉的比较意识[1]。西方中世纪的最后200年，是以鞑靼入侵的恐惧拉开序幕的，不久黑死病就开始横行欧洲，意大利的城市陷入无休止的战火中，英国人为了红白玫瑰的旗帜互相残杀，英法百年战争让鲜血染红了英吉利海峡。西班牙的基督徒更是不幸，摩尔人的城堡已经占据了大半个版图。而此时欧洲的城市则被认为是“散发着诱惑魔力的城堡，到处充溢着贪婪和放纵的气息，大街小巷流动着的是行骗者、杂耍师、妓女等诸如此类的人物，特别在中世纪的晚期，灯红酒绿、赌

[1] 1403年，西班牙使臣克拉维约（Clavijo）奉命通好帖木儿，抵达撒马儿罕。归去后写了《奉使东方记》，也提到汗八里城的壮观，虽然这纯属道听途说。

水彩画《从鼓楼看到的古都风景》。摘自英国画家李通和（Thomas Hodgson Liddell）的《中国：她的奇迹和神话》（*China, Its Marvel and Mystery*，1910）。

博成性的生活随处可见”[1]。与西方的兵荒马乱相反，此时的旅行者却发现了强大的契丹帝国，这里的人虽然不信仰上帝，却生活在乌托邦中，其人口、财富和城市均超过了欧洲的规模[2]。

此外，他们对中国城市交通和卫生的赞颂，让我们联想起此时欧洲的道路交通是何等糟糕，城市卫生又是怎样让人哭笑不得。以人们日常生活中的洗澡为例，马可·波罗等人都记述了汗八里数量众多的澡堂，并且澡堂一直在烧着热水，市民每星期到澡堂洗三次澡。而此时的欧洲却盛行不洗澡的风俗。虽然基督教并不反对洗澡，但修道士受到严格的限制，一年只准洗两回：圣诞节和复活节。其他人也应以此为榜样，因此，不洗澡，甚至不洗手脸成了一种风俗。在如此的时代背景下，出现对汗八里澡堂的颇多描述也就不足为奇了。另一方面，城市文化不仅是10世纪以后的一种世界性政治、经济和文化现象，也是资本主义前夜的表征。

[1] Moshe Barasch, *The Concept of City*，中译参见孙逊主编：《都市·帝国与先知》(《都市文化研究·第二辑》)，上海：三联书店，2006年，第33页。

[2] 当时西方最大的城市巴黎，人口至多不过10万，而且城市卫生极差，垃圾遍地，在城市中行走甚至都要提防楼上泼下的尿水。相关材料可参见［美］理查德·扎克斯：《西方文明的另类历史》，李斯译，海口：海南出版社，2002年，第116页。

或许对于旅行者来说，这仅仅是一种不自觉的叙述，但它所表现和鼓吹的那种城市生活气息，无疑对走出中世纪有相当积极的作用。可惜，当时人们还谈不上对这一问题有任何程度上的自觉性[1]。

诚如萨义德所说：“每个朝圣者按自己的方式看待事物，但他们能做什么，他们的朝圣会是什么样子，揭示出什么真情，都是受到制约的。”[2]与西方社会风俗迥然不同的中国礼俗，是来华外国人最先观察到的文化现象。它不像了解中国的思想学说、历史地理、语言文字那样，需要外来观察者具有较高的文化素质。表面的城市建筑和市民生活，则容易给“走马观花”的旅行者提供更多收益。这就是中世纪的马可·波罗、鄂多立克尽管对北京的人文深层文化缺乏了解，却对那里的奇风异俗津津乐道的原因。面对中国前所未有的富丽堂皇，来自西方的游客都佩服得五体投地。和中国的大批城市相比，欧洲王城则显得如小镇一般。西方人在中世纪晚期世俗文化背景下构筑的东方古都形象，成为财富与君权的象征，表达了资本主义早期萌生的世俗精神。在其中，他们体验着自身的缺憾、压抑和不满，并表达了欲望和向往。不管是虚构的传说还是真实的描述，都在改变着西方人的世界观念和城市想象，甚至诱发了近代资本主义的萌芽。而所有这些都表现了西方中世纪晚期的文化心理，幻想着世俗精神、商业热情、君权思想和城市观念，并将这一理想寄托于异域的古都镜像。

---

[1] 当然，18世纪及以后的许多学者都看到了中国的城市与西方城市的不同，甚至认为这正是东西方文明在近代以后愈益分岔的典型事例。对中国城市文化的研究，至今仍是西方汉学家的一个兴奋点，代表作如［美］施坚亚编：《中华帝国晚期的城市》，杜光庭等译，北京：中华书局，2000年。

[2] ［美］萨义德：《东方学》，王宇根译，北京：三联书店，1999年，第68页。

我们不能把北京想象成是罗马、威尼斯、巴黎、伦敦、塞维利亚、里斯本，或是欧洲众多名城中的任何一个，哪怕这个城市再有名、人口再多也不行……然而我敢断言，所有这些城市都无法与大北京最细微的东西相比，更难与北京各方面的宏大规模与气势相提并论，诸如雄伟壮观的建筑，用之不竭的财富，极其充沛的各种必需品，难以计数的人口、交易、船只、司法情况，国家的治理，宫廷的平稳等。

——［葡］平托等著：《葡萄牙人在华见闻录》，王锁英译，海口：海南出版社、三环出版社，1998 年，第 208—211 页。

第二章

『天城』的边缘镜像

第一节

大都·北平·北京

明代初期，北京的城市功能出现了短暂的变动。1368年，朱元璋建立明王朝，定都南京，降大都为北平府，使其成为一座军事重镇，用以对抗逃到漠北草原的元朝残余势力。由于大都城北部人烟稀少，难于防守，元顺帝逃跑时又曾纵火焚毁许多房屋，所以明初改造大都城时将北部城垣南缩五里，废建德、安贞、肃清、光熙四门。新建的北城墙开德胜、安定两门，并将东城墙的崇仁门改为东直门，西城墙的和义门改为西直门。

洪武三年（1370）朱棣被封为燕王，驻北平府。这时的元朝宫殿已经被拆除，燕王府是利用元代遗留的西宫改建的。朱棣夺取皇位后，于永乐元年（1403）改北平府为北京。北京的名称，由此而始，含义为“北方之都”。永乐四年，朱棣下诏营造北京的宫殿城池，展开了大规模的修缮工程。此间，一位来自伊朗的使者这样描写北京：“这是一座全部砖造的巨大而美丽的城市！但城墙正在营建之中，被数以千计的脚手架掩盖

明皇城 天启—崇祯年间(公元1621 — 1644 年)

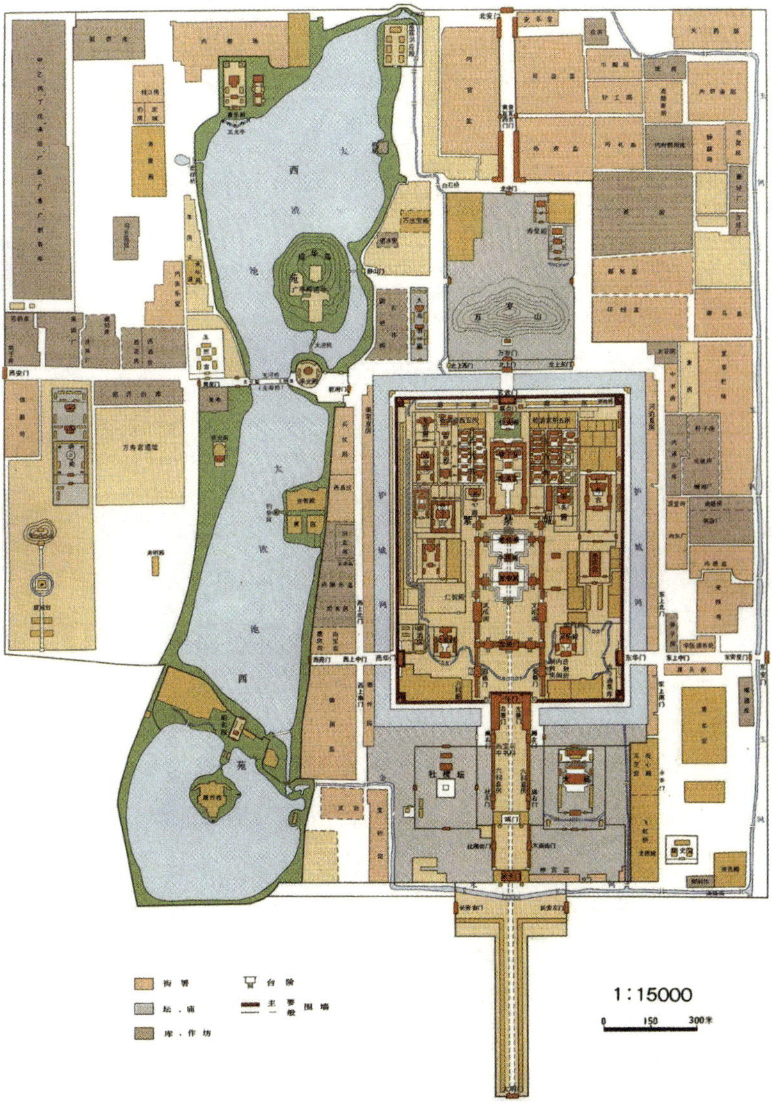

明朝末年皇城布局图

穿越紫禁城的中轴线，1946 年航拍。

着。”[1] 永乐十八年(1420)基本完工，明王朝正式迁都北京，南京为陪都。此时的北京城，是由里外三层的“城”构成的“城中之城”，分别为：宫城、皇城、京城。其中，宫城又称紫禁城。该命名取法于天象：古人将天空中央星区分为太微（上垣）、紫微（中垣）、天市（下垣）。紫微垣在中天的中心，共 15 颗星，是天帝所居之处，所以人们称天子所居为紫微宫或紫宫；又因天子所居为禁地，故称紫禁城。宫城的城墙周长 3 千米，开四门：午门、玄武门、东华门、西华门。皇城周长 9 千米，亦开四门：天安门、地安门、东安门、西安门。

[1] ［瑞典］奥斯伍尔德·喜仁龙:《北京的城墙和城门》，侯仁之译，北京：北京燕山出版社，1985 年，第 32 页。

明北京城的格局具有中轴明显、整齐对称、气魄雄伟的特点，在世界各国封建时代的都城中，达到了登峰造极的程度。这次修缮在原大都的基础上，吸取了历代都城规划的优点，南北中轴线十分突出。这条中轴线南起永定门，向北穿过正阳门、承天门、端门、午门、紫禁城的正中心和万岁山主峰，最后止于鼓楼和钟楼，全长约八千米。外城、内城、皇城和宫城，全部以这条中轴线对称展开，从而形成了完整和谐的巨大建筑群。当然，城市轴线不只北京有，也不只中国有，巴黎和华盛顿等欧美城市也有，但都比不上北京的中轴线。北京的中轴线笔直而壮观，将“自然、艺术、生活”有机融为一体，中轴的东西两侧，对称修筑，内城左修太庙，右筑社稷坛，外城左修天坛，右建先农坛，城外则为左日坛，右月坛，贯通了“致中和，天地位焉，万物育焉”的中华文化精神。

永乐以后，北京城市建设的主题是逐步恢复原有的政治和文化中心的各项功能。从重新营造宫殿，到进一步扩大城市的整体规模，土木工程量虽然很大，但却不能被称为创举，只不过是修修补补而已。

在城墙和城门的改造方面，有如下工程。永乐十七年（1419），将原大都的南城墙向南推延一里，仍开三门，名称如旧。正统元年（1436）开始修建九个城门的城楼，历时四年完成，将丽正门改名为正阳门，文明门改为崇文门，顺承门改为宣武门，齐化门改为朝阳门，平则门改为阜成门。嘉靖年间，为防止瓦剌族南下侵扰，开始兴建外城。原设计北面利用元大都北墙，东、西、南三面皆向外扩展，但因工程浩大，财力不足，只筑成南面的外城，形成了一个特殊的“凸”字平面。工程于嘉靖三十三年（1554）闰三月动工，十月完工。嘉靖四十三年（1564）正月，又增筑永定门等七个城门的瓮城。至此，北京城墙、城门全部建成。从永乐四年算起，经历了259年。

崇祯十七年（1644），明王朝被李自成起义军推翻。随后，清兵入关，李自成兵败退出北京城，清顺治帝在北京继位。北京再次易主，成为清王朝的都城达268年。清王朝为了便于统治中原百姓，保留了明代旧制，对北京城貌则采取继承和修复的政策。现存的北京旧貌，多为清代重建，因此本书略而不述。

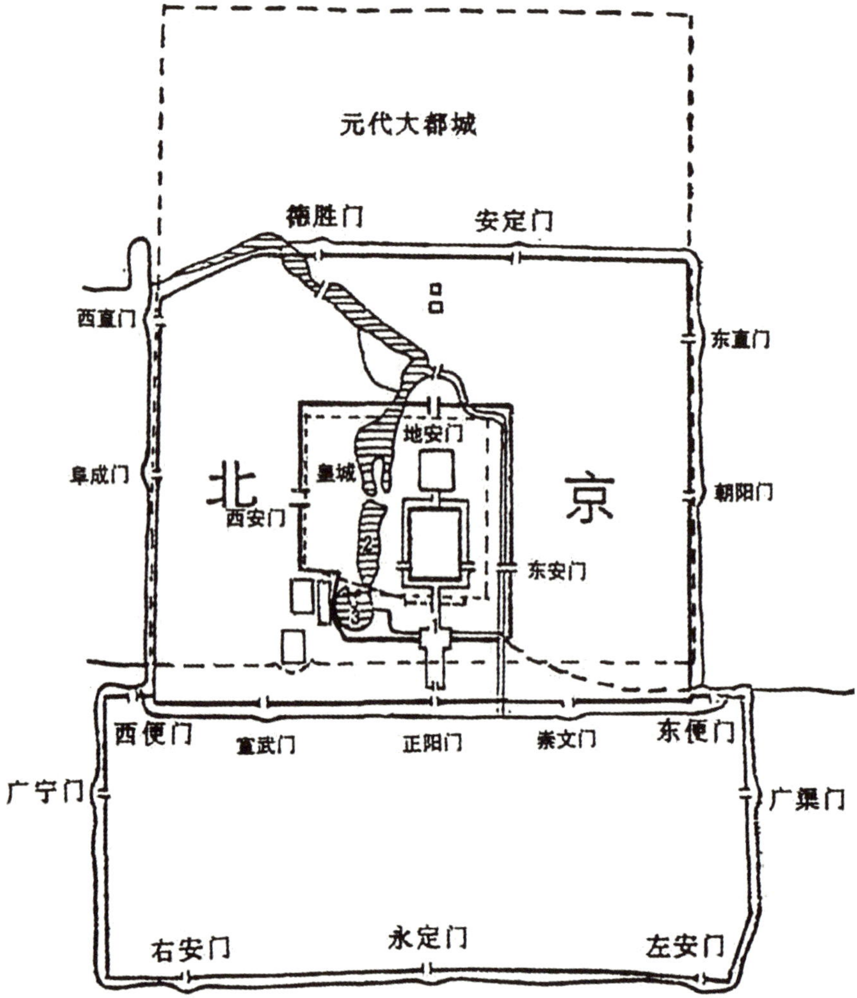

明清北京格局图

第二节

关于“天城”的新消息

元帝国崩溃以后，由于中亚帖木儿帝国和奥斯曼土耳其对中西交通的阻隔，“东方和西方之间比中世纪的任何时候都更为隔绝了”[1]。西方人对中国的了解停顿了近两个世纪，“无论是马可·波罗和鄂多立克的游记，还是欧洲传教士如孟德高维诺等自中国写给西方的信函，都逐渐被欧洲人遗忘，他们笔下的那个国家逐渐成了传奇”[2]。这一点，可以从1508年2月13日葡萄牙国王孟纽尔向即将远征中国的舰队司令提出的一连串侦察情报得到证明：“中国人是否富有？懦弱还是强悍？有无军器火炮？身材多大？是基督徒还是异教徒？他们的国家大不大？是否不止一个国王？”[3]明朝已经建立了一百多年，而欧洲人心目中的中国还

[1] ［英］道森编：《出使蒙古记》，吕浦译，周良霄注，北京：中国社会科学出版社，1983年，第30页。

[2] ［意］利玛窦、金尼阁：《利玛窦中国札记》，何高济等译，何兆武校，北京：中华书局，1983，中译者序言。

[3] 张天泽：《中葡通商研究》，王顺彬，王志邦译，华文出版社，2000年，第68页；另参见 Donald F. Lach：*Asia in the Making of Europe*，vol.1，The University of Chicago Press 1968，p731。

法国画家古斯塔夫·多雷（Gustave Doré，1832—1883）画的中国公主安杰丽卡。

是“大汗的契丹”。以航海家哥伦布（Christopher Columbus，1451—1506）为例，1492年8月，哥伦布带着西班牙王室写给大汗的国书开始远航，其主要动机便是寻找契丹国都，整个航程中他都期待着前方海面能出现汗八里耀眼的金屋顶[1]。

中国人还没有走向世界，而世界已经开始先走向中国。随着新航路的开辟，以葡萄牙和西班牙为先驱的探险者和传教士最先来到中国。明正德八年（1513），葡萄牙人欧维士（Jorge Álvares）经海路来华，是欧洲人在明朝经海路来中国的开始。不过，直到16世纪中叶，欧洲关于中国的新消息仅限于葡萄牙王室，并作为宫廷机密而封锁。这也就促成了一种让人啼笑皆非的现象：当现实中的商人使节被当作番邦贡使，锁在囚笼里游街，禁闭在大明朝的监狱时，欧洲却在传说他们勇敢的骑

[1] 1492年10月30日，哥伦布在日记中写道：“远征军司令说，应设法前往大可汗国，据其认为大可汗就在附近，也即大可汗居住之契丹城就在附近。据有人在其驶离西班牙前相告，契丹城甚大，地势低缓，景致优美，附近海水颇深。”参见郭家堃：《哥伦布航海日记》，上海：上海外语教育出版社，1984年，第50—51页。

士爱上了美丽的契丹公主安杰丽卡（Angelica），并征服了契丹首都[1]。不仅如此，那些深受大明王朝冷遇或折磨的西方人，在他们所写的中国报道中，非但没有污蔑攻击中国，反而共同描绘了一个中央集权的强大帝国。乌托邦的神话此时并未消失，而是随着对中国的接触，西方人更相信乌托邦存在的可能性。16 世纪，西方人开始用北京来取代汗八里这一称谓，在消化丰富中世纪文化积淀的同时，逐渐塑造出一个地理意义上的王朝首都——“天城”[2]。

一

“人们通常都是按照神话化的过程来写作空间的”[3]，在中世纪的游记中，夸张和虚构的成分很大。文艺复兴以后，伴随着理性精神的兴起，游记题材有了较大改观，传奇和想象的因素大为减少，史料的真实性和描写的精确性逐渐提高。随着各种东方信息的传播与普及，中国形象被加入越来越多的历史的、真实的内容。但对于遥远的北京而言，因为持久的心理积淀，文本叙述还是如过去一样有着浓重的梦幻色彩。在有关北京的文本中，有亲历者的叙述，但更多的是在中国沿海听到的传闻，他们每个人都“以自己的方式，描述、澄清、完善，甚至推翻了那些传到欧洲的富有想象力的或走样变形的有关中国的记述”[4]。

第一个向欧洲人传播东方古都新消息的是葡萄牙人托梅·皮雷斯（Tomé Pires，1465—1524）。1517 年，他以葡萄牙第一位赴华使节的身

[1] 意大利作家阿里奥斯托的《疯狂的奥兰多》写成于 1532 年，攻陷的契丹首都为“Albrauca”，音译似“汗八里”。

[2] “天城”这一称呼，既有因其无法随意进入而神秘的一面，也因为明朝京畿为顺天府，后来许多欧洲人便称其为“天城”。参见［西］门多萨：《中华大帝国史》，何高济译，北京：中华书局，1998 年，第 76 页。

[3] 孟华主编：《比较文学形象学》，北京：北京大学出版社，2001 年，第 168 页。

[4] ［葡］艾思娅：《葡萄牙人在华见闻录·序言》，王锁英译，海口：海南出版社、三环出版社，1998 年，第 1 页。

明朝“北直隶与北京”地图。刊印于荷兰制图学家琼·布劳（Joan Blaeu）编辑的拉丁文版《中国全图》（1655 年）。

份出使中国，先至广州。1520 年，皮雷斯进京朝觐明武宗，是新航路开辟后首批到达北京的欧洲人。由于葡人给中国留下的不良印象，他的使命失败，一行人被驱逐出京，在广州被捕，皮雷斯于 1524 年死于狱中[1]。

皮雷斯在东南亚一带活动时，曾四处搜集东方各国情报，并于 1515 年编写《东方诸国记》（*Suma Oriental*）呈献葡王。该书是“地理大发现”之后，欧洲人第一本详尽描述东方（包括中国）的著作。可惜此书

[1] 也有一说他被流放在中国，乃至娶妻生子，平托在游记中称曾遇见过他。

原稿不存，直至1937年才在法国发现抄本，经葡萄牙学者科特桑（A. Cortesao）注释，于1944年在伦敦出版。

作为最先注意到“北京”就是“汗八里”的欧洲人，托梅·皮雷斯时称明朝首都为“Cambara”，时称“Peqim”[1]。因《东方诸国记》写在出使北京之前，所以皮雷斯有关北京的叙述依然属于传说范畴：“城中居民、贵族众多，骏马触目皆是，不可胜数。”[2]当描写紫禁城内的皇帝时，他这样写道：“除了极少数人之外，平民百姓与贵族们根本见不到皇帝，因为习惯如此……使臣们觐见皇帝时，只能隔着一道帷幕窥视皇帝那模糊不清的身影……如果使臣们献给皇帝的礼物值一千，那么皇帝就会加倍地赐还。”[3]皮雷斯笔下的皇帝不仅保存着大汗的威严，更沾染着遥远神秘的“禁城”色彩。皮雷斯总是不停批评原来的传说（使节觐见时会有四个“皇帝”同时接见，所有人都说话，但不知道哪位是真正的皇帝），但其自身带来的消息也还是纰漏百出的道听途说：中国皇帝不是父子相传，也不传给侄子，而是由常驻北京的王国委员会选举，并经大臣们审议通过产生。

关于中国的女性，特别是京城的贵妇人，皮雷斯这样描述：“她们将长发以一种十分雅致的样式盘绕在头顶上，再插上许多金发卡，有的人还遍缀宝石；她们在头顶、耳朵及脖子上佩戴贵重的珠宝饰物。她们在脸上敷一层厚厚的白粉，描眉修饰，化妆得非常漂亮，就连塞维利亚都望尘莫及。……她们穿着丝织的或以锦缎制作的尖头拖鞋，手中总是握把扇子，她们的肤色像我们一样白皙，有的人眼睛较小，有的则眉清目

---

[1] 《东方诸国记·中国》，见《中外关系史译丛》第4辑，夏茂译，上海：上海译文出版社，1988年，第274—289页。

[2] 《东方诸国记·中国》，见《中外关系史译丛》第4辑，夏茂译，上海：上海译文出版社，1988年，第276页。

[3] 《东方诸国记·中国》，见《中外关系史译丛》第4辑，夏茂译，上海：上海译文出版社，1988年，第278页。

紫禁城的朱门紧闭，代表着不容侵犯的皇权天威。

秀，双瞳似水。”[1] 在他的想象中，首都的女子应当有着与众不同的高贵和淑雅。

1527 年，里斯本出现了另外两个使团成员——魏莱拉（Vieira）和喀尔沃（Calvo）从明朝监狱中寄出的信。在信中，他们以“Piquim”称呼北京，并较详细记述了这次北京之行：“北京接待外国使者的方式是把他们安置在一所很高围墙的房子里，每月的第一天把他们关进去，第 15 天时把他们带到皇宫，可步行可骑马，在皇宫外他们就得双膝跪地，头和脸贴在地上，听候命令，这样面对宫墙起跪五次之后，又被带回那些房子，重新关起来。”[2] 这是亲身进入天国禁城后的体验，所以对北京的记述也真实了许多，甚至还看到了北京的软肋：位于北方的天国首都“没有木料、石料和砖瓦，这些东西都要用大船从南京运来。如果南京或其他省区不供应北京食品，那它就一天也活不下去，因为北京人口很多，加上那个地方寒冷不产稻米，其他食粮也很少”[3]。

熟悉中国历史的人都应知道，明太祖朱元璋认为“自古帝王临御天

---

[1] 《1515 年葡萄牙人笔下的中国》，见《中外关系史译丛》第 4 辑，上海：上海译文出版社，1988 年，第 168 页。

[2] Donald F. Lach：*Asia in the Making of European*，The University of Chicago Press，1955，Vol.1. p735.

[3] 澳门文化司署编：《十六和十七世纪伊比利亚文学视野里的中国景观》，郑州：大象出版社，2003 年，第 21 页。

下，中国属内以制夷狄，夷狄属外以奉中国”，他一度曾有“片板不许入海”的海禁政策。1421年明朝的首都从南京迁到北京，海上事业越来越被忽视。以后，朱高炽曾下令停止下西洋，后来又有闭海关等禁令。18世纪中期以前，除特许进京的使团成员外，来华的西方人只被允许在广州沿海居住贸易。因此，在他们的游记中，经常表现出对“天城”的向往之情，希冀一睹传说中的北京风采，毕竟过去梦幻般的叙述深深影响着他们。下文便摘评几种较典型的描述：

据一个在中国被囚禁六年的葡萄牙人（1554年）讲述：“中国人总是把城市造在汹涌大河边最坚固的地方，特别是利用河道的拐弯处，使之成为天然屏障。如果说河宽半里格（league，相当于4.8公里），那么就再造半里格宽的城墙，以便一旦发生战事，可以在城墙洞里埋伏兵士。”[1]这只是一般的城市，京畿要地更是防守严密：“北京比起其他任何城市，它的人口更多，更繁华，当地人说，如果直穿城市，要走7天，如果绕城一圈，则要走13天。有三道城墙和一条汹涌的大河围绕城市……王宫外有一座奇堡，入宫前要先通过奇堡的七八扇大门，门口守卫着身材极为高大的巨人。……人们说国王从来不出那个城，因为里面有各种各样的娱乐和享受，还有土地，所有的食物都产自围墙内。国王甚至从来不到外面的两道城墙去。人们还说只有那些在内墙里面伺候国王的人才能看到他，他们都是阉人，都是贵族子弟，一旦入宫，活着就不能离开那里。”[2]另外，京城官员在穿衣方面也有规定：“重要人物穿着黑色丝衣，因为其他颜色的衣服被认为是不体面的，乃至于不穿黑色衣服就不敢走到官吏和贵人面前；如果出门时穿的是一件别的颜色的外衣，而碰巧要和官吏说话时，就从遇到的熟人那里借一件黑色外衣去干他的事而把自

[1] 澳门文化司署编：《十六和十七世纪伊比利亚文学视野里的中国景观》，郑州：大象出版社，2003年，第11页。

[2] ［葡］平托等著：《葡萄牙人在华见闻录》，王锁英译，海口：海南出版社、三环出版社，1998年，第19页。另可参见第62页，所述大体相同。

暮霭中的角楼和护城河，进一步烘托了神秘的禁城色彩。

己的衣服留下。普通人同有身份的人说话时要脱帽，他们可以不着黑色外衣，只穿其他颜色的短衣。”[1] 显而易见，这里的描述大都出于杜撰，魔幻的色彩比比皆是。当然，这也正是“天城”边缘镜像的基本模式。

相似的记述也体现在葡萄牙人盖略特·伯来拉（Galeote Pereira）的《中国报道》中：“我还听说皇帝定都的北京城是那样大，除开比城市本身还要大的郊区外，从这一头到另一头，骑马按平常的步子要走一整天，而据我所看到的去判断，我完全相信。”[2] 关于生活在城市里的居民，伯来拉认为“不论在吃的时候还是在应酬时，他们都非常讲究礼仪，在这方面似乎胜过世界上所有的民族。同样，根据其习惯，他们在穿戴方面也非常讲究，超过一切异族及摩尔人，没有理由要来妒忌我们”[3]。对中国民俗一知半解的西方人还特别描述了城市居民怎样欢度春节：“每年正月初一，即基督教徒纪念耶稣受割礼的那一天，他们也举行盛大的欢庆活动，持续三天，每天日夜演戏。他们热衷于演闹剧，然后又吃又喝。在这三天里，他们习惯闭城欢庆，三天之内不开城门。对于这一点他们意

[1] ［英］G. F. 赫德逊：《欧洲与中国》，王遵仲等译，北京：中华书局，1995 年，第 224 页。

[2] ［英］博克舍编注：《十六世纪中国南部行纪》，何高济译，北京：中华书局，1990 年，第 19 页。

[3] 澳门文化司署编：《十六和十七世纪伊比利亚文学视野里的中国景观》，郑州：大象出版社，2003 年，第 44 页。

见一致，因为他们说感到酒意正浓，所以紧闭城门，以免遭到危险。”[1]

另一位葡萄牙传教士加斯帕尔·达·克鲁斯（Gaspar da Cruz）著有《中国志》（1570年），该书是欧洲第一部专述中国的完整著作。遗憾的是，当克鲁斯1569年返回葡萄牙时，正逢瘟疫流行，《中国志》1570年2月出版时，他本人已染病而亡，因而该书在当时的欧洲传播并不广泛。克鲁斯对北京的描写也属于人云亦云的范畴："据说北京城大到一人骑马从早到晚都不能直穿过它（街道是笔直的，由一门通向另一门），这只是在城内，连郊区也都是很大的。"[2]其中皇帝居住的宫城更具神秘感，"为了保持他的伟大形象和权威，国王从不外出。王宫大门里面是一道道高大的围墙，内有很多大房间以及很大的菜园、花园和果园。园子里有很多水池，池中养着很多鱼。里面还有树林，林中有野猪野鹿供狩猎。总之大门之内样样都有，他想要的娱乐应有尽有。除了阉人，没有任何一个男人能见到他"[3]。

不仅葡萄牙人在边缘地带"幻想"北京，西班牙人也同样如此。以马丁·德·拉达（Martín de Rada）为例，他除记述北京城的面积很大外，还着重渲染了紫禁城的神秘："他们把他（按：中国皇帝）尊为半个神，还讲了些神话，如鸟兽都不在皇宫顶或地上留下粪便，等等。"[4]可以想见，20世纪初年，带着这个期望来北京探胜的法国作家皮埃尔·洛蒂（Pierre Loti）是何等失望，因为他所看到的皇宫破败不堪："在那宽敞的庭院里庄严雄伟的大理石坡道上，野草荆棘丛生；乌鸦和鸽子成群地栖息在金銮殿顶上，金色的屋顶上覆盖着一层厚厚的鸟粪，像一张怪异而

[1] 澳门文化司署编：《十六和十七世纪伊比利亚文学视野里的中国景观》，郑州：大象出版社，2003年，第18页。

[2] ［葡］伯来拉等著：《南明行纪》，何高济译，北京：中国工人出版社，2000年，第123页。

[3] 澳门文化司署编：《十六和十七世纪伊比利亚文学视野里的中国景观》，郑州：大象出版社，2003年，第127页。

[4] ［英］博克舍编注：《十六世纪中国南部行纪》，何高济译，北京：中华书局，1990年，第192页。

奢华的地毯，任其在那里腐烂。”[1]

从这些报道来看，欧洲人惊讶地发现马可·波罗的叙述得到了证实。这样一来，人们又盲目走向另一个极端：对一些旅行家在中国沿海口岸停留还不到一两个月就写的报道一概接受。这样便塑造了另一种“口耳相传”的北京。

西方人想象的中国皇帝觐见图。

北京在神秘之余，还有着那么一丝不可理解，如16世纪葡萄牙文学家若昂·德·巴罗斯（João de Barros）在《亚洲十年》（1552年）中描述北京对待外国使节的行为：派往北京的“使臣往往四名以上，首先因为觐见皇帝路途遥远，破费时日，使臣一半病死于旅途，幸存者或在某宴席中毒身亡，得到厚葬，墓碑上会刻上其姓名，派遣国名，永垂帝国青史”[2]。北京似乎成了诸多使节的殉葬之都。

[1] ［法］皮埃尔·洛蒂:《在北京最后的日子》，马利红译，上海：上海书店出版社，2006年，第87页。

[2] 澳门文化司署编：《十六和十七世纪伊比利亚文学视野里的中国景观》，郑州：大象出版社，2003年，第65页。

因为以上关于北京的叙述多有失实之处，后来深入禁城腹地的耶稣会士便经常批评早期葡人的报告，认为“那些游历家常常欺骗我们，因为他们自己也早已受他人之骗……在他们的记述中充满了道听途说和庸俗的无聊之谈”[1]。真实的北京在这些道听途说中变得更加扑朔迷离了。不过，身处殖民初期的葡人，在叙述的口吻上也体现出新的迹象：“虽然城市像我所述的那样庞大，但居民却很软弱，没有什么资财。人们在这一国家中在很短的时间内就可以为上帝和我们的君主做很多的事。”[2]和中世纪旅行家的敬畏形成鲜明对比，这里已经有了殖民的意味。而且这种态度在后来的几百年间将日益突出。

二

另一位到过北京的旅行家是葡萄牙人费尔南·门德斯·平托（Fernão Mendes Pinto，约 1514—1583）[3]。他的《游记》（1576 年）在当时的影响堪与塞万提斯的《堂·吉诃德》相媲美，迄今译本已有 170 多种，人们更多把它看成是一部融真实和想象于一体的小说[4]。其中关于北京的描述既来自作者亲眼所见，也有北京人的讲解，还参考了一本介绍北京的中文手册——《亚洲圣都》（*Aquesendó*）。

平托于 1541 年 10 月到北京。在此之前，他已经游历了中国广州、杭州等城市，认为“中国的各个城市宏大壮观，人们可以据此推断整个帝国该是多么辽阔宏伟……我在一些地方看到了数量极大、种类极多的食物，是我们欧洲所望尘莫及的。然而说实话，不要单说每一个地方的

[1] 忻剑飞：《世界的中国观》，上海：学林出版社，1991 年，第 139 页。

[2] ［英］雷蒙·道森：《中国变色龙》，常绍民等译，北京：时事出版社、海南出版社，1999 年，第 45 页。

[3] 关于平托是否到过北京，学界有争议，具体可参见姚京明：《平托〈远游记〉中的中国形象》，载《中国比较文学》，2003 年第 3 期，第 57 页。

[4] 万明：《西方汉学的萌芽时期》，《世界汉学》第 1 期，第 146 页。

有金色琉璃瓦屋顶的紫禁城，在阳光的照射下犹如一座黄金城市。

东西，就是把所有这些地方的东西都加起来，也不能与中国一地的东西相提并论”[1]。在所有城市之中，他最赞叹的是北京（Pequim）：“北京城堪称世界王国的都城”，“两道城墙上共有 1060 座圆形垛楼和 240 座坚固、宽敞、高耸的箭楼。楼顶色彩缤纷，光彩夺目。每座楼上都有蹲在圆球上的镀金狮子，这是中国国王的徽记，象征着他是占据世界王座的狮王”。北京不仅富丽堂皇，同时也秩序井然，“中国人告诉我们说，此城四周共有 360 座城门，正如前面所说的，在每座城门口总有四个卫兵

[1] 澳门文化司署编：《十六和十七世纪伊比利亚文学视野里的中国景观》，郑州：大象出版社，2003 年，第 202 页。

把守，他们手持长戟，注意着出入的一切”[1]。很显然，平托的叙述有很多不符合史实之处，如中国皇帝的徽记应是龙而不是狮子，北京的城门更不是 360 座。所以，读者应该以读小说的态度来对待平托的《游记》。

在该游记小说中，平托在北京的见闻“不但涉及城市的富庶程度、社会秩序和宏大规模，而且有关治国方式、司法管理、值得称赞的任命全国官吏的方法、根据战争条例对退役将士论功行赏的方法，以及类似的事情”[2]。笔者下面将主要从平托所使用的夸张和虚构两种修辞方法分类论述。

1. 马可·波罗夸张口吻的再现

两百年后的平托犯了和马可·波罗同样的毛病，也是不厌其烦地用夸张的数字来吹嘘北京的宏伟壮丽。“仅以王城围墙内的明阿房宫城（按：紫禁城）为例，内有 10 万阉人、3 万女人和 1.2 万饷银丰厚的卫兵。”[3]在“一条长长的都是平房的街道，居住着国王的 24000 个船工。还看到另一条类似的街道，街长超过一里格，居住着 14000 多个宫廷膳房的厨工。还有一条类似的街上住着无数的单身女子（按：妓女），比起城里这种身份的女子，在税赋上享有特权，因为她们也属于宫廷，其中很多人逃离丈夫走上这条不幸的道路”；“城墙内有 3800 座寺院庙宇，常年用大量的禽鸟野兽祭祀”；“据说 120 条河上共有 1800 座桥，无论是在造型上还是可看到的其他各个方面，座座桥都仿佛是最好最美的”。此外，在一道墙内住着“为人洗衣的佣人，据说人数超过 10 万。这里大河小溪纵横，深水池塘及湖泊不计其数，均用坚固结实、雕琢精细、打磨光滑的石块

[1] ［葡］平托等著：《葡萄牙人在华见闻录》，王锁英译，海口：海南出版社、三环出版社，1998 年，第 170 页。

[2] 澳门文化司署编：《十六和十七世纪伊比利亚文学视野里的中国景观》，郑州：大象出版社，2003 年，第 203 页。

[3] 澳门文化司署编：《十六和十七世纪伊比利亚文学视野里的中国景观》，郑州：大象出版社，2003 年，第 246 页。

加帆车：16、17 世纪西方的流行想象，认为中国有一种行若疾风的陆地运输工具。该图由荷兰画家亨德里克·格里茨·波特（Hendrik Gerritsz Pot，1580—1657）创作于 1638 年，展现了加帆车在欧洲的“升级版”。

威廉·亚历山大画的加帆车。

或石板筑壁围起”[1]。

平托没有机会看到皇帝举行的国宴，于是他便津津乐道京师贵族的宴会：“宴会场面气派壮观，有许多差役手持银质狼牙棒伺候在侧；餐具精美，包括全套金餐具。那儿的客房里摆放着银质睡床和锦缎床帷。那儿的侍者均是容貌美丽、衣着华贵的黄花姑娘。”更有甚者，“有些宴席按中国习惯持续十天，盛大、华丽、隆重。席间侍者成群，伴有歌舞、娱乐、垂钓、狩猎、竞骑、游戏、闹剧、戏曲、徒步或骑马比武，费用高达二万

[1] 澳门文化司署编：《十六和十七世纪伊比利亚文学视野里的中国景观》，郑州：大象出版社，2003 年，第 206 页。

两白银”[1]。从平托描述的奢侈程度来看，这种宴会甚至超过了皇帝的规格。

清末加帆车照片。

海外冒险的人最渴望看到的是金银等财富和繁盛的商业活动，平托当然也不例外。平托一行人在“两个月中，曾逛过十至十二个集市。集市上人流如潮，有步行的，也有骑马的。小商小贩的货箱里摆满了各种不能叫出名称的物品，还不算富商巨贾在自己的街上设置的正常货摊，秩序井然，货物丰富，有大量的丝绸、锦缎、布匹、亚麻及棉布服装、貂皮、白鼬皮、麝香、沉香、细瓷、金器银具、大小珍珠、金粉金条等，看得我们九人目瞪口呆”[2]。

当然，北京也有衣不蔽体的穷人，不过这座城市有许多“穷人培训院”。“在那里，根据市政府的命令，对失去父母又流落街头的孩子进行教育，所教的不但有伦理，而且还有读书写字及其他手艺，直到他们可以自食其力。”平托以为：“这样的机构在城里不会少于200处，可能有500处。”[3]

与前人相比，平托特别关注了北京普通市民居住的胡同，尽管描述

[1] 澳门文化司署编：《十六和十七世纪伊比利亚文学视野里的中国景观》，郑州：大象出版社，2003年，第207页。

[2] 澳门文化司署编：《十六和十七世纪伊比利亚文学视野里的中国景观》，郑州：大象出版社，2003年，第219页。

[3] 澳门文化司署编：《十六和十七世纪伊比利亚文学视野里的中国景观》，郑州：大象出版社，2003年，第238页。

的并非完全真实："城中一般的街道都又长又宽，两旁的房屋，一到两层，华丽讲究。街道两旁还都设有铁栅栏或黄铜栅栏，并有胡同的出入口。每一条街道的顶端都建有拱门，华丽的门扇入夜关闭，拱门顶上装有警钟。豪华大街中的每一条都有官兵分班巡夜，每隔十天须向市政府汇报情况，以便布政使们或察院们根据法律和所发生的情况采取措施。"[1] 这些都验证了平托对北京的总体评价：社会富庶、司法公正、秩序井然。

2. 荒诞不经的天方夜谭

如果说上面的描述还只是使用了夸张的表现手法，那么后来的平托则完全是在讲述一则荒诞不经的天方夜谭。平托也预感到欧洲的读者将不会相信他的描述，所以他很大度地表示："我也不会过多责备那些对我所述之事不大相信或表示怀疑的人。因为我本人也确实承认，即使是我亲眼看见，一想到北京城的恢宏、异教国王那万人之上的地位、主持司法的察院们以及进行统治管理的按察使们的排场、各大臣那震慑众人的威风、房屋和寺庙本身以及里面一切东西的富丽堂皇等，往往也感到恍如梦境。"[2]

平托重点"虚构"了一些他认为"最突出、最值得记忆的建筑物"。其中的第一座便是牢狱："牢房占地约两平方里，长宽相等，由一堵高墙围绕。墙上没有雉堞，只有墙头上布满了尖刺，衬着又宽又厚的铅板。墙外四周是深壕沟，设有一些吊桥。每到夜晚，吊桥便由锁链拉起，悬在一些粗大的铸铁柱上。……根据国王的命令，此牢中常年关押着 30 万囚犯，年龄不等，从 17 岁到 55 岁。"[3] 面对如此规模的牢狱，平

---

[1] 澳门文化司署编：《十六和十七世纪伊比利亚文学视野里的中国景观》，郑州：大象出版社，2003 年，第 218 页。

[2] 澳门文化司署编：《十六和十七世纪伊比利亚文学视野里的中国景观》，郑州：大象出版社，2003 年，第 246 页。

[3] 澳门文化司署编：《十六和十七世纪伊比利亚文学视野里的中国景观》，郑州：大象出版社，2003 年，第 219 页。

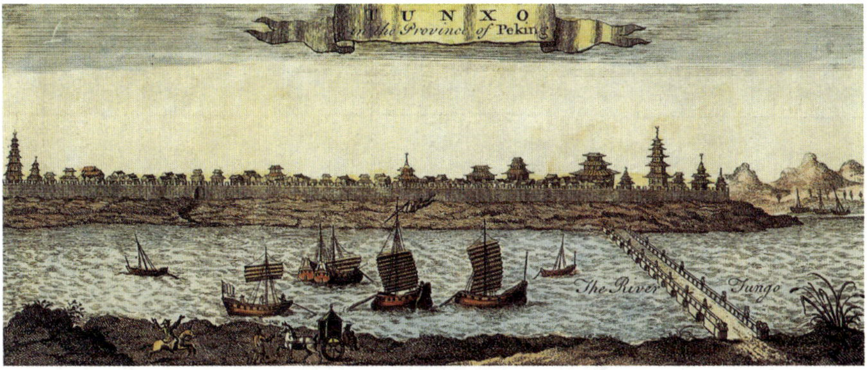

1656 年 7 月，荷兰使团抵达北京城外。纽霍夫的画作。

托惊愕万分，中国人解释道，这是皇帝将全国囚犯集中流放守卫长城的结果："以便所有罪犯在接到流放长城的判决后能立即被送到此牢集中，一旦长城索要，即可派遣，不需耽搁。" [1] 数目众多的囚犯就已经让人不可思议，下面的叙述就更离谱了，"牢狱的大墙之内还有树木参天的林子，纵横交错的小溪池塘，水流清澈，可供所有的囚犯饮用洗漱。还有不少小寺、不少医院以及 12 座豪华气派的寺院。总之，一座宏伟富饶的城市应有的一切，大墙之内都有，且数量丰富。囚犯们还在许多方面享有便利，因为大多数人都偕妻儿同住，国王则根据每人的家室提供住房" [2]。在今天的读者看来，待遇如此高的监狱甚至可以和配套完善的社区相媲美。

平托描述的第二处建筑被称作"亡人宝楼"。它是"与大牢面积几乎相等的另一个大院，四周围以坚固的院墙，外面还有壕沟环绕。……院内有许多精心雕琢的楼塔，镏顶飞檐，五彩缤纷。……从整体上看，整

[1] 澳门文化司署编：《十六和十七世纪伊比利亚文学视野里的中国景观》，郑州：大象出版社，2003 年，第 222 页。

[2] 澳门文化司署编：《十六和十七世纪伊比利亚文学视野里的中国景观》，郑州：大象出版社，2003 年，第 225 页。

纽霍夫画的北京皇陵，陵墓状若小山，墓前有碑林和庙宇，右侧远处的建筑为北京城。

座建筑的形象和布局非常壮观悦目，超出了人的想象”[1]。据平托描述，里面有 3000 座装饰有风铃的大房子，“每座从地面到房顶都堆满了死人的头盖骨，据估计，用一千条再大的船也难盛下”，“在这些房屋的后面是一座人骨山，其高度超过了屋顶，其长度（从山的一头到另一头）为整整半里格，与这条街同样长，而且非常之宽”。更让人不可思议的是，这座死人的坟场有着很高的收入，“没有一座房屋的收入不在 2000 两白银以上，都是死者为解救灵魂而捐赠的。全年的总收入可达 500 万金克鲁扎多（按：葡萄牙货币名称），其中 400 万上缴国王，100 万归和尚们，以用于那里的开支。至于国王作为保护人而取走的 400 万，则用来维持

[1] 澳门文化司署编：《十六和十七世纪伊比利亚文学视野里的中国景观》，郑州：大象出版社，2003 年，第 226 页。

流犯牢中 30 万人的食用”[1]。之所以会有如此局面，是因为守卫僧人的迷信宣传。“如果不把遗骨放在那里，”平托解释说，“灵魂将遭不幸，所以每天都有 2000 多不幸者的尸骨被送到那里。那些因路途遥远而无法将遗骨运来者，则将其一二颗牙齿送来，因为这些牙齿，再加上他们的施舍，就跟送来全部遗骨一样令神满意。”[2]

谈到这里，便无法回避一个基督教徒始终无法释怀的问题——为什么异教徒居住的北京有着如此的繁华？平托在书中提出了同样的疑问，但却无法解答："因为似乎没有人的理解力能够明白，也没有那么多的词汇可用来称呼上帝向这个敌对的异教民族所赠予的数量和品种如此之多的东西。但他们对上帝的恩赐竟没有谢意，以为物产丰富仅仅是国王的功绩，而不是万能的主的安排和恩赠。”[3]

在对北京作了全面的介绍后，平托总结道："无论从规模、文明程度、富裕水平和财富来看，还是从其他值得提及的各个方面来讲，北京城都堪称世界都市之都。”[4]“我们不能把北京想象成是罗马、威尼斯、巴黎、伦敦、塞维利亚、里斯本，或是欧洲众多名城中的任何一个，哪怕这个城市再有名、人口再多也不行。欧洲以外，我们也不能把北京想象成是埃及的开罗……然而我敢断言，所有这些城市都无法与大北京最细微的东西相比，更难与北京各方面的宏大规模与气势相提并论，诸如雄伟壮观的建筑，用之不竭的财富，极其充沛的各种必需品，难以计数的人口、

[1] 澳门文化司署编：《十六和十七世纪伊比利亚文学视野里的中国景观》，郑州：大象出版社，2003 年，第 227 页。

[2] 澳门文化司署编：《十六和十七世纪伊比利亚文学视野里的中国景观》，郑州：大象出版社，2003 年，第 229 页。

[3] 澳门文化司署编：《十六和十七世纪伊比利亚文学视野里的中国景观》，郑州：大象出版社，2003 年，第 247 页。

[4] ［葡］平托等著：《葡萄牙人在华见闻录》，王锁英译，海口：海南出版社、三环出版社，1998 年，第 171 页。

交易、船只、司法情况，国家的治理，宫廷的平稳等。”[1]众所周知，乌托邦最大的特点之一是社会的公正，有着健全而人性的司法制度[2]。以平托为代表，他虽然是作为囚犯从南京押解到北京的，但依然赞叹北京完美的社会保障体系和严明的司法制度，这证明“天城”在其心目中的乌托邦色彩是何等浓重。

[1] ［葡］平托等著:《葡萄牙人在华见闻录》，王锁英译，海口：海南出版社、三环出版社，1998年，第208—211页。

[2] 姚京明:《平托〈远游记〉中的中国形象》，载《中国比较文学》,2003年第3期，第63页。

第三节

地理学想象中的北京

当年《马可·波罗行纪》出版后，立即在欧洲引起轰动。但许多读者却并不相信其中的叙述。在马可·波罗临终前，有人让他坦白承认游记中的内容纯属伪造。马可·波罗痛苦地表示，他有关中国富有程度的叙述，还不到其实际所见的一半。1585 年，西班牙人胡安·冈萨雷斯·德·门多萨（Juan González de Mendoza，1545—1618）《中华大帝国史》[1] 的出版则试图使人们相信《马可·波罗游记》并非是编造的神话，作者在前言中明确表示他写这部书的目的之一就是让人们对马可·波罗不再抱怀疑的态度。

门多萨的《中华大帝国史》是应罗马教皇要求撰写的，他向欧洲人展示了一个强盛、富裕的中华帝国形象。该书是 16 至 17 世纪欧洲有关中国自然环境、历史、文化风俗、礼仪、宗教信仰等概况最详尽的一部著述，也是《利玛窦中国札记》发表以前，在欧洲最有影

[1] 该书全称为《依据中国典籍以及造访过中国的传教士和其他人士的记叙而写成的关于中华大帝国最负盛名的情事、礼仪和习俗的历史》。

17 世纪西方想象中的文雅古都：牌楼林立、方砖铺地的天城景象。

响的一部专论中国的百科全书。门多萨的文学才华使《中华大帝国史》具有极高的可读性，他本人也被誉为第一流的古典作家和驾驭语言的大师。到16世纪末，该书以拉丁文、意大利文、英文、法文、德文、葡萄牙文以及荷兰文等七种不同的欧洲语言重印了46次，其影响绝非皮雷斯、巴洛斯诸人可比[1]。后世许多汉学家对其亦有很高评价，如美国学者拉赫（D. F. Lach）认为："门多萨著作的权威性是如此之高，它可以作为18世纪以前所有有关中国著作可供比较的起点和基础。"[2]《中华大帝国史》的问世是欧洲中国形象发展的一个里程碑，它标志着契丹神话的终结，中华帝国神话的开始，汗八里的梦幻演变成地理学想象中的北京。前世芜杂的材料经过这一次整理与塑造，终于变成西方文化传统中可资利用的"他者形象"。作为一种文化类

[1] 具体版本参见张国刚等著：《明清传教士与欧洲汉学》，北京：中国社会科学出版社，2001年，第82页。

[2] Donald F. Lach：*Asia in the Making of European*，The University of Chicago Press，1965，Vol.2. p744.

型的典范，一直影响到18世纪的启蒙运动。

同曼德维尔一样，门多萨并未到过中国，无法亲眼看见北京的风采。《中华大帝国史》所引用的材料，大多取自前人的记述。因此，他所描述的与其说是实际的北京，不如说是“想象的地理学”[1]。在介绍中国的行政区划时，北京着墨最多：北京（Paguia），又叫“皇城”（Celestiall Citie）、“天城”（Suntien）、“京师”（Quinsay）；这是世界上最好的地方，也是最大的城市，有纳税人口270.4万（不包括255万“骑士”），从一个城门走到另一个城门，要骑上好马跑一日。明王室之所以要迁都北京，是因为那儿离鞑靼最近，中国人和鞑靼人战事不断，定都北京可以应付不测之事。另一个原因是，北京的温度或气候比其他省更有益于健康。在第三卷第二章，门多萨用几乎与马可·波罗同样的口吻谈论北京的皇城：规模宏大、气势开阔，里面的装饰之豪华简直令人目瞪口呆，这里集中了世界上任何其他国家的皇帝都只能望其项背的珍宝。壮丽的宫殿至少需要4天才能游览一遍，它被7道高高的城墙包围着，每道城墙之间可容纳1万士兵，他们护卫着皇帝的日常安全。宫殿里有79个美轮美奂的大厅，许多宫女在那儿伺候皇帝；大殿用纯银或纯金按石工的方式铸造而成，其中有“一把用象牙制成的漂亮椅子，镶有价值连城的宝石和红玉，以至在夜晚黑暗时大殿充满光亮，好像那里有很多火炬和灯火”。总之，北京的宫廷集合了人类所能想象到的所有生活用的东西，它们都提供给皇族人员消遣，因此皇帝很少出宫，以“保留国王身份的威仪，也避免遭受阴谋暗杀”[2]。至于政府官员的住宅，“都很巍峨壮观，令人仰慕，而且是以辉煌的艺术建造的，规模有一个大型村庄那么大，这是因为院内还有大花园、水池，周围还有林地”。总之，该书集合了门多萨所能搜集，并认为正确的所有材料，塑造了一个在地理和物质层面完整的东方古都

[1] 罗钢、刘象愚主编：《后殖民主义文化理论》，北京：中国社会科学出版社，1999年，第4页。

[2] ［西］门多萨：《中华大帝国史》，何高济译，北京：中华书局，1998年，第76、78、87页。

“从北面观看到的北京”，紫禁城以南的景色。参见 1858 年 9 月 4 日的法国《画报》以及 9 月 25 日的英国《伦敦新闻画报》。

形象。

因素材所限，门多萨关于北京的叙述充斥着传说痕迹：“中国人在谈到这座大城及其中的巨大财富时没有分歧，因他们众口同声，可证实其为真。”[1] 书中也有关于中国城市防卫的描述：“中国城墙坚固，外面围以深壕（情况紧急时可放满河水），城门上架着大炮，中国人认为这是最好的防御工事。城墙上，长官率士兵日夜守卫。如不得到城市最高当局的批准，任何外国人是无法靠近该城的。”门多萨有关中国城市设防的论述，绝不是毫无目的的。细心的读者很容易发现，作为殖民时代的产物，他在书中也多次表达了依靠上帝之助以和平的方式去征服这座遥远城市的愿望[2]。

在门多萨出版《中华大帝国史》之后，有关中国的旅行见闻、殖民地的政府报告、传教士的书简等，越来越多地出现在西方。它们给西方人留下的基本印象仍是中国的富饶与北京的繁荣。这在某种程度上是中世纪游记的延续，同时这种印象在未来继续强化，虽然在 18 世纪后期趋于式微，但其吉光片羽却以各种方式长期影响至 20 世纪。

[1] ［西］门多萨：《中华大帝国史》，何高济译，北京：中华书局，1998 年，第 76 页。

[2] ［西］门多萨：《中华大帝国史》，何高济译，北京：中华书局，1998 年，第 45—46、89—91 页。

第四节

误读的传说

所谓“误读”的传说有两方面：一方面，中国学权威门多萨的描述就有很多失实之处；另一方面，一些欧洲文学家根据这些资料“以讹传讹”，创作了更多离奇的东方故事。

一

对门多萨错误的纠正以西班牙耶稣会士庞迪我（Diego de Pantoja，1571—1618）和西班牙多明我会修士闵明我（Navarrete，1618—1686）为代表。

庞迪我 18 岁时在托华多加入耶稣会，1601 年和利玛窦一起进京朝见万历皇帝。由于呈献的礼品（包括自鸣钟和西洋琴）博得万历皇帝的欢心，他们被允许留驻北京，并受赐生活津贴。1602 年 3 月 9 日，庞迪我从北京给他远在托华多的导师古斯曼主教写了一封长信，即《一些耶稣会士进入中国的纪实及他们在这一国度看到的特殊情况及该国固有的引人注目的事物》。由于庞迪我已深入中国京师，并多次出入紫禁城，因此他

中国高官出行。该图首次出现在闵明我的著作中。

对北京的认识显然是门多萨所无法企及的。庞迪我在信中一方面肯定了门多萨著作中具有真实性的那部分内容，另一方面又根据他对北京的实地观察，对门多萨记述有误的地方做出了更正。例如，门多萨（以及同时代人）把北京置于北纬 50 度左右，庞迪我则通过用星盘实测北京的正确位置应在北纬 40 度一带；门多萨认为北京市民穿着丝绸服装，而庞迪我则告诉欧洲人，大多数百姓日常多穿着棉麻服装，只是有身份和富裕的人才满身绸缎。

闵明我于 1655 至 1669 年间在华，著有《中国与东方》（*China y Oriente*）一书。闵明我在该书中多次批评门多萨对中国的错误论述，认为门多萨对北京的描述无异于在编织梦幻传奇。例如，门多萨告诉欧洲人，北京城大得惊人，从一座城门到另一座城门，若一个人骑上等好马也要跑上一天；闵明我则指出门多萨的这种说法言过其实。门多萨说皇宫里驻扎有上万人的警卫部队，日夜保卫皇帝的安全；闵明我则说如果中国皇帝认为有必要他完全可以招来比这一数字多得多的人马，但事实上皇帝并不把那么多的卫兵留在宫中，那是件自找麻烦的事。门多萨特别强调北京朝廷对待来使很礼貌、热情，“遵守世界诸王都遵守的国法”[1]。这有很大的误导性，问题在于什么才是国际惯例，是叩头、单腿下跪，还是脱帽礼？半个多世纪以后，荷兰使团在北京见到中国皇帝，他们的感受并不像门多萨想象的那样美好。而后来英国人马戛尔尼和阿美士德的出使，几乎是令人难堪。

在门多萨等人的误导下，1625 年，法国贵族米歇尔·博

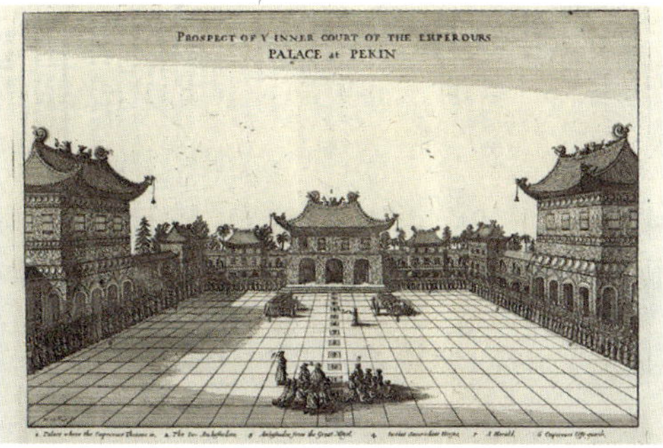

纽霍夫描绘的觐见顺治图，午门外面文武百官簇拥如林。后世有不少仿作。

德国画家乔治·普罗斯特（Georg Probst，1732—1801）根据纽霍夫画作加工的午门外景，俨然西方的城市广场。

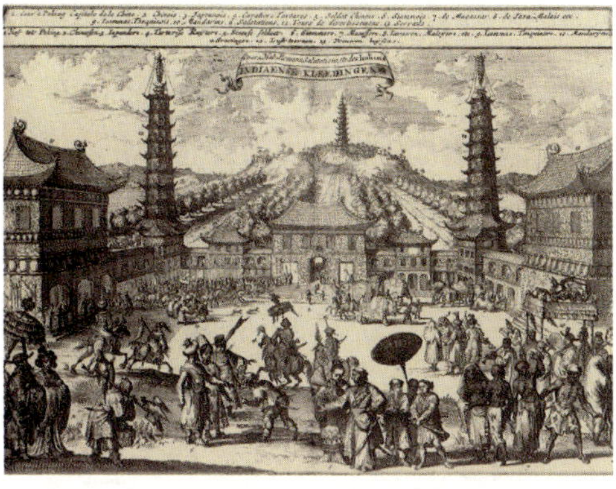

荷兰画家罗曼·德霍夫（Romeyn de Hooghe，1645—1708）对紫禁城广场的光怪陆离般描绘。

[1] ［西］门多萨：《中华大帝国史》，何高济译，北京：中华书局，1998 年，第 141 页。

迪耶（Michel Baudier，约 1589—1685）出版了《中国国王宫廷史》一书。此书综合了前人的资料，对北京宫廷的夸赞遵循着“完美—美丽—财富”的模式：“在这座宽阔的城池中，建造了三座皇宫：一座在入口处，朝东；另一座在城中央；而第三座在最里边，朝西。中国国王选择第一座皇宫作为其寝宫，它如此宏伟宽广，以至人们至少要花四整天的时间，方能看全它的种种特点；皇宫七面环墙，城墙高大宽阔，大到宫内的各个建筑间都相距甚远，可绰绰有余地安置下一万名日常守卫皇宫的士兵。宫中美丽的房间总数达 500 余间，间间都布满了垂帘和精巧的小屋；另有 79 间全部雕龙画凤的大厅，工艺精湛，令人赞叹；其中 4 个厅是在这座宫中最引人瞩目的：第一间用铸铁造就，制作奇异古怪，并铸有大量的雕像；第二间的地板和护墙板以银为材料，造价昂贵……”[1] 对比《中华大帝国史》的诸多相似之处，我们很容易看出博迪耶是在“加工、升华”门多萨关于北京的夸耀。

二

尽管有源源不断的关于北京的新消息通过新航路传到欧洲，但这些消息只局限于伊比利亚半岛的两个国家，其他国家还是处在闭塞的中世纪时代。欧洲其他国家的子民很早就耳闻了北京的传说，但却并不清楚北京处在怎样的地理位置上，英国作家培根（1561—1626）就一直认为北京是一座海港[2]。虽然皮雷斯早在 1515 年就注意到了北京城就是“汗八里”，但其影响甚微。例如，英国诗人约翰·弥尔顿（1608—1674）在《失乐园》（1655 年）第 11 卷，写魔鬼撒旦指点耶稣看人间的帝业和荣耀，

[1] ［法］柯孟德：《中国：在神话与游记之间——西方人看中国三例》，孟华译，载《国际汉学》第 4 辑，郑州：大象出版社，1999 年，第 176 页。

[2] 马可·波罗曾给后人误导，他认为从汗八里“至于海洋，其距离有二日程”。参见［意］马可·波罗：《马可·波罗行纪》，冯承钧译，上海：上海书店出版社，2001 年，第 230 页。

以此来引诱耶稣（诗句第385至390行）：“在这里他纵目眺望，看到古今有名的城市，最伟大的帝国的都城，从契丹可汗（Cathaian Can）的都城汗八里（Cambalu）的坚固城垣和铁木儿王座所在，奥克塞斯河旁的撒马尔罕，直到西那（Sena）诸王的北京（Paquin）……”[1]这也就等于说从北京到北京[2]。同样的混淆也发生在英国剧作家弗朗西斯·法恩（Sir Francis Fane）的《牺牲》（*Sacrifice*，1686年）中[3]。这说明当时很多欧洲人还不能分清契丹和中国，更无法确定北京就是传说中的汗八里。在一些细节描写方面，如米列斯库（Nicolae Spătaru Milescu，1636—1708）认为北京的“城墙上可以并排行走12匹马，因为城墙由两道砖墙构成，中间填满泥土，夯得十分结

鸟瞰北京城：白塔林立、城门巍峨，护城河里舟楫密集。该图集合了纽霍夫、亚历山大、阿罗姆等人画作中的诸多元素。

---

[1] 范存忠：《中国文化在启蒙时期的英国》，上海：上海外语教育出版社，1991年，第6页。

[2] 杨周翰认为弥尔顿在此用许多地名，目的在于“烘托气势，制造铿锵的音调”，使其符合史诗的要求，“不求甚解的情况也是有的”，见《攻玉集》。

[3] 范存忠：《中国文化在启蒙时期的英国》，上海：上海外语教育出版社，1991年，第104页。

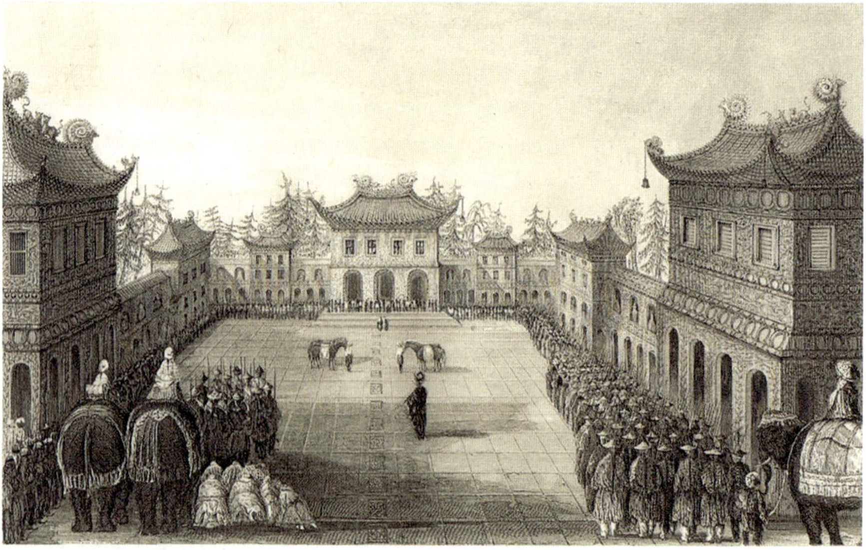

午门广场觐见图。骑在大象背上的外国使节，西方人想象的禁城礼仪。1850 年德国画作。

实”；北京宛若繁忙的港湾，“除了属各级官府和民用的舟楫之外，这里有成千艘皇船，成年南来北往，日夜不停，专为皇帝运送各种物资”。[1]

在阐述“误读的传说”时，笔者这里主要以意大利耶稣会士卫匡国（Martino Martini，1614—1661）的《鞑靼战纪》（*De Bello Tartarico Historia*）为生发点。该书自 1654 年问世至 1674 年，二十年间再版 21 次，记述 1644 年清军入关前后的战事。中国历史学家赞誉此书：“所记至详，直言不隐，足补我国正史之阙略。”[2] 书中所描写的北京，主要为两种形象：战火征伐首要之地和背叛混乱之所。明朝崇祯皇帝自杀后，“仿照崇祯的样子自杀的有皇后，有元帅……这种残酷的自杀不仅在宫廷里发生，整个城市中有很多人这样做”。整个北京“在一场巴比伦式的大

[1] ［罗］米列斯库：《中国漫记》，柳凤运、蒋本良译，北京：中国工人出版社，1999 年，第 85 页。

[2] 杜文凯编：《清代西人见闻录》，北京：中国人民大学出版社，1985 年，第 2 页。

混乱、大屠杀中，李自成胜利地穿过城市进入皇宫”[1]。北京作为“巴比伦”的形象第一次出现在西方文本中，只是这有着特殊的历史背景，并且在欧洲本土几乎没有负面影响。真正意义上的“东方巴比伦”直到“礼仪之争”后期才开始成为影射北京的套语。

在《鞑靼战纪》的影响下，德国首先出现了几部中国题材的巴洛克小说，代表作为《埃关》和《亚洲的俄诺干布》。《埃关》的作者为哈格多恩（Hagdon，生卒年不详），该小说描写一个亚洲游侠埃关，帮助满洲攻占北京。作者把英雄的骑士传奇和浪漫爱情放在遥远的东方古都背景中做绘声绘色的描述，人物个性和情节全是欧洲式的，充斥着夸张和雕饰。哈佩尔（Happel，1647—1690）的《亚洲的俄诺干布》，副标题是：“描述中国当今的执政皇帝顺治——一位地地道道的骑士，并简短地介绍他以及他亚洲王子的风流韵事、他们的骑士业绩、所有地处亚洲的王国和地区的特性以及他们的君主的等级制度和主要功绩。”[2] 从标题不难看出，该小说完全是在面壁虚构，作者深受传教士们中国报道的影响，把中国看作一个基督教国家，并把北京想象为美好的“上帝之城”[3]。笔者以为，用基督教义与骑士精神重塑中国王族和古都的形象，展现了异质文化之间基本的认知模式。“自我”的传统文化对异质文化有着强大的归化和认同功能：当两种文化展开最初的接触时，总会在自身文化传统视野内对异域文化进行简化、改造。于是，当东方古都的形象进入欧洲文化视野时，便会遭到基督教文化的改造变形，也因此更具亲和力。

[1] 杜文凯编：《清代西人见闻录》，北京：中国人民大学出版社，1985年，第25页。

[2] 杜文凯编：《清代西人见闻录》，北京：中国人民大学出版社，1985年，第25页。

[3] 杜文凯编：《清代西人见闻录》，北京：中国人民大学出版社，1985年，第25页。

北京皇宫……至少有第戎宫（Dijon）那样恢宏……它基本上是由一大批主体建筑群（正屋）组成，彼此之间互相脱离，但却设计成了一种相当漂亮的对称布局，由宽敞的院落、花园和花坛分隔开来。所有这些主体建筑的门面都由于镀金、涂漆和绘画而金碧辉煌。其内部装满了中国、印度、欧洲所有的最精美和最珍贵的艺术品与家具。

——1743 年 11 月 1 日，耶稣会士、北京宫廷画师王致诚（Jean Denis Attiret）写给欧洲友人的信。见［法］杜赫德：《耶稣会士中国书简集》第 4 卷，耿昇译，郑州：大象出版社，2005 年，第 288—289 页。

请您想象一下我们所住的地方——我们所居住的地方是世界上最大的和偶像崇拜者最多的城市，有多少灵魂就在我们的身边灭亡啊！我们在城里以及在宫中看到的一切均让我们痛心。

——1764 年 11 月 7 日，韩国英（Pierre-Martial Cibot）神父致信德尔维耶（Dervillé）神父，哀叹信仰异教的北京。见［法］杜赫德：《耶稣会士中国书简集》第 5 卷，吕一民等译，郑州：大象出版社，2005 年，第 91 页。

第三章

耶稣会士与『希望之城』

第一节

耶稣会士利玛窦的“旷野福音”

一

从 17 世纪初到 18 世纪中后期，欧洲人所知北京的情况，主要来自意大利、比利时、德国、法国的耶稣会士报告。与其他修会相比，这些国家来华耶稣会士人数最多。据法国学者费赖之（Louis Pfister）《在华耶稣会士列传及书目》统计，从 1552 年（明嘉靖三十一年）至 1773 年（清乾隆三十八年）的 221 年中，来华欧洲耶稣会士超过 400 名，国籍有葡、法、意、比、德、西。作为“沟通欧洲和远东文化的桥梁”[1]，这些耶稣会士的学术之硕、在华经历之长、交游之广，都是以前的欧洲人无法比拟的，他们将中西文化交流推进到有实质内容的层次。

许多学者型的耶稣会士不仅通晓汉语，也熟悉中国传统习俗，并赢得了中国皇帝和官员的信任。每一

[1] ［德］利奇温：《十八世纪中国与欧洲文化的接触》，朱杰勤译，北京：商务印书馆，1962 年，第 68 页。

位前往异邦传教的耶稣会士，都必须定期给他的上级写信，报告传教的经历与所在地区的情况。他们对中国的描述由浅入深，由点及面，由全景式概述到专题性研究[1]。在耶稣会士眼中，“中国不是需被击败的无名的野蛮民族，而是一个不得不回到同一个上帝家园中的‘浪子’”[2]。从这可以看出，耶稣会的人道主义浸透着一个信念，即在非基督教世界也存在着大量的美德善行和拯救希望。

耶稣会士利玛窦和中国士大夫徐光启。二人所举的中国地图为利玛窦绘制。

尽管北京严格管制西方人的活动，但作为东方大国的首都，它始终吸引着大批传教士的进入[3]。由于国家在修历、造炮、外交和为皇室服务方面的需要，作为政治、文化中心和最高统治者皇帝居住地的北京，成为西方传教士施展其各方面才华的最佳场所。这也便解释了他们为什么能够在一个“闭关自守”帝国的封闭都城中长期存在，并使之在一个时期内成为中西文化交流中心。

深入禁城心脏的耶稣会士向欧洲发回了大量书信和报告，这些书信

[1] 参见张国刚等：《明清传教士与欧洲汉学》，北京：中国社会科学出版社，2001 年，第 97 页。其中文学类 4 部，艺术类 26 部，社会生活类 35 部。

[2] 乐黛云主编：《独角兽与龙——在寻找中西文化普遍性中的误读》，北京：北京大学出版社，1995 年，第 10 页。

[3] ［法］裴化行：《利玛窦评传》，管振湖译，北京：商务印书馆，1993 年，第 573 页。

不仅作为耶稣会的内部通讯，还要对其他修会以及广大世俗社会公布。它逐渐揭开了罩在东方古都头上的神秘面纱。此时，历史文化精神和道德秩序逐渐渗入北京形象，作为圣哲文化与贤明统治的重要代表，它开始扮演西方精英文化中的理想城市，很多人甚至认为中华国都的管理可以作为欧洲城市管理的范型。

二

意大利人利玛窦（Matteo Ricci Mathew，1552—1610）是第一位到达北京的耶稣会士。自从孟德高维诺所创基业毁于元末农民起义的战火后，北京两个多世纪没有出现西方传教士的活动，因此利玛窦在此传播的依旧是“旷野福音”。利玛窦曾先后两次入京（1598 年、1601 年），将明王朝延续了二百年的“不准外国人在京居住”的禁令打开一个缺口[1]，获得了在北京的长期居住权，并成功地在北京建立了第一个耶稣会传教点——“圣母无染原罪堂”[2]。

在中国南方生活了十五年的利玛窦认识到，在中国重要的不是传教，而是居留下来，要想福音在中国立足，只有去北京，因为“中国只有一个脑袋和一颗心脏，全在紫禁城”。当他进入北京后，便和后世许多耶稣会士一样，希望用“福音的光辉照亮北京城”，“住在北京并死在北京，除此之外……别无所求”[3]。由于他深通中国经典，由于他的科学知识和机械学才能，更重要的是由于他非常机智圆滑，利玛窦给京城的士大夫留下了良好印象，死后终于得以安葬北京城。

---

[1] 1601 年（万历二十九年）2 月，礼部题：“《会典》止有西洋国及西洋琐里国，而无大西洋，其真伪不可知”，“不宜令入宫禁”，“勿令潜住两京”。见《明神宗实录》卷三五六。

[2] 这是北京最古老的天主堂。据《帝京景物略》记载：“堂制狭长，上如覆幔，傍绮疏，藻绘诡异，其国藻也。”这种与中国传统建筑不同的主体建筑，至今未改变。

[3] ［意］利玛窦、金尼阁：《利玛窦中国札记》，何高济等译，何兆武校，北京：中华书局，1983 年，第 405 页。

如上文所述，欧洲以前关于北京的叙述可分为两类：一类是想象得太多，另一类是道听途说得太多。因此，《利玛窦中国札记》（1615 年）的编纂者金尼阁（Nicolas Trigault，1557—1628）在序言中主张："唯一合情合理的就是相信我们最近的这部叙述将取代在它以前出现的那些撰述。"利玛窦通过对北京经纬度的实地测量，断定北京就是"汗八里"，而契丹就是中国北方的一部分，从而解决了困扰西方学术界三百多年的"北京与汗八里""中国与契丹"关系的疑团[1]。但遗憾的是，西方社会的反应并没有预期的那样强烈，天花乱坠的汗八里更让他们感兴趣。更何况利玛窦传播给欧洲的并不全是赞誉。例如，他认为："北京城的规模、城中房屋的规划、公共建筑的结构及城防沟垒，都远逊于南京。"北京的皇宫"也不如南京皇宫宽阔，但它建筑的雅致和优美却由于它的细长的线条而显得突出"。北京很少有街道是用砖或石铺路的，冬季的泥和夏季的灰尘令人厌烦。即使北京物资丰富，但除了那些富有而无须节约的人以外，这里经常缺乏薪火[2]。

利玛窦特别提及了北京的气候和由此产生的民俗："这里在多灰尘的季节，任何阶层的人要想外出时，不管是步行或乘交通工具，都要戴一条长纱，从帽子前面垂下来，从而遮蔽起面部。……一个人只有在他愿意被认出时才能被人认出。他避免了无数的招呼和问候，并可以根据他喜欢的任何方式和任何价钱出行……所以一个人在北京可以放弃豪华和时髦而用不着难为情。"这种情形正好可以帮助新来乍到、金发碧眼的外国传教士，因为"戴面纱的习惯对神父们是恰合时宜的。在战争岁月里，外国人走在街上多少有些冒险，但是戴上面纱，他们可以愿意到哪里就

[1] ［意］利玛窦：《利玛窦书信集》，罗渔译，台湾辅仁、光启出版社，1986 年，第 310、404 页。

[2] ［意］利玛窦、金尼阁：《利玛窦中国札记》，何高济等译，何兆武校，北京：中华书局，1983 年，第 329 页。

宣武门教堂（南堂），利玛窦在北京建立的第一个耶稣会传教点，北京最古老的天主教教堂。

去哪里，不受干扰地旅行”[1]。

利玛窦虽然在北京生活了十余年，但他内心很清楚北京对外国人是封闭的，这里只允许三种人进入——朝拜者、使节和自愿永久居住者，“福音的光辉照亮北京城的时刻还未到来”[2]。北京每年都要接受周边国家的朝贡，但这只是“给中国国库增加沉重的负担。中国人知道整个事情是一场骗局，但他们不在乎欺骗。倒不如说，他们恭维他们皇帝的办法就是让他相信全世界都在向中国朝贡，而事实上则是中国确实在向其

[1] ［意］利玛窦、金尼阁:《利玛窦中国札记》，何高济等译，何兆武校，北京：中华书局，1983年，第330页。

[2] ［意］利玛窦、金尼阁:《利玛窦中国札记》，何高济等译，何兆武校，北京：中华书局，1983年，第335页。

西洋水彩画，19 世纪中期的南堂。

他国家朝贡"[1]。很显然，在利玛窦眼里，很多人来北京就是想大发横财，因为他们在北京的一切开支都由公款报销，临走还带回皇帝的大量恩赐。对于未来的传教任务，利玛窦也看到了成功的希望和暂时的困难："北京的皇宫整整被四座大墙所围绕。在白天，除了那些剃了发的僧人而外，任何男人都可以通过第一、二座墙。妇女任何时候都被拒于墙外。第三道墙以内只允许皇宫的太监们进入。夜间只有士兵和太监允许停留在外墙之内。神父们获准通过第二道外墙，但不能再往里去。"[2]

包括利玛窦在内的许多耶稣会士抵达北京时，适逢中国在许多方面

[1] ［意］利玛窦、金尼阁：《利玛窦中国札记》，何高济等译，何兆武校，北京：中华书局，1983 年，第 560—561 页。

[2] ［意］利玛窦、金尼阁：《利玛窦中国札记》，何高济等译，何兆武校，北京：中华书局，1983 年，第 403 页。

出现衰落迹象，但他们却对北京做了很多有利的描述，主要原因在于中西文化的巨大反差。与欧洲的政治分裂相比，中国却在与欧洲面积相当的领土上实行中央集权统治；和欧洲兵事频繁、战祸绵延相比[1]，中国则是一派和平景象，即使是明、清政权交替，也很快恢复了统一局面。因此，来华的耶稣会士大都将北京比作“希望之城”，并通过多种渠道将这一形象传送到欧洲本土。

[1] 如1618—1648年的三十年战争，以及16至17世纪的荷西战争、16至18世纪的奥土战争、英西战争、1740—1748年的奥地利王位争夺战等。

第二节

基督教的“希望之城”

在西方文化中，乌托邦的形象一直和城市纠缠在一起。这种联系在时间上要比托马斯·莫尔的著作《乌托邦》出版早得多，譬如柏拉图就把“理想国”和城市、市民等概念融合在一起，荷马史诗《奥德赛》中所描述的费阿刻斯城邦就有莫尔“乌托邦”中的许多特征。此外，西方基督教文化传统更把天堂定义为一个美好的所在，而这个地方则被比喻成“天堂之城”“上帝之城”“永恒之城”“光辉的山巅之城”等。《圣经》中的上帝毁灭了巴比伦、所多玛、蛾摩拉等堕落的东方城市，也预示着会重建充满希望的新城市，而此时耶稣会士笔下的北京似乎是一个不错的证明。

一

在耶稣会士的笔下，西方人终于得以看到北京较清晰的面貌。其中，描写最为详细的当属 1668 年葡萄牙传教士安文思（Gabriel de Magalhães，1609—1677）出版的《中国新史》。安文思于 1648 年入京，一住就是

荷兰使团进入北京南城。摘自法国人金涅（M. de Guignes，1759—1845）的《北京之旅》（*Voyages à Peking*，1808），金涅 18 世纪末陪同荷兰使团来北京觐见。

京师街景。摘自德国学者约瑟夫·屈尔施纳（Joseph Kürschner，1853—1902）编撰的《中国：生活和历史，战争和胜利；一座献给战士和世界政治的纪念碑》（*China : Schilderungen aus Leben und Geschichte, Krieg und Sieg ; ein Denkmal den Streitern und der Weltpolitik*，1901）。

二十九年。该书用五个章节介绍“北京之宏伟”[1]。北京的内城被称作“满人城”，外城被称作“汉人城”，在内城之内还有皇城和紫禁城。紫禁城内是皇宫，其体量之大俨然是一座城市，红墙黄顶，气度非凡，置身于其中便自觉渺小。“老城和新城的街道都挤满了人，大街小巷，边远角落和中心地方都一样。到处都是人群，除欧洲的市集和游行外简直没有可以与之相比的。”不过，欧洲人也会发现一些不足，由于门窗不使用玻璃，宫室内光线不足，相当昏暗；宫殿虽然雄伟庄严，但是缺乏必要的采暖设备，冬季室内温度很低，为皇帝服务的传教士往往冷得发抖。“这里的房屋如果能像我们的房屋一样高，而且建筑在街道两旁，那么城市会显得更壮观。但它们都是矮房，以示对皇宫的尊敬。”北京的街道整齐，商业繁华，但是黄土路面带来许多不便，大队人马经过时，尘土飞扬，遮天蔽日，看不清五步以外的人和物。最后，安文思总结道：“我们所述的建筑物都盖以黄、绿、蓝色大厚瓦，用钉固定以防风暴，因北京的风很大。屋脊总是从东到西，高出屋顶约一矛的高度。末端饰以龙、虎、狮及其他动物的躯体和头部造型，它们沿着整个屋脊盘绕伸延。从它们的口和耳中，涌出各种花朵及奇形怪状的东西及其他悦目的装饰，一些装饰就依附在它们的角上。由于这些宫殿都漆上上述的色彩，当太阳升起时，从老远看去，如我多次所观察到的，它们都是用纯金制成，至少是镀金，以蓝、绿色作彩饰，产生非常美妙、华丽、庄严的景观。”[2]

此外，我们亦可参见一些散见的描述。1688 年来京的耶稣会士李明（Louis le Comte，1655—1728）在《中国现势新志》中这样记述：“当你来到皇帝的住处，这里确实有庄严的圆柱所支撑的门廊，白色的大理石阶引你升入内殿，镀金屋顶，雕工画饰，光彩夺人，室内地面用大理石或瓷砖铺成，但主要的还是它们所包括的大量建筑群的组合，使观者眼

[1] ［葡］安文思：《中国新史》，何高济、李申译，郑州：大象出版社，2004 年，第 132—170 页。

[2] ［葡］安文思：《中国新史》，何高济、李申译，郑州：大象出版社，2004 年，第 170 页。

西什库教堂（北堂），1703年开堂。1887年因中南海扩建，将其拆除，后于西安门内西什库易地而建，是典型的哥特式建筑。

八国联军驻扎的北堂，出自1900年9月9日的法国《朝圣者报》（*Le Pèlerin*）。

花缭乱，看起来确实伟大，适合于一位如此之伟大的君王的庄严。”[1]

1692—1695年间出使中国的俄国使团，公使由荷兰商人伊兹勃兰德（Eberhard Isbrand Ides）担任，使团还有一位德国随员亚当·勃兰德（Adam Brands），他们分别写了旅行笔记。伊兹勃兰德赞叹北京城郊有许多官员的豪华宅邸，远望去宛如优美的风景，所行驿道宽阔笔直，大路上车水马龙犹如市内大街。勃兰德补充说北京市民的房子漂亮轩敞、官员私邸装饰华丽、牌楼富丽堂皇，到处高耸着美丽的寺庙和塔。但他们都认为北京城的街道极少用鹅卵石和砖铺路，不仅有损市容，而且在雨天或干燥的刮风天给人极大不便。两人均盛赞金碧辉煌的宫殿，勃兰德注意到殿外有流水环绕，石拱桥洁白如雪，伊兹勃兰德则详细描述了中国皇帝华贵的宝座。两人都观看了北京的戏剧、杂耍，还饶有兴趣地谈到脸谱、

[1] ［英］G. F. 赫德逊：《欧洲与中国》，王遵仲等译，北京：中华书局，1995年，第255页。

服装、道具及演员程式化的动作等异域风情。

1743年11月1日，法国耶稣会士、中国宫廷画师王致诚（Jean Denis Attiret，1702—1768）于北京写信给欧洲友人先生，谈到从澳门去北京的旅途，整个行程“有600—700法里，我们却在那里丝毫未遇到值得注意的东西，既看不到古迹，又看不到大型建筑物”。这只是欲扬先抑，后来作者特别指出：“但我们应该将北京皇宫及其别墅园林作为例外。因为那里的一切都规模宏大且货真价实……在这一切之中，没有任何与我们的建筑模式和我们的建筑术有关系的成分……这座皇宫至少有第戎宫（Dijon）那样恢宏。我向您提起第戎这座城市，是因为您很熟悉它。它基本上是由一大批主体建筑群（正屋）组成，彼此之间互相脱离，但却设计成了一种相当漂亮的对称布局，由宽敞的院落、花园和花坛分隔开来。所有这些主体建筑的门面都由于镀金、涂漆和绘画而金碧辉煌。其内部装满了中国、印度、欧洲所有的最精美和最珍贵的艺术品与家具。”[1] 从把北京皇宫和第戎宫的对比中，我们可以看出，西方人对中国城市和皇宫的认知都是以对欧洲宫城的前理解为背景。

1720年，苏格兰人约翰•贝尔（John Bell,1691—1780）[2] 跟随俄国使团到达其“仰慕已久”的中国都城，康熙为他们举行了宏伟壮观的入城仪式，贝尔一行人“从北大门入城；前面是一条宽敞的街道，街道笔直，一望无际。我们路过时的扬尘即刻被洒上水，空气非常清新……有五百位骑士专门为我们开路……这些士兵并不像其他一些东方国家那样粗鲁地对待百姓，其态度温和而且有人情味”[3]。贝尔所看到的北京是一派欣

[1] ［法］杜赫德：《耶稣会士中国书简集》第4卷，耿昇译，郑州：大象出版社，2005年，第288—289页。

[2] 约翰•贝尔1762年出版两卷本《从俄罗斯的圣彼得堡到亚洲各地的旅行记》（*Travels from St. Petersburg in Russia，to Various Parts of Asia*）。

[3] Ninette Boothroyd，Muriel Detrie ed. *Le Voyage en Chine*，Paris，Editions Robert Laffont，1992，p263. 中译参见叶向阳：《英国游记中的北京形象：历时地勾勒及流变》，载汪介之主编：《跨文化语境中的比较文学》，南京：译林出版社，2004年，第560—561页。

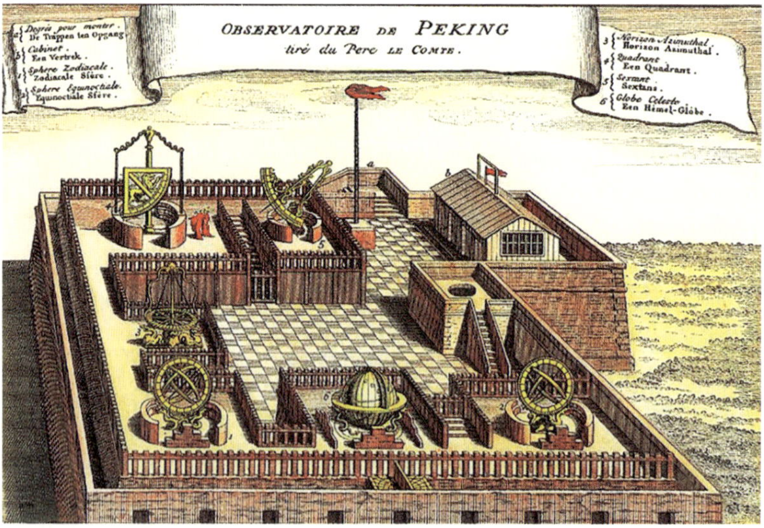

古观象台格局图，康熙十二年（1673），耶稣会士南怀仁主持建造，台上陈列着大型铜制天文仪器。

1872 年观象台照片，由英国人约翰·汤姆森（John Thomson，1837—1921）拍摄，远处背景可见城门楼。

欣向荣的景象，此时“北京宫廷的特点是有条不紊且庄重得体，而不是宏大和奢华”[1]。

由上文可以看出，前人所确立的北京表述范式被一而再，再而三地重复：几乎每一位西方人都称赞宫殿雄伟，对北京风貌的描述大同小异，只是尽量添加细节和修改前人不正确的信息而已，总而言之，是要再现一个强大、壮丽而富足的东方之都[2]。

当然，耶稣会士眼中的北京也有其缺陷之处。1764 年 11 月 7 日，韩国英（Pierre-Martial Cibot）神父致信德尔维耶（Dervillé）神父，谈到北京的异教状况：“请您想象一下我们所住的地方——我们所居住的地方是世界上最大的和偶像崇拜者最多的城市，有多少灵魂就在我们的身边灭亡啊！我们在城里以及在宫中看到的一切均让我们痛心。天主的仁慈何时才能降临到这个不幸的国家中来啊？”但是这种不和谐音并没有引起西方人普遍注意。正如中国的一句谚语“情人眼里出西施”，当西方人热衷于中国风物和中国情趣，震惊于中国的古老、安宁和富裕，对中国投以羡慕的目光时，对于中国首都的弊病往往有意或无意地听而不闻。更何况当时西方文化对于东方之都，不期待一个过于庞杂、斑驳不清的形象，他们需要一个乌托邦式的北京，作为超越自身文化的价值典范。

二

在耶稣会士的推动下，中国风尚一时风靡西方，正如英国桂冠诗人怀特海（William WhiteHead）所说：“如今又有一种奇怪的风气占了上风，弄得样样东西都是中国式的，或者按中国情趣设计的。如用较为谦虚的说法，便是‘半中国式’的，桌子、椅子、壁炉架、镜框，甚至最平常

[1] Nigel Cameron，*Barbarians and Mandarins*：*Thirteen Centuries of Western Travellers in China*，Oxford University Press，1989，p278.

[2] Lach & Van Kley，*Asia in the Making of Europe*，vol，III，pp.1693—1696.

的家庭用具都得屈从这一新奇的标准。中国热真可谓风靡一时。”[1] 在这一大背景下，西方人欣赏北京传来的任何能够体现中国文化的物品，盼望着聆听“从北京来的中国乐队”[2] 演奏异域风情的乐曲。北京的传教士则想方设法地去寻找一些能够讨巴黎的保护者和朋友们欢心的东西，譬如象牙扇子、上等茶叶、山水书画等等。1752 年，两位北京青年高（Ko）类思和杨（Yang）德望的法国之行更是一件万人空巷的大事。他们二人在跟随北京的耶稣会士学习了三年后，于 1751 年 7 月 7 日离开北京，赴欧洲继续完成基督教育。1766 年 1 月返回北京，回来时得到了法国国王每年 1200 法郎的资助 [3]。

中国皇帝和耶稣会士一起研究天文，远处背景为北京城。17 世纪末，法国皇家博韦（Beauvais）工厂制作的“中国皇帝”挂毯系列之一。图画风格受当时两本书的影响：一本是纽霍夫的《荷使初访中国记》，另一本是德国耶稣会士基歇尔（Athanasius Kircher）的《中国图说》，而基歇尔本人并未到过中国。

中国皇帝出海，风帆上绣着一只张牙舞爪的西方龙。远处为北京城。“中国皇帝”挂毯系列之二。

18 世纪下半叶，北京的基本形象已经在欧洲确立。此时真实的北京是封建社会晚期典型的贵族消费

[1] 转引自《中国比较文学》，1985 年第 1 期，第 13 页。

[2] ［法］亨利·柯蒂埃：《18 世纪法国视野里的中国》，唐玉清译，钱林森校，上海：上海书店出版社，2006 年，第 125 页。

[3] ［法］亨利·柯蒂埃：《18 世纪法国视野里的中国》，唐玉清译，钱林森校，上海：上海书店出版社，2006 年，第 148 页。

中国皇帝出行（局部），蓝色长袍前胸绣着一只西方龙，后方为北京城。“中国皇帝”挂毯系列之三。

城市，经济发展受到严重的阻碍[1]。但在大多数欧洲人心目中，北京则是一个历史悠久、富丽堂皇、人口众多、政治开明、道德高尚、宗教宽容的城市。在西方人自尊的谦逊与进取的诚恳心态中，北京不是一种现实，而是一种乌托邦模式，是他们梦想中的贤君圣城，毕竟能够亲临北京一睹实情的欧洲人太少了。

在此有必要提及18世纪欧洲中国学三大名著，它们从各个角度提供了中国的材料，其中有不少关于北京的描写。1702年起，巴黎耶稣会的总书记卢哥比安（Le Gobien）神父编辑出版《耶稣会士书简集》（*Lettres édifiantes et curieuses écrites des missions étrangères par quelques missionnaires de la Compagnie de Jésus, Tome I-XXXIV*），其中16—26卷为中国寄来的通信。评论者认为这些书简“部分地造就了18世纪的

[1] 李洵：《公元十六七世纪的北京城市结构》，载《社会科学战线》，1988年第4期。

中国皇帝上朝。1742 年，法国皇家博韦工厂设计了第二批中国挂毯，绘图者是洛可可画派代表弗朗索瓦·布歇（1703—1770）。根据王致诚提供的材料绘制。其中一部分挂毯还是法国 1776 年赠予乾隆皇帝的礼物。

中国皇帝御宴。布歇绘制。中国皇帝和皇后坐在棕榈树下无拘无束地享用野餐，用以对比西方宫廷的繁文缛节。阳伞、发辫等元素，显示出令西方人着迷的异域情调。

人类精神面貌……中国皇帝甚至变成了开明和宽容专制君主的典型……入华耶稣会士们从遥远的地方，甚至是不自觉地参与了对法国社会的改造”[1]。1735 年，《耶稣会士书简集》的第二位主编杜赫德（Jean-Baptiste Du Halde，1674—1743）出版专著《中华帝国通志》（*Description de la Chine*），标题为“关于中华帝国及满蒙地理、历史、年代、政治及物产等的记述”。该书自出版以来至 19 世纪末，“都是欧洲关于中国知识的标准著作”[2]。第三部为 1776 年至 1814 年出版的《中国丛刊》，即“北京传教士所写的关于中国人的历史、科学、艺术和风俗习惯的札记丛刊”，共 16 卷。在西方启蒙运动的时代，中国北京被塑造成具备精神主体的形象，闪烁着孔儒的光辉。譬如，德国思想家莱布尼茨（1646—1716）在 1697 年出版的《中国近事·序言》中这样谈中国京师的达官显贵：他们“从不侮辱对方，谈吐温文尔雅，很少将其憎恶、恼怒、愤激之情现于辞色。……在中国，不论邻里之间，还是自家人内部，人们都恪守习惯，保持着一种礼貌”[3]。

18 世纪欧洲文学中的北京形象大多只是作为一个朦胧的背景，给人一种扑朔迷离的梦幻之感。1723 年，法国作家格莱特（Gueullette）出版《中国故事集——达官冯皇的奇遇》。作为一部典型的流浪汉小说，它仿照《一千零一夜》的讲故事传统。主人公冯皇游走在北京（作品中称大都[4]）和中国周边国家之间，作者讲述了一个中国国王为了迎娶伊斯兰公主，不惜“摧毁了崇拜偶像的帝国，确立了穆罕默德的宗教”[5]。同年，法国的

---

[1] ［法］安田朴等：《明清间入华耶稣会士和中西文化交流》，耿昇译，成都：巴蜀书社，1993 年，第 17—18 页。

[2] 张国刚：《从中西初识到礼仪之争——明清传教士与中西文化交流》，北京：人民出版社，2003 年。

[3] 夏瑞春：《德国思想家论中国》，南京：江苏人民出版社，1995 年，第 5—6 页。

[4] ［法］托马-西蒙·格莱特：《达官冯皇的奇遇——中国故事集》，刘云虹译，上海：上海书店出版社，2010 年，第 75 页。

[5] ［法］托马-西蒙·格莱特：《达官冯皇的奇遇——中国故事集》，刘云虹译，上海：上海书店出版社，2010 年，第 234 页。

一扇神奇的门，清朝官员邀请欧洲人参观北京城（远处背景），八旗兵勇列队欢迎，启蒙时期欧洲人想象的友好之都。

内斯托（Nestier）剧团在圣日耳曼演出两幕中国剧，名为《小丑、水狗、医士与塔》。全剧以北京皇城为背景，结尾还出现中国皇帝夹杂中法文的滑稽道白。1729年该剧团又在罗隆演出《中国公主》，亦以北京为背景，但剧中角色包括亚洲许多国家的人物[1]。在18世纪的欧洲，这类含有北京元素的作品有不少，如昂热·古达尔（Ange Goudar）的《为了观察欧洲的状况而来的中国间谍或北京宫廷的特派使者》（1774年），安托万·佩克凯（Antoine Pecquet）的《北京宫廷历史的秘密趣闻》（1746年）等[2]，只不过北京的形象大都如上述作品一样支离破碎、梦幻歪曲。

这一时期，北京给西方带来的另一种梦幻就是园林的诱惑，以“万园之园”（Jardin des Jardins，圆明园）为代表。法国耶稣会士王致诚曾协助意大利人郎世宁（Joseph Castiglione，1688—1766）筹建圆明园中的欧式花园，他对中国的建筑技术和美学风格也十分推崇。王致诚在1743年致欧洲友人的信中赞美中国园林的特点在于利用人工以接近自然，有一

[1] 参见张国刚等：《明清传教士与欧洲汉学》，北京：中国社会科学出版社，2001年，第52页。

[2] ［法］亨利·柯蒂埃：《18世纪法国视野里的中国》，唐玉清译，钱林森校，上海：上海书店出版社，2006年，第136—137页。

英法联军在圆明园内狂欢。第二次鸦片战争时英国随军画师绘制。

英法联军将领额尔金进入北京。1860 年英国印刷的彩色平版画。

清漪园（颐和园前身）文昌阁城关。英国摄影师费利斯·比托（Felice Beato）于 1860 年 10 月 18 日拍摄。因照片下有英文“Summer Palace, Yuan ming yuan, October 1860”，后世很长一段时间将其错认为圆明园建筑。

种令人怡悦的天趣：“宫中的一切都是伟大而且真正美丽的，无论是设计还是工程。……对中国人在建筑方面所表现的千变万化，我要钦佩他们丰富的天才。确实，我不禁要认为与他们相比，我们是缺乏的，枯凝的。”[1] 不仅如此，园林里还有北京城的缩微景观，“有城楼、城墙、城栏、炮眼。城里有街巷、广场、庙宇、室内市场、露天市场、商店、法庭、宫殿、码头”等。遥远北京园林的魅力影响是非常深远的，甚至到 1860 年，英法联军烧毁圆明园，时任英军工兵上尉的查尔斯·乔治·戈登依然感慨：“你很难想象我们烧毁的宫殿有多么壮丽雄伟。我们点火时，都不免为之心痛。龙楼凤阁鳞次栉比……”[2] 英国随军牧师马卡吉亦哀叹：“烟青云黑，云蔽天日，所有庙宇、宫殿、古远建筑、轮奂辉煌，举国仰为神圣庄严之物，和其中历代收藏，富有皇家风味，精美华丽，足资纪念的物品，都一齐付之一炬，化为劫灰了。”[3]1861 年 11 月，法国作家维克多·雨果在给巴特雷上尉的信中更是高度评价圆明园，并抨击英法联军

[1] ［英］G. F. 赫德逊:《欧洲与中国》，王遵仲等译，北京：中华书局，1995 年，第 256 页。

[2] ［美］乔纳森·斯潘塞:《改变中国》，曹德骏等译，北京：三联书店，1990 年，第 72 页。

[3] 《北平图书馆馆刊》第 7 卷，第 3、4 号，第 81 页。

的罪恶行径："圆明园不仅是一个绝无仅有、举世无双的杰作，而且堪称梦幻艺术之崇高典范——如果梦幻可以有典范的话。你可以去想象一个你无法用语言描绘的、仙境般的建筑，那就是圆明园……在颇具诗人气质的能工巧匠创造出天方夜谭的仙境之后……这是一个以宫殿、庙宇形式表现出的充满人类神奇幻想的、夺目耀眼的宝洞。"[1]

其实，很早之时，门多萨就花了大量笔墨介绍中国园林艺术："中国宫廷中有花园、果园、公园，还有各式鱼塘，又养着各种飞禽走兽，住在里面如同置身自然山水之中。道路旁还有许多类似古罗马的凯旋门（按：石牌坊）。宫殿里有花园水池、树影婆娑、林木环绕，别有情趣。"[2] 大量的赞誉在欧洲掀起了一阵中国园林风。关于中国园林的异域想象以英国人威廉·钱伯斯（William Chambers）为代表，他在《中国房屋、家具、服饰、机械和家庭用具设计图册》（1757 年）中描写首都的"月宫"景象："每当夏季天气炎热、光线过强、中国的王子们感到不适时，便带着宠妃来到这里，避暑欢宴，纵情欢乐。"在描绘宫女如何款待游客时，他写道："美女身穿宽大的透明罗袍，袍袖飘拂，香气袭人。她们对来客用玛瑙杯子斟上提神的人参琥珀美酒……"[3] 显而易见，这种浪漫和情色描写与《曼德维尔游记》中的离奇想象一脉相承。

[1] 张恩荫、杨来运编：《西方人眼中的圆明园》，北京：对外经济贸易大学出版社，2000 年，第 1—2 页。

[2] ［西］门多萨：《中华大帝国史》，何高济译，北京：中华书局，1998 年，第 68 页。

[3] 范存忠：《中国文化在启蒙时期的英国》，上海：上海外语教育出版社，1991 年，第 97 页。

第三节

圣城的贤明君主

居住在紫禁城内的中国皇帝是世界上最令人好奇的人物之一。西方基督教世界的希望和预言往往集中在东方君主的皈依上。对传教士来说，为皇帝和宫廷服务包含着双重意义：他们深知中国的皇帝拥有至高无上的权力，倘若不能讨得皇帝的欢心，不但可能被赶走，甚至会有杀身之祸，所以首先是为了站稳脚跟；其次，在中国这样一个广袤的国家，使大众迅速皈依基督教的唯一希望就寄托在获取皇帝本人的好感上，他应该对该教予以宽容，最好还会颁布圣谕使整个帝国皈依基督教。考虑到这些原因，以及耶稣会士在京城所受到的种种优待，耶稣会士对中国皇帝大唱赞歌也就不足为奇了。当然，欧洲本土作家所塑造的中国开明君主形象，同时也是西方启蒙时期政治期望的投影。

本来，利玛窦所接触到的明朝万历皇帝根本没有皇帝的样子：他身处戒备森严的紫禁城中，平日很少打理朝政，甚至连听一听大臣们的奏议都不愿意，更为可笑的是，在“一座足以容纳三万人的皇家建筑中”，“从当今的皇帝决定隐退过孤独的生活那时起，所有这些无用的礼节就都在他那空着的宝座前照例举行，并且没有一天不是有许多人来自大帝国的远方以这种或那种原因向皇上致贺的”[1]。金尼阁则描写了皇帝出宫巡游的情况，出于安全的原因，“近世的皇帝们也抛弃了在公共场合露面的习俗。即使在从前，每当皇上离开禁宫时，预先都要采取成千种防范措施，这样才敢外出。在这种场合，整个宫廷都处在军事戒备之下。皇帝途经的各个道路和与之相通的道路上，无不布置了便衣警察。皇帝不仅让人们看不到他，而且人们也无从知道在行进行列的许多轿子中他到底乘的是哪一座。人们会以为他是在敌国中旅行，而不是在他自己的子民万众之中出巡”[2]。但是，从《基督教远征中国史》开始，赞美中国皇帝的言论便不绝于耳，主要称颂其德行、威望与维护集权统治的能力。尽管葡萄牙传教士曾德昭（Alvare de Semedo，1585—1658）认为“三拜九叩”的礼仪太过分，“他们对皇帝的敬重，像在对一位神，而不是对人。他们今天对皇帝的礼拜，更宜于在教堂做，不宜在世俗的宫廷做”[3]，但大多耶稣会士却并不反对向中国皇帝行此大礼，特别是面对清朝的康熙、乾隆等贤明君主。

1686 年的荷兰使节巴德斯记述了 30 多岁的康熙形象：“皇帝中等身材，是位慈祥、稳重、举止端庄的人，他那威严的外表，无论从哪一方面看，即使放在千人之中，也与众不同，能够立即分辨出来，这是由于他想使自己的容态和举止让人一看便是心地高尚的人所造成的。这一点，就我所见，任何王公权贵也没有超出其上者，最低限度，他能和这些人中任何人相匹敌的。他自诞生以来，就是一位发号施令的人，又熟悉科

[1] ［意］利玛窦、金尼阁：《利玛窦中国札记》，何高济等译，何兆武校，北京：中华书局，1983 年，第 416 页。

[2] ［意］利玛窦、金尼阁：《利玛窦中国札记》，何高济等译，何兆武校，北京：中华书局，1983 年，第 326 页。

[3] ［葡］曾德昭：《大中国志》，何高济译，李申校，上海：上海古籍出版社，1998 年，第 131 页。

1673 年伦敦出版纽霍夫《东印度公司出使中国记》中的顺治画像。

学的许多领域，每日都致力于钻研，还要处理国务，所以他在上午和下午都定出一定的时间来，专心于学。”[1] 就现存资料来看，这是欧洲对康熙皇帝较早的颂扬之辞。此后，莱布尼茨在《中国近事》中称赞康熙皇帝具有完美无缺的德行与智慧，公正、勤勉、节俭、仁慈、好学。杜赫德则从诸多传教士的叙述中汇集出中国皇帝在欧洲的主导印象，那就是“拥有最高程度的治国之道，他本人身上汇集了构成一位正人君子和君主的一切品质”[2]。康熙皇帝与彼得大帝、路易十四是同时代人，比较而言，路易十四骄奢，彼得大帝粗野。在西方人眼中，中国皇帝由于事务繁忙，为避免出现差错，便从全国挑选最睿智的哲人，委以“阁老”（Kolao）或宰相（Kaisiang）的重任，意

[1] 杜文凯：《清代西人见闻录》，北京：中国人民大学出版社，1985 年，第 84 页。

[2] ［英］雷蒙·道森：《中国变色龙》，常绍民等译，北京：时事出版社、海南出版社，1999 年，第 70 页。

耶稣会士汤若望和清顺治皇帝，顺治称汤若望（钦天监监正）为“玛法”，满语意为“可敬的爷爷”。

为“具有领导权的谋臣”[1]。中国皇帝带领着一大批哲学家来治理国家，这一点恰好暗合了柏拉图的“理想国”主张。

在众多颂扬之辞中，法国耶稣会士白晋（Joachim Bouvet，1656—1730）的《康熙皇帝》（1697 年）可谓是最有针对性的。在白晋眼中，康熙“那种恬淡素朴简直是没有先例的。他的餐桌是切合一位伟大君主身份的，桌上是按照当地的观念和方式，摆满了金银餐具。但是，除了循例供奉的东西外，他毫无奢求……他宫廷之大，犹如一座完美的城

[1] ［罗］尼古拉·斯帕塔鲁·米列斯库：《中国漫记》，柳凤运、蒋本良译，北京：中国工人出版社，1999 年，第 37—38 页。这种说法最早起源于马可·波罗，后经门多萨等人进一步增饰。

康熙画像。18 世纪初出版的《耶稣会士书简集》卷首插画。

市，那里可以看到宏伟众多的建筑，上面覆盖着悦目的金色琉璃瓦。人们很容易判断，这是一位伟大君主的居所。至于它的内部以及一些殿宇，即使是皇帝所居住的，也只有几幅字画，几件描金饰物和一些相当简朴的绸缎，而绸缎在中国是十分普通，不在奢侈品之列，简净朴素就几乎是那里的全部装饰了……”[1] 总之，除了不是基督徒外，康熙皇帝作为一位伟大君王的形象可谓完美无缺。

后来，中国皇帝乾隆也成了人类理性在政治生活中的代表。法国启蒙哲学家伏尔泰曾用热情的诗句歌颂这位哲人王：“伟大的国王，你的诗句与思想如此美好，/ 请相信我，留在北京吧，永远别来吾邦，/ 黄河岸边有整整一个民族把你敬仰；/ 在帝国之中，你的诗句总是如此美妙；但要当心巴黎会使你的月桂枯黄。”[2] 直到 1769 年，普瓦夫

[1] ［法］白晋：《康熙皇帝》，赵晨译，哈尔滨：黑龙江人民出版社，1981 年，第 68 页。

[2] ［法］艾田蒲：《中国之欧洲》，钱林森、许钧译，郑州：河南人民出版社，1992 年，第 274—275 页。

尔依然写道："中国提供了整个世界将要振奋的前景。到北京去吧！瞧瞧那位最伟大的人！他是天国真正完美的形象。"[1] 而耶稣会士汪达洪（De Ventavon）则于同年 9 月 15 日写信给布拉索神父，评价乾隆道："这位君主身材高大，相貌堂堂，神情和蔼却又令人起敬。倘若他对臣民实行严刑峻法，我以为这与其说出于其个性，不如说非如此便无法控制中国和鞑靼这样辽阔的帝国。……每次当他让我受宠若惊地跟他说话时，他仁慈的神情总能鼓动起我的信心，对他说几句有利于宗教的话。……愿上帝保佑他长命百岁。"[2]

清廷画家意大利耶稣会士郎世宁（Giuseppe Castiglione，1688—1766）创作的《乾隆皇帝大阅图》（1758 年）。

[1] ［英］雷蒙·道森：《中国变色龙》，常绍民等译，北京：时事出版社、海南出版社，1999 年，第 80 页。

[2] ［法］杜赫德：《耶稣会士中国书简集》第 5 卷，吕一民等译，郑州：大象出版社，2005 年，第 211 页。

第四节

关于北京的另一种声音

一

在整个 18 世纪，一直回响着对中国批判的少数派声音，主要针对中国的专制、奴役、封闭与停滞，此类人包括孟德斯鸠、卢梭、亚当•斯密，以及一些传教士。如孟德斯鸠在 1748 年就断定“中国是一个专制的国家，它的原则是恐怖”[1]。他认为传教士们看不出中国的专制是因为其本身就生活在教皇的专制下，况且中国的专制对他们的传教更有利。正如莫哈所说：“一个形象最大的创新力，即它的文学性，存在于使其脱离集体描述总和（因而也就是因袭传统、约定俗成的描述）的距离中。”[2] 因此，这些背离了同时期社会集体想象的文本更值得关注。

最早的荷兰使团就曾对北京的某些方面留下了不良

[1] ［法］孟德斯鸠:《论法的精神》，张雁深译，北京：商务印书馆，1987 年，第 129 页。

[2] ［法］莫哈 :《试论文学形象学的研究史及方法论》，载《比较文学形象学》，孟华主编，北京 : 北京大学出版社，2001 年，第 29 页。

印象。1655年，荷兰东印度公司派特使约翰·纽霍夫前往北京谒见清朝顺治皇帝，试图叩开中国的贸易大门，然而这次历时两年的旅途最终却功亏一篑。1665年，纽霍夫在阿姆斯特丹出版了一本附有一百多幅插图的游记——《从荷兰东印度公司派往鞑靼国谒见中国皇帝的外交使团》，此书很快被翻译成拉丁文、法文和英文，因此流传广泛，影响极大。插图展现的中国是一个神奇的国度，那儿的鱼也长上了翅膀，结队飞行；北京城的壮丽宛如仙境；他还提及在北京城里见到达官贵人豢养的“长着长毛的猫”——其实那是西方人未曾见过的哈巴狗。在盛赞之后，他也毫不留情地批判北京糟糕的饮食：在礼部的招待宴会上，肉看起来又黑又脏，让人忍不住怀疑到底是什么东西。书中还不无调侃地说，在北京举行的招待外国使节宴会上，满族东道主像个裁缝一样盘腿坐在又宽又高的长凳上，清廷显贵们“像野兽而不是文明人那样”扑在肉食上。有些官员压根没有餐具或盘子，而是直接就着他们面前的菜盘吃。更有甚者，一位高级官员还问荷兰使节是否想将剩菜打包带回，当得到否定的答复后，翻译立刻将使节桌上的残羹冷炙包卷一空带回家，“在此过程中散发出一股令人闻之欲呕的可怕气味”[1]。

1670年，葡萄牙人弗朗西斯科·比门特尔（Francisco Pimentel）跟随葡萄牙大使曼努埃尔·达·萨达尼亚（Manuel da Saldanba）赴京拜见康熙皇帝，在中国羁留了三年时间。回到澳门后，比门特尔以写实的手法报道了他在中国，特别是首都北京的见闻。当他漫步在北京贫富悬殊巨大的街头，吃着不甚卫生的“国宴”时，对这个号称世界之都的京师产生了怀疑：“夏天温度极高，更苦的是，风沙极大又极细。只要一上街，我们的头发和胡子就变得和磨坊主人一样，全盖上一层白粉。水质很差，到了晚上，衣服里会钻进一大堆虫子，我们之中很多人都有被咬的经验。到处都是苍蝇，而且会紧逼叮人，蚊子就更别提了。东西样样贵。街道

---

[1] Nieuhof, *An Embassy from the East-India Company to the Grand Tartar.* Amsterdam, 1665. English, 1673, p168.

沙尘弥漫的前门大街。法国画家路易斯·萨巴蒂埃（Louis Sabattier，1863—1935）创作，摘自1913年1月25日法国《画报》（3648期）。该报曾在1913年特派萨巴蒂埃赴中国采访，由此产生了《画报》第3647、3648、3649、3651、3653和3655六期，连缀而成“北京一月”，内容涉及政治、军事、风土人情等各方面。

什么都没铺，据说以前还有石板，后来鞑子下令挖掉石板，以方便马匹行走；中国人根本不知道马蹄铁为何物。也因此到处都是风沙，一旦下雨，就变得泥泞一片。读者们听说这个城市很大，很可能会联想到里斯本、罗马、巴黎，但是千万别被误导了。我必须警告他，一旦进入此城，他会以为进了葡萄牙的某个穷乡僻壤。由于规定高度不准超过宫墙，房舍都盖得很低，质量更是差劲，墙壁几乎都由泥巴或灰泥糊上竹条盖成，很少用到砖头，窗外也没有景观。整个中国都是这样。”[1] 在比门特尔神父看来，北京根本无法媲美巴黎、罗马、里斯本，气候更是令人难以忍受，特别是遇到坏天气，而北京的风沙更是个历史问题。

此外，耶稣会士也不无贬抑之辞，特别是针对北京的弃婴现象。1703年，耶稣会士魏方济（1651—1729）神父这样向罗马耶稣会总会长

[1] ［美］史景迁：《大汗之国》，阮淑梅译，台北：台湾商务印书馆，2000年，第68页。

汇报："北京的耶稣会士1694年施洗530人，1695年施洗614人，1696年施洗633人，以后的一年与此相当。这只是成年人的受洗数。至于孩子，我们施洗的人数多得多，尤其是那些每天早上被遗弃街头的孩子，弃婴行为发生在中国这样一个文明的国度里，人们能够容忍如此明显的紊乱，真令人惊讶。由于北京人口众多，那些自认为无法养活孩子的人肆无忌惮将孩子丢在大街上和广场上，使得一些孩子悲惨地死去，另一些孩子被野兽吞噬，所以我们首要关心的一件事就是每天早上派传教员到城市各个街区为所有他们在路上遇到的、还活着的孩子施洗。每年人们遗弃的孩子达二三万，我们的传教员施洗数约3000人。"[1]

沙尘暴中的城楼。路易斯·萨巴蒂埃创作。摘自1913年1月25日法国《画报》(3648期)。

最后再谈一谈此时英国的特殊情况。在启蒙运动时期的欧洲大陆，人们普遍相信有着一个强大的东方之都。相对而言，英国尽管也有个别颂扬的声音，但影响更大的却是无处不在的贬抑之词。关于17、18世纪

[1] ［法］杜赫德编：《耶稣会士中国书简集》，第1卷，郑德弟、朱静等译，郑州：大象出版社，2001年，第232—233页。当然，关于弃婴的具体数目在欧洲人内部也有争议，从数千到数万，不一而足，没有定论。

妻妾成群的北京富贵人家。英国摄影师约翰·汤姆森 1871 年拍摄。

英国文学中的中国形象，许多学者已有论述[1]。钱锺书就认为：在 18 世纪的英国，对中国的好感在老百姓的生活中还在继续，但是在文学领域，情况却与实际生活相反，对中国的反感日益加重。除乔治·安森（George Anson）的《环球旅行记》（1748 年），因受华商的欺骗而对中国大肆攻击外，最重要的就数丹尼尔·笛福（1660—1731）的《鲁宾孙漂流记续编》（1719 年）。

丹尼尔·笛福对中国北京肆无忌惮的攻击，可以说是当时欧洲一片

[1] 除钱锺书的《十七、十八世纪英国文学中的中国》外，还有陈受颐 1928 年芝加哥大学的博士论文 *The Influence of China on English Culture during the Eighteenth Century* 和范存忠的《中国文化在启蒙时期的英国》。

略显破败的八达岭长城。摘自 1873 年 2 月 1 日《伦敦新闻画报》。

赞扬声里最刺耳的异音。在《鲁宾孙漂流记续编》里，鲁宾孙来到了中国。此时的主人公已经化身为能说会道而又虚荣的绅士，他认为中国的城市、宫殿根本无法与欧洲相比。在船上，鲁宾孙说：我们既是商人，也是有身份修养的人，很想去北京这样一个“比伦敦和巴黎加在一起还要大”的城市，看看传说中的紫禁城，不过这也只能算是传说的吸引。他在南京抛锚下船，用 25 天来到北京，居住了四个多月。他胡乱逛了一阵，主要还是做生意，匆匆离京时，雇了 18 匹骆驼来驮运货物。作者花很少的笔墨来描写主人公在北京的行踪，只用简单的几句话就打发了：“我不知道这地方有任何事情会叫我高兴或难过，一点也不会”，“这个城市与欧洲开明城市比较而言，搞得很糟”[1]。过去的西方旅行家来到

[1] ［英］笛福:《鲁宾孙历险记》，黄果炘译，上海：上海译文出版社，1997 年，第 368 页。

北京，无不赞叹“北京的城墙远比欧洲城市的城墙雄伟”[1]，可在鲁宾孙眼中这种建筑没有任何用处，就连长城也只不过是一座大而无当的建筑：用两个连的坑道兵就能在十天内弄垮这城墙；或者彻底把它炸飞，连痕迹也不留。笛福之所以将北京和中国贬抑至此，原因是多方面的：他作为一个信奉英国国教者，肯定不愿意相信天主教耶稣会对中国的赞美，故反其道而行之；同时，笛福及其笔下的鲁宾孙代表了资产阶级上升时期那种旺盛而自信的精神，这决定其不屑欣赏古远而与英国资产阶级眼下利益无关的东西。这一变化也预示着一个世纪以后，欧洲文化中心论的日益泛滥。

二

1705 年 12 月，教廷专使铎罗奉教皇克莱蒙特十一世之命抵达北京，要求康熙命令中国的天主教徒遵守教皇“禁约”，不再参与祭祖尊孔的活动。此后，延绵七十多年的“礼仪之争”逐渐改变着欧洲人对北京的看法。

本来，北京的耶稣会士和京城百姓尚能和谐相处，譬如红若翰神父致拉雪神父的信描写孝庄太后去世时，在京耶稣会士出席葬礼的情况：“院长神父率所有在北京的耶稣会士，开始跪在大街中央的灵柩前。我们额头碰地深拜了三下，期间，出席这一伤心的仪式的基督徒们痛哭流涕，并发出催人泪下的哀号。”[2] 这种祭祀亡灵的行为和大清子民没有什么两样。但因为礼仪之争，他们在北京的处境逐渐恶化。如尚若翰神父就 1746 年爆发的教案给圣-夏欣特夫人写的信中描述：“如果直到现在，我们在北京还有一种如此之大的自由，那是由于这里的人们丝毫不害怕欧

[1] ［法］布罗代尔：《15 至 18 世纪的物质文明、经济和资本主义》，顾良等译，北京：三联书店，1992 年，第 584 页。

[2] ［法］杜赫德编：《耶稣会士中国书简集》第 1 卷，郑德弟、朱静等译，郑州：大象出版社，2001 年，第 267 页。

洲人。然而，人们始终在监视着我们，我们需要采取许多防范措施，以保存这种根基。”[1]

以意大利传教士马国贤（Matteo Ripa，1682—1745）为例。他 1710 年到达澳门，在中国待了 14 年，其中有 13 年的时间在北京。初到北京时，他也赞叹宫殿的豪华与宏大[2]。但因为礼仪之争，他最终“决心离开这座危险的‘巴比伦城’，越快越好”[3]。“巴比伦城”典出《圣经》：天使“用强大的声音喊说：‘伟大的巴比伦陷落了！陷落了！她变成了邪魔的住所，一切不洁之神的牢狱，一切不洁和可憎飞禽的巢穴……’”耶稣会士一直把北京赞为全球天主教的“希望之城”，马国贤却深恶痛绝地称之为“危险的巴比伦城”，可见“礼仪之争”给基督教会造成的鸿沟有多深。后来它绞结着政治、经济等多重因素，逐渐将“希望之城”拉入“东方巴比伦”的泥潭。这里需要指出的是，当时在京的天主教传教士都认为“觐见礼仪”是世俗的礼仪，不具备超越人间的神圣性。所以他们能对中国皇帝行“三跪九叩”之礼，却不愿尊孔祭祖。

至于传教的归化事业，它最后被证明只是一种臆想。耶稣会士们那旨在通过皇帝及其宫廷促使中国皈依的方法收效甚微。1753 年，在北京的耶稣会士宋君荣（Antoine Gaubil，1689—1759）神父再一次强调了一百多年前基尔歇神父就已预测到的现象：皇帝给居住北京的西方各派传教士册封官号之后，就认为已经做出了可以为欧洲人所能做出的一切，他从来没有想到赐予基督教信仰另一种恩德[4]。

18 世纪中后期，持续不断的礼仪之争进入最后时期。雍正即位之初正式下令驱逐在各省的外国传教士。当时在北京的法国耶稣会士冯秉

[1] ［法］杜赫德编：《耶稣会士中国书简集》第 4 卷，耿昇译，郑州：大象出版社，2005 年，第 355 页。

[2] ［意］马国贤：《清廷十三年》，李天纲译，上海：上海古籍出版社，2004 年，第 46 页。

[3] ［意］马国贤：《清廷十三年》，李天纲译，上海：上海古籍出版社，2004 年，第 106 页。

[4] ［法］雅克·布罗斯：《发现中国》，耿昇译，济南：山东画报出版社，2002 年，第 91 页。

“无风三尺土，有雨一街泥”的老北京街道，泥泞道路上的驮轿。托马斯·查尔德（Thomas Child，1841—1898）19 世纪 70 年代拍摄。

前门大街。日本人山本讃七郎（1855—1943）1898 年拍摄。

正（Moyriac de Mailla，1669—1748）曾觐见雍正帝交涉此事，在给友人的信中，他写道："我们的神圣宗教已在中国完全受到禁止；所有传教士，除了在皇宫有差使者除外，已都被逐出帝国；教堂被拆毁或作非宗教之用。"[1] 至此，"希望之城"曾经的光辉完全暗淡了。

1773 年 7 月 21 日，教皇正式下令取缔耶稣会，命令于 1775 年传到中国，耶稣会在同年解散。至此，在中国传教二百年的耶稣会退出了历史舞台。在此前的这段历史时期，虽然中国和欧洲仅由北京宫廷的耶稣会士相沟通，但他们之间从未如此互相了解和尊重，即便镜像大于真实。当最后一批耶稣会士死于北京时，在一段时间内掀开的帷幕又长久地落下了。北京在西方视野中更多的是不可理喻，甚至堕落成东方的巴比伦。

[1] 《中外关系史译丛》第 5 辑，上海：上海译文出版社，1988 年，第 234 页。

北京是座“充满神奇而又破烂肮脏的城市”。城墙拱卫着的城池内是红墙黄瓦的皇城。皇城里又有红墙围着的紫禁城。紫禁城里亭台楼阁错落有致，美不胜收，其中最重要的是中南海。……北京城的城墙有雉堞状的胸墙，是欧洲人散步的好场所，因为你可以远离狭窄街道的尘土。北京城里除使馆区外，到处都没有卫生设施。街道都没铺路面，走起路来尘土飞扬，烂泥没到踝部。

——［澳］西里尔·珀尔：《北京的莫理循》，檀东锃、窦坤译，福州：福建教育出版社，2003 年，第 126 页。

我们去过罗马和雅典，凭吊过那里的宏伟遗迹。如今是北京，这座混杂着各种历史记忆的城市，它的壮观废墟令我们感叹不已……北京仍然是一个伟大的存在，而且美丽壮观，即使已经衰败腐朽了。

——［英］立德夫人：《我的北京花园》，李国庆、陆瑾译，北京：北京图书馆出版社，2004 年，第 1、274 页。

第四章

『东方巴比伦』

第一节

使团的新发现

从 1514 年葡萄牙人第一次侵入中国沿海到 19 世纪初的这段时期，欧洲国家从陆地和海上围绕中国布下了一个包围圈，中国极像一个陷入重围的城市：来自远方的侵略者还无力冲垮城墙，而守卫者也未认真做努力把他们赶跑。在“城市”的中心（北京），天子继续以君权的威仪统治着“天朝上国”，以为皇宫便是世界的中心。由于到北京的许多使节都拒绝承认这种自封的最高权力，所以此时的北京只是少数人涉足的地方。只有叩头的朝拜者、带着贡品的顺从者，才被欢迎进入紫禁城，这使它逐渐成为招惹敌意的城市。

从 19 世纪开始，北京在西方成了贬值的东方偶像，鄙夷与批评之声纷至沓来。造成这种变化的，主要不是北京的现实，而是西方文化精神与中西贸易、政治、军事关系方面的变故。耶稣会士因“礼仪之争”在北京遭受迫害，他们不再一味颂扬那片“宁静和谐、公正有序的王道乐土”，责难之声不绝于耳，北京从此失去了它在欧洲最有力的赞美者；在中国做买卖不顺利的欧洲商人充满怨恨的报告，也逐渐改变了北京的形象；

古老北京的衰落对比欧洲城市文明的进步，他们有着一种前所未有的优越感。促成重大反差的导火索便是马戛尔尼（George Macartney，1737—1806）使团访华。

1793年有着重要的历史意义。这一年法国大革命进入高潮，欧洲近代启蒙文化之自信亦达到顶峰。在秋高气爽的日子里，马戛尔尼率使团出访中国。这支由四百多人组成的庞大使团，整整耗费两年时间（1792年9月26日—1794年9月5日）却无功而返，唯一的收获就是使团成员出版的中国见闻报道：马戛尔尼有公文报告、书信与出使日记，副使乔治·斯当东和约翰·巴罗，甚至连一位仆从都出版了他们的随行纪实，使团画家威廉·亚历山大、托马斯·希基还带回了大量的中国风物画和素描。

如果仅从欣赏风景的角度而言，使团大多数成员都得到了视觉上的满足。他们惊叹于中国的山川富饶和风光秀美。白河两岸有广阔的草场、丰饶的田亩和极为美丽的花园；鞑靼地区风光迷人，北运河两岸平坦富饶，农业欣欣向荣；在赣江两岸，江水、广阔的田野、成群的牛羊和远处的大山相映衬托，构成一幅迷人的画卷。然而，使团成员并不是来中国旅行观光的，他们日夜兼程赶往大清朝的京师还有着更重要的外交任务。

一 建筑景观

在没有到北京之前，使团成员对北京充满着憧憬，毕竟数百年的口耳相传给了他们很大的诱惑，斯当东这样写道："据说北京是世界上最大的一个城市，距离越近，心里越急于想看看它到底是什么样子。"[1] 在北京的东郊，他们看到了外围的北京城，"铺石的街道上挤满了人。商店、

[1] ［英］斯当东：《英使谒见乾隆纪实》，叶笃义译，上海：上海书店出版社，2005年，第290页。

紫禁城外。马戛尔尼使团中的画家亚历山大没有机会进入紫禁城，这是在路旁的速写。

作坊和顾客之多，处处表示出兴盛繁荣的气象。使节团从此处经过，群众多离开自己的本位跑来围看，但很短时间以后，他们又分散回到每个原处，说明这么多的人聚在这里并不是专门为看外国人，他们各有各的事务”[1]。此时的北京市民还有大国子民的气象，对金发碧眼的英国使团能够见怪不怪。

用了十五分钟穿过郊区，使团终于看到了北京城墙：“城墙是砖砌的，城门附近是石头建筑的。城门上有一个几层高的守望台，每层都有炮眼露在外面。”城墙没有变，但观察的角度和评价的标准却改变了。尽管北京城墙在高度和厚度方面，都给使团成员留下很深的印象。但城墙上没有配备火炮，只有一些用于放箭的射眼，其中很多还是假射口。斯当东不无讽刺地指出：“就像有时人们在商船两侧画的舷窗一样！”

斯当东一行穿过城门进入了北京内城。“初进北京大门，第一印象是

[1] ［英］斯当东：《英使谒见乾隆纪实》，叶笃义译，上海：上海书店出版社，2005 年，第 290 页。

它同欧洲城市相反：这里街道有一百呎宽，但两边房屋绝大部分都是平房，欧洲城市街道很窄，但房子很高，从街的这一头向那一头望，两边房子好似彼此互相倾斜靠近一起。”[1] 与欧洲道窄楼高的大城市相反，北京的街道路面宽阔，而房屋低矮，这虽然是一种落后的迹象，但此时还没有过多影响使团对北京的评价。

心情兴奋的斯当东一路行走，一路观光：“北京街道都是土路，需要经常洒水以免灰尘飞扬。许多漂亮的‘牌楼’横穿街道。按照字义，牌楼相当于凯旋门，但上面并没有拱门。……牌楼上面共有三层顶盖，油漆雕刻得非常漂亮。”[2] 在路过皇城时，他更为眼前的景象所震撼：“这些黄色琉璃瓦顶，当中没有烟囱，在边上和背脊上搭成调和的凹形线条。这样比一条整个长直线好看得多。瓦上面刻着各种事物形象或者幻想式创造，在太阳下面发出闪闪金光，确是伟大壮观。”[3]

对于清政府提供的下榻馆舍，英国使团也颇为满意，斯当东写道：“使节团在北京的馆舍宽阔华美，厅房甚多。……这所官邸的建筑结构同一般中国大官的府第相同。整块园地由一个高的四边形砖墙围起，在一边的角端由一个小门通过一个小窄便道进到里面。从外面看似简单朴素，里面却非常富丽堂皇。”[4]

使团成员在穿越北京城的时候抓住这次难得的亲临机会，交换了对北京城的看法，当然，他们也算诚实，认为“这样匆促的走马观花无法得出一个恰当的判断。不过大家共同感觉是，实际所看到的一切，除了皇宫而外，远没有未到之前想象的那么美好。”他们为了证明自己的看法

---

[1] ［英］斯当东：《英使谒见乾隆纪实》，叶笃义译，上海：上海书店出版社，2005 年，第 290 页。

[2] ［英］斯当东：《英使谒见乾隆纪实》，叶笃义译，上海：上海书店出版社，2005 年，第 290 页。

[3] ［英］斯当东：《英使谒见乾隆纪实》，叶笃义译，上海：上海书店出版社，2005 年，第 292 页。

[4] ［英］斯当东：《英使谒见乾隆纪实》，叶笃义译，上海：上海书店出版社，2005 年，第 301 页。

亚历山大笔下的圆明园正大光明殿。

圆明园的皇家娱乐。摘自法国人金涅的《北京之旅》(1808 年)。

确证无误，还推测：尽管“整个北京约比现在扩建的伦敦大三分之一”[1]，但“假如一个中国人观光了英国的首都之后做一个公正的判断，他将会认为，无论从商店、桥梁、广场和公共建筑的规模和国家财富的象征来比较，大不列颠的首都伦敦是超过北京的”[2]。由此可见，北京在西方人心目中的地位已经开始滑坡，大不如以前了。

同所有来到北京的西方人一样，马戛尔尼等人也最关注古都核心——紫禁城的情况：“虽然北京距离鞑靼区山脉很近，是一个尘土飞扬的地方，但皇宫之内却似乎是天造地设的另一个天地。里面的山和谷，湖水和河水，断崖和斜坡，这样配合，这样协调，任何一个外来的参观者进到皇宫之后都会自然怀疑到这究竟是一座天造地设的胜景还是人工的创造。整个这块小天地不知道耗费了多少万人的劳力，最后用来供一人的享乐。”[3] 在惊叹之余，随从人员也流露出批判和不屑的情绪：“宫殿同在城里围绕着它的狭小的建筑物相比较，显得堂皇庄严；可是我也看不出什么足以使我相信，如我所听到的或者阅读到的，在北京皇宫里有异乎寻常的神奇的地方。”[4] 这已经和过去神秘色彩十足的艳羡性描述发生了根本性变化。

二　民俗风貌

任何一位来北京的西方人都会惊叹于这座城市稠密的人口。安德逊

[1] ［英］斯当东：《英使谒见乾隆纪实》，叶笃义译，上海：上海书店出版社，2005 年，第 305 页。

[2] ［英］斯当东：《英使谒见乾隆纪实》，叶笃义译，上海：上海书店出版社，2005 年，第 295 页。

[3] ［英］斯当东：《英使谒见乾隆纪实》，叶笃义译，上海：上海书店出版社，2005 年，第 378 页。

[4] ［英］爱尼斯·安德逊：《英国人眼中的大清王朝》，费振东译，北京：群言出版社，2001 年，第 142 页。

热闹的茶馆。摘自 1861 年 2 月 23 日的《伦敦新闻画报》。

觉得从白河口一直到北京每一英里路上的人都多得不可言喻[1]，更不用说庞大的北京城了！在北京城内熙来攘往的大街上，“拍卖旧货的、卖药的、算命的、卖唱的、表演魔术的、说评书的等等摊子面前都围了一群听众，根据杰美利·卡尔利所转述耶稣会士格里马尔在 17 世纪的估计，北京有一千六百万人”。斯当东认为这言过其实了：“全北京的人口约有三百万人。按照北京的矮房子，实在容纳不下这么多的人。”[2]

斯当东的评价颇为公正，他认为，与人口众多相比，这里的环境还算可以。“北京居民虽然住得这样挤，但并不影响人们的健康。中国人大

[1] ［英］爱尼斯·安德逊：《英国人眼中的大清王朝》，费振东译，北京：群言出版社，2001 年，第 61 页。

[2] ［英］斯当东：《英使谒见乾隆纪实》，叶笃义译，上海：上海书店出版社，2005 年，第 309 页。

部分时间在露天生活，根据天气冷热增减衣服。此地天气干燥，不产生腐败性疾病。纵欲的行为也很少发生。北京人口虽然这样多，但秩序良好，犯法事件很少。同英国古代十家联保制度差不多，在北京每十家中有一家必须对其余九家的行为负责，实际上也就是九家归一家管。城内打更守夜制度严格执行，全城好似一个兵营，人们住在里面享受安全，但也受一点限制。”[1]

亚历山大画的北京富贵女子，背景是西直门附近的花园。在西方人眼中，北京的贵族女子“容貌极为娇嫩，面色是自然的优美”，眼睛小，手臂长，手中经常拿着旱烟袋。

当然，斯当东对北京也有一些误读，譬如，他认为“北京也不是一个追求娱乐和享受的地点。欧洲许多繁荣兴盛的大都市同北京情况不一样。在那里住着许多吃祖先遗产或有政治靠山的人，饱食终日无所用心，尽量消费金钱来追求享受。……他们的家属，他们的仆人，以及一切供他们驱使、为他们服务的人对欧洲各国首都的繁荣起着重大作用。但北京的繁荣兴盛与此迥然不相同。在这里，大部分人都有所司，或者服务于有所司的人。除了少数皇帝宗室外，很少人在大家都各司其事的时候整天没有事做，专门追求享乐。”如果斯当东结识了北京众多终日无所事事的八旗子弟，他就不会有这种简单的想法了。

[1] ［英］斯当东：《英使谒见乾隆纪实》，叶笃义译，上海：上海书店出版社，2005 年，第 309 页。

北京的女性再次成为使团成员关注的焦点。对于马可·波罗所夸大其词的北京风尘女子，斯当东在这里给予了纠正，他认为北京“只在城外有一些发给登记执照的妓女。由于住在本地的单身汉，及在外地来到北京的离开家庭的丈夫人数很少，妓女人数并不算多”[1]。此外，他还注意到中国女子的缠足，上层社会女子以缠足为高贵的标志，但北京的女子（应是旗人）不缠足，下层社会从事繁重劳动的女子也不缠足。在内城，斯当东看到一些鞑靼妇女：“她们不是小脚，脚上鞋的厚底有一寸多高。穿这样鞋走起路来的不方便恐怕同小脚妇女也差不多。这些妇女身上穿的很好，脸上有很浓的脂粉。口红只涂在下嘴唇的中部，似乎是这里涂施脂粉的方法。……也有几个骑马的鞑靼妇女，她们的骑法同男子一样，也是两腿分开，跨骑在马背上。”[2]

三　异质文化间的冲突

使团成员当中对北京批评最多的当属总管约翰·巴罗（John Barrow，1764—1848）的《中国游记》（*Travel in China and in Tartar of the Embassy of Lord Macartney*，1804）。首先是对城市建筑的不屑：“这个中国的著名都城呈现给我们的第一个景象并不与其享有的赞誉相符；而且我们对它了解得越多，就越不会盲目崇拜。当我们走进一个欧洲城市时，我们的目光总是被种类繁多的建筑物所吸引，如塔楼、钟楼、圆屋顶、方尖碑及其他一些公共建筑物……我们可以快乐地想象这些种类繁多的建筑物的形状、装饰及其用途。但是，在北京我们甚至看不见耸立在其他屋顶

[1]［英］斯当东：《英使谒见乾隆纪实》，叶笃义译，上海：上海书店出版社，2005 年，第 309—310 页。

[2]［英］斯当东：《英使谒见乾隆纪实》，叶笃义译，上海：上海书店出版社，2005 年，第 294 页。

上的烟囱，房屋几乎都是一种高度……就像一个广阔的军营。”[1]其次是对北京居民的敌视。在他眼中，北京人缺少人权、歧视妇女、抛弃婴儿、冷漠高傲等愚行还处在中世纪的时代，比西方人更应该接受启蒙精神的洗礼。

清朝宦官。美国人赫伯特·怀特（Herbert White，1896—1962）拍摄于20世纪20年代初。

斯当东则特别批评了北京皇宫内为数众多的太监：“在一个国家里，只是疯狂的猜忌心理才想到要戕贼一种性别的主意，使其成为另一种性别的护卫者，并且可以不怀疑，同时也只有无限制滥用权力才能把这种残酷不人道的主意付诸实施。……这种人一旦得势，他们将以全人类为对象来进行复仇，往往能招致国家灭亡的大灾难。也有把他们驱逐出宫的事例。乾隆皇帝的祖父，康熙皇帝，曾放逐了六千名太监到边远少数民族地区。但从那时到现在，太监人数又逐渐增多，北京和圆明园内的宫殿里又充满了这种人了。……土耳其也有这种人，他们称之为黑阉人，意思是所有性别的痕迹都消失了，在欧洲少数地方也有自

[1] Ninette Boothroyd, Muriel Detrie ed., *Le Voyage en Chine*, Paris, Editions Robert Laffont, 1992, p268. 中译参见叶向阳：《英国游记中的北京形象：历时地勾勒及流变》，载汪介之主编：《跨文化语境中的比较文学》，南京：译林出版社，2004年，第562页。

亚历山大根据马戛尔尼描述画的乾隆皇帝。八十二岁的乾隆面色虽然苍老，但依然精神矍铄。

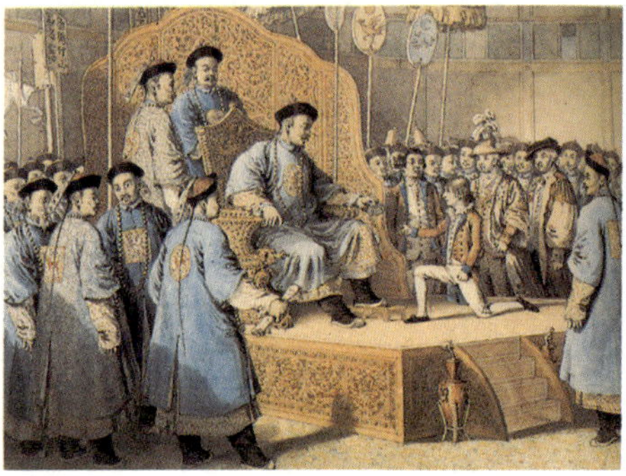

小斯当东跪受乾隆皇帝赠送的荷包。亚历山大绘制。

动施行这种手术的，但他们是为了节育和改善自己的声调。”[1] 值得注意的是，使团成员此时还没有贬损中国皇帝的形象。马戛尔尼把乾隆比作“荣耀的所罗门王”，认为他就是人类伟大和幸福的最高境界代表，确实有欧洲传说的那份风雅、勤政，令人想起白晋笔下的康熙皇帝。随从也认为“不能不对这位伟大、显赫、聪明、慈善的中国皇帝致以崇高敬意”[2]。

我们可以将英使团的记述和同时期朝鲜使者对北京的描写相对比。乾隆三十年（1765），洪大容以军官身份出使北京，在《湛轩燕记》中描写京城元宵佳节：“元宵看灯，中国之胜赏，三夜金吾弛禁，鼓乐达朝，以饰太平”。“小路而北，达于大路，车马游人填咽，不可行。夹道朱窗绮户，千百宝灯，摩挲晃朗，金翠增其色，明月失其光，可谓

[1] ［英］斯当东：《英使谒见乾隆纪实》，叶笃义译，上海：上海书店出版社，2005 年，第 381 页。

[2] ［英］爱尼斯·安德逊：《英国人眼中的大清王朝》，费振东译，北京：群言出版社，2001 年，第 223 页。

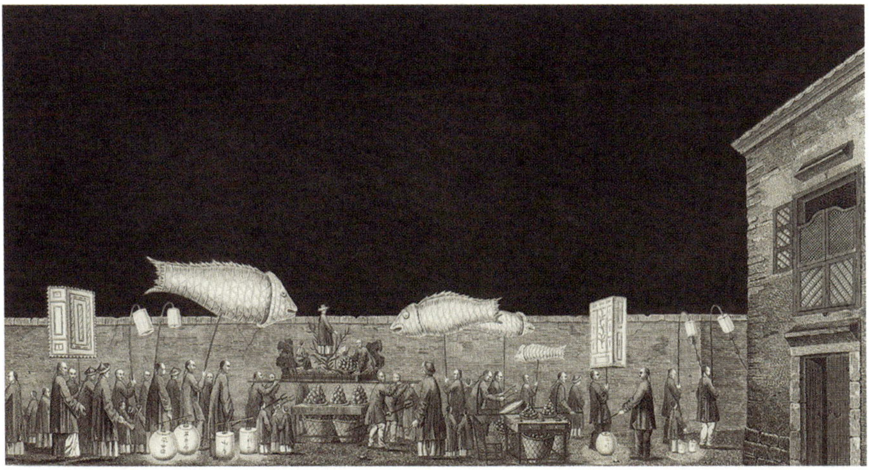

北京灯节。摘自法国人金涅的《北京之旅》(1808 年)。

升平也，盛世天下之胜赏也”。乾隆五十六年(1791)，金正中为使团随从访问北京，在《燕行录》中这样夸赞紫禁城：“古人云仰望天子宫阙之壮丽，仓廪府库城池苑囿之富且大，而后知天下之巨廉，可谓先获我心也。”[1] 由此可见，作为中国番邦国的朝鲜使团对北京还是盛赞有加的，并没有“大英帝国”使团那么多的批评。

一个国家的外交开放是国力雄厚和文化自信的表现，但当时的清政府还做不到这一点。进京使节“被严格看管，甚至在城里走动都要派人跟着”[2]。所以，马戛尔尼使团虽然受到了较高规格的接待，但也处于严密的监视下。在特使去热河觐见乾隆皇帝时，留在北京的随从人员“过着一个完全与外界隔离的生活。在北京的外国传教士们抱着一种流放人在异域遇到本国人的心情，也颇愿和他们来往。最初每天有神甫多人到

[1] 董晓萍:《清乾隆时期朝鲜使者手记中的北京民俗和政治》，参阅陈平原、王德威编:《北京：都市想象与文化记忆》，北京：北京大学出版社，2005 年。

[2] [美]刘易斯·查尔斯·阿灵顿:《古都旧景——65 年前外国人眼中的老北京》，赵晓阳译，北京：经济科学出版社，1999 年，第 1—2 页。

馆舍去和他们谈话，因而引起了中国人对双方的疑心。这些教士虽然长期住在中国，但仍然处于被疑的地位。中国政府最不愿意住在北京的外国人之间互相来往，尤其不愿意他们和广州澳门通讯”[1]。

清政府“天朝上国”的自大心态，引发了包括跪见礼仪在内的一系列冲突，英国使团最后被冷眼相待，甚至到了被驱逐的边缘。在北京居留期间，马戛尔尼一行人深受冬季寒冷的折磨。“北京到了严冬季节，日间温度永远在零度以下，夜间一般是零下二十几度。”几个使团成员因不适应气候而病倒。再加上外交上的失败，他们自嘲道：“我们如同乞丐一般地进入北京，如同囚犯一般地居住在那里，如同贼寇一般地离开那里。”[2] 这也证明了门多萨关于中国朝廷热情款待来使的说法是何等的天真而又不符实际。

马戛尔尼离开不久，一支荷兰使团来到北京。有了前车之鉴，他们为了生意，愿意行三跪九叩之礼。可惜他们并没有通过谦卑的方式获得英国人因为傲慢失掉的东西。在北京停留的一个多月里，除了参加几次庆典，耐心地等待几个时辰“看御驾经过”并叩头致敬外就无所事事了。最终，他们比马戛尔尼更狼狈地离开了北京。其实，这一遭遇已经出现在一百多年前，1656 年 7 月 17 日，最早的一批荷兰使团由哥页（P. de Goyer）和凯泽 (J. de Keyzer) 率领，携带贡品经天津到达北京。虽然他们对北京城大唱赞歌：“由于学问的浅薄，我不能全面地描绘这个城市”，“我们从未到过如此漂亮的地方”，这个“举世闻名的皇宫，所有的建筑都造得金碧辉煌，壮观无比”[3]。10 月 2 日，在经过 85 天的焦急等待以后，荷兰使节终于在太和殿按三跪九叩之礼觐谒了顺治皇帝，可最终还是毫无结果地离开京城，仅仅得到八年一次、每次四艘商船的“朝贡”

[1] ［英］斯当东：《英使谒见乾隆纪实》，叶笃义译，上海：上海书店出版社，2005 年，第 369 页。

[2] ［法］雅克·布罗斯：《发现中国》，耿昇译，济南：山东画报出版社，2002 年，第 94 页。

[3] ［荷］约翰·尼霍夫：《〈荷使初涉中国记〉研究》，庄国土译，厦门：厦门大学出版社，1989 年，第 110 页。

英国詹姆斯·吉尔雷（James Gillray，1757—1816）绘制的讽刺漫画“马戛尔尼觐见乾隆皇帝”。因扩大通商的要求被乾隆拒绝，引发英政府的强烈不满。

机会。

1816 年，由议员威廉·皮德·阿美士德（William Pitt Amherst）率领的第二个英国使华团，用了 100 天从伦敦赶到北京，结果只在北京停留 10 个小时，吃一顿饭，行李没卸就被驱逐了。这次访华失败的主因是阿美士德勋爵拒绝对中国皇帝行三跪九叩之礼。勋爵秘书亨利·埃利斯（Henry Ellis）和医师克拉克·埃布尔（Clarke Abel）都记录了对北京的评价，其中否定和批判的内容明显多于斯当东等人的著述。此后，英国对使团外交彻底失望了，也不愿意再去纠缠礼节问题，开始酝酿派炮舰远征北京的计划。

第二节

幻象的延续

在 19 世纪初期，“整个欧洲文学中很少有作品花整段章节描写中国，只有在一些诗歌或者其他作品的零散段落里可找到对中国和中国人的简短的隐射”[1]。这一时期，欧洲对中国的态度逐渐发生转变，上一世纪对中国的热情逐渐被蔑视所取代。不过，当中国“闭关锁国”的时候，因为历史影响的积淀，西方大多数民众依然把中国看作一个远东大国，北京形象尚处于摇摆不定的状态。

一　使团材料的再利用

1797 年，马戛尔尼副使乔治·斯当东（1737—1801）出版了《英使谒见乾隆纪实》[2]。然而“纪实”并不完全真实，花掉英王大量钱财，却空手而归的使臣

[1]　孟华：《比较文学形象学》，北京：北京大学出版社，2001 年，第 244 页。

[2]　Sir George Leonard Staunton, *An Authentic Account of an Embassy from the King of Great Britain to the Emperor of China*, 1797.

们，在报告和画作里甚至不敢过多暴露在北京看到的混乱和贫困。因为英国百姓大多仍然把大清国的首都看作是遍地白银，人人绸缎，天天看戏的城市。英国商人都在等着和中国通商，说中国的坏话太多，岂非得罪舆论。为了让花了大量资助却一无所得的英王不至于太恼火，也为了不让崇拜中国的英国民众失望，斯当东等人把事情的真相装饰了一番，继续维持着北京风雨飘摇的体面形象，并不时让它保留传说中的某些特点。

英国画家托马斯·阿罗姆根据亚历山大的画重新绘制的北京西直门图。城门楼的巍峨依旧，但视角和景物已有变化。《中国：那个古代帝国的风景、建筑和社会风俗》（1843 年）中的插画。

午门大阅。按照原书的文字解释，这是清文宗道光皇帝每年元旦举行的大阅兵。“大阅”是清代的阅兵仪式，但不是每年举行，而是“三岁一举”；大阅兵的日子也不是元旦，而是秋季。原书评价道：描有龙、虎等猛兽形状的旗号看起来虽然威猛，但实际上士兵的战斗力很低。

此时有许多读者对使团成员的材料进行了再创作，以英国皇家建筑师协会的创建人阿罗姆（Thomas Allom，1804—1872）最具代表性。阿罗姆是个有心人，他虽然没有到过中国和北京，却借用了使团成员的文字描述和随团画师威

大人乘轿出访。西方人认为轿子是一种很不人道的交通工具，但在中国，“坐轿子”是社会地位的标志，并且轿夫人数有区别：只有皇帝的轿子才可以配 16 个轿夫，亲王和行省最高官员可以坐 8 人抬的轿子。

北京灯笼店。直到 20 世纪初，北京才建立城市公共照明系统，官府要求市民晚上出行必须使用灯笼。画中的灯笼店，正处于生意兴旺时期，富裕、悠闲的北京生活可见一斑。

北京近郊的满大人府邸。

廉·亚历山大的素描稿以及荷兰东印度公司特使约翰·纽霍夫的部分作品，发挥自己的想象，再现了欧洲文化传说中的北京。1843 年，他的画作配上历史学家赖特的文字说明后，由伦敦“费塞尔公司”出版，英文书名为《中国：那个古代帝国的风景、建筑和社会风俗》[1]。阿罗姆的画卷发行后，迅速成为英国和欧洲最有名的图画本中国史地教科书。尽管中国刚刚在中英鸦片战争中被打败，但阿罗姆画册里的中国并不是一个被妖魔化的丑陋国度，虽有负面形象，但却并非故意的丑化：当时社会不安但不动荡，民生凋敝但不破败；中国南北各个城市死气沉沉，却还井然有序，保持着帝国最后的体面。这里特挑选几幅与北京相关的画作以飨读者。

[1] ［英］托马斯·阿罗姆：《大清帝国：印象城市》，李天纲编译：上海：上海古籍出版社、上海科技文献出版社，2002 年。

"贵族女性的闺房"。英国画家托马斯·阿罗姆创作。阿罗姆的有些画作并未注明背景城市，国内有学者根据赖特的文字解释将该画列入杭州系列，有待商榷。

二 浪漫主义的东方情调

18 世纪末和 19 世纪初，由于欧洲中国学的职业化和专业化的形成，对政治、经济、文化、哲学的研究逐渐形成了一种统一的范型，但对北京的叙述还多少保留原来感情色彩浓重的特征。这特别体现在浪漫主义的东方情调中。

以英国湖畔诗人塞缪尔·柯尔律治（Samuel Taylor Coleridge，1772—1834）为例。其断篇《忽必烈汗》（*Kubla Khan, or, A Vision in a Dream, A Fragment*，1797）就通过梦幻的方式展现了大都风景，体现了幽婉浓郁的异域情调[1]。1797 年夏日的一个午后，柯尔律治在睡前读到萨缪·珀切

[1] 吴持哲在《欧洲文学中的蒙古题材》（呼和浩特：内蒙古大学出版社，1997 年）中认为此处是写上都之景；但美国学者史景迁在《文化类同与文化利用》（北京：北京大学出版社，1990 年）一书中认为是写大都，原诗为"Xanadu"，音译为"仙都"，笔者更倾向将其理解为大都，即汗八里。

斯（Samuel Purchas）编的《游记大全》（1613 年）中马可·波罗描述忽必烈汗的段落。按柯尔律治的说法，梦中诗句有两三百行，醒来后因客人打扰，只记下 54 行。开篇为：

忽必烈下了一道旨令：
在仙都建造一座堂皇的欢乐宫；
那里有条阿尔夫圣河，流经
深不可测的洞穴，然后注进
见不到阳光的大海之中。

于是周围十英里肥沃的土地，
围墙和塔楼把四周围起；
这里花园处处，小溪弯弯，波光粼粼，
到处是芬芳的花儿开满枝头，
还有古如山峰一样的老树林
拥抱着葱绿草地，阳光幽幽。[1]

---

[1] 何功杰：《英美名诗品读》，上海：上海交通大学出版社，2002 年，第 149—150 页。英文原文如下：

In Xanadu did Kubla Khan
A stately pleasure-dome decree:
Where Alph, the sacred river, ran
Through caverns measureless to man
Down to a sunless sea.

So twice five miles of fertile ground
With walls and towers were girdled round:
And there were gardens bright with sinuous rills,
Where blossomed many an incense-bearing tree;
And here were forests ancient as the hills,
Enfolding sunny spots of greenery

From *The Norton Anthology of English Literature*. 6th edition, volume2. (New York: W. W. Norton Company, 1993), pp347—348.

乾隆年间绘制的绢本设色画《京师生春诗意图》轴。由徐扬 1767 年完成。采用鸟瞰式构图，将中国传统散点透视画法与欧洲焦点透视画法相结合，描绘了京师全貌。

这种叙述让人想起《圣经》中上帝创世的过程。柯尔律治笔下的御苑，充满了神秘、美艳、荒蛮、伤感甚至恐怖的景象。柯尔律治试图描绘出他体验到的美艳与神秘交织在一起的幻象，这里有金碧辉煌的宫殿，流入深渊的圣河，幽暗的山谷，残月荒野中的泣妇，柔媚幽怨的琴声等。正如美国学者艾布拉姆斯所说："《忽必烈汗》的梦幻性质是不可分析的，它像彩虹映在蝴蝶翅膀上的幻影，一触即逝。"[1] 柯尔律治借用蒙古大汗的名义，让自己的想象力自由驰骋了一番，没有多少北京主题，只有异域的情调和神秘。

1802年，席勒（Friedrich Schiller，1759—1805）改编的剧本《图兰朵》在魏玛公演。剧中减少了对中国的模糊神秘感，消去了阴森恐怖的氛围，赋予了人物诗意般的生命[2]。该故事出自《一千零一日》，但男女主人公活动的舞台却在北京——主人公中国王子卡拉夫，历时六个月才流亡到的城市[3]，公主图兰朵则在皇宫广场边欧式风情的阳台上招选驸马。本来，在传统的童话故事中，中国公主是"一个窈窕活泼的美女"，"她的面孔像灿烂的珍珠，眼睛像明亮的太阳"，中国的皇帝也是一个圣君明主[4]，但此剧中的中国公主却是一个美丽又冷酷，聪明又高傲的妙龄女子。歌德（Johann Goethe，1749—1832）认为此剧描写"奇异的北京"及"爱好和平、生活随便而幽郁的皇帝"，对德国舞台有很大价值。1818年他在《假面游行》中说："在处理这样多的严肃的事物之后，浏览一段轻松的神怪故事，也许是很愉快的。我请推荐中国神话中的皇帝阿尔敦和

---

[1] Meyer H. Abrams. *The Milk of Paradise*, Cambridge: Harvard University Press, 1934, p46.

[2] 陈铨：《中德文学研究》，沈阳：辽宁教育出版社，1997年，第60页。

[3] 《一千零一日》，杜渐译，沈阳：辽宁人民出版社，1981年，第155页。

[4] 孟昭毅：《丝路驿花：阿拉伯波斯作家与中国文化》，银川：宁夏人民出版社，2002年，第132页。

《图兰朵组曲》的封面，由德国画家奥立克（Emil Orlik，1870—1932）绘制于1906年。

Puccini's Last Opera: "Turandot"—Chinese Legend in a Riot of Colour.

英国画家史蒂文·斯普瑞尔（Steven Spurrier，1878—1961）描绘的《图兰朵》歌剧表演盛况，摘自1928年6月9日《伦敦新闻画报》。

他喜欢谜语的女儿图兰朵的故事。”[1] 此外，德国作家霍夫曼也通过描写中国的首都北京来讽刺德国混乱的城市，他于1822年发表《跳蚤师傅》，主人公对中国的一切都有着浓厚的兴趣：学习中文，穿中国睡衣，甚至想穿着这种睡衣到北京的大街上溜达。

三　禁城皇族的落日余晖

尽管清政府曾经在战争中败北，但北京的皇族还多少保留着些许神秘，这里以英国画家威廉·辛普森（William Simpson）笔下1872年同治皇

[1] ［德］利奇温：《十八世纪中国与欧洲文化的接触》，朱杰勤译，上海：商务印书馆，1962年，第120页。

帝的婚礼大典和1909年荷兰记者亨利·博雷尔（Henri Borel）笔下的慈禧太后葬礼为例。

英国画家威廉·辛普森作为《伦敦新闻画报》的特派记者，在1872年10月婚礼开始的前几日到达北京。他看到中国各地源源不断送来的贺礼“都是放在黄色的桌子上抬着的，同时用黄色或红色的丝带缚住，这是一种皇家和婚礼的色彩组合”[1]。

同治皇帝的婚礼，礼宾队伍要在午夜时分离开公主府，凌晨两点之前到达宫内。摘自1872年12月28日《伦敦新闻画报》。

婚礼举行的前一天晚上，“在沿途两旁和通向那条街道的每个街口都竖起了竹栅栏，栅栏又蒙上了蓝色的布和垫子，以便阻断人们的视线。经过打听，有人说这是司仪官员为了不让民众看到婚礼行列而布置的。此外，清廷还照会各国驻京的公使馆。要求公使禁止本国公民在15日或16日上街去观看婚礼——这个请求招来无数嘲笑。人们自然要问，假如礼仪的计划确实如此，那么富丽堂皇的婚礼又表演给谁看呢？”[2]辛普森在知情人的安排下，进入“一

[1]《伦敦新闻画报》1872年12月28日。

[2]《伦敦新闻画报》1872年12月28日。

庚子之乱期间，法国《笑报》(*Le Rire*) 1900 年 7 月 14 日刊登的慈禧漫画。

个简陋而肮脏的鸦片馆”，用指头在窗纸上戳一个洞，观看街上的婚礼。

正当辛普森小心翼翼地窥视时，发生了让他忍俊不禁的怪事：一个士兵因忍不住鸦片瘾偷偷擅离岗位，进入辛普森等人藏身的鸦片馆，可是后来当一位官员前来巡视街道，询问这个兵勇，问他有人向街上窥视吗？他大声回答说没人“胆敢如此放肆”，屋里的人全都“哑然失笑”。在子夜时分，辛普森终于看到了婚礼队伍：在空旷而凄凉的大街上“那些白马、旌旗、高高的华盖和扇子在幽暗的光线下，显得惨白和鬼影幢幢，因为月亮躲到了云层后面，似乎它也被禁止窥视。尽管如此，那惊鸿一瞥也足以撼人心魄”[1]。在辛普森的笔下，鬼魅般的婚礼犹如华丽的葬礼。

义和团运动平息后，荷兰东印度公司的记者兼译员亨利·博雷尔来到北京。在出行之前，他万分激动，意识到梦想已久的“天城之行”就要开始了。北京在博雷尔的想象中犹如神秘而高贵的新娘，“北京，神圣、神秘的皇城，它时常闪现在我脑海最悠远的背景深处，遥远而不可即，眩目而不可视。它意味着辉煌与恐怖，美与死亡。进入北京就像通过了

[1] 《伦敦新闻画报》1872 年 12 月 28 日。

1901 年法国明信片上的慈禧太后（左下角），背景为北海和城门楼，附带商业广告。

一道金门进入神秘的世界。……那是一种大理石式的神秘，像黄金一样金光闪闪，那里住着天之子的皇帝。那里有无数神秘的宝藏，青铜、丝绸和瓷器，那里有东方童话般的精美富丽。在这座万神之城、帝王之城、大理石、青铜器与瓷器之城中，寺庙林立，孕育出最伟大的文学与最高妙的智慧”[1]。但是，博雷尔来得太迟了，北京的神秘一经西方列强的染指就荡然无存了。博雷尔不仅惊叹于北京的破败，更为随处可见的“西洋”景观（酒吧、建筑等）而失落，以为自己来到了巴黎城郊，而不是那个朝夕梦想的北京。在他眼中，1909 年 11 月 9 日慈禧太后的葬礼正是北京日薄西山的最后证明。

如萨义德所说，“东方主义是一种与宗主国社会中的男性统治或父权

[1] Henri Borel：*The New China*，Trans，by C.Thieme. Dodd，Mead and Company，1912，p26；其他类似资料可参见［英］雷蒙·道森：《中国变色龙》，常绍民等译，北京：时事出版社，1999 年，第 166—167 页。

光绪皇帝的葬礼，东印度公司职员博雷尔拍摄。

Le Petit Journal

SUPPLEMENT ILLUSTRÉ

ABONNEMENTS

DIMANCHE 29 NOVEMBRE 1908

LA MORT DES SOUVERAINS CHINOIS

Les corps de l'impératrice Tseu-Si et de l'empereur Kouang-Siu exposés dans le pavillon de la Longévité impériale

慈禧太后和光绪帝遗体在万寿宫的场景。摘自1908年11月29日法国《小日报》(*Le Petit Journal*)。

制相同的实践：东方在实践上是被描述为女性的……主要象征是性感的女性、妻妾和专横的——又极为动人的——统治者”[1]。清王朝的慈禧正是这样的一位统治者，博雷尔评价道：“这最令人恐惧和最受人崇拜的女人，20世纪最伟大的女皇，一位尝遍了生活和权力之酸甜苦辣的女性。当她藏匿在灵柩中从我身旁经过时，我尊敬地脱帽致敬，向这个敢于按自己的意愿生活的高雅艺术家鞠躬敬礼。”[2]

和同治的婚礼一样，慈禧的葬礼也是要街道戒严的：“城里所有的交通都已中断，在送葬行列要经过的地方，所有的门窗都得关闭，而大街两旁的所有岔道都要用蓝布遮挡起来。普通百姓是绝不允许以围观的方式来亵渎这个神圣的送葬仪式的。”在西方人看来，慈禧太后的葬礼有着浓重的东方色彩，原始而神秘，体现着十足的东方奢华，事死如

[1] 罗钢、刘象愚主编：《后殖民主义文化理论》，北京：中国社会科学出版社，1999年，第17页。

[2] 沈弘：《晚清映像——西方人眼中的近代中国》，北京：中国社会科学出版社，2005年，第155页。

事生："笨重的金棺由84名杠夫抬着才能通过城门，但在城外，换了一个更大的、由120人抬着的棺材。前面走着摄政王、王公贝勒和军机大臣。后面是一队剽悍的骑兵，再往后是蒙古人赶着的一大群骆驼，上面载着帐篷及行宫用具。前往东陵需四天行程，因此需要在晚间搭起帐篷，以便暂时安放金棺。"[1]

博雷尔在结尾处点明了北京皇族的衰败对中国的新生意义："虽然我因这个浪漫神圣皇权梦想的破灭而眼眶里含着眼泪，但一想到现代的新思想正在把这个信息传播给亿万刚脱离愚昧和黑暗的人民，使他们从内心感到每个人都可以成为天神，我的嘴角便又露出了一丝微笑。"[2]

[1] ［澳］西里尔·珀尔：《北京的莫理循》，檀东锃、窦坤译，福州：福建教育出版社，2003年，第278页。

[2] 沈弘：《晚清映像——西方人眼中的近代中国》，北京：中国社会科学出版社，2005年，第168页。

第三节

黑暗东方的堕落中心

“1840 年是西方人旧的中国观念瓦解和新的认识逐渐形成的一个转折点，这种新认识是由 19 世纪的零碎观念慢慢积累起来的。”[1] 鸦片战争以后，描写北京的作品大量涌现（随着中国国门被迫打开，涌现出大批游记以及从游记中汲取灵感的虚构作品），这些作品给人的印象是无休止地和过去的文本进行清算，因为它们不断有意或无意地对照耶稣会士和启蒙学者塑造的理想北京形象，建立了一个完全相反的新形象。西方曾经羡慕北京历史悠久的文明，但此时他们却发现北京是永远处于停滞衰败的状态，那富丽堂皇的宫殿只是埋葬历史的坟墓而已。这是一种与西方历史不断进步相“对立的、可怕的、纹丝不动的东方性”[2]。尽管培根通过《新大西岛》中的国王指出：乌托邦城市已经实现了一种完美的状态以至于不需要再进一步社会变革了，

[1] ［美］M. G. 马森：《西方的中华帝国观》，杨德山等译，北京：时事出版社，1999 年，前言。

[2] ［德］黑格尔:《历史哲学》，王造时译，上海：上海书店出版社，1999 年，第 68 页。

但曾经作为乌托邦的北京现在远远落后于西方的城市。西方对北京的态度由喜好到厌恶，由崇敬到诋毁，由好奇到蔑视。

一　北京的各种弊端

文本作为一种话语霸权，只要叙述者参与表述，就必须在既定的话语体制和策略下进行。“一个‘单一形态和单一语义的具象’一旦成为套语，就会渗进一个民族的深层心理结构中，并不断释放出能量，潜移默化地影响着后人对他者的看法。”[1]1840 年 6 月，英国舰队陈兵广州海面。舰队司令懿律同马戛尔尼一样想同清朝政府谈判，但此时的北京在他眼中只是一片不具备防御能力的“空地”。1860 年 10 月，英法联军进入北京，抵挡他们的多是神旗、纸龙和符咒。这段历史时期，北京的形象在西方文化中大都是沦落的。总体而言，包含以下几个丑陋的侧面：

其一，残酷的刑罚。英国商人阿奇博尔德·立德（Archibald Little）在《旅华五十年散记》（*Gleanings from Fifty Years in China*，1910）中谈到 19 世纪末期北京大街旁的凌迟酷刑：“我路过的一条大街被人群堵塞着，他们聚拢来观看一个罪犯受‘凌迟’肉刑。这次吸引了更多的人观看，因为犯人曾是个高级官员……一个观看了极刑全过程的欧洲人事后对我说那场面惨不忍睹。刽子手一板一眼地严格按照既定程序实施肉刑，他每割下一块肉就向人群抛去，任由他们争夺这份邪恶的纪念品。”[2] 在立德看来，这种疯狂的行为就像是一群疯子在肢解、哄抢狩猎到的动物。

其二，肮脏、破败的城市环境。1859 年，后来担任同文馆和京师大

[1]　孟华主编：《比较文学形象学》，北京：北京大学出版社，2001 年，第 190 页。

[2]　Ninette Boothroyd，Muriel Detrie ed.，*Le Voyage en Chine*，Paris，Editions Robert Laffont，1992，p803.

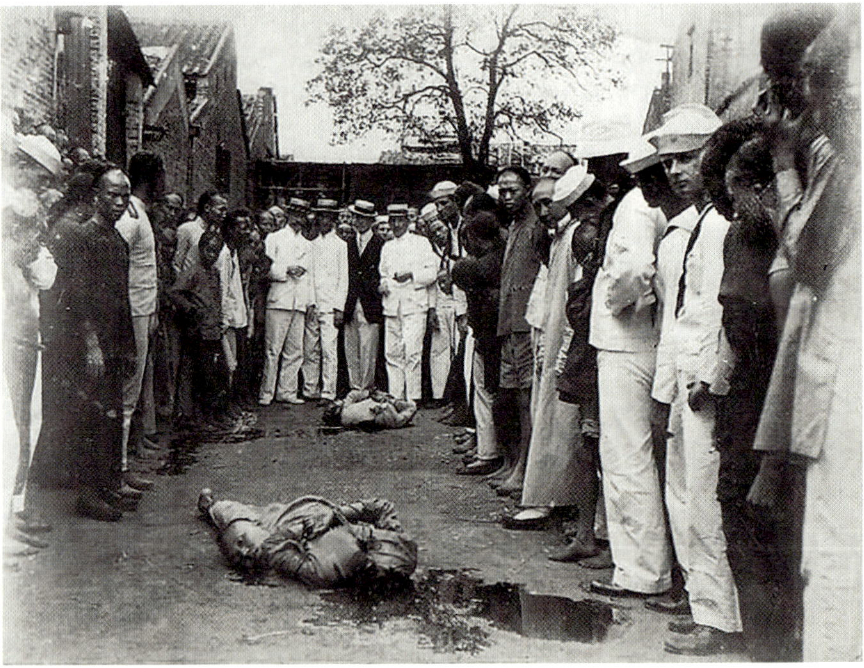

闹市处的斩首示众，不少外国人围观。

学堂总教习的丁韪良[1]陪同英法使团出使北京。在丁韪良眼中，北京“在各方面都显得腐朽肮脏。……商店十分简陋，街道尽管十分宽敞，却异常肮脏。没有一座建筑超过一层楼高，正对街道的围墙挡住了那些公侯富贾们的豪宅。我在日记里描写对这座城市的第一印象时，没有什么比《恰尔德·哈罗尔德游记》里的字句更为恰当了。虽然这些句子对里斯本是一种诬蔑，但用在北京身上十分中肯：

[1] 丁韪良（W. A. P. Martin，1827—1916），美国传教士。1850 年来华，1916 年在北京病逝。丁韪良在长达 60 余年的时间里，先后在宁波、上海和北京等地活动。他曾创办教会学校，主办过报纸《中西闻见录》；他曾长期担任同文馆总教习和京师大学堂英文总教习，翻译和编译过多种书籍，内容包括基督教神学、数学、心理学、西方教育制度、国际法和政治经济学等。

西洋画家笔下的崇文门外大街，泥泞的道路，破败低矮的房屋。

德国画家笔下的北京外城。摘自《普鲁士特使远东风景记录：日本、中国、泰国》(*Ansichten aus Japan China und Siam: die preussische Expedition nach Ost-Asien*，1864)。

此城光耀万里，宛若天庭，
而进入之人，
将徘徊于孤独愁苦之间。
其中肮脏之万物不堪入异客之目；
腐土里繁殖着龌龊的市民，

1872 年 8 月 10 日，英国摄影师约翰·汤姆森从正阳门箭楼西侧瓮城向南拍的照片，近处有正阳桥、五牌楼、前门大街，远处可见天坛祈年殿。

年久失修的北京城墙，杂草丛生。根据辛普森速写绘制的版画，出自 1873 年 2 月 15 日《伦敦新闻画报》。

无论高贵，抑或鄙贱，
于纯净之衣着茫然无知。
所受之罚甚如埃及之瘟疫，
粗野、凌乱亦毫发未损！

丁韪良用拜伦诗作中对里斯本的“诬蔑”来形容北京的境况，并认为北京比里斯本还要差，可谓是对北京徒有其表的最低评价了：金玉其外、败絮其中。

后来，英国作家郇和（Swinhoe）曾跟随英法联军进入北京，他在《1860年华北战记》（1861年）中描绘了一个“野草灰尘中荒败的古都”[1]。北京在经历了战火的洗劫后，到处是残破景象，商业和交通基本处于瘫痪状态。到了19世纪末英国公使夫人苏珊·汤利在《中国笔记》中评价：“北京是世界上最脏最臭的城市……‘气味浓烈的北京’真是个恰当的外号。”[2] 八国联军总司令瓦德西也认为：“北京城在各种旅行笔记中，常被认为世界上第一污秽之城市，可谓一点不错……北京街上之污浊，真是令人可怕，城中并无公家清道夫之设，所有一切残物皆随意抛在街头，以听犬鸟前来为之扫除。”[3]

其三，混乱不堪而又排外的官场。英国外交官弗里曼-米特福德在《北京专员》中批评北京官员“害怕改革，因为改革必然带来其剥削、奴役人民的特权的丧失”，此外他们还极端仇视带来新事物的外国人，“这个城市里那些最肮脏的乞丐可以毫不受限制地到处走动，而这些欧洲最强盛国家的外交使臣却被看作一种污染”[4]。今天看来这实在是一个莫大

[1] 周宁：《鸦片帝国》，北京：学苑出版社，2004年，文选部分。

[2] Susan Townley，*My Chinese Notebook*，London，Methuen & Co. 1904. p234.

[3] ［德］瓦德西：《瓦德西拳乱笔记》，王光祈译，上海：上海书店出版社，2000年，第83—84页。

[4] A. B. Freeman-Mitford，*The Attache at Peking*，1900.

清朝北京官员，肥胖而跋扈。

的讽刺。美国人丁韪良甚至认为，19 世纪末期“北京已经成为堪与君士坦丁堡相媲美的阴谋中心”[1]。

此外，我们还可以参考日本记者兼外交官内藤湖南（1866—1934）对 20 世纪初期北京政局和外交情况的描述：“正如严又陵在天津曾告吾，政变以来，士大夫皆钳口结舌，无敢出气息者，故在北京不得可与会谈之人。据在留诸氏之言，政变前翰林院人人喜与邦人往来，今全阻绝，尽避会面。朝廷排外热尚时时发作，事情甚不明朗，报纸所传，多揣摩

[1] ［美］丁韪良：《花甲回忆：一位美国传教士眼中的晚清帝国》，沈弘等译，桂林：广西师范大学出版社，2004 年，第 276 页。

之谈，殆难措信。”[1]

其四，北京民间的种种陋习。譬如，围观入京的西方人。1859 年，丁韪良陪同英法使团出使北京，遭到路人围观，他认为自己受到了“卑鄙的对待”：“京师的街道上列队站立了数千人，他们肯定是预先就站好了位置，趾高气扬地等着看那些被打败的蛮夷。毫无疑问，在他们看来，我们就像是囚徒或者是来摇尾乞怜的溃败之敌。我们被安排在一所装饰十分豪华的住所里，但却像罪犯一样被看守着”[2]，不能外出，也不能会见其他国家的使团。此外还有对女性的歧视。美国驻北京公使夫人萨拉·康格（Sarah Pike Conger）在《中国来信》（*Letters from China*，1909）中这样评价自己寓居了七年的北京：“从表面上看，北京是一座只看得见男人，尤其是普通男人的城市。……根本见不到女士。我多么渴望能走进这高墙后面的世界，看一看中国人的家庭生活。”[3] 在北京生活久了，康格夫人也有些“入乡随俗”了，她建议来北京的外国女子道：“在北京，女人是不能单独出门的，如果没有外国男士陪同，外国女士在出门时也应该有个中国仆人或马夫随行。”[4]

最后，我们可以用一部小说的描写来综合上述特征。葡萄牙 19 世纪现实主义文学的创始人埃萨·德·克罗斯 (Eça de Queirós，1845—1900）曾创作一部小说《达官》（*Mandarim*，1880），故事在现实的里斯本和虚幻的中国之间展开。埃萨没有亲历过中国，《达官》所描写的北京完全是当时西方的流行想象：如蚁的人群、蜂拥的乞丐、肮脏的街道、愚蠢的迷

[1] ［日］内滕湖南、青木正儿：《两个日本汉学家的中国行记》，王青译，北京：光明日报出版社，第 14 页。

[2] ［美］丁韪良：《花甲回忆：一位美国传教士眼中的晚清帝国》，沈弘等译，桂林：广西师范大学出版社，2004 年，第 132 页。

[3] Sarah Pike Conger, *Letters from China*, Chicago, A. C. McClurg & Co. 1909. 汉译参见［美］萨拉·康格：《北京信札——特别是关于慈禧太后和中国妇女》，沈春蕾等译，南京：南京出版社，2006 年，第 1 页。

[4] ［美］萨拉·康格：《北京信札——特别是关于慈禧太后和中国妇女》，沈春蕾等译，南京：南京出版社，2006 年，第 62 页。

围观洋人，时值 1907 年中法汽车拉力赛。

19 世纪法国画家笔下的北京葬礼，规模奢华，灵柩的顶部做成亭子状，轿夫数十人，后面还跟着一长串其他形状的轿子。摘自法国探险家爱德华·查尔顿（Edouard Charton，1807—1890）编写的《环球游记》（*Le tour du Monde*，1864）下卷。

信、凶恶的官吏、残酷的执法等。主人公特奥多罗看到的北京已经从理想化的乌托邦堕落为令人不齿、胆寒的地狱：

破落穷苦的北京百姓。

“路两旁——时而看见空地，那儿有一群群饥饿的狗在叫，时而是一排排褐色的小破房子，时而是用根铁棍挑着五颜六色细长招牌的寒酸商店。远处是得胜拱门，紫红色的托梁，高处有闪闪发亮蓝色琉璃瓦的椭圆形顶连接着。大多是穿灰色和浅蓝色衣服的嘈杂拥挤的人群川流不息；尘土使一切都蒙上了一层微黄色；黑黑的污水沟里发出一种酸臭味；时不时有一队由穿着羊皮忧郁的蒙古人赶着长长的驼队缓缓穿过人群。

“我们一直到了运河的入口处，这里有衣衫褴褛的卖艺人戴着可怕的鬼怪面具，在那里滑稽粗野而灵巧地表演着；而我长时间观赏的是穿长马褂的占星术，他们后背贴着纸做的盘龙，正在大张旗鼓地卖占星用具或为人占星。噢，多么神奇奇特的城市呀！

“突然，响起一阵喊叫声！我跑过去看：是一群犯人，一个戴着大眼镜的士兵正在用阳伞驱赶着他们，他们的鞭子是互相捆在一起的！就在这儿，在这条街上，我看到了喧闹的清朝官员出殡的队伍，打着各种旗子，送葬的人手提火盘烧着纸，披麻戴孝的女人倒在毯子上悲痛地哭嚎；后来，她们起来，又笑了起来，一个穿着白孝服的苦力马上拿一把鸟状的大茶壶为他们倒茶。

“路过天坛时，我看见一个广场上聚集着一群乞丐，腰上用绳子吊块砖权当遮羞；女人们头发上插着各种旧纸花，在那儿安静地啃着骨头；他们身旁是腐烂的儿童尸体，上面牛蝇飞舞；再往前，我们碰到一个牢笼，里面一个犯人从笼子里伸出枯瘦的双手在乞讨……后来，萨托恭敬地指给我看一个窄窄的广场：在那儿，石柱上放着小笼子，里面是砍下的人头：从上面一滴滴地往下滴着浓黑的血……”[1]

二　俄国作家眼中的北京

叶戈尔·彼得罗维奇·科瓦列夫斯基（1811—1868）是俄国作家兼外交家，1849年10月9日随俄国使华团抵达北京，在京生活7个多月，对道光末年的京城生活百态进行了惟妙惟肖的描绘。

刚到北京时，他看到了北京的繁华，也看到了北京的混乱：“这是一座巨大的城市，人口密集，最主要的是，这是我见过的最喧闹的城市！……眼前的人群、嘈杂以及叽里咕噜的说话声，很容易让人想起其他的东方城市。但当你仔细体会之后，又觉得是另一种风情。……所有这些都闹哄哄地交织在一起，与马车冲撞着，与猪群和鸭群搅在一起。饥饿的野狗耷拉着脑袋，在人群中乱窜。”[2] 在这乱哄哄的北京街头，科瓦列夫斯基特别留心观察路旁鳞次栉比的店铺。“许多店铺非常漂亮，造型奇特。药店和杂货铺的装饰尤其精美夺目，金光闪亮，特别华丽妩媚，像巨大的玩具，点缀在首都街头”。当然，他“也看到了一些糟糕的小铺

[1] 引自姚京明先生的博士论文《中国镜像的明与暗》，“中国知网”版，第109页。

[2] ［俄］科瓦列夫斯基：《窥视紫禁城》，阎国栋等译，北京：北京图书馆出版社，2004年，第114页。

京城外景。俄国画家奇穆托夫（Ivan Chmutov，1817—1865）绘制。奇穆托夫 1849 年被编入俄国东正教第 13 届驻北京传教团，在北京生活了 8 年。

子和破旧的小房子”[1]。在科瓦列夫斯基眼中，北京在繁华背后隐藏着衰败，原因则在于腐朽的统治：“太监、后宫、奢侈、美景，北京宫廷在这些方面与其他东方国家别无二致，只是名称上可能会略有不同。这里有东方宫廷特有的阴谋倾轧，明争暗斗。”[2]

在西方文化中，有一些关于堕落东方的套语，如“‘阴性的’异国情调，熙来攘往的集市，腐败的专制统治，不可思议的宗教狂热，等等”[3]。从科瓦列夫斯基的叙述中，我们可以发现他试图将自己定位为西

[1] ［俄］科瓦列夫斯基:《窥视紫禁城》，阎国栋等译，北京：北京图书馆出版社，2004 年，第 115 页。

[2] ［俄］科瓦列夫斯基:《窥视紫禁城》，阎国栋等译，北京：北京图书馆出版社，2004 年，第 147 页。

[3] 罗钢、刘象愚主编：《后殖民主义文化理论》，北京：中国社会科学出版社，1999 年，第 24 页。

城郊茶馆。奇穆托夫绘制。

方，而将北京所看到的一切均打上东方的烙印。“东方最令旅行者震撼的是轻盈而高耸的塔，气势冲天。北京随处可见雕花的顶子，大门、房屋、寺庙，所有带顶子的建筑都是如此。……在东方的其他城市最招人厌恶的是狗，而在这里却是猪。这里的猪浑身污浊，比狗更让人生厌。它们哼哼唧唧在你脚下蹭来蹭去，在装运它们的车上凄厉地嚎叫，并最终成为餐桌上的菜肴。北京的狗也不少，但都很安静，这与东方其他城市的不太一样。这些狗安静而朴实，不仅不咬人，甚至都不吠。”[1]

在评价完街头肮脏的猪群后，他又开始点评北京街头的百姓：“北京的大街上，看热闹的人比其他任何东方城市的都多。它与意大利、法国的首都相比也毫不逊色。日常事务都是在家中或店铺中进行。这些房子

[1] ［俄］科瓦列夫斯基:《窥视紫禁城》，阎国栋等译，北京：北京图书馆出版社，2004 年，第 115—116 页。

东正教在北京的礼拜仪式。奇穆托夫绘制。

全都深藏在迷宫般的小院子里，你从街上根本看不到，没有一扇向外的窗户。这才是真正的东方人生活，他们的内心世界永远对外人关闭着，家族是社会的单元，沿袭着父权制的传统。”[1] 在作者眼中，北京不少居民的素质很低下，游手好闲者比比皆是，“在北京城要想揍个什么人的话根本就不是件难事。只要雇个打手，就能把你的仇人随心所欲地揍一顿。通常给两卢布的价钱他们就干”[2]。

在更多的时候，许多浅尝辄止的旅行家并不是汉学家，他们缺乏北京基本的历史地理知识，科瓦列夫斯基也不例外，他直言道：“我从未想过要为天朝帝国之都写一个详细的导游手册。因为我确信绝大多数的读

[1] ［俄］科瓦列夫斯基:《窥视紫禁城》，阎国栋等译，北京：北京图书馆出版社，2004 年，第 115 页。

[2] ［俄］科瓦列夫斯基:《窥视紫禁城》，阎国栋等译，北京：北京图书馆出版社，2004 年，第 182 页。

俄国画家尼古拉斯·舍瓦列尔（Nicholas Chevalier，1828—1902）绘制的北京街景。画家曾于 1869 年来远东旅行。该画与德国画家爱德华·希尔德布兰特绘制的场景相似。

“北京的环形街道”。德国画家爱德华·希尔德布兰特（Eduard Hildebrandt，1818—1869）创作的水彩画。他于 19 世纪 60 年代初环游世界。该画 1866 年首次在英国展览。

者不会亲临北京。至于有多少座桥，多少条街道，多少处名胜古迹……最好让他们远离那些不胜其烦的数字吧！我要带你们去最引人入胜、也是我最感兴趣的地方看看。”[1] 结果，科瓦列夫斯基向我们介绍了天坛、寺庙、皇家园林、戏园子、琉璃厂、鸦片馆、店铺等地方。总体而言，正面的赞叹之语只有不多的几处。譬如他非常欣赏北海的五龙亭，认为：“北京的这些亭子第一次向我们展示了东方奇异、鲜艳、璀璨、迷人的美丽和神秘。”[2] 作者也赞赏北京友好、热情的一面，是一个重礼仪而好客的城市，“在北京的店铺里，所有顾客都很受欢迎。不喝尽杯中斟给的茶，你是决迈不出店门的”[3]。不过，更多的时候，科瓦列夫斯基“醉翁之意不在酒”，他在北京逛了不少的戏园子，然而与其说他来欣赏京剧，不如说是来窥视看戏的贵族女子，作者在看戏时一直心神不定：“占据过廊的那些女眷们穿着富丽的宽袍，头上的各色头饰比我们欧洲人的要漂亮许多。她们的眼睛乌黑发亮，脸庞异常洁白，脸上的妆容由于距离远而不着痕迹。这一切都令我们倾倒，我们不由自主地频频抬眼观望。”[4] 由此可见，虽然北京衰落了，但其性的诱惑力却在某种意义上增强了。

三　英国社会学家笔下的北京

在武力和不平等条约的保护下，越来越多的西方人来到北京，对其阴暗面的了解也逐渐深入。一种自信而又蒸蒸日上的文明需要一个陪衬的异域形象——一个停滞落后、肮脏可鄙、邪恶堕落的古都。如黑格尔

---

[1] ［俄］科瓦列夫斯基:《窥视紫禁城》，阎国栋等译，北京：北京图书馆出版社，2004 年，第 127 页。

[2] ［俄］科瓦列夫斯基:《窥视紫禁城》，阎国栋等译，北京：北京图书馆出版社，2004 年，第 135 页。

[3] ［俄］科瓦列夫斯基:《窥视紫禁城》，阎国栋等译，北京：北京图书馆出版社，2004 年，第 224 页。

[4] ［俄］科瓦列夫斯基:《窥视紫禁城》，阎国栋等译，北京：北京图书馆出版社，2004 年，第 181 页。

英国摄影师费利斯·比托 1860 年拍摄的东北角楼东北面，远处为东直门。

根据费利斯·比托照片绘制的版画，风景略有调整。

和萨特的阐释，“他者”是指主导性主体以外的一个不熟悉的对立面或否定因素，因为它的存在，主体的权威才得以界定。此时，曾经神秘的古都在西方人面前赤裸裸地展示其病态的躯体：精神上是愚昧的，道德上是堕落的，历史上是停滞的，政治上是专制的。

中日甲午战争爆发，集结在北京城墙外的清兵。摘自1894年10月20日《伦敦新闻画报》。

19世纪末期，英国著名的远东社会学家亨利·诺曼来中国考察，先后游历了上海、香港、北京等城市，其中对北京的记述最多。同所有朝拜者的心情一样，诺曼也向往着历史传说中的东方之都。诺曼刚开始是饱含激情的，“认为到北京旅行，你将经历两次巨大的兴奋与满足，这对旅行者来说是真正的兴奋与满足。第一次让你兴奋不已的就是当你初见这座伟大城市的城墙的时候……一幅惊人的图景展现在你的眼前。一座高耸入云的城楼盘踞在高大城墙的一角。在这个城楼的每一层，都有许多大炮张着大口虎视眈眈。城墙笔直地延伸了大约一英里左右，上面有1000个炮眼，100个支撑城墙的扶墙。当你勒住缰绳，在马背上坐稳，你都不敢相信你人生中的诸多祈望中又有一个实现了。千真万确！……你终于来到了旅行者马可·波罗所说的仙境之中。你终于就要开始探索天朝大国的首都与心脏了。这是你游历北京时要经历的两个珍贵时刻中的第一个”。接

北京骡车。原图出自1861年2月23日《伦敦新闻画报》。车厢狭小，车轮没有减震措施，遇到坎坷路况，颠簸非常厉害。车内没有座位，乘客只能盘腿而坐。当女人乘车时，车厢前面和两侧可以放下垂帘，防止行人窥视。

进入京城的骡车队伍。原图出自1894年8月18日《伦敦新闻画报》。

下来，作者笔锋一转，从兴奋的顶峰跌到失望的深渊，“当你继续驱马前行，你发现那些大炮口不过是涂在木板上的黑白相间的圆圈而已。而这种被欺骗感，总而言之，将就是你北京之行的全部（很幸运你当时并没有完全意识到）。这个地方简直让人失望之极”[1]！

北京肮脏的环境是作者重点批判的对象。“在北京的所有特征中，有一点非常突出，也非常可怕。我指的是北京的污秽。北京是人们所能想象得到的最为肮脏的地方，这种可怕之极的肮脏真是无以形容。……说到北京的气味，真让人避之唯恐不及。这座城市简直就是一个巨大的臭水沟。”[2] 不仅如此，北京的交通状况也令人担忧：“雨水冲击的泥土和污水沟塑造了北京的每一条街道。……这里唯一的交通工具就是著名的北京骡车，这些骡

[1] ［英］威尔士、诺曼：《龙旗下的臣民：近代中国社会与礼俗》，刘君等译，北京：光明日报出版社，2000年，第224页。

[2] ［英］威尔士、诺曼：《龙旗下的臣民：近代中国社会与礼俗》，刘君等译，北京：光明日报出版社，2000年，第242页。

车非常结实，方形、两轮、有车篷。”[1] 只有这种车才能经受住崎岖不平路面的考验，然而在这样的骡车中摇晃颠簸简直就是纯粹的折磨。

北京的私人和公共骡车。法国画家路易斯·萨巴蒂埃创作，摘自 1913 年 3 月 1 日法国《画报》(3653 期)。

诺曼非常看不起北京居民，北京街头的人们“嘴里吃着非常可怕的东西，身上长满了寄生虫，散发着令人无法抵挡的臭气，并且极可能患有天花。……人群挤在你的身上，用他们那肮脏的手抚摸你的衣服，把他们的鼻子凑到你的脸上，并且说些污秽无礼的话”[2]。北京百姓对外国人的敌视也是作者讨厌的缘由。“要了解中国人对外国人的态度如何，你必须到北京来：没有任何其他中国城市能让你更好地了解这一点。……北京是我所访问过的唯一一个并不因你是个外国人而对你特别优待的地方。在北京，你是一个操着外国话、穿着外国衣服，举止神态不同于本国人的外国人，这本身并不能给你带来任何实际的利益。相反，在这里，人们都敌视你。人们一见到‘洋鬼子’就露出轻蔑与不屑。‘如果总理衙门被废除的话，’一个北京的外交官告诉我，‘在 24 小时内我们的生命就会有危险。人们不来骚扰我们只是因为他们知道如果这样做的话，会受到种种的惩罚’。”[3] 山雨欲来风满楼，诺曼的描述多少透露出义和团“灭洋”运动的一触即发。

---

[1] ［英］威尔士、诺曼：《龙旗下的臣民：近代中国社会与礼俗》，刘君等译，北京：光明日报出版社，2000 年，第 227 页。

[2] ［英］威尔士、诺曼：《龙旗下的臣民：近代中国社会与礼俗》，刘君等译，北京：光明日报出版社，2000 年，第 228—229 页。

[3] ［英］威尔士、诺曼：《龙旗下的臣民：近代中国社会与礼俗》，刘君等译，北京：光明日报出版社，2000 年，第 228 页。

清廷京师官员驱赶西方人。欧洲的宣传画，用以表现当时北京的排外。

关于北京的名胜，诺曼认为：“坦白地说，北京几乎没有什么名胜。我所见过的最好的建筑，就是英国使馆入口处的亭子了。这是我所见过的唯一不那么肮脏也不那么破败的建筑。”[1] 他还站在紫禁城附近最高的建筑上，用望远镜眺望紫禁城，认为“里面的宫殿看起来也不过尔尔”，就连盛大非凡的皇帝退朝，他引用一个曾亲历者的评价：“就像任何中国的东西一样，它俗艳而肮脏，让人失望。”所以诺曼反过来质疑《大不列颠百科全书》中道格拉斯教授对北京的描述，该教授认为皇宫中所有宫殿“壮丽辉煌，比例匀称，没有任何其他地方的建筑可以与之匹敌”。诺曼则讽刺道：不管道格拉斯教授的话如何权威，北京的任何建筑都没有他所说的这种壮丽与辉煌，“在任何意义上都不能说它们体现了‘瑰丽东

[1] ［英］威尔士、诺曼：《龙旗下的臣民：近代中国社会与礼俗》，刘君等译，北京：光明日报出版社，2000 年，第 230 页。

总理各国事务衙门。根据英国人托马斯·查尔德 1878 年拍摄的照片制作的版画。第二次鸦片战争以后，外国公使进驻北京，中外交涉日益频繁。清政府于 1861 年 1 月 20 日批准设立了总理各国事务衙门，简称“总理衙门”，负责办理外交事务。1901 年，按《辛丑条约》的规定，总理衙门改组为外务部，位列六部之首。

方’的魅力”[1]。当然，作者也提到了北京几处还让他满意的地方。其一是“保存得还很完好”的天坛，“确实是一座令人难忘的美丽建筑”。其二是北京的城墙。“站在城墙上放眼望去，北京城的屋瓦连绵起伏，在树叶丛中半掩半映；时而有一座座宝塔或屋顶高耸的教堂穿出树丛，直指天空。根本看不到它实际上存在的肮脏、不适与贫穷。”[2] 这是一种从高处看城市的审美效果，而且看到的都是掩盖肮脏的绿色和耶稣教堂，所以诺曼认

[1] ［英］威尔士、诺曼：《龙旗下的臣民：近代中国社会与礼俗》，刘君等译，北京：光明日报出版社，2000 年，第 233 页。

[2] ［英］威尔士、诺曼：《龙旗下的臣民：近代中国社会与礼俗》，刘君等译，北京：光明日报出版社，2000 年，第 234 页。

以北京为代表的清朝景象。出自1885年7月11日的法国《欧洲画报》(*L'Illustration Européenne*)。

为“天朝的都城这样看起来，真是最美的了”[1]。

总而言之，诺曼认为“尽管不远万里来到这个地方的人，都想像马可·波罗那样，对这个地方的奇妙之处作一番描述。然而，真实的情况确实是你不值得来北京旅行。北京，很值得你来研究，而不适合你来观光。它的景色甚至比不上汉城（今首尔）美丽，它也远不及旧金山有趣”[2]。而“一旦你在这里住上几天，你连笑都笑不出来了，你迫不及待地数着时间，直至你终于离开了那里”。离开北京之际，游览者将像诺曼那样体验最兴奋的第二个时刻，“就是当他转过身，背对着北京城——这座‘刺痛人的身体与灵魂的城市’（柯尔律治语）的时候”[3]。这也正符合法国哲学家福柯的论断：殖民地的“原来空间是污秽的、病态的和混乱的”，“这一类型并非幻象，而是补偿性差异地点，并且我怀疑没有哪个殖民地不扮演这个角色”[4]。

---

[1] ［英］威尔士、诺曼：《龙旗下的臣民：近代中国社会与礼俗》，刘君等译，北京：光明日报出版社，2000年，第234页。

[2] ［英］威尔士、诺曼：《龙旗下的臣民：近代中国社会与礼俗》，刘君等译，北京：光明日报出版社，2000年，第225页。

[3] ［英］威尔士、诺曼：《龙旗下的臣民：近代中国社会与礼俗》，刘君等译，北京：光明日报出版社，2000年，第242页。

[4] ［德］顾彬：《关于“异”的研究》，曹卫东编译，北京：北京大学出版社，1997年，第27页。

第四节

庚子之乱中的“北京末日”

中国古代都城往往辟有专区供外国使节居住。之所以采取这种划定固定区域，聚族而居的办法，一方面是给外族人提供必要的活动空间；一方面也是便于监管、防范种族矛盾的扩大。譬如，东汉洛阳有白马寺，供东来的佛僧居住。北魏都城洛阳有“四夷馆”[1]，居住在这里的外族人“乐中国土风，因而宅者，不可胜数。是以附化之民，万有余家，门巷修整，阊阖填列，青槐荫柏，绿柳垂庭”[2]。明朝北京亦设有“四夷馆”，随着朝贡人数的增加，1442年又建立了“会同馆”。

清朝外来使节的居住地为东交民巷，元代初期称作“江米巷”，为南方漕运大米的集散地。清乾隆、嘉庆年间，在此建有供外国使臣临时居住的“迎宾馆”。当时，清政府不允许洋人常驻，一般以四十天为限。鸦片战争后，北京开始有常驻的外国使节。几十年间，这一地区先后建立了英、俄、德、法等国使馆，东江米巷

[1] 所谓“四夷”是根据中央帝国思想对周围的异族北狄、南蛮、东夷、西戎的称呼。

[2] 《洛阳伽蓝记》卷三《城南》。

华洋杂陈的北京街景，喧闹而略显混乱。法国画家莫林（M. Morin）创作，出自 1861 年 3 月 2 日法国《世界画报》(*Le Monde Illustré*)。

随之更名为东交民巷。现在泛指东到崇文门大街路西，西达历史博物馆，北起东长安街路南，南止于二环路北，方圆 1.31 平方公里的地区。一百多年前的夏天，义和团拳民在清王室的支持下围攻东交民巷使馆区，让全世界的目光都聚焦于此，在西方人心目中，北京的"末日"似乎来临了。

一　围城之战

在义和团围攻使馆区的时候，使馆成员认为其情形"就像乘着一叶孤舟，航行在未知的茫茫大海上，同时还要和可怕的风暴做斗争"[1]。在这

[1] ［美］萨拉·康格：《北京信札——特别是关于慈禧太后和中国妇女》，沈春蕾等译，南京：南京出版社，2006 年，第 93 页。

“庚子”前后西方流行的《黄祸》图，大天使圣·米迦勒号召所有基督教民族团结起来，抗击由佛陀控制的中国风暴。1895 年，德国皇帝威廉二世提出“黄祸”论，并命令宫廷画家赫尔曼·奈克法斯（Herman Knackfuss）根据他想象的场景创作。

种情况下，欧洲的新闻界普遍采取了对北京事件肆意污蔑的态度。例如，《每日邮报》（*Daily Mail*）在 1900 年 7 月 16 日刊登了题目为《北京大屠杀》（*The Peking Massacre*）的文章，不无歪曲地夸张了义和团的“暴行”：“密集的炮火袭击着欧洲人，中国人一次又一次地攻击他们。早晨……幸存的小部分欧洲人在太阳升起时站在一起，坚定地迎接死亡……一个个被用最残忍的方式杀害了。”英国《泰晤士报》也推波助澜：“面对嗜血、狂热的野蛮人的进攻，欧洲人沉着冷静、勇敢地战斗到底……为那些无助的、就要在他们尸体之上被杀害的妇女、儿童战斗到最后一刻，他们死得其所。……我们要做的是哀悼和为他们复仇。”[1] 此外，一些作家也借此机会发挥其想象力，一时关于北京拳乱题材的作品大行其道，指

[1] ［澳］西里尔·珀尔：《北京的莫理循》，檀东锃、窦坤译，福州：福建教育出版社，2003 年，第 183 页。

八国联军向北京进发。摘自 1900 年 9 月 2 日的法国画报《小巴黎人》(*Le Petit Parisien*)文学副刊。

责中国暴民，赞扬东交民巷外交使团之英勇的作品比比皆是，将此时的北京描写成人间地狱，城市是匪徒的天下，而被围困的使馆区则是文明和圣洁的地方，守卫的西方人则是天使般的基督徒。例如丁韪良的《北京之围：中国对抗世界》(*The Siege in Peking: China Against the World*)；尼格尔·奥利芬特(Nigel Oliphant)的《北京使馆围困日记》(*A Diary of the Siege of the Legation in Peking*)；阿兰(Roland Allen)的《围攻北京使馆》(*The Siege of the Peking Legation*)；弗雷德里克·布朗(Frederick Brown)的《跟随联军从天津到北京》(*From Tientsin to Peking with the Allied Forces*)；汤姆森夫人 (E. Thompson) 的《北京之荣光》(*Old Glory at Peking*); 裘丽亚·豪 (Julia Ward Howe) 的《应时之作：拳乱》(*A Word for the Moment: The Boxer Rebellion*) 等。

在众多报道中，笔者主要以英国人莫理循(George Ernest Marrison, 1862—1920)和普特南·威尔(Putnam Weale, 1877—1930)提供的文献资料为例。

莫理循从 1897 年至 1918 年以《泰晤士报》驻京记者的身份一直活

跃在中国的政治中心，也被称为“北京的莫理循”。他曾居住在王府井大街路西一所四合院里，由于他的名气，这条著名的商业街曾一度被称作“莫理循大街”。北京使馆解围后，他向《泰晤士报》发去了3万字的报道，比较真实地说明了使馆被围后外国人的处境。莫理循特别提及了翰林院焚毁事件，因为翰林院建筑群中有几座房子离英国公使馆只有几英尺远，义和团为了把洋人从壁垒中烧出来，便趁着风势放火点燃了“北京最神圣的建筑物和学术中心”。莫理循对这种无知和野蛮的行为甚为心痛：大火过后，“这座中国最大的图书馆变成一堆废墟，飘散着撕毁的书页和木灰。世界上其他大图书馆，如罗马的亚历山大图书馆曾毁于征服者之手，但是我们难以想象一个国家，为了报复外国人，竟然牺牲了自己最神圣的建筑、国家的骄傲和光荣以及数百年有学之士的智慧结晶。这是一场可怕的大火，是骇人听闻的亵渎神圣的罪行”[1]。有亲华倾向的莫理循能理解义和团围攻使馆，却无法理解他们自焚翰林院这一“愚蠢至极”的行为。

列强攻城，慈禧稳坐城门楼。八国联军漫画。

[1] ［澳］西里尔·珀尔：《北京的莫理循》，檀东鍟、窦坤译，福州：福建教育出版社，2003年，第173—174页。

北京城与中国龙。八国联军漫画。

清兵在北京城墙上对抗联军大炮。八国联军漫画。

此外，英国记者普特南·威尔的《有欠谨慎的北京来信》（汉译《庚子使馆被围记》）对这一事件的叙述也较有代表性，美国汉学家阿灵顿称其为“可能是最浪漫、最生动的”[1]。普特南·威尔开篇即写自然环境，此地虽为大清的京师，但“灰尘极重，且以质黑著名，每起大风，则由地直卷而上，仰视天日，顿成惨淡之色，扑人口鼻，衣履皆满，此初至中国北京者无不言之而攒眉者也”[2]。北京在他的笔下异常破败、脏乱，同时也是一种不祥的象征，暗示着将要发生的动乱。在战斗最激烈的时候，普特南甚至将北京比作恐怖的地狱：一个处在戈壁边缘、野蛮世界中心的黄土漫天的城市，这个城市在历史上不断被野蛮游牧部落入侵，洗劫、杀戮、夷为平地[3]，已成为上帝在这个世界上选中的、反复展演世界末日景象的舞台。又一次劫难到来了，义和团像过去来自草原上的那些游牧部落一样，涌入这个黄土弥漫的死亡之城。他们发疯似的嚎叫“听起来让人血液都凝固了，它凄厉、空旷，一声一声地重复，几个小时从未间断，叫声中包含疯狂与邪恶……我们中的妇女已经吓呆了，水手们咕噜着，这不是战争，它比战争更可怕，是但丁描写的地狱”，而义和团拳民就像是地狱里的恶魔[4]。相似的描述也体现在法国作家洛蒂的追忆，它将北京描述成撒旦般的城市：在公使馆四周，“成千上万的人拼命地嘶吼着——这些吼声应该不是难以想象的那种嗓音，光那种音调就能叫你冰入骨髓”。这种模式的描述源于西方人潜意识深处对东方的恐怖记忆，他们第一次被蒙古骑兵围攻时，就产生了《圣经·启示录》中的世界末日和

---

[1] ［美］刘易斯·查尔斯·阿灵顿：《古都旧景——65 年前外国人眼中的老北京》，赵晓阳译，北京：经济科学出版社，1999 年，第 14 页。

[2] ［英］普特南·威尔：《庚子使馆被围记》，冷汰、陈诒先译，上海：上海书店出版社，2000 年，第 1 页。

[3] 确实，近一千年来，北京一直是外族征服者的沙场：公元 947 至 1368 年，辽、金、元先后在此定都，1644 年，清王朝入关后也定都于此。1860 年，英法军队攻入北京。1900 年，八国联军甚至洗劫了紫禁城。

[4] Putnam Weale: *Indiscreet Letters from Peking*, Shanghai: Kelly and Walsh Limited, 1922, p.78—80。

1900 年 8 月，美军攻上北京城墙。

激战皇城。八国联军漫画。

八国联军攻入北京后，烧杀劫掠，剩下一片断壁残垣。从前门看到的大清门周边废墟，远处可见天安门。德国公使穆默（Alfons Mumm von Schwarzenstein，1859—1924）拍摄。

地狱幻象，认为中国的龙就是魔鬼的象征，把鞑靼（Tartar）同拉丁语中的地狱（Tartare）联想到一起。此时，“启示录”中的末日预言似乎在北京应验了：锁在无底深坑里的龙、魔鬼，在撒旦的带领下爬了出来，“他们的人数多如海沙……围住圣徒的营与蒙爱的城”。

由英、美、德、法、俄、日、意、奥组成的八国联军攻下北京后，下令重重打击被太后遗弃的“北京孤儿”，在北京杀、抢、烧三天，实际上岂止三天，经联军和强盗的烧掠之后，北京城内“尸积遍地，腐肉白骨纵横”。“当外国人能再次进入北京街道时，跃入眼帘的就是破坏。死亡士兵的尸体堆得高高的，有的上面盖着一块破草帘子，都成了野狗的美食。死狗和死马的尸体污染着每个地区的空气，大池子里的死水因士兵和动物的尸体而发着难闻的味道。”[1] 从公使馆解围出来的康格

[1] ［法］皮埃尔·洛蒂：《在北京最后的日子》，马利红译，上海：上海书店出版社，2006 年，第 54 页。

八国联军及家眷掳掠北京城。出自1900年12月16日的意大利《每日邮报》(*La Domenica del Corriere*)。

夫人在参观完正阳门楼之后写道:“看着那道城墙,再从那儿看整个城市,我们好像经历了一场噩梦。我们看到周边的城区已经成了废墟”[1]。此时的紫禁城变成了八国联军的旅馆、食堂和娱乐场所。瓦德西看到的是光华尽逝的紫禁城,失望之余,他认为“此处表现出一种昔日庄严伟大之态,但亦久已趋于颓废凋残。……若此种熟视颓败不加修理之皇室,而竟具有大宗财产,此实为余所不敢相信者也”[2]。面对这种惨淡情形,就连把持中国海关数十年的赫德(Robert Hart,1835—1911)也哀叹:“一度人烟稠密的北京城,在外国军队占领的头几天,便一下变为空城,人们看到了诸多不应发生的事,有一天,总会有人因这一切而懊恼。”[3]

二 法国作家皮埃尔·洛蒂的《北京末日》

随八国联军进入北京的法国作家皮埃尔·洛蒂将他在北京的见闻写

[1] [美]萨拉·康格:《北京信札——特别是关于慈禧太后和中国宫女》,沈春蕾等译,南京:南京出版社,2006年,第133—134页。

[2] [德]瓦德西:《瓦德西拳乱笔记》,王光祈译,上海:上海书店出版社,2000年,第45页。

[3] [美]乔纳森·斯潘塞:《改变中国》,曹德俊等译,北京:三联书店,1990年,第125—126页。

成一部畅销书《北京末日》[1]（1902 年）。因战争缘故和作者忧郁的创作风格，作品中有许多死亡、尸首和腐烂的意象[2]。在这部纪实和虚构相结合的著作中，他哀叹的不仅是战争的残酷和血腥，更是八国联军进入紫禁城，将北京最神秘的核心暴露于天下，那种奇妙而神秘的美感便永远失去了。

八国联军中的英军在北京大街上展示缴获的清军（绣龙的蓝旗）和义和团的旗帜（绿旗）。摘自德国学者约瑟夫·屈尔施纳编撰的《中国》（1901 年）。

洛蒂在第一次看到北京时发出了这样的惊叹：“当那前所未见的高大城墙肃穆哀愁地出现在我们面前时，我立刻感受到这个说出口的名字所具有的那种令人浮想联翩的力量。……我们来到这城堡和稚堞的城墙脚下，我们为眼前的一切所震慑，恨不能有起伏的地面藏身。”[1]然而，经过列强军队的烧杀掳掠，北京成了“只有瓦砾和灰烬的都市”，洛蒂用“巴比伦”“大公墓”“迷宫”等来比喻北京。在洛蒂眼中，北京所有的一切都展现着异质文化的蛊惑和魅力。

首先，来看洛蒂笔下北京的城市风貌。

---

[1] 书名原文为 *Les Derniers Jours de Pékin*，李金发先生曾翻译过此书，直译为《北京末日》。本书所参考的译本为钱林森主编，钱先生曾对笔者说：原译名翻译贴切，新译名则是应出版社要求等原因而调整。

[2] 钱林森编：《20 世纪法国作家与中国》，南京：南京大学出版社，2001 年，第 217—218 页。

[1] [法]皮埃尔·洛蒂：《在北京最后的日子》，马利红译，上海：上海书店出版社，2006 年，第 47 页。

八国联军司令瓦德西率领军队穿过午门进入紫禁城。美国摄影师詹姆斯·利卡尔顿（James Ricalton，1844—1929）拍摄。

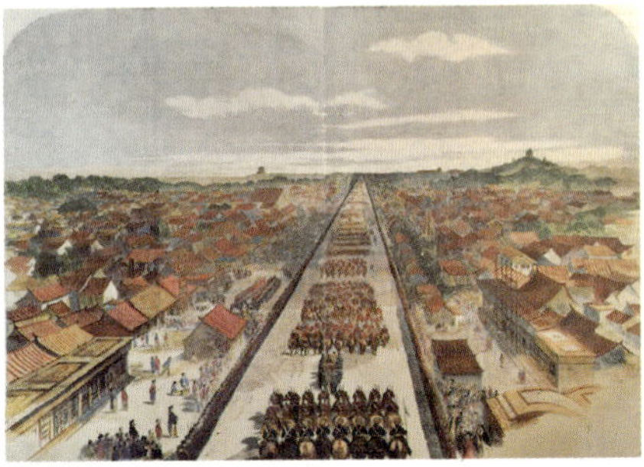

1860年10月24日，额尔金率英法联军进京与清廷签署合约，根据画家从安定门上的速写绘制。摘自1861年1月5日《伦敦新闻画报》。画面有所失实：安定门内大街没有如此宽阔，远处的风景也不符合历史事实。

苍茫而寂静的北京"好像一座海市蜃楼般的城市，没有真实的根基"[1]，"这座齿形屋檐和镀金饰物集合而成的城市，处处装饰着兽角和鳞爪"[2]。"穿过滚滚的沙尘，在阳光照射的浮尘中，在视野的尽头，我们看到有样金色的东西在闪烁，看到蛟龙和麒麟在张牙舞爪。一道道出奇轻盈的拱门横跨街道的上空，那木制的拱门如空气般轻盈，像撑起在船桅上，在空洞而惨淡的蓝天里用敌意的形状重复着那挥之不去的怪诞梦魇，还有那兽角鳞爪的恐吓和魔幻怪兽的狰狞。"[3] 在洛蒂看来，"所有这些盛大浮华的东西对于我们西方人都是无法想象和难以猜透的"[4]！"如果不是看到宫殿或宝塔那比例夸张的雄伟屋顶，不是看到那明晃晃的琉璃瓦

[1] [法]皮埃尔·洛蒂:《在北京最后的日子》，马利红译，上海：上海书店出版社，2006年，第61页。

[2] [法]皮埃尔·洛蒂:《在北京最后的日子》，马利红译，上海：上海书店出版社，2006年，第61页。

[3] [法]皮埃尔·洛蒂:《在北京最后的日子》，马利红译，上海：上海书店出版社，2006年，第60页。

[4] [法]皮埃尔·洛蒂:《在北京最后的日子》，马利红译，上海：上海书店出版社，2006年，第59页。

八国联军将领在乾清宫合影。

的屋脊每隔一段距离就从迷雾中十分清晰真实地浮现而出，人们宁愿相信这是海市蜃楼。”[1]

洛蒂在衰败中也看到了往日的繁华："在那荒原和废墟上空永不落定的尘埃中，在那层罩在破败不堪的街道和卑污肮脏的人群的尘雾沙幔里，北京城往日的辉煌依稀可辨。”[2]“没有一座西方的都会有这样的设计，规划得如此恢弘且齐整；尤其是没有这样的主导思想——极力渲染仪仗的华美，烘托帝王驾临的威仪。宝座于此是万物之中心。这座城市规则得像一个几何图形，似乎修来只是为了妥藏并光耀四万万灵魂的主人——天子。至于那殿前的楹柱，那通向大殿的皇家大道则让人联想起巴比伦或底比斯。由此可知，为什么那些中国的使节，在他们强大的祖国锦绣

[1] ［法］皮埃尔·洛蒂：《在北京最后的日子》，马利红译，上海：上海书店出版社，2006 年，第 64 页。

[2] ［法］皮埃尔·洛蒂：《在北京最后的日子》，马利红译，上海：上海书店出版社，2006 年，第 61 页。

紫禁城内驻扎的列强军队。

繁荣的时代去到我们的王宫，走在我们凡尔赛、卢浮宫或当时的巴黎街头而不会感到眩晕了！”[1]

第二，洛蒂笔下的紫禁城。

洛蒂来到紫禁城参观，在进入“一扇开启美妙奇观的神秘之门”后，他看到了无人迹的树林，“那整个地方无疑是非常华美，然而，在阴暗的天空下，又是那般忧郁、充满敌意和令人不安”。“这里是绝对孤寂冷清的，好像死亡之国。”[2] 在洛蒂眼中，破败的紫禁城“总像那么一座巨大的坟冢。荒草疯长的护城河上方，绵长笔直的城墙，消失在模糊昏黄的地方。越靠近它，越发沉寂，静得像凝固住了，完全给那可怕的——沉寂

[1] ［法］皮埃尔·洛蒂：《在北京最后的日子》，马利红译，上海：上海书店出版社，2006 年，第 136 页。

[2] ［法］皮埃尔·洛蒂：《在北京最后的日子》，马利红译，上海：上海书店出版社，2006 年，第 71 页。

和死亡之墙封住了”[1]。大理石的怪兽狞笑着，盘龙的巨石龇牙咧嘴，好像在狂吠，宫城的围墙一重又一重，穿越“陷阱般”的三重门，洛蒂看到一条“荒凉”而“空阔”的长路，“其尽头处便是这座戒备森严的北京的中心，天子的老巢”。这是一座“庞大而奢华的城堡”[2]。洛蒂最后感叹道：“哦！这一切的厚重与庞大，这屋顶图案的吊诡，将这‘黄色巨人’的特征展现得淋漓尽致！”[3]

尽管紫禁城死气沉沉，但却并不影响洛蒂欣赏残存的美景。夕阳之下的紫禁城“是一天中最奇幻的时分”，“虽然宫殿老旧，但那金字塔顶弧形的黄色琉璃瓦在红

20 世纪初，在京洋人制作的彩绘明信片，展示北京城墙及护城河景致，远处可见天宁寺塔。

20 世纪初，在京洋人制作的彩绘明信片，展示北京城门楼和牌坊。

[1] ［法］皮埃尔·洛蒂：《在北京最后的日子》，马利红译，上海：上海书店出版社，2006 年，第 115 页。

[2] ［法］皮埃尔·洛蒂：《在北京最后的日子》，马利红译，上海：上海书店出版社，2006 年，第 82 页。

[3] ［法］皮埃尔·洛蒂：《在北京最后的日子》，马利红译，上海：上海书店出版社，2006 年，第 138 页。

20 世纪初套色明信片，北京街景。

彤彤的阳光照射下熠熠放光，呈现出我们从未领略过的华美”；“那黄色琉璃瓦的金字塔顶闪闪发亮，衬着远处永远漂浮着尘埃的灰蓝色的天际，简直像一座金的城市”。洛蒂反观欧洲的城市批评道：“我们欧洲城市的鸟瞰图呈现的却是一个多么荒蛮的丑态——一堵堵丑陋的山墙，粗糙的瓦片；烟囱林立的肮脏的屋顶，此外还有纵横交错的黑压压的恐怖的电线网。”[1]

有时，洛蒂也深感军队入侵的蛮横，“我们出现在这里，举止粗俗，满身灰尘，疲惫沮丧，肮脏不堪，貌如未开化的野蛮人，无异于置身仙境的僭越者”。因为在三个月前，这里曾经是一片歌舞升平的乐土，“仙乐飘飘，花团锦簇，热闹非凡的景象；如今这空荡荒芜的四周曾站满了锦衣华服的朝廷官员及仆从，一身神仙装扮的皇太后，身后跟着一群宫

[1] ［法］皮埃尔·洛蒂：《在北京最后的日子》，马利红译，上海：上海书店出版社，2006 年，第 133—134 页。

20 世纪初套色明信片，北京街景。

女，袅娜地行走其间”[1]！

第三，洛蒂对北京居民的描写。

洛蒂也花了较多笔墨刻画了所能见到的北京百姓。战争结束不久，“北京城挤满了穿着蓝布长袍，长着浑浊的小眼睛的市民，并且人数迅速增多，摩肩接踵，人头涌动，掀起黑旋风一样的灰尘和细菌”[2]。作者对北京百姓的麻木很是惊异：“街道上所有人都那么敦厚！在这战争和轰炸刚刚结束的日子，他们竟然让我这样经过，而全然没一个敌意的眼神！”[3]

---

[1] ［法］皮埃尔·洛蒂：《在北京最后的日子》，马利红译，上海：上海书店出版社，2006 年，第 75 页。

[2] ［法］皮埃尔·洛蒂：《在北京最后的日子》，马利红译，上海：上海书店出版社，2006 年，第 105 页。

[3] ［法］皮埃尔·洛蒂：《在北京最后的日子》，马利红译，上海：上海书店出版社，2006 年，第 113 页。

1872 年，英国人约翰·汤姆森拍摄的满族新娘。

1905 年，日本人山本讃七郎拍摄的满族女子。

20 世纪 20 年代初，皇城满族女子合影。

最能引起洛蒂兴趣的是北京的大家闺秀和贵妇人，他特意在弥撒结束时抓住了“看北京城里漂亮女子的唯一机会”，“她们三三两两，优雅地聚在那里，然后开始抬起那穿着高底鞋的小脚缓缓地一个接着一个走出去。哦！那长着奇特的涂了脂粉的甜美面庞和身穿怪异服饰女子们从右侧的门里鱼贯而出。那裤衫的裁剪，色彩与款式的搭配，应该和中国一样有上千年的历史了吧——距离我们是那么地遥远啊！这些另一个时代另一个世界的漂亮宝贝像是从古老画屏和彩瓷花瓶上走下来的，在四月清晨的这轮美艳的朝阳中活了过来。……她们脸上化的妆是按照蜡像的方式上色的，非常之白，每个脸颊中间都涂着一个粉红色的小圆点，完全是合乎礼仪和习俗的装扮，而非空想造物。她们在窃窃私语，偷偷浅笑……多数女子模样都很不错，甚至是特别漂亮；她们每个人的举止既含蓄又得体”[1]。弥撒结束后，“所有的漂亮女子，仪态万千地登上马车，好像是舞会刚散场……”

最后，洛蒂解释了之所以称“北京末日”的原因。

1901 年 4 月 19 日，洛蒂第二次来北京时，乘坐的是穿越城墙直达皇城的火车，这使他“大吃一惊”，认为“铁路侵入北京”是一种“闻所未闻的动荡”[2]，“西方野蛮人”“干了这样一件亵渎圣物的事情——他们炸毁了城墙，令这颠覆性的机器长驱直入”[3]。面对这被毁坏的城市，洛蒂发现“北京比我去年秋天所见的还要衰老得多，衰老了起码有一或两个世纪；四月明媚的阳光更加重了这座城市的不堪，将它彻底地投入到无可挽回的废墟之中；谁都感觉得出它的终结，不再有恢复的可能”[4]。

---

[1] ［法］皮埃尔·洛蒂：《在北京最后的日子》，马利红译，上海：上海书店出版社，2006 年，第 168—169 页。

[2] ［法］皮埃尔·洛蒂：《在北京最后的日子》，马利红译，上海：上海书店出版社，2006 年，第 160 页。

[3] ［法］皮埃尔·洛蒂：《在北京最后的日子》，马利红译，上海：上海书店出版社，2006 年，第 177 页。

[4] ［法］皮埃尔·洛蒂：《在北京最后的日子》，马利红译，上海：上海书店出版社，2006 年，第 161—162 页。

1901 年 5 月，箭楼被毁后的正阳门，五牌楼虽幸免于难，但牌匾已遗失。

1902 年，被八国联军损毁的内城东南角楼，进京的铁路和连接通州的支线。套色明信片。

在离开北京的前夕，洛蒂参加了一场“怪诞、颠覆及亵渎的晚宴”[1]，他和其他一些法国军官充满着伤感之情，认为“这场刚刚结束的晚会是在以一种无法挽回的方式宣告着北京的沦陷，或说世界的沦陷。无论如何，即使那亚洲的朝廷奇迹般地重现于此，这里的一切也不会再有丝毫恢复的可能。北京完了，威严扫地，毫无秘密可言。这座‘皇城’曾是地球上那些未知的神奇事物的最后一处庇护所，也曾是那于我们而言几乎难以置信的不可理解的古老人类的最后一条大街”[2]。而如今，所有这些神秘都已经荡然无存，并无可挽回的永远失去了！

三　英国作家立德夫人笔下的北京

阿奇博尔德·立德夫人（1845—1926）是英国在华著名商人立德之妻，在中国生活 20 余年，多次到访北京，先后出版了 10 本著作，皆以中国为背景，在英国有较大影响。立德夫人描写北京的文字主要集中在《穿蓝色长袍的国度》（1901 年）和《我的北京花园》（1905 年）两部长篇游记中。作者除了生动细致地描绘了北京及周边地区的名胜古迹、自然风光和社会风俗外，字里行间还时时流露出对中国古老文化遭到战乱洗劫的痛楚，以及对中华民族在未来崛起的信心。

《穿蓝色长袍的国度》开篇便是作者的评价：“在所有我到过的地方中，北京是最奇妙的。”[3] 初读以为是赞语，其实这有着反讽的意味。作者认为北京与当时的天津相比差距很大，尽管天津新修的铁路和火车头和欧洲相比只能算小孩的玩意，“但仍使我们感到恍若穿越了好几个世

[1] ［法］皮埃尔·洛蒂：《在北京最后的日子》，马利红译，上海：上海书店出版社，2006 年，第 220 页。

[2] ［法］皮埃尔·洛蒂：《在北京最后的日子》，马利红译，上海：上海书店出版社，2006 年，第 226 页。

[3] ［英］立德夫人：《穿蓝色长袍的国度》，王成东等译，北京：时事出版社，1998 年，第 1 页。

翰林院请立德夫妇进餐，餐桌已经按西方的习俗铺上了白色桌布，空着的座位留给照相的立德夫人。

《满大人的盛宴》，英国画家托马斯·阿罗姆创作。阿罗姆的有些画作并未注明背景城市，国内有学者根据赖特的文字解释将该画列入杭州系列，有待商榷。

纪。要知道，三天前我们还骑着马儿颠出北京城”。《我的北京花园》开篇则说：“我们去过罗马和雅典，凭吊过那里的宏伟遗迹。如今是北京，这座混杂着各种历史记忆的城市，它的壮观废墟令我们感叹不已。”[1]这样立德夫人便为将要详细描述的北京定了基调：一个令西方游客梦想失落的“遗迹古都”。

首先，让我们来看看北京令立德夫人失望的一面。

北京居民安分守己，落后保守，“他们是如此顺从，随时准备为乘坐八抬大轿的官员和骑马的侍卫让路”，更随处可见游手好闲的地痞流氓。“这些老百姓，肢体不全，身上长着疮，衣服破破烂烂仅能勉强蔽体，却用他们的保守和落后去抵制任何改变他们处境的努力”。虽然立德夫人承认，“每个民族都对自己的缺点熟视无睹，却对邻居睁大了双眼”，但她依然将北京与阿尔马非相比：“在阿尔马非，我仿佛走入了中世纪。那里的街道通常很暗，街上全是很窄的石阶，每层石阶都是藏在暗处的坏人打埋伏的好地方。高贵的女士们走在石阶上都很小心，生怕遇到坏人或弄脏雪白的裙子。北京只是更大规模的阿尔马非，并且属于一个更野蛮的时代。”面对“大车店”一样住着各色人等的北京，立德夫人认为：“一眼看去，一切都那么令人无可奈何地感到格格不入和反感，北京现在的状态简直是一个可怕的榜样。”“北京城留给我们的只有深深的遗憾：构思完美、规模宏大的北京城竟会如此破旧。”[2]

对于北京严格的等级空间管制，立德夫人也深为反感：“整个北京其实也就像是个营地，它的大部分如今成了废墟，而位于这个伟大城市中心的一切美丽动人、赏心悦目的地方，都与世人无缘而专供一个女人独享了……能想象如果深受爱戴的亚历山德拉王后（按：爱德华七世之妻）

---

[1] ［英］立德夫人：《我的北京花园》，李国庆、陆瑾译，北京：北京图书馆出版社，2004年，第1页。

[2] ［英］立德夫人：《穿蓝色长袍的国度》，王成东等译，北京：时事出版社，1998年，第5、6页。

东四牌楼。根据日本人山本讃七郎所摄照片制作的彩色明信片。

水彩画《颐和园的牌楼》。摘自英国画家李通和的《中国：她的奇迹和神话》(1910年)。

把白金汉宫、圣詹姆士宫和肯辛顿宫，还有圣詹姆士花园、格林公园和海德公园都关闭，除了她自己和随从以外，不允许任何人在那里通行或漫步，甚至堵上皮卡迪利大道，伦敦会是什么样吗？慈禧在北京的所为与此类似，只是她独占的空间范围可能更大。”[1]

另一方面，立德夫人也看到了北京残存的魅力。

身为旅行者，立德在启程来北京之前就已经有着对异域的想象。“一个作家（读者）对异国现实的感知与其隶属的群体或社会的集体想象密不可分”[2]，记忆中的美丽传说促使立德夫人对北京的描述并未完全与殖民话语并轨。她喜欢北京“阳光下熠熠闪光的皇家楼阁的琉璃瓦”，“牌楼、小亭儿、明净的空气——在这明净的空气里，泥墙也很美。牌楼上盘着威严的金龙，深蓝色、鲜绿色和朱红色的十分和谐”。立德夫人最爱做的事情就是站在城墙上看北京城，此时的“北京像个大公园而不是一个人口众多的城市。城里到处是树。事实上，如果北京是像它规划的那样——或许它曾经就是那样——我想不出有比北京更雄伟的城市。北京城的总体规划规模宏大，特别是站在钟楼往鼓楼或站在鼓楼往钟楼看，其透视和比例的安排极佳，既有距离感又注重细节……可能没有任何一个城市规划得比北京更宏伟，它的骨架庞大而壮观。作为历史的遗物，北京城极其引人入胜”。

立德夫人对紫禁城的评价更高，认为其规模和形制都是雄伟壮观的，自己在没有进入之前心里就已经充满了敬畏。“相比之下，杜乐丽宫[3]太逼仄，圣詹姆士宫[4]则像是玩具了。唯一能够与此相比的只有罗马的圣

[1] ［英］立德夫人:《我的北京花园》，李国庆、陆瑾译，北京：北京图书馆出版社，2004 年，第 17 页。

[2] 孟华主编 :《比较文学形象学》，北京 : 北京大学出版社，2001 年，第 7 页。

[3] 杜乐丽宫在法国巴黎，始建于 1564 年，1789 年成为路易十六退位后的住所，后来被拿破仑一世作为行宫，1871 年毁于大火，遗迹成为杜乐丽花园。

[4] 圣詹姆士宫在英国伦敦，由亨利八世建造，从 1697 年到伊丽莎白女王时代为皇家住地。

德国水彩画：19 世纪中叶崇文门箭楼东侧，护城河和石桥。摘自《普鲁士特使远东风景记录：日本、中国、泰国》(1864 年)。

彼得大教堂。"[1] 在参观完紫禁城之后，立德夫人对北京的印象逐渐改变："现在想起北京，我首先想到的仍然是城里老百姓住的那些地方，路上讨厌的车辙和迷人的眼睛、让人窒息的尘土。可是这种印象每天都在削弱，脑海越来越多地被那些如童话般的万花筒里的颜色所占据——黄、绿、深蓝，以及皇家专享的宫苑里那些更为美丽的蓝琉璃砖瓦。"[2]

在《我的北京花园》最后，立德夫人总结道："对那些喜欢北京的人来说，她绝对是一个让人流连并会喜爱日深的地方！"[3] 这比法国作家洛蒂的"北京末日"评价中肯许多，此时的北京"仍然是一个伟大的存在，而且美丽壮观，即使已经衰败腐朽了"[4]。

[1] ［英］立德夫人:《我的北京花园》，李国庆、陆瑾译，北京：北京图书馆出版社，2004 年，第 8 页。

[2] ［英］立德夫人:《我的北京花园》，李国庆、陆瑾译，北京：北京图书馆出版社，2004 年，第 48 页。

[3] ［英］立德夫人:《我的北京花园》，李国庆、陆瑾译，北京：北京图书馆出版社，2004 年，第 104—105 页。

[4] ［英］立德夫人:《我的北京花园》，李国庆、陆瑾译，北京：北京图书馆出版社，2004 年，第 274 页。

1901—1937年间，北京任何一位社交广泛的英国人都能享受最大限度的自由去干自己想干的事，而不必担心后果。北京为浪漫角色的表演提供了舞台。在有武装保卫的公使馆区外的城市东南部住着一样外国侨民。他们中有爱喝酒的达官贵人，外交官的遗孀，被时代淘汰的音乐家、受年轻人喜欢的失意诗人、艺术品收藏业的新手、一本正经的学者、家长风度的传教士、附带考古的教士，一群毛姆剧中的角色。这些人虽然动机不同，但都很欣赏北京的景色、声音、食物以及周到的服务。

——［美］费正清：《观察中国》，袁晓梅等译，成都：四川人民出版社，1992年，第40页。

1919年3月3日，我第一次进入紫禁城。庄严肃穆的神武门将我引进了一个空间与时间上与外界迥然不同的世界。通过这道城门，使我不仅从共和制回到了君主制，而且从20世纪的中国倒退回了其历史可追溯到罗马帝国之前的古老中国。在这座门洞之外，坐落着100万人口的城市，这座生机勃勃的城市正满怀着新的希望与理想。或许万幸的是，其中许多的理想和希望从未成为现实。这个城市正在努力追赶着时代的步伐，力图使自己无愧于伟大民族的首都地位。

［英］庄士敦：《紫禁城的黄昏》，众城等译，珠海：珠海出版社，1995年，第156页。

第五章 内心空间的隐喻

第一节

京城洋隐士

资产阶级革命运动的兴起从根本上改变了中国和北京。1912 年 1 月 1 日，中华民国成立，孙中山在南京就任临时大总统。2 月 12 日，宣统帝溥仪正式退位，北京结束了封建王朝都城的历史。民国初期，北洋军

1918 年 11 月 28 日，北洋政府及协约国军队在紫禁城太和殿庆祝一战胜利。美国摄影师约翰·詹布鲁恩（John David Zumbrum，1875—1941）拍摄。

阀统治着北京，北京仍为中华民国的首都。1927 年 4 月 18 日，蒋介石在南京成立国民政府，次年 6 月 28 日，在奉系军阀“易帜”后，国民党南京政府改北京为北平，并划为特别市。此后，尽管北京不再是中国的政治中心，但仍是中国传统文化和新文化运动的中心。

20 世纪前半期的北京似乎成了外国人的“天堂之城”（paradise city），一大批西方人带着怀旧和猎奇心态对这段时期的北京大写特写。有趣的是，此时的古都形象与中国的政治时局异常疏离。在风雨飘摇的清末，以及后来走马灯似的军阀混战中，西方文化中的北京形象却体现着“世外隐士”韵味。

一

自从第二次鸦片战争后，外国人在北京的地位就开始逐渐升高，如一位北京官员曾对丁韪良说：“从前，你们外国人是受到压制的，而现在你们却比中国人享受的优惠待遇还多。例如，中国不允许女人在城墙上行走，但我们知道你们一定会和自己的妻子一起走的。你们的女士们在那里散步，我们却对此事一字不提。”[1] 发展到 19 世纪下半叶，生活在北京的西方人就已经过上了逍遥的生活。斯德林·西格雷夫（Sterling Seagrave）在《慈禧太后的生平与传说》（*Dragon Lady——The Life and Legend of the Last Empress of China*）开篇描述了这样的场景：“每年春秋的北京，每周三晚上 6 点，赫德爵士就会在自己家里的花园里举行游园会，100 个男人，30 位夫人就会来欣赏赫德爵士的铜管乐队演奏的乐曲……外交官谈论着本行的事，传教士脸上现出不赞同的样子，来自

[1] ［美］丁韪良：《花甲回忆：一位美国传教士眼中的晚清帝国》，沈泓等译，桂林：广西师范大学出版社，2004 年，第 167 页。

重建后警备森严的东郊民巷使馆区。照片为东口的城堡式大门，门外可见崇文门城楼。

上海和香港的记者穿梭其间，探寻着不一定切实的消息。”[1] 铺张祥和的景象宛若欧洲宫廷。据莫理循回忆，在平时的日子里：“外交官们生活在自己制造的孤立的生活环境里。……11 个国家的使馆挤在一块只有四分之三平方英里大的地方，三面被高高的城墙所环绕。使馆区里有自己的商店、银行、旅馆、教堂、俱乐部、剧院和运动场。……用宴会和舞会、聊天和高尔夫球来减轻思乡之情，对中国人的风俗习惯、语言和情感完全置之不理。”[2]

---

[1] Sterling Seagrave: *Dragon Lady—The Life and Legend of the Last Empress of China, NewYork*, 1992, p9. 相同的记述可参考法国驻华使馆公使施阿兰所著《使华记》：“好客而又善于交际的赫德爵士，在春秋两季，每星期总是请我们到他那百合花盛开的美丽花园里欣赏逍遥音乐会。一支由澳门混血儿指挥的中国人乐队，为我们相当佳妙地演奏欧洲流行乐曲。冬天的气温往往是很低的，晚间从蒙古吹来的北风怒号着，我们就在各国的使馆里举行舞会或排演舞台剧，各个使馆无不争强计胜各逞其能。”（施阿兰：《使华记》，北京：商务印书馆，1989 年，第 192 页。）

[2] ［澳］西里尔·珀尔：《北京的莫理循》，檀东铿、窦坤译，福州：福建教育出版社，2003 年，第 126—127 页。

第四届北京南郊春季赛马盛况。刊印于 1867 年 6 月 29 日《伦敦新闻画报》，标题为“北京的欧洲人马场”。

八国联军侵入北京以后，外国侨民的北京生活更加舒适。作为 1928 年以前中国政府的“首善之地”，北京成了一个典型的公使馆游乐场。在北京城内，使馆区是一个很小的“城”，有自己的城墙和管理机构[1]，带有作战地带和坑道。所有重要的外国使馆，都有军事卫队。在这种城中之城的庇佑下，“1901—1937 年间，北京任何一位社交广泛的英国人都能享受最大限度的自由去干自己想干的事，而不必担心后果。北京为浪漫角色的表演提供了舞台。在有武装保卫的公使馆区外的城市东南部住着一样外国侨民。他们中有爱喝酒的达官贵人，外交官的遗孀，被时代淘汰的音乐家、受年轻人喜欢的失意诗人、艺术品收藏业的新手、一本正经的学者、家长风度的传教士、附带考古的教士，一群毛姆剧中的角色。这些人虽然动机不同，但都很欣赏北京的景色、声音、食物以及周到的

[1] ［美］刘易斯·查尔斯·阿灵顿：《古都旧景——65 年前外国人眼中的老北京》，赵晓阳译，北京：经济科学出版社，1999 年，第 1 页。

英国使馆门前即景，在华洋人依然保持着本土的服饰及娱乐方式。刊印于 1892 年 3 月 26 日《伦敦新闻画报》。

服务。他们利用自己的特权帮助中国的商人、教师(主要是满族)、马夫、厨子、向导、人力车夫、苦力、小贩、保姆等等。通过这种帮助，他们与中国人的生活保持着密切的联系”[1]。我们可以从一个在北京生活的英国学生笔下看出这种悠闲阔绰而又作威作福的生活：“首先进来的是我的先生（教师）。他童颜鹤发，俨然仙风道骨。满头银丝扎成一根长辫，拖在脑后。我让出一间房间给他居住，每月付他 20 元（大约 5 英镑）的工资。接着进来的是我的男佣。他年约 25 岁，十分精明能干。他一人承担了洗衣工、勤杂工、搬运工等工作，还帮我钉纽扣，补衣服。他整日不离我的左右，随时都可以把他召到前面。他的月薪 5 美元。此外，我还雇了两个‘苦力’打扫庭园，替我浴缸放满水，待我洗完澡后，把我背上安乐椅。总之，他们干我吩咐的一切事。有了这些人，加上我的马夫和马匹，我的佣人队伍可谓‘种类’齐全、洋洋大观。……伙夫包括食堂的管账先生是大家共同聘用的。我们每个月的花销不过 18—20 英镑，但能喝上好几种果酒、

[1] ［美］费正清：《观察中国》，袁晓梅等译，成都：四川人民出版社，1992 年，第 40 页。

啤酒，吃上各色各样的蔬菜、肉食、鲜鱼、水果。这种异常优裕的生活，许多人闻所未闻，难以想象。”[1]

民国初年“六国饭店”里的社交晚会。法国画家路易斯·萨巴蒂埃创作。摘自 1913 年 3 月 15 日法国《画报》(3655 期)。

其实，不只是英国人，其他西方国家的子民同样能够享受如此逍遥的生活。1918 年，美国军官史迪威来到北京，觉得这里是外国人生活的安逸乐园：“除了外交使团、记者、教师和传教士以外，北京还吸引着艺术收藏家、汉学家和到了这里就不愿意离开的旅行家，以及因这里的生活舒适、宁静，有钱就能得到一切的缘故而选择在这里隐居的外国人。”就拿史迪威本人在北京的生活为例，他在大使馆区外租了一栋中式房子，“是一幢合院式的平房；窗户上没有玻璃而是糊着窗纸。有四间卧室，一间膳房，一间起居室，外加书房、办公室和客人的住房。包括房主提供的佣人在内的租金是 15 美元一个月”。此外，他还“雇了一个男管家、一个专管室内的男仆、两个厨子、一个洗衣服的‘阿妈’、一个保姆和一个苦力”。正如莫理循所说：“北京的生活条件是不怎么好，但却不乏仆人可用。”[2]1933 年来北京的著名摄影师赫达·莫里逊也看到：“尽管首都迁到了南京，但绝大多数外国人仍旧留在了北京，有外

[1] ［美］乔纳森·斯潘塞:《改变中国》，曹德骏等译，北京：三联书店，1990 年，第 112 页。

[2] ［澳］西里尔·珀尔：《北京的莫理循》，檀东锃、窦坤译，福州：福建教育出版社，2003 年，第 128 页。

洋人光顾北京庙会。法国画家路易斯·萨巴蒂埃创作，摘自 1913 年 3 月 1 日法国《画报》(3653 期)。

交人员、传教士、大学教师、使馆卫兵、商人集团，以及被北京的魅力及在那里能享受到的舒适与有趣的生活所吸引的一小部分流动人口。生活费用很低，住户可以指望得到非同寻常的、有教养的仆人的照顾，这些仆人都是小生意人，他们负责照顾好他们的雇主，反过来可以得到一笔合理的薪水以及一份佣金。”[1] 关于北京人容忍和亲善西方人的态度，费正清的解释颇为独到 :“由于近一千年来北京一直是外族征服者的首都，所以本世纪初，北京对西方人特别有吸引力。公元 947 年，辽定都北京，公元 1122—1234 年金的首都在北京，1368 年前北京是蒙古的首都，1644 年后清王朝的首都也在北京，1860 年，当英法军队行进在北京宽广的街上时，他们与以往的征服者只在外貌上有差别。中国的仆人和商人们用对待过去外族征服者的态度来侍奉英国人和其他西方人。”[2] 因此，北京人的冷漠和麻木似乎是世界闻名的。

总体而言，此时的西方文化“把上海表现为混乱无序、自由放纵的

[1] Hedda Morrison, *A Photographer in Old Peking*, Oxford University Press, 1985，中译文见［澳］赫达·莫里逊:《洋镜头里的老北京》，董建中译，北京：北京出版社,2001 年，第 8 页。

[2] ［美］费正清 :《观察中国》，袁晓梅等译，成都 : 四川人民出版社，1992 年，第 38 页。

在“六国饭店”出售“新奇物品”的中国游商。法国画家路易斯·萨巴蒂埃创作，摘自 1913 年 3 月 1 日法国《画报》(3653 期)。

道德荒野”[1]，但却异常留恋北京这座美丽的古都。他们看重古都的过去，而不思未来，恨不得北京人的生活状态还是明末清初。在北京的西方人以不同的方式享受着北京生活中特有的东方魅力[2]。其中一些人，已经培养出对北京历史文化某些方面的兴趣，后来还成为优秀的汉学家[3]。第一次世界大战之后，北京成了大学中心，是从古典传统到现代西式教育转变的主要场所。此时来北京的还有收藏家，漫游作家，新闻工作者等，他们中大多数人对军阀接二连三的移进迁出漠不关心。他们的思绪激荡在历史古迹（庙宇、城墙、宫殿等）和艺术品中。辉煌的遗迹遍布北京城，

[1] 陈晓兰 :《原始与现代 : 上海的双重面貌》，载《中国比较文学》，2005 年 1 期，第 104 页。

[2] 哈罗德·阿克顿在《牡丹与马驹》和安·布里奇在《北京郊游》里对战前在北京的欧洲居民的生活进行了刻画，参见[英]雷蒙·道森:《中国变色龙》，常绍民等译，北京：时事出版社，1999 年，第 181、184 页。

[3] 张国刚 :《德国的汉学研究》，北京 : 中华书局，1994 年，第 78 页。

虽然经历了漫长岁月，但还引人注目地存在着。这正符合了西方人的东方情结："作为原始、作为欧洲古老的原型以及作为欧洲理性发展源泉的富饶之夜，东方的现实存在无法挽回地退缩为一种典型的化石作用。"[1]

二

关于此时的北京城，有中国人和外国人两种角度的描写。诚如北京学专家赵园所说："西方游客可以把熟悉感描述得如上引文字（按：中国现代作家的描写）那样生动，他们却不可能像林语堂在《京华烟云》中那样，把北京情调与北京人的生活艺术讲述得这般亲切体贴，说北京如说家常琐屑；他们也很难有周作人写《北京的茶食》那类文字时的精细品味，和由极俗常的生活享受出发对于一种文化精神的把握。"[2] 中国人笔下的北京自有其细腻、深邃的一面，但也有不足之处，譬如，国人视角下的北京旅行指南大多对外国人的生活地域描述很少[3]，以马芷庠编著、张恨水审定的《北平旅行指南》（1935年）[4] 为例，该书是20世纪30年代最著名的中文版北平旅游指南，曾轰动一时，在极短时间内连续再版，销售达数万册。但该书对中国人不愿意接受但事实上已经存在的外国使馆区，仅以"东交民巷"为题，用两页内容一笔带过，可谓惜墨如金。

与此相对照，19世纪末和20世纪初，一些长期生活在北京的外国人撰写了一定数量以北京为主题的书籍，或研究北京历史文化，或记录自己的感受经历，对北京的外国人"势力范围"有详细的描写。如彼世额

[1] 罗钢、刘象愚主编：《后殖民主义文化理论》，北京：中国社会科学出版社，1999年，第8页。

[2] 赵园：《北京：城与人》，北京：北京大学出版社，2000年，第8页。

[3] 从清末开始，北京出现了两个特殊的区域，一为东交民巷的使馆区，原先此地的衙门、王府、宅第、庙堂等被拆除，新建了各国使馆、银行、医院、饭店及兵营等；二为教堂建筑群，其中西什库的北堂是北京教区总堂，除大堂外，还有主教府、修道院、印刷厂、医院、附属女子中学等，为一个独立的区域。

[4] 马芷庠：《北平旅行指南》，张恨水审定，北京：新华书局，1935年初版，1938年再版。

润（Father Hyacinth Bitchurin）的《北京概述》（*Description of Peking*，1829）；芮尼（David Field Rennie）的《北京和北京人》（*Peking and the Pekingese*，1865)；哈珀（A. Happer）的《北京游记》（*A Visit to Peking*，1879）；布莱斯奈德（E. Bretschneider）的《北京研究》（*Recherches sur Pékin*，1879）；艾德肯（J. Edkin）的《北京近貌》（*Recent Changes at Peking*, 1902）；何德兰（Isaac Taylor Headland，1859—1942）的《北京旅行指南》（*A Tourist's Guide to Peking*, 1907）；斐文（Emil Sigmund Fischer，1865—1945）的《京师地志指南》（*Guide to Peking and Its Environs*, 1909）；胡琛（C. Hutchins）的《北京及其近郊》（*Peking and the Surrounding Country*）；杜博斯科（André Duboscq）的《在北京的天空下》（*Sous le Ciel de Pékin*, 1919）；赫伯特·怀特（Herbert White）的《燕京胜迹》（*Peking the Beautiful*，1927）；李讷（J. Lynn）的《北京人的社会生活》（*Social life of the Chinese in Peking*，1928）；西德尼·甘博（Sidney Gamble）的《北京社会调查》（*Peking: A Social Survey*）和《北平居民是怎样生活的》

民国时期在洋人圈里流行的北平风俗旅游地图，中英对照、图文并茂。

美国摄影师赫伯特·怀特的《燕京胜迹》（*Peking the Beautiful*，1927）封套图，上海商务印书馆出版。

1913年的内城东南角楼东北侧，集雄伟和秀丽于一体。人工上色明信片。

（*How Chinese Families Live in Peiping*）等[1]。这里简单介绍较著名的三位作者及其著作：英国人燕瑞博（Robert Swallow）在宁波出生，1912—1914年间在北京大学任英文教师，她在《北京生活杂闻》（*Sidelights on Peking Life*）一书中用一百多幅照片记录了北京城里的各种小贩、胡同居民、当铺、餐馆、妓院、城墙等珍贵的历史镜头，并且对北京的方言土语做了详细的介绍；英国人裴式模曾代理中国海关总税务司，他的女儿朱丽叶·布莱顿（Juliet Bredon）从小在中国长大，她以细腻清丽的笔法写出了一系列描写老北京和中国民俗的书，其中《北京》（*Peking*，1924）一书曾多次再版，成为权威的京师指南；法国人布依亚（G. Bouillard）对于京城的地理和人文历史做了详细的调查，并在1922至1924年间，以《北京

[1] Ms. Archibald Little: *Guide to Peking*，Tientsin Press，1904.
Isaac Taylor Headland: *A Tourist's Guide to Peking*，Tientsin，China Times，1907.
Emil Sigmund Fischer: *Guide to Peking and Its Environs*，Tientsin Press. 1909.

及其郊区景点》为题，发表了一系列的小册子，专题报道京城著名风景名胜的历史、建筑、典故和文物，并附有大量照片和地图。这些著作对中国的文化习俗介绍极少，内容除包括外国人感兴趣的故宫、长城等著名旅游景点外，主要介绍了与外国人生活工作有关的教堂、医院、银行、饭店等，其中有很多是专为外国人设立的机构。因此，只有将中外文两种北京旅行指南的书刊对照起来阅读，才能对当时的北京地理文化状况有着全面的了解。

东南角楼即景。赫伯特·怀特 20 世纪 20 年代拍摄。

总体而言，此时对北京的描写开始走向精确的科学考据。如果说，19 世纪以前是从西方城市看北京，那么此后则是从北京看北京，专业化、职业化的北京研究正式诞生了。譬如马可·波罗认为汗八里方圆二十四英里，换句话说，每边约六英里长。这大约相当于方圆七十华里。此时的喜仁龙（Osvald Sirén）和布莱斯奈德（Bretschneider）等一些西方学者，都认为这个数字超过实际的测量。喜仁龙说这个城市“不会超过五十华里”。布莱斯奈德在《北京研究》中认为 :“汗八里（元大都）的范围应该是约五十华里（从北部到南部不到十三华里，从东部到西部十一点六四华里）。”元代《辍耕录》则估计大都是六十华里。根据现代测量掌握的确切材料，布莱斯奈德的结论是正确的。

此外，还有一些外国作家创作了以北京为历史背景的虚构作品，如英国作家毛姆（William Somerset Maugham）的戏剧《苏伊士之东》（*East*

冰上娱乐。摘自 1861 年 2 月 23 日《伦敦新闻画报》。

玩鸟的虎服男孩。英国画家伊丽莎白·基丝（Elizabeth Keith，1887—1956）的木版画，创作于 1922 年。

穿虎形衣服的小孩。美国摄影师西德尼·甘博拍摄于 1919 年。

of Suez，1922)，安·布里奇（Anne Bridge）的小说《北京郊游》(*Peking Picnic*，1932)，哈罗德·阿克顿（Harold Acton）的小说《牡丹与马驹》(*Peonies and Ponies*，1941)；维克多·谢阁兰（Victor Segalen）的小说《勒内·莱斯》(*René Leys*，1922)；皮埃尔-让·雷米（Pierre-Jean Rémy）的小说《火烧圆明园》(*Le Sac du Palais d'été*，1971)；英国作家莫里斯·科林斯（Maurice Collins）的《大内》(*The Great Within*，1912)；英国作家濮兰德（即约翰·奥特韦·珀西·布兰德，John Otway Percy Bland）和巴克斯（即爱德蒙·特里劳尼·柏克豪斯，Edmund Trelawny Backhouse）合著的探案历史小说《北京宫廷的编年史和研究报告》(*Annals and Memoirs of the Court of Peking*，1914）和《女皇治下的中国》(*China under the Empress Dowager*，1910，汉译《慈禧外记》)等。在下面的章节中，笔者将挑选一些代表作重点论述。

三

第三部分以美国人刘易斯·查尔斯·阿灵顿（L. C. Arlington，1859—1942）的《寻找老北京》(*In Search of Old Peking*，1933）和瑞典学者奥斯伍尔德·喜仁龙（1879—1966）的《北京的城墙和城门》（1924年）为例。

阿灵顿来中国时不到20岁，先后在中国水师、海关、邮政等部门工作，1920年退休后在北京居住，经过多年研究成为著名的汉学家。1931年写作的《北京胡同》在英文的《北京导报》上连载，使许多外国人对具有传奇色彩的北京胡同心仪向往。1933年出版的《寻找老北京》一书详细描述了20世纪二三十年代的老北京，而且还结合文史档案、民间传说等资料对比日渐消失的北京故景。与中国人写的北京导游介绍相比，他更侧重未对公众开放的区域(通过自己特殊的途径得以进去参观)，特别是使馆区和外国人在北京公墓的描述。值得一提的是，该书附录了

英法联军的旗帜在安定门城楼飘扬。1860 年 10 月，随军记者查尔斯·沃格曼（Charles Wirgman，1832—1891）的速写。摘自 1861 年 1 月 5 日的《伦敦新闻画报》。

1933 年之前，西文关于老北京的游记和研究文献，很有参考价值[1]。

阿灵顿对北京的评价很高，“北京的诱惑力、在世界的声誉和魅力是经世不衰的，近三个世纪以来，它一直是古老中华帝国的首都，是最有能力、最有文化、最具艺术鉴赏力的地方。为了妆点这座城市，中国人用尽了心机和力量，耗费了巨大钱财。在这里人们创造了不仅是中国、而且是远东历史中最优秀的部分，这座城市里曾发生过许多戏剧化的事件，这个伟大城市里没有任何一座建筑没有为国家的历史做出过贡献。北京已经历了太多的变化和毁坏，即使在今天，在失去了昔日辉煌的她仍充满了浪漫传说，是世界艺术的朝圣地，对旅游者来说即使不是远东，至少也是中国最具魅力的地方”[2]。

当然，阿灵顿也哀叹北京所遭受的日益严重的破坏，“这种破坏不仅在城内延续着，而且城外也是一样。精美绝伦的寺庙被废弃，极好的雪松、柏木和举世闻名的北京银杏树也被砍伐作为一般木材卖掉！在北京

[1] 可惜的是，限于汉学家的身份及研究兴趣，这一书目并未收录虚构性的文学作品，特别是小说。

[2] ［美］刘易斯·查尔斯·阿灵顿：《古都旧景——65 年前外国人眼中的老北京》，赵晓阳译，北京：经济科学出版社，1999 年，介绍。

城墙和西山之间约20英里的地方，曾经是极美的旅游点，现在已长满了野草，一片荒芜。”他一语点明北京旧貌受蚕食的真正原因：“这完全因为中国人自己，尤其是政府当局对待如此丰富的北京历史文物的态度。当作者还在记录这些古老建筑、历史文物时，这种破坏文化艺术品和完全忽视它们价值的行为使它们消失殆尽！”最后阿灵顿哀叹道：“对我们这些在北京居住了许多年，且十分热爱她的人来说，这种忽视是和灾难连在一起的。没有什么比我们曾经为她的美丽和拥有古老传统而神往，今天却为她的缓慢衰亡做证而更让人难过的了！”[1]

喜仁龙原是斯德哥尔摩大学的美术史教授。1920年来到北京，并以一个艺术家的独特眼光，发现北京城墙、城楼等古建筑与周围景物交相呼应所组成优美景色的审美价值。为此他花了几个月的时间去为北京各个城楼和各段城墙摄影留念，并用了三年多的时间对各个城门的历史和建筑结构进行了全面的文字考证，终于成就了一部附有128张精美照片的权威论著。字里行间，流露出作者对这座城市的无限眷恋之情。

喜仁龙将北京的城门城墙作为历史文本来解读，极力去诠释那些灌注在砖石中的文化内涵。“当你渐渐熟悉这座大城市以后，就会觉得这些城墙是最动人心魄的古迹——幅员广阔，沉稳雄劲，有一种高屋建瓴、睥睨四邻的气派。”[2] 无独有偶，美国作家大卫·季德也有相似的看法，他认为旧时代的北京人“对城墙的信赖是毫无疑义的，北京人更是一向怀有这种信心。任何人居住在巨大城墙、壕沟和双层城门的后面，就都不会失去那种即使是虚假的安全感”[3]。这些外观分外古朴和绵延不绝的城墙，在喜仁龙笔下体现着浓重的文化气息。在清晨的城墙上俯瞰时，连

[1] ［美］刘易斯·查尔斯·阿灵顿：《古都旧景——65年前外国人眼中的老北京》，赵晓阳译，北京：经济科学出版社，1999年，前言。

[2] ［瑞典］奥斯伍尔德·喜仁龙：《北京的城墙和城门》，侯仁之译，北京：北京燕山出版社，1985年，第28页。

[3] ［美］大卫·季德：《毛家湾遗梦：1949年北京秘闻》，胡定译，北京：中华工商联合出版社，1996年，第62页。

1860 年的北京城墙内外。沃格曼的速写。在清朝，满人住内城，汉人住外城。

崇文门（俗称“哈德门”）城楼南面。1905 年明信片，根据日本人山本讃七郎所拍照片制作。

绵的屋宇被想象为波浪："当晨雾笼罩着全市，全城就像一片寒冬季节的灰蒙大海洋；那波涛起伏的节奏依然可辨，然而运动已经止息——大海中了魔法。莫非这海也被那窒息中国古代文明生命力的寒魔所震慑？这大海能否在古树吐绿绽艳的新的春天里再次融化？生命还会不会带着它的美和欢乐苏醒过来？我们还能不能看到人类新生力量的波涛冲破那古老中国的残败城墙？"[1] 这些都形象地说明喜仁龙对北京城及其文化的深深眷恋和新颖阐释。从行文中，我们不难体会作者对中华文化的复兴以及古都重现昔日光彩都寄托以热切希望。

此外，喜仁龙也非常迷恋北京仙境般的环境："如果你曾在北京城墙上度过秋季里风和日丽的一天，你绝不会忘记那绮丽的景色——明媚的阳光，清晰的万物，以及和谐交织起来的五彩斑斓的透明色彩……欣赏那目不暇接的奇妙景致：掩映在万绿丛中、黄色屋顶闪闪发光的故宫和庙宇；覆盖蓝色和绿色琉璃瓦的华美宅邸；带有前廊的朱红色房屋；半掩于百年古树下的灰色矮小平房；横跨有绮丽牌楼的商业繁庶的大街，以及一片片有牧童放羊的开阔场地——城内种种景象，无不尽收眼底。"[2]

但是，他同时也看到了古都风貌日益被不和谐的建筑所破坏的趋势："唯有洋式或半洋式的新式建筑，才敢高耸于这些古墙之上，像一个傲慢的不速之客，破坏了整幅画面的和谐，蔑视着城墙的庇护……而这些建筑的数量正在迅速增加着。北京的雄奇壮丽和图画般的美究竟还能维持多少年？每年有多少金饰雕刻的店面牌楼被毁坏无存？有多少设有前廊和巨大花园（里面设置着充满奇趣的假山和亭阁）的古老住宅被夷为平地，而让位于半新式的三四层的砖造建筑？有多少古老的街道被展宽，多少皇城周

[1] ［瑞典］奥斯伍尔德·喜仁龙：《北京的城墙和城门》，侯仁之译，北京：北京燕山出版社，1985 年，第 11—12 页。

[2] ［瑞典］奥斯伍尔德·喜仁龙：《北京的城墙和城门》，侯仁之译，北京：北京燕山出版社，1985 年，第 28 页。

1920 年明信片，午门外广场。帝制时代为紫禁城正门，象征着皇权如正午的太阳那样光辉夺目，文武大臣出入左侧门，宗室王公出入右侧门。

围华丽的粉红色宫墙为了铺设电车轨道而被拆毁？古老的北京城正被迅速地破坏，它已失去昔日皇城的面目，但却没有一届政府去设法保护它那些最值得骄傲、最珍贵的古迹。”[1]令人遗憾的是，面对日益加剧的破坏，身为局外人的喜仁龙只能用纸笔来记录着逐渐消逝的老北京风姿。

[1] ［瑞典］奥斯伍尔德·喜仁龙:《北京的城墙和城门》，侯仁之译，北京：北京燕山出版社，1985 年，第 29—30 页。

第二节

古都余韵

一

被誉为“世界公民”的林语堂曾将北京与世界上的其他城市对比：“北京之成为中国的都城，相当于诺曼底人征服英格兰的时代。它不仅是对古老辉煌的记忆，还是建设它的人们丰功伟绩的一个活生生的见证。几英里长的灰色城墙，上面有很多堡垒和垛口，给人以雄浑古远的感觉——似乎有些不合时宜。除了东京的皇宫，世界上再没有其他宫殿会如此引人注目，并唤起人们对东方古老荣耀和权力的幻想。当从天津来的火车驶近京城，斜下里向着城墙行进时，便有连绵不断的城堡、炮塔、壕堑，以及80英尺高的门楼从眼前飞快掠过，景象之壮丽令人难以忘怀，惊异不已。北京，似乎是个永不衰老的城市。当此时刻，所有西方文明的记忆都似乎从脑海中消失了，只有古代的梦化

1919 年明信片，东北角楼西北侧，角楼以西的北城墙及护城河。

作真实的北京，在眼前迤逦展现。”[1]

虽然林语堂后来移居国外，但从血缘和文化渊源上讲，他还应算作中国作家。读者看惯了中国作家笔下的老北京，不妨换个视角，读一读西方作家对北京的描述。这里以英国作家朱丽叶·布莱顿为例，她 1924 年出版的《北京》被认为是古都北京最典范的英文描述。朱丽叶·布莱顿用细腻清丽的文笔描述了三海区域难以名状的美。“分析北海这块被遗忘的角落的迷人之处……是不可能的。这魅力是一种应仔细品尝的味道，是一股沁人心脾的香气，是我们眼中的色彩，倒映湖中的柳影；是灰色的石堤，如同沿湖岸扭动的巨龙。这魅力存在于南飞的鸭群中，存在于微风吹动的青草中。那青草爱抚着破旧的汉白玉石栏，一如鲜嫩的灌木在金色屋顶中伸展。它们还存于蓝蓝的水中琉璃瓦的倒影，存在于被淡

[1] Lin Yutang, *Imperial Peking: Seven Centuries of China*, London: Elek Books Limited, 1961, p11. 中文译本参见《辉煌的北京》，西安：陕西师范大学出版社，2003 年，第 55 页。

1922 年明信片，北海大西天“极乐世界”（方殿）及五龙亭。

紫色的通道略微染成紫色的乌鸦翅膀上，存在于黄昏站立在岩石上的挺拔的苍鹭，苍鹭们像立在基座上的铜像一样，凝然不动，也存在于对于惆怅地凝视着我们的历史的思忆中，存在于轻柔地融入尘埃的今日之忧伤中。”[1]

再举一例，朱丽叶以诗人般的敏感描写静观天坛时的感受：“在这一游人罕至的静谧角落，你可以不必担心他人的打扰，凝眸注视那大片微微颤动的青草和那些庄严矗立的绿树，纵横交叉的大理石甬道把它们划成大大小小的格子。这些草木似乎吸收了周围空间、光线和空气中所包含的一切宁静与柔和。如果时间允许，你可以在清晨来这里，晨曦薄雾中的天坛顶盖仿佛悬浮在半空，梦境般隐约迷离。正午时分，阳光灿烂辉煌，此刻的天坛又别是一番景色。傍晚，夕阳西下，如一轮火球坠入西山之后，晚霞映红了大理石，色彩格外鲜艳。清晨、正午、傍晚的天坛，风景各异。但若想真正体会天坛的精妙绝伦，你得选择月明星稀或瑞雪缤纷的夜晚，月光是如此的神秘，雪花是那样的轻盈，只有此时此刻，你才能切身体验到天坛这人类建筑的瑰宝，与那树木的美妙，与那苍穹的空旷是如何和谐，它是如何准确地反映了生命与永恒的真谛！只

[1] Juliet Bredon. *Peking, A Historical and Intimate Description of Its Chief Places of Interest*. T. Werner Laurie, 1992, p127. 中文译本参见《辉煌的北京》，西安：陕西师范大学出版社，2003 年，第 168 页。

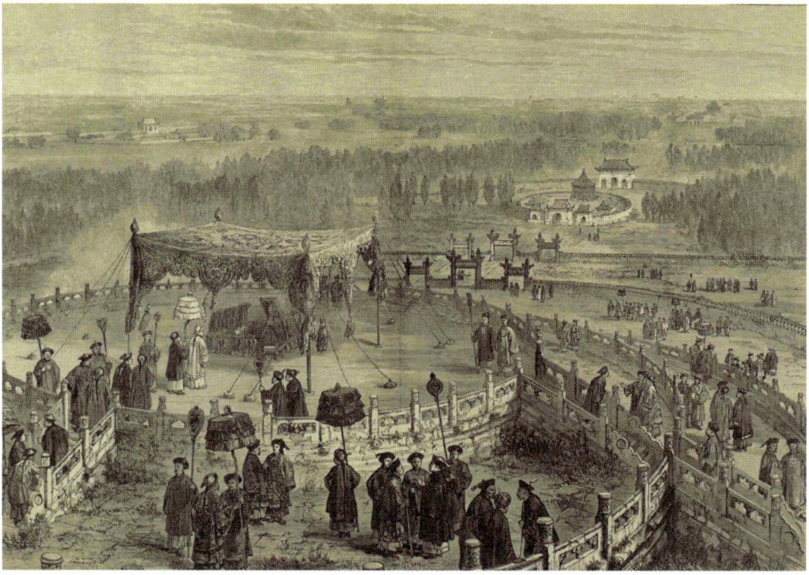

1872 年冬至，同治帝祭天。原出处 1873 年 2 月 22 日《伦敦新闻画报》，根据辛普森的描述绘制。

天坛祈年殿。原出处 1873 年 2 月 22 日《伦敦新闻画报》，后刊于 1875 年 2 月 13 日法国《环球画报》。

1936 年航拍天坛。

有此时此刻，你才能领悟这树丛与建筑象征了智慧、爱心、敬畏与无所不在的宁静。神用这些启示教育混沌无知的人类。”[1] 除去翻译的润色外，读者应该不难体会朱丽叶·布莱顿对老北京神韵的精准把握，选文同中国现代作家作品相比，亦丝毫不逊色。

诚如赵园所说 ：“如果说有哪一个城市，由于深厚的历史原因，本身即拥有一种‘精神品质’，能施加无形然而重大的影响于居住、一度居住以至过往的人们的，这就是北京。”[2] 在大多数情况下，外国作者笔下的北京体现出深深的怀旧情调，身在 20 世纪二三十年代就痛惜古都风貌的消逝，就要去“寻找老北京”。他们最希望北京还保持明清京师的模样。

[1] Juliet Bredon. *Peking. A Historical and Intimate Description of Its Chief Places of Interest*. T. Werner Laurie，1992，pp145—146.

[2] 赵园著 :《北京 : 城与人》，北京 : 北京大学出版社，2002 年，第 1 页。

1899 年，永定门电车站，当时火车尚未进入北京城，马家堡火车站到永定门需转乘有轨电车。

如法国人戴妮丝·李-勒布雷顿回忆 1935 年的北京："对于像我这样一个在巴黎出生、在巴黎长大的人来说，那时北京给我的印象还是一座中世纪的城市。除坐落在东长安街上的老北京饭店以外，五层以上的建筑物可以说是凤毛麟角，寥寥可数。市内公共交通有为数极少的有轨电车，黄包车、人力三轮车是运送客人的主要工具。在西直门、前门一带有时还可以遇到驮煤、载人的骆驼群，许多市民还穿着长袍大褂。"这也正是许多西方人朝思暮想希望看到的北京景象。

著名语言学家赵元任曾指出，许多西方人到了北京，见不得这里有任何进步或改变，他们恨不得北京人至今过的还是明末清初的生活。他对这种怀有博物院心理的人是非常气愤的："你一年到头在自来水、电灯、钢琴的环境里过舒服了，偶尔到点别致的地方，听点别致的声音，当然是有趣。可是我们中国人得在中国过人生常态的日子，我们不能全国人

1911 年明信片，城墙、铁轨、正阳门及火车站（北京东站）。

一生一世穿着人种学博物馆的服装，专预备着你们来参观。中国不是旧金山的‘中国市’，不是红印度人的‘保留园’。”[1]

当然也不是所有的西方人都希望北京保持原有的旧貌。老北平的道路破旧失修，“无风三尺土，有雨一街泥”，也是一些外国友人批判的对象。他们迫切希望这种落后的状况得以改观，并为北京所取得的细微进步而欢呼。如莫理循高度评价 1912 年的北京市容：“到处都在修筑碎石铺的马路，每一座重要的建筑都装上了电灯，街道被电灯照得通明。电话系统相当不错，邮政服务也很好，一天投递八次。警务工作大为改观——工资优厚，装备精良、纪律严整。我昨天亲眼看到一个运粪工（地位最低的苦力）的手推车打翻在路上，一个警察小队长连忙跑过去，帮助他把车扶正。过去你能想到这样的事吗？所有的部办公楼，或已被安置在一些气势雄伟的西式建筑中，或很快将搬迁进去。自来水的供应很

[1] 赵元任：《新诗歌集》，台北：商务印书馆，1960 年，第 15 页。

好，我毫不怀疑不久将出现有轨电车……你可以见到上千辆的马车，汽车不多，但很快会像上海一样多。全城到处都在修建大楼……”[1]到了1916年，莫理循更吃惊于北京的改变：“除非通过历史遗迹，否则你简直无法认出北京。碎石子铺成的道路，电灯，广场，博物馆，各种形式的现代建筑，其中一两座在规模上可与白厅媲美，汽车（我认为北京至少有200辆）、摩托的数量远远超出我们的想象，毫不夸张地说，已有1000辆自行车。城内各处正在修筑道路，城墙现在有十几处豁口用以通车……”[2]

二

纵观人类文明史，“西方一直关注异国，其中有两个原因，一是寻找与自己不同的社会，二是寻找原始社会来批评自己的社会。”[3]第一次世界大战打碎了西方人的自信，西方文化视野中的北京形象再次充满了光明和希望，“作家们逐渐认识到，欧洲需要那个被压抑的‘他者’来阻遏道德和精神的崩溃”[4]。不过，虽然他们怀着对自身文化的危机感，怀着对异域文化的强烈吸引和亲近感来到北京，但他们并没有，也不可能和北京“融合”，他们无法不受自身视野的局限，也难以突破自身文化属性的限制。下文以几位亲身经验“古都余韵”的作家为例。

英国作家高尔斯·迪金森（Goldsworthy Lowes Dickinson，1862—1932）的《约翰中国佬的来信》（1901年）是受法国作家西蒙《中国城市》（1886

[1]［澳］西里尔·珀尔：《北京的莫理循》，檀东锃、窦坤译，福州：福建教育出版社，2003年，第324—325页。

[2]［澳］西里尔·珀尔：《北京的莫理循》，檀东锃、窦坤译，福州：福建教育出版社，2003年，第478页。

[3]［德］顾彬：《关于“异”的研究》，曹卫东编译，北京：北京大学出版社，1997年，第2页。

[4]［英］艾勒克·博埃默：《殖民与后殖民文学》，盛宁、韩敏中译，沈阳：辽宁教育出版社，1998年，第145页。

1913 年明信片，正阳门大街上的马车、独轮车和洋车。

年）的启发和激励而写成的。西蒙曾任法国驻华领事，他的《中国城市》把中国描写成一个幸福安康的理想家园[1]。1913 年 6 月 8 日，留居北京的迪金森给好友福斯特写信说：北京虽然比较脏，“到处是泥塘水泊，即使乘人力车也是不可能的……贫穷吗？是的。可我从未见过贫穷的人能够如此幸福地活着（随便你说我怎么肤浅）。北京的房屋精致得无以形容：它的庭院、树木和花丛、小房间和厅堂，它的纸做的窗子比例大小和设计完美无缺，它的彩绘木回廊”，“环游北京，真仿佛置身于意大利一般！你可以出城登山，从一座寺院走到另一座寺院，每座都只会比上一座更精美。”“他们是唯一在礼仪和组织上平等的民族——非常自尊、礼貌和友善，总是谢绝做任何他们认为不理智的事情。如果这样一个民族能够发展到较高的经济水平而不失却这些品质，那么我们就拥有了这个

[1] 这一情感在法国诗人克洛岱尔（Claudel）的《忆北京》（1937 年）中也有着鲜明体现。

1920 年明信片，正阳门箭楼东北面。

星球最美好的机会”[1]。以意大利作喻，很显然，这里的叙述已经逐渐浸染文艺复兴隐喻的色彩。

1919 年，英国作家毛姆（1874—1965）来中国游历了四个月，途经汉口、北京等地，1920 年 1 月 3 日回到上海。从 1922 年起陆续发表一系列涉及中国的作品，如戏剧《苏伊士之东》（*East of Suez*，1923）、散文集《在中国屏风上》(*On a Chinese Screen*，1924)、长篇小说《彩色面纱》（*The Painted Veil*，1925）等。据资料记载，以北京为背景的《苏伊士之东》1923 年在伦敦王家剧院上演时，其场面之宏大，令英国观众惊叹。该剧第一场布景就是北京皇城附近的一条热闹大街。剧团从伦敦唐人街雇 40 多个华人做临时演员。“重构已经衰朽破碎的东方‘真理’的西方作家是

[1] Goldsworthy Lowes Dickinson: *Letters from John Chinaman*, London: J.M. Dent&Sons, LTD., 1913, pp.20—21.

1923 年明信片，正阳门大街即景。

以一种父辈口吻伤悼真正东方的逝去。”[1] 毛姆最想寻觅的是北京昔日的荣光，而全然不顾当时中国军阀割据，民不聊生的现实。他笔下的北京是神秘的地方，百姓优雅，风度翩翩，一条商店鳞次栉比的狭窄街道：“许多木雕铺面都有它们精美的格状结构，金碧辉煌。那些精刻细镂的雕花，呈现出一种特有的衰落的豪华。于是你会设想在那些发暗的龛橱里，到处都出售各式各样的神秘莫测的东方奇珍。”[2] 在这条神秘莫测的街道上，就连驶过的北京骡车（the Peking cart）都“满载着东方的神奇与奥秘”[3]，或者载着一位博学的通儒，或者是一位穿着刺绣服装的歌伎。在

[1] 罗钢、刘象愚主编：《后殖民主义文化理论》，北京：中国社会科学出版社，1999 年，第 24 页。

[2] W. S. Maugham: “The Rising of the Curtain”, *On a Chinese Screen*, Oxford University Press, 1985, pp.12—13. 中译文参见［英］毛姆：《在中国屏风上》，陈寿赓译，长沙：湖南人民出版社，1987 年，第 2 页。

[3] ［英］毛姆：《在中国屏风上》，陈寿赓译，长沙：湖南人民出版社，1987 年，第 3 页。

1918年明信片，北京大街上人工洒水抑尘。根据美国摄影师约翰·詹布鲁恩的照片制作。

当时满目疮痍的中国土地上，最让毛姆感兴趣的莫过于在暮色里消逝的东方神奇，也正是那种衰落的豪华寄予着他的怀古幽思。

当然，毛姆尽管很欣赏暮色中的东方情调，但也不免感觉到了这里严重的衰颓迹象："一排通向城门去的茅房，全用泥土筑成，倾斜坍圮，使人觉得只要一阵风吹来，它们准会变为一堆泥土，又回到原来的地面上去。城墙，这渐趋颓圮的城墙，古老而又雉堞参然，看去就像是一帧古画上的巴勒斯坦城垣。"（《幕启》）[1] 作者将北京城比作"巴勒斯坦城垣"，其中暗含着西方人自古以来对北京这个古老而神秘的东方之都的看法。不仅伊斯兰教和犹太教将巴勒斯坦的耶路撒冷城奉为圣城，基督教也一直把耶路撒冷视作重要城市。北京作为西方人一直向往着的"天城"，即使经历了侵略者的蹂躏践踏，却依然毁坏不了几百年来积淀下来的心

[1]［英］毛姆:《在中国屏风上》，陈寿赓译，长沙：湖南人民出版社，1987年，第1—2页。

理期待。

庄士敦和溥仪、溥杰、润麒。

在一个流浪汉的脸上，毛姆也能感觉到“那在秽浊街上的满洲贵族官邸的一堵空空荡荡的宫墙。在那宫墙背后你知道有彩绘的庭院、精雕的盘龙、天晓得的什么样的生活中微妙的纷纷攘攘”（《流浪汉》）[1]。这里衰颓之景伴随着历史帷幕下的神秘色彩，一种强烈而让人捉摸不透的反差，也许正是北京依然吸引人的原因。这个流浪汉怀着“一种永不知足的寻奇猎异心理”[2]，从北京出发，漫游中国各地，“终于，四年过去了，他用光了最后一块大洋，再一次回到北京”[3]。起于北京，止于北京，在一个环形游戏中，北京成了西方人扯不断的梦想寄居地，一处若即若离的思乡之城。

1920 年，英国思想家伯特兰·罗素（Bertrand Russell，1872—1970）应邀访华。此时他有着从古老的中国文明寻求积极因素以补救西方文明的使命感。罗素感兴趣的是中国人的生活和艺术以及老庄的思想境界。在担任北京大学客座教授期间，北京古城那具有传奇色彩的楼宇亭台、庙宇回廊，还有那些彬彬有礼、谦虚好学的中国主人，都使罗素陶醉。罗素还特别提及中国革命对皇帝的优待：“当一个西方国家转为共和国时，

[1] ［英］毛姆：《在中国屏风上》，陈寿赓译，长沙：湖南人民出版社，1987 年，第 9 页。
[2] ［英］毛姆：《在中国屏风上》，陈寿赓译，长沙：湖南人民出版社，1987 年，第 12 页。
[3] ［英］毛姆：《在中国屏风上》，陈寿赓译，长沙：湖南人民出版社，1987 年，第 11 页。

一般总伴随着将被废黜的君主处死，至少也要将他流放国外。中国人则保留了皇帝的称号，他的美丽的宫殿，他的宦官队伍，以及一笔几百万元的年收入。”[1] 在罗素看来，这也是中国文化温文尔雅的优点，和欧洲的战乱屠杀形成鲜明的对比。

毋庸置疑，北京“的文化性格对于无数人，早已作为先于他们经验的某种规定，以致它的形象被随岁月厚积起来的重重叠叠的经验描述所遮蔽而定型化了。这里又有作为巨大的文化符号，被赋予了确定意义的北京”[2]。从上述内容可以看出，西方知识精英大多希冀古都北京的传统文化和宁静生活旨趣能够给陷入贪婪与仇杀中的“没落”西方提供某种启示。

三

东方的作家同样也对此时的北京心怀迷恋之情，许多人玩赏北京犹如玩赏一个大古董，这里以日本现代作家芥川龙之介、谷崎润一郎和鹤见澈辅为例。

芥川龙之介在来北京之前，可谓对中国的旅行一路批判，但到了北京后却很快转变为对“中国趣味的爱好”了。1921 年 6 月 14 日，他从北京寄出第一封明信片，上面写道：“到北京，北京到底还是王宫的所在地。在这里住上二三年，不亦乐乎！夕月啊，加在槐树的合欢花。”1921 年 6 月 21 日，芥川龙之介从北京寄出另一张明信片，上面写道：“来北京甫三日，即迷恋于北京矣！虽不能住在东京而旅居北京，乃余之夙愿。昨夜，观剧于三庆园，归途过前门，上弦月高悬，其景色难以形容。与

[1] Bertrand Russell: *The Problem of China*，London: G. Allen & Unwin ltd，1922. 汉译参见［英］罗素：《中国问题》，秦悦译，上海：学林出版社，1996 年，第 162 页。

[2] 赵园：《北京：城与人》，北京：北京大学出版社，2002 年，第 2 页。

1926 年春，紫禁城角楼及神武门。

壮大的北京相比，上海如同一蛮市。”[1]

芥川龙之介是以日本《每日新闻》特派员的身份前往北京的，目的是撰写中国见闻记。《每日新闻》北京分社坐落在八宝楼胡同里，芥川龙之介当时就住在这里。穿上中国长袍的芥川龙之介，就像要把北京风貌全部装入脑海似的，整日漫游琉璃厂、古玩街、茶馆、剧院，甚至还经常乘坐人力车或骑着小毛驴到万寿山、白云观、天坛、北海等名胜游览。

芥川龙之介在北京足足游玩了一个月，在最后一站天津接受了日本记者的采访，他对北京有着极高的评价：“从南方来到北中国一看，我的眼界大开，所见之物都是大中国，那种在无言之中都好像在向你说明这就是数千年前就已文明了的中国的感觉，那确实是一股使人震撼的雄大的感觉。我想将来去统一的这大中国的都城一定还会是这北中国。我从

[1] ［日］竹中宪一：《北京历史漫步》，天津编译中心，北京：中国文史出版社，1991 年，第 1 页。

1909 年，内城西南角楼西面及驼队。根据美国摄影师雷尼诺恩（C. E. Lemunyon，1850—1929）照片制作的明信片。

南到北巡回旅行中国的过程中没有一个地方像北京这样使我喜欢的。正因为如此，在这里滞留了一个月之久，实在是让人心情愉快的好地方。登上城墙放眼望去，几座城门像是被那苍茫的白杨和洋槐的街道一点一点向内编织出来似的。在处处合欢开放着的花也是好的，特别是看到例如在城外广野上奔走的骆驼的样子等时，会从内心涌出一股难以名状的感觉。”[1]

1918 年 10 月 26 日，另一位日本作家谷崎润一郎来到北京，并一直逗留到 11 月 4 日。北京给谷崎润一郎的印象是“幽邃冥想”（《鲛人》）的“古老安静的街区”，是“留有前清时代痕迹的和平闲静的都会”（《忆东京》）。在《都市情景》中，谷崎润一郎这样描述：“登上北京的钟楼，远望那一片连绵的屋顶，那座大都会的人家都淹没在浓密的树木之后，几乎看不太出来了，但是仍然让人觉得到底是大国的旧都，那种典雅的

[1] 天津《日华公论》，1921 年 8 月号，第 87—88 页。

1926 年，外城西北角楼及驼队。骆驼是清末向北京运送物资的主要交通工具。

东方街区的味道，不去中国大概是难以领略得到的吧。”

此外，谷崎润一郎还在《恋爱与色情》一文中这样回忆北京的生活：“大约在十年前，我在现在的北平，当时还叫北京的城市待了几天，感觉到那里的夜晚真是非常的黑暗。听说最近那座城市也有了电车，马路大概也明亮热闹了不少。但当时正值世界大战，除掉城外的花柳街和城里的戏院一带，太阳落山后可真是一片漆黑。大马路上虽然还不时能够透出几分灯光，但只要一拐进小路，就是漆黑一片，看不到一丝光亮。因为那儿的宅院都由高墙围着，宛如小小的城堡一般，大门是严丝密缝的木板造的，在那之后又有称之为影壁的用来做遮挡的墙，这么三重两重的封锁，家里的灯影自然不会透出一丝，就连人声也没有，只剩下废墟般的墙壁在黑暗中默然连成一片。走在夹在墙与墙之间的曲折狭窄的小路上，一开始还没觉得什么，但无论走多久，都是一片黑暗，一片沉寂，渐渐地感觉到了一种难以描述的恐怖，好像背后有什么追赶着一样，不由得拼命跑了起来。”今昔对比，谷崎润一郎认为：“走在那时北京的黑暗中，觉得那才是真正的夜晚，自己原来已经早就忘记了何谓夜晚的黑暗。”他将其与过去的东京相对比，“至少出生于明治初期的人们，应该还记得那时的东京夜晚的街头，大概正和北京相仿佛吧”。在这里，谷崎润一郎特意提到了北京的传统住宅四合院，并指出其封闭性的特征，作为北京的家族性大宅院，显示了中国独特的家庭生活方式：通过高墙深院和外界环境相隔离，道路狭小，窗户稀少，古朴而威严。

北京城的格局就是一种秩序的象征，有着“安适的情调，排外的意识与封闭性的静态美”[1]。北京人那种对政治的麻木冷漠，“崇和”的心理以及处变不惊的行为，就连外国人也看得分明。王西彦 1936 年秋写了《和平的古城》，开头引了一个日本人鹤见澈辅写的《北京的魅力》一文，其中有下面一段文字：“我一面陶醉在中国生活的空气中，一面深想着对于外人有着‘魅力’的这东西。元人也曾征服中国，而被征服于汉人种的生活美了；满人也曾征服中国，而被征服于汉人种的生活美了。现在西洋人也一样，嘴里虽然说着 Democracy 呀，什么什么呀，而却被魅于中国人费了六千年建筑起来的生活的美。一经住过北京，忘不掉那生活的味道。大风时候的万丈的沙尘，每三月一回的督军们的开战游戏，都不能抹去中国生活的魅力。”鹤见澈辅之所以这样认为，是因为他亲眼看到：“中山公园里，时常可以见到百数以上的红肩章武士杂在人丛里，蹂踏着草坪，折着花木，而游人们悠然如故，没有道出半分的不调和或不自然。”

[1] 赵园：《北京：城与人》，北京：北京大学出版社，2002 年，第 110 页。

第三节

想象的空间

中国当代学者赵园在《北京：城与人》中指出："尚未闻有一本题作'北京'的长篇小说出诸欧美作家之手。即使如克利斯多福·纽居沪那样有居京数十年的阅历，也未必敢自信能读解得了北京的吧。"[1] 其实，换个角度来看，西方人笔下的北京形象正因为"误读"的存在而精彩，写北京不一定必须对该城市了解透彻，笔者所关注的是他者"塑造"怎样的北京形象以寄托其想象的精神家园。对许多西方作家而言，中国北京主要是一个名义，他们借北京之题发挥自己对文化相异性的思考。下面便以作家谢阁兰、马尔罗、卡夫卡、朗格纳和弗里施为例，分析其作品中的"内心空间隐喻"。

一

法国作家维克多·谢阁兰（1878—1919）在中国断

[1] 赵园：《北京：城与人》，北京：北京大学出版社，2002 年，第 204 页。

紫禁城西二长街。在外国人想象中，高墙烛火背后隐藏着无数秘密。

断续续住了7年，写了一部潜入皇宫的梦幻小说《勒内·莱斯》。小说中的日记叙述者“我”向往紫禁城“四堵墙垣之内的魔力”，但始终没有机会进入这个“神秘御苑”，而勒内·莱斯，一位神秘的比利时人，不但可以自由出入紫禁城，而且还是光绪皇帝的朋友，隆裕太后的情人[1]，多次参与宫廷的政治阴谋，最后自己也被神秘地毒死。小说中的人物和场景给人一种半真半幻的感觉。

《勒内·莱斯》中的紫禁城是纵欲之城，阴谋之城，也是伤情死亡之城。在谢阁兰的幻想中，紫禁城是关于未知与神秘的象征。迷宫似的紫禁城，像神秘莫测的黑洞。对世间的百姓，它是尊严与华贵的皇宫，而对于皇帝，那个“帝国高贵而谦和的囚徒”，皇宫则是终身囚禁

[1] 有学者认为谢阁兰的中国描写与殖民叙述明显疏离，但笔者以为在一些情节上谢阁兰依旧没有脱离关于东方的大叙事：同许多殖民文学相似，他也将殖民者与殖民地的关系表现为宗主国男人与土著女人的肉体关系，认为是文明与原始生命力的结合，表现着拯救与被拯救的关系。

他的牢狱。而且，在它那棋盘一样规整的、梦幻般的宫殿下面，还有一个隐秘的、噩梦般的“地下之城”：“这地下自有它的城堡、角楼、拐弯抹角之所，毗连邻接之处，也有它的威胁……以致最后竟使我自己不寒而栗起来。”[1] 小说最后，当君主专制的历史背景消逝时，“我”也离开了北京，它不再是“梦的居所”，“我”甚至怀疑自己曾渴望进入这座城市。毕竟“他者的不可穿透性对他而言丝毫不是攫取的目标，而是快乐和丰富自我的源泉”[2]。

北京四合院大门。摘自 1927 年 3 月 19 日《伦敦新闻画报》。1925 年法国画家于勒·蒙日（Jules Monge，1855—1934）创作。画中大门经过了现代化改造：拆除影壁，用大块的玻璃做了门厅。女主人衣着西式，还养着两只哈巴狗。荷兰使节纽霍夫来京前没见过哈巴狗，他认为：“北京有一种长毛猫，供中国女人玩弄，形似长毛、长耳的德国狗，不过这种猫不捉老鼠。”

谢阁兰是个百分之百的艺术家，当他走进北京城以后，便彻底被这座古都完美和谐的意境折服了。北京城就是他心目中最佳的一首诗作，诗人在这里找到了自己的归宿。他称北京为“我的城市”[3]，他住进天安门附近一座四合院，又把它称为

[1] ［法］谢阁兰：《勒内·莱斯》，梅斌译，北京：三联书店，1991 年，第 195 页。

[2] 孟华主编：《比较文学形象学》，北京：北京大学出版社，2001 年，第 227 页。

[3] ［法］谢阁兰：《谢阁兰中国书简》，邹琰译，上海：上海书店出版社，2006 年，第 47 页。

"我的皇宫"，把布置得古色古香的书房命名为"我的陶瓷室"（一语双关：我的中国）。清晨，在被"柔和的叫卖豆腐脑的声音吵醒之后"，透过纸窗，他看到"黎明睁开了眼皮，天渐渐地亮了起来……我感到一身的清爽"。黄昏，他欣赏着院子上面的蓝天，"被四合院截下来的一块，属于我的一片蓝天"。夜晚，他感到自己"在坐南朝北的睡着觉时也参与了整个城市的生命"。他觉得四合院住起来"舒适又方便"。他称北京城为"一件神秘的杰作"，也是"梦寐以求最理想的居家之地"。

让我们跟随谢阁兰的足迹再来回望老北京的风貌。谢阁兰首先来到中国上海，参观了徐家汇的观象台，惊讶地发现耶稣会孤儿院里竟然有"波拿巴路上最肮脏的垃圾"，上海是个"大杂烩"，"灯光闪亮，声音嘈杂"，"殖民地的宾馆气派却又不入流"[1]，令他"厌烦"，最后"毫无遗憾地离开""这个国际性城市"，"去那个极其真切的中国"[2]。随后，谢阁兰溯江至汉口而去北京。1909 年 6 月 19 日，他终于抵达渴望"朝圣"的东方古国的首都，第一眼看到北京，谢阁兰"觉得它比我至今为止在中国所找到的一切都热情得多。形象、行人、寺庙、屋檐，都是多姿多彩"。"马路宽阔、气派"，"宽敞的城内，熙来攘往地跑着上了铁轮的小车，如骡车、精瘦结实引人瞩目的马车，还有那些可爱的临街小铺子，好像是一块金子，当人们在加工它时，它已经旧了，人们就在这块金子上雕刻、挖掘……总之，要是我没搞错的话，我们三人在北京的旅行肯定是很令人向往的……"[3]

对于北京人的描写，谢阁兰没有像对城市建筑那样一味赞美，而是实事求是地批评："一路上，数不清的人请求搬运一两件，为了几分钱互相争抢"，在斤斤计较的生意背后，也可以看出城市的穷人为了生计而

[1] ［法］谢阁兰：《谢阁兰中国书简》，邹琰译，上海：上海书店出版社，2006 年，第 31 页。

[2] ［法］谢阁兰：《谢阁兰中国书简》，邹琰译，上海：上海书店出版社，2006 年，第 33 页。

[3] ［法］谢阁兰：《谢阁兰中国书简》，邹琰译，上海：上海书店出版社，2006 年，第 49—50 页。

苦苦挣扎。对于北京的文化人，谢阁兰表现出颇为崇敬之情："一个准时、讲究客套、彬彬有礼的老夫子来了。在两个半小时内，他让我用中文讲、读、写、翻译、谈话、思考。他自始至终都非常耐心，而且——出乎我的意料——他确有一套教学方法。"[1]

在谢阁兰看来，北京是奇妙的，"人们在那儿与逝去的上千年频繁接触。很明显，北京的这些车是模仿汉朝的车，这车辆的形状与摇篮状的车篷也是。最可笑的是，在真实生活中，你频繁接触的服装和人物就像来自壁画、地毯、图画和花瓶似的"[2]。在北京，他们还接待了一位年轻的满洲女子，她同身为翻译的丈夫一同前来。谢阁兰认为"她的异国情调令人咋舌：花了好几小时整理的发式，头发服服帖帖的，嘴唇描得红得惊人，脸颊上贴了一朵标准的莫里斯·德尼（按：法国象征主义画家，1870—1943）风格的玫瑰，眉毛修长……总之，与前欧洲主义、前中心主义的描述原原本本……我夹着一半中文的话马上让她眉开眼笑。不过，这种差距真可怕！天哪，这异国情调！"[3]

北京街头的驮轿和自行车。法国画家路易斯·萨巴蒂埃创作。摘自 1913 年 3 月 15 日法国《画报》（3655 期）。

[1] ［法］谢阁兰：《谢阁兰中国书简》，邹琰译，上海：上海书店出版社，2006 年，第 63 页。
[2] ［法］谢阁兰：《谢阁兰中国书简》，邹琰译，上海：上海书店出版社，2006 年，第 69 页。
[3] ［法］谢阁兰：《谢阁兰中国书简》，邹琰译，上海：上海书店出版社，2006 年，第 70 页。

1905 年，日本人山本讃七郎拍摄的满汉女子合影。

1909 年，坐洋车的汉族女子和车夫，基于美国摄影师约翰·詹布鲁恩的照片套色处理。

二

从1912年起，北京就成为民国的首都，并且早在20年代初，末代皇帝溥仪的英国教师庄士敦就已经将北京开展如火如荼的新文化运动状况介绍给了西方人，他这样写道："1919年3月3日，我第一次进入紫禁城。庄严肃穆的神武门，将我引进了一个空间与时间上与外界迥然不同的世界。通过这道城门，使我不仅从共和制回到了君主制，而且从20世纪的中国倒退回了其历史可追溯到罗马帝国之前的古老中国。在这座门洞之外，坐落着100万人口的城市，这座生机勃勃的城市正满怀着新的希望与理想。或许万幸的是，其中许多的理想和希望，从未成为现实。这个城市正在努力追赶着时代的步伐，力图使自己无愧于伟大民族的首都地位。这个城市的大学中，聚集着渴望变革的学生，他们正怀着不顾一切的急切态度，将现代科学和哲学与世界语和卡尔·马克思的著作一起，用来夺取过去被儒家传统和腐朽圣贤们占据的领域。"[1] 但许多西方作家并不关心这些新的现象，他们笔下的北京依然是亘古不变的天朝之都形象。

另一位法国作家安德烈·马尔罗（André Malraux，1901—1976）在长篇小说《西方的诱惑》中勾勒了东方之都的影子，开头是主人公A.D在"尚波"号船上，面对渐渐远离的亚洲大陆飘荡的思绪："后宫佳丽成群。一个小窗洞旁，一位丽人（后来成为摄政王妃）正对垂目聆听的太监说话"。犹如电影镜头迅速扫过，后宫、佳丽、王妃、太监等都是东方宫廷的代表性意象！马尔罗接下来写道："紫色的大殿里，皇帝端详着他让人从帝国各地找来的化石。天气很冷，屋外，冻僵的蝉从树干上落到坚硬的地上，发出石子落地的声音。邪恶的魔法师们被扔到广场中央芬芳的柴

[1] ［英］庄士敦：《紫禁城的黄昏》，众城等译，珠海：珠海出版社，1995年，第156页。

光绪皇帝在北海乘坐雪橇。摘自1895年1月26日法国《环球画报》(*L'Univers Illustré*)。

光绪皇帝接见外国使节。摘自德国学者约瑟夫·屈尔施纳编撰的《中国》(1901年)。

堆上烧死。他们用来迷惑公主们的木雕小人也被扔到火中发出了噼啪的爆裂声，并像火箭那样迸飞起来。围观的人群急忙后退，多么愚盲的人群！”对于北京的皇帝，A.D这样想象：“在北方，紫禁城庄严的大殿深处，是敏锐而拥有至高权力的皇上，他正伸出白皙的手指，指着劳作的中国、鸦片泛滥的中国和梦中的中国，那是个戴着黑色罂粟花冠的瞎眼的高个子老人……”不难看出，这里的古都给人以凄清、愚昧之感。笔者以为，马尔罗对异域情调的描述是为了强调距离，从表面的浮华引向中国的现实，目的是更好地回首西方。这也正如法国现代思想家利奥塔的评价“异国情调给他们两人(凌和A.D)提供了机会，来表现被内部的腐败纠缠和诱惑的西方心灵。”[1]

19世纪以后，西方人对中国京城皇帝和老百姓关系的一般看法是：皇帝软弱无力，他常常自身难保，在紫禁城里过着隐士般的生活。老百姓并不期待得到皇权的帮助，他们也毫不关心遥远的京城。譬如，20世纪初法国作家洛蒂在参观完紫禁城后这样评价居住在这里的皇帝：“谁曾住在这里，囚居于这重重的围墙之内？这墙比我们西方所有监狱的墙还要可怕千百倍！是他，不愿见人的天子，孱弱而稚嫩，他的帝国却比我们整个欧洲还辽阔，他像一个看不清真面目的幽灵一样统治着四五亿的居民。”[2]美国人阿灵顿则写道：“走在高高红墙下迷宫般的宫殿里，让人感到在这‘禁’城里，除了压低声音的流言四传外，多么黑暗的罪恶也能在这里秘密进行！”[3]此外，我们还可以参照卡夫卡（1883—1924）的《中国长城建造时》（1917年）。“我们的国家是如此广阔，没有一个童话故事能涉及它，就是天空也几乎遮不住它，——而北京不过只是一个点，皇宫不

[1] ［法］让-弗朗索瓦·利奥塔：《马尔罗传》，蒲北溟译，北京：东方出版中心，2000年，第141页。

[2] ［法］皮埃尔·洛蒂：《在北京最后的日子》，马利红译，上海：上海书店出版社，2006年，第86—87页。

[3] ［美］刘易斯·查尔斯·阿灵顿：《古都旧景——65年前外国人眼中的老北京》，赵晓阳译，北京：经济科学出版社，1999年，第37页。

摄政醇亲王及其儿子，站着的孩子是宣统皇帝溥仪。法国摄影师菲尔曼·拉里贝（Firmin Laribe，1855—1942）1907年拍摄。

过是点中之点。”[1]“可是北京本身对村民们来说要比来生来世还陌生得多……他们未能把帝国从北京的梦幻中活生生地、真实地拉到自己臣民的胸前。”[2]北京，“这世界的中心，密密麻麻地居住着社会最底层的沉渣。没有一个人能从这儿冲得出去”[3]。卡夫卡描写的只是一个文本中的北京，他抓住了既是中国的又是普天下的“记忆场所”，并借题发挥自己对世界的思考，留给读者一个恍惚而又破碎的北京形象。

诚如庄士敦的怀旧情调：“从民国建立的 1912 年到 1924 年底，在混乱的中国政治生活之中，有一处地方一直吸引着访问北京的外国人，引起他们的兴趣和好奇。”而这个地方就是皇宫，因为“他们也一定看到了，在首都的中央地区还有一个小小的堡垒，似乎那里还保持着古朴的安宁；

[1] ［奥］卡夫卡:《卡夫卡中短篇小说选》，薛思亮等译，北京：人民文学出版社，2003 年，第 193 页。

[2] ［奥］卡夫卡:《卡夫卡中短篇小说选》，薛思亮等译，北京：人民文学出版社，2003 年，第 196 页。

[3] ［奥］卡夫卡:《卡夫卡中短篇小说选》，薛思亮等译，北京：人民文学出版社，2003 年，第 194 页。

1922 年 12 月 1 日，宣统皇帝溥仪大婚，图为金册送达皇后婉容家时的情景。水彩画。摘自 1923 年 6 月 9 日法国《画报》(*L'Illustration*)。

在中国的土地上还有一小块地方，那里至少在外表上还显示出稳定和庄重；中国还有一个从未陷落过的要塞，正在消逝的古老礼仪仍构成这里日常惯例的一部分。象征着古代精神的威严礼仪和宁静的汇聚之所，被筑有城垛的高墙和堂皇的大门所包围。仿佛这种古代精神已在那仍旧显得神秘莫测的大内宫殿里找到了它最后的避难所”[1]。西方人的禁城帝王之梦是一直延续着的，但千年古梦也难免有醒来的时候，当溥仪被冯玉祥驱逐出皇宫后，庄士敦哀叹道：“在黄昏中踯躅了十三年的紫禁城终于在这一天进入了黑沉沉的夜晚……中国的学童却要把它记住，因为这是一个值得忏悔和蒙受耻辱的日子”。[2]

---

[1] ［英］庄士敦：《紫禁城的黄昏》，众城等译，珠海：珠海出版社，1995 年，第 132 页。

[2] ［英］庄士敦：《紫禁城的黄昏》，众城等译，珠海：珠海出版社，1995 年，第 339 页。

三

德国作家伊瑟·朗格纳（1898—1987）1933 年曾到北京旅居，她的代表作是长篇小说《紫禁城》（1937 年），主要介绍了 20 世纪 30 年代的北京。该书在纳粹时代一直禁止出售，战后才再版发行。1984 年该小说荣获黑森州的歌德奖。小说大体内容如下：女主人公格罗娅（Gloria）从德国柏林千里迢迢赶到北京看望堂祖父尼古劳斯·拉施法（Nikolaus Rashifal）。拉施法在 19 世纪末作为传教士来到北京，到北京后却很快放弃了传教，而转向帮助北京百姓改善生活。在北京老百姓眼中，他是一个圣人。拉施法在北京生活了五十二年，一直在帮助周围百姓，直到被一名逃兵谋杀。格罗娅的祖父克利斯朵夫·拉施法（Christoph Rashifal）认为中国是世界上唯一真正的和平王国，他希望格罗娅能从中国北京带回一个上帝，他给弟弟写信说：“受伤的欧洲把那珠母般的希望转移到了东方”。但生活在哲学书中的尼古劳斯·拉施法认为：北京原有的诗意已消失殆尽，老庄哲学开始死亡，被内战和自然灾害折磨的中国应到西方文明中去寻找拯救。格罗娅在参观紫禁城时遇到了罗伊（Roy），罗伊是德国人，但是在北京长大的，他在遇到困难时曾得到一个中国女子的帮助，后来便同这位女子结了婚。罗伊是个投机商人，他利用当时不稳定的政治环境发了家。对格罗娅来说，罗伊简直是

前门大街。英国画家伊丽莎白·基丝的木版画，创作于 1925 年。

德胜门夜景。基丝的木版画，创作于 1921 年。

紫禁城一隅。基丝的木版画，创作于 1935 年。

个谜。他同三个女人生活在北京一座四合院中。这三个女人，分别是他的妻子，姨太太于姬（Yu Dji）及其法国情妇。在作者笔下，罗伊是一个地道的“最后北京人”，是北京人的模范和标志。

这部小说对 30 年代北京的介绍充满着诗意，同时作者对当时生活在北京的外国人持若有若无的批评态度。从小说中我们可以看出，生活在北京的外国人同周围的北京人及中国文化保持着一定的距离。小说中有一对荷兰夫妇，他们在北京的住所里到处布置荷兰的东西，女主人非常仇恨北京，对这里的一切都无法忍受。对她来说，北京人时刻都在威胁着她，北京的建筑特别是石狮子则让她感到奇怪、可怕。东西方文化对峙的问题是这部小说论述的重点所在。作者总是把逐渐衰败的北京同现代化的北京相对比。一个广东人主张北京应有现代化的一切，而格罗娅

紫禁城即景。基丝的木版画，创作于 1935 年。

却讨厌现代化，她认为建立在机器声里的中国必将失去它的灵魂和古老的智慧。尼古劳斯·拉施法看到外国人和中国人到北海游泳时感到非常难过，在他看来，到北海游泳是对圣地的亵渎。他觉得，北京应该保持它古老的传统，一切与“现代性”有关的事物都是对北京这块圣地的亵渎。小说虽然对北京的描写较为客观，但也多少带有浪漫主义的色彩：在小说中的人物看来，北京是梦、童话和情人，这也是当时的德国人对中国及古都北京的普遍态度。

瑞士德语作家弗里施（Max Frisch，1911—1991）的中篇小说《彬或北京之旅》（1944 年）意在表现一种向往中国，追求原始东方精神的主题。主人公是一名叫吉廉的士兵，在元帅指定突袭方案的前夕，偷偷离开战场，穿过花园，越过森林，奔向遥远中国的北京，其中“抽象的我留在了欧洲，具体的我则到了北京。”北京在小说中是一个近在咫尺，却又远在天涯的美丽意象。作家是这样描摹北京城的：“那闪光的塔楼、屋顶、桥梁和水波荡漾的海湾、风帆，在空中盘旋的蓝鸟”[1]，这里有盛开的莲花、桃花，貌美如花的中国少女，长着“苍白月亮般胖脸的”王爷等。考虑到心生向往之情的是一个参战的士兵，并且该小说写成于1944年，当时正值第二次世界大战打得最为惨烈的时期，所以，北京在此处“成了战时人们向往和平安宁的象征”。[2]当然，《彬》也描写了一个异国爱情追逐的故事，彬到北京后爱上了一个中国女子马雅，并将其视为生命和女性的原型，这是一种回归原始状态的主题。作品中对蓝色的渲染，如“蓝色的幸福”“蓝色的水手”“浅蓝色的清凉”等，更增加了北京浪漫而又略带忧伤的神秘色彩。这种神秘早在20世纪初西方作家对北京的描摹中便已开始出现，半个世纪中，“北京”仍然是欧洲人心中那个美好神秘，未被西方文明侵蚀过的原始天堂。在那里，可以找回纯洁和谐的自我。而这也正是作家让“彬”——那个“具体之我”到北京旅行的真正动机。

西方人画的清末民初北京军官。

[1] ［瑞］马克斯·弗里施:《彬，又题：北京之行》，选自蔡鸿君选编的《弗里施小说戏剧选》（上），合肥：安徽文艺出版社，1993年，第45页。

[2] 卫茂平：《中国对德国文学影响史述》，上海：上海外语教育出版社，1996年，第154页。

第四节

盛名之下的遗憾

“北平是命运将尽的一种奇观，一种中世纪的残余。在这奇妙的城墙中，藏有若干世纪的宝物和掠夺品，在这中间住有一百多万人……在这城市中，有前朝的文武官吏，有学者和地主，有僧侣和匠商，有谈吐高雅的洋车夫。这城市的设计和建造都是高贵的，一个

1901 年，西北角楼北面，为抵御北京冬季的风沙，美国海军陆战队戴着风镜行军，远处可见天宁寺塔。

庚子之变后，行人可以随意进出大清门天街禁地。

艺术的宝藏。这地方有良家子弟和堕落分子，有狂欢宴席上的外交阴谋，有失去品格的媚力，有过份横暴的恶行。这城市有活泼的温泉，有葱郁的秋果，有在霜雪满树和结冰的湖上闪耀的冬季阳光。这城市有永久的退让和轻易的欢笑，有闲暇和家庭爱，有贫乏和悲惨，有对于垢污的漠视。然而这地方也有出乎意外的壮举，革新的学生们为全民族制造斗争的标语，由戈壁沙漠吹来的大风，使得华美的庙宇和金黄的殿顶蒙有最古老的生命的尘土。”[1] 诚如斯诺所说，此时的北京是一个多面的集合体，不同的人从不同的角度进行解读，所得出的结论也将是各不相同的！

此时对北京的盛赞是主流趋势，如美国作家菲茨杰拉德的长篇小说《中国的涨潮》中，一位住在北京的老法国侨民认为“世界上只有两个城市：巴黎和北京”。一些拥有“朝圣”心理的西方人在赶赴北京的旅途上

[1] ［美］斯诺：《斯诺文集》，董乐山等译，北京：新华出版社，1984 年，第 3 集，第 7—8 页。

穷困的乞丐一家。美国摄影师西德尼·甘博拍摄。

路边的算命先生。

忍受无聊的折磨时，心中想：将会有一个繁花锦簇、遍布亭台楼榭和皇宫神秘的城市在等候他，但当真正抵达之时，也就是幻想的破灭时刻，看到的北京不过是“一个有着肮脏街道与断墙残垣的大一点的村庄”，“街道上到处都是小铺子，一层的平房看起来像住家，所以它是个村子，而不是城镇，更不是城市”[1]。此外，我们还可以参考如下评价：

北京的城市环境和基础设施不容乐观。“很少甚至没有维护城市交通的任何规定，所以街上人多为患，几近堵塞。”“城市中没有公共用水……未经任何处理的河水便是居民的公共

[1] ［英］雷蒙·道森：《中国变色龙——对于欧洲中国文明观的分析》，常绍民、明毅译，北京：时事出版社，1999 年，第 168 页。

用水。”“城市的街道狭窄、弯曲、凹凸不平、肮脏不堪、臭气熏天。”[1]

北京许多居民生活极度贫困，“街道上乞丐很多，但他们很好地分散开来，并有着自己的日常行动路线。这是一个需要别人发善心的职业，但最令人不愉快的是，乞丐故意露出令人不寒而栗的伤口与溃疡，以此迫使人们赶快施舍东西，以摆脱他们”[2]。

出售爱鸟的潦倒老人。法国画家路易斯·萨巴蒂埃创作。摘自 1913 年 3 月 1 日法国《画报》(3653 期)。

辛亥革命之后，满族王公的官邸开始衰落，“偌大的庭院长满了野草，屋顶破烂渗水，马厩空空如也，厨房大多没有充足的食物”[3]。“不仅紫禁城城墙内的宁静、礼仪和尊严不及人们通常所想象的那样令人肃然起敬，而且那威严凛凛的城墙也已经出现了一些显眼的裂痕，只有那些固执的盲人才看不出它迟早要坍塌。从前被包括在紫禁城内的一部分重要宫宇，如今也已丧失了它颇富

[1] ［美］E. A. 罗斯：《变化中的中国人》，公茂虹、张皓译，北京：时事出版社，1998 年，第 3 页。

[2] ［澳］赫达·莫里逊：《洋镜头里的老北京》，董建中译，北京：北京出版社，2001 年，第 68 页。

[3] ［英］庄士敦：《紫禁城的黄昏》，众城等译，珠海：珠海出版社，1995 年，第 171 页。

杂草丛生的太和殿广场。美国摄影师赫伯特·怀特拍摄。

于传奇色彩的权力。”[1]

总之，所有的这些失落正说明了这样一个道理：西方人想象中的北京和现实的北京往往有着很大的差距。

关于这种巨大的心理落差，我们也可以从日本记者兼外交官内滕湖南（1866—1934）对北京的记述中看出。1899 年，他第一次来到北京游历，翌年回国后即出版了这次旅游的见闻录《燕山楚水》。

北京对他而言，仅存的辉煌也许就是城墙和城门了，“余观京城，若

[1] ［英］庄士敦：《紫禁城的黄昏》，众城等译，珠海：珠海出版社，1995 年，第 132 页。

在破败小路上骑驴打伞的男子。图中文字为 1907 年中法汽车拉力赛宣传。

其规模，则居然乎大国首都也，若得缮治之宜，其壮观比之泰西诸国首都亦不必相让”[1]。然而就是这崔嵬的城门楼已掩饰不住衰败的迹象：“城壁上虽皆铺设砖石，然杂草茂盛，没过人头，甚至生有高达数丈之树木。城外濠水映照月光，处处人家灯影稀疏，透过如烟杨柳，隐约可见三四中国人徘徊于濠边，哼着小调。眺望过去，难以想象此都城今为君临四亿生灵之大清皇帝居城，无限凄凉，不觉泪下。”[2]

熟悉中国古代科举考试历史的人都知道，贡院是清代举行乡试、会试的场所。北京及大省凡万余间，小省则数千间，以数十间至百间为一列，形如长巷，每巷用《千字文》编列号数。内滕湖南看到北京贡院“芜

[1] ［日］内滕湖南、青木正儿：《两个日本汉学家的中国行记》，王青译，北京：光明日报出版社，2002 年，第 34 页。

[2] ［日］内滕湖南、青木正儿：《两个日本汉学家的中国行记》，王青译，北京：光明日报出版社，2002 年，第 17 页。

破败不堪的贡院。摘自 1873 年 3 月 8 日《伦敦新闻画报》。

秽犹甚”，“好似狗窝一般”，“院之境内，野草高过人头，考官所居房台，守门人粪便狼藉，臭气冲鼻，其污秽实难以言语形容”[1]。

在对北京有了较全面的了解后，内滕湖南形容北京为一个大溷圊（厕所）。“北京人家无溷圊设备，大街与胡同之角落、胡同屏侧，到处可为粪便堆撒之处。故行于北京街头，空中隐约飘过粪便臭气，觉整个北京城乃一大溷圊。然明时都城建筑旧规，有壮大下水设备，比之文明国都府亦毫不逊色，清朝文明如何，则由此可以推想矣。”[2]

[1] ［日］内滕湖南、青木正儿：《两个日本汉学家的中国行记》，王青译，北京：光明日报出版社，2002 年，第 81 页。

[2] ［日］内滕湖南、青木正儿：《两个日本汉学家的中国行记》，王青译，北京：光明日报出版社，2002 年，第 83 页。

第五节

古都生活百态——赫达·莫里逊的历史镜头

许多外国作家都曾描写此时北京普通市民的生活。譬如，美国作家乔治·凯提斯曾在这段时间生活在北京，1952年在纽约出版了《丰腴年华，北京，1933—1940年》(*The Years That Were Fat, Peking*, 1933—1940）一书，向美国人展示了北京幽远怀古的生活气息。该书大量选用了一位叫赫达·莫里逊的摄影作品，其中罕见的老照片给读者形象感知北京的可能。[1] 因此，本节笔者主要探源这位著名摄影师对老北京的文学介绍和形象记忆，并借此回望老北京市民的生活百态。

赫达·莫里逊出生在德国，1933年到1946年在北京从事摄影工作，住在紫禁城和南海之间的南长街。在北京的十三年间，她带着相机，骑着一辆自行车跑遍北京的大街小巷、名胜古迹，拍摄下如今大多已经荡然无存的旧日景物。在赫达·莫里逊眼中，“北京保留着它独一无二的特色。作为一个教育与艺术中心，许

[1] Hedda Morrison, *A Photographer in Old Peking*, Oxford University Press, 1985.

1929 年的太和殿广场。

多古老的生活方式和传统工艺继续存在”[1]。1946 年，随着中国内战的加剧，她才离开北京和中国。1967 年移居澳大利亚。

1. 建筑景观

“北京的建筑，除了一些西方风格的办公与公共设施外，都是平房，用灰色的砖砌成，屋顶是灰色的瓦。墙壁围成家庭院落，富有人家的大门涂着吉利、明亮的红色。你不能够看到里面的房屋，因为在院子里面经常有影壁面对大门，一个人进门后不得不绕过它。这道墙用来阻挡恶魔。从任何角度来看，你都很难想象自己正身处一座伟大的城市；树都种在庭院之中，这使得这座城市一片乡村景象，仅仅有皇宫与寺庙金碧辉煌的屋脊和气势宏伟的城墙角楼点缀其间。”

“北京的城墙大约有四十公里长，墙高九到十二米不等，城墙中间有十六座突出的城门，每一座上面盖有一座城门楼，它们是一座座象征中国过去帝制时代的辉煌的纪念碑。在中国以及世界的其他地方，也有许多别的有城墙的城市，但是从未有能和北京的城墙相媲美的。”

“当我在北京的时候，城墙和城门仍经常维修，很多地方允许人们在上面行走。这里，高居城市之上，一个人能散步数英里，受打扰的

[1] Hedda Morrison, *A Photographer in Old Peking*, Oxford University Press, 1985. 中译文见［澳］赫达·莫里逊：《洋镜头里的老北京》，董建中译，北京：北京出版社，2001 年，序，第 2 页。本节相关选文皆出自该书，注释因而简略。

1919 年，天安门前的学生运动。美国摄影师西德尼·甘博拍摄。

仅仅是在矮木丛和杂草中吃嫩叶的山羊，而那些草木就是在城墙上面长大的。在护城河边有许多鸭舍。冬天，人们从护城河凿下冰块运出，以便来年夏天使用。在城边，坐落着一些房屋、院落和小型的加工作坊，还有许多开阔的草地、耕地。站在城墙向城内望去，地平线上有紫禁城的金色殿宇以及其他许多反映老北京特色的建筑，例如：佛塔、城楼和位于紫禁城北面的高大的钟楼、鼓楼。”

天安门：“在 1949 年革命胜利以前，天安门平时很平静，那里树林成荫，一些小贩向参观者和过往行人兜售点心。”美国汉学家阿灵顿则描述道：“中华民国建立以来，天安门前的广场已举行了多次政治集会，与其说是‘天安’，不如说是政治波动。游行中激烈、民主的演讲，在过去大明朝和大清朝的皇帝听来一定非常惊异！”[1]

2. 声音的艺术

“北京的生活不仅娱目，而且也有许多悦耳的声音。各种各样的货物和食品都沿街道和胡同叫卖。每一种小贩都有自己特别的‘器物儿’，或是锣或是喇叭，一般都配有旋律美妙的叫卖声。婚礼和丧葬队伍都有自

[1] ［美］刘易斯·查尔斯·阿灵顿：《古都旧景——65 年前外国人眼中的老北京》，赵晓阳译，北京：经济科学出版社，1999 年，第 21 页。

晚清走街串巷的剃头匠。美国摄影师雷尼诺恩拍摄。剃头在清朝是一个大行当，英国马戛尔尼使团成员爱尼斯·安德逊这样描写北京的剃头匠：他们“带着一只可以移动的椅子、炉子和一小盆水。要剃发或清耳的人沿途坐下，理发匠就开始工作。为了显示行业特点，他们手携一双大铁叉，用手指拨开叉口，让它相当剧烈地碰合时就发出一种尖锐的声音，可以传布到很可观的距离，从而招徕生意”。

己的乐队班子。许多街巷娱乐活动都伴有音乐。人们喂养一些美丽的鸣禽，特别是百灵和画眉，因为它们有美妙的叫声，甚至尖声鸣叫的蟋蟀也有人喜欢。蟋蟀养在小笼里，整个夏天叫个不停，直到寒冬到来它们死去为止。北京人也饲养许多家鸽，用绳子在鸽子尾梢拴上很轻的竹哨，当鸽子从鸽笼放出、在城市上空盘旋的时候，竹哨能发出一种颇令人悲伤、像笛声一样的鸣响。”

“即使在夜间，北京也有属于她自己的、有特色的声音。寂静的夜晚，守夜人出入胡同，常常伴随着木梆发出‘梆梆’的声音。这对于防止住户被奸人偷盗很难有什么实际效用，但毫无疑问，听到这种声音，人们会睡得更为香甜。实际上，在北京很少有严重的犯罪，人身安全颇有保障。”

无独有偶，另有许多外国作家记录了老北京的声音艺术，如日本人青木正儿曾于 1922 年和 1924 年来北京考察。在杂感录《竹头木屑》中记载了北京的声色："北京为音乐之都，睡懒觉的早晨，枕上便听见卖水的推车的轧轹声，比邻居浪荡公子的小提琴声还悦耳；剃头挑子与磨刀担子互相唱和，比对面时髦女郎的钢琴声还动听；裁缝摇着拨浪鼓，哗朗哗朗恍如《雨打芭蕉》之曲；卖炭的堂鼓，扑通扑通赛过击鼓骂曹……收旧货的小鼓就像唱滑稽小调的。种种叫卖之声，有如老生，有如净，有快板，有慢板，收废纸的一声'换洋取灯儿'，有如老旦的哀切，深夜叫卖饽饽的长腔使馋鬼们几欲断肠。"[1]

卖糖面人，鸣锣招徕顾客。

萧乾在《北京城杂忆》中提到一位20世纪20年代在北京作寓公的英国诗人奥斯伯特·斯提维尔写过一篇《北京的声与色》，把当时走街串巷的小贩用以招徕顾客而做出的种种音响形容成街头管弦乐队，并分别列举了哪是管乐、弦乐和打击乐器。他特别喜欢听串街的理发师手里那把钳形铁铉。用铁板从中间一抽，就会呲啦一声发出带点颤味的金属声响，认为很像西洋乐师们用的定音。此外，布贩手里的拨浪鼓和珠宝玉石收购商打的小鼓，也都给他以快感。当然还有磨剪子磨刀的吹的长号。他惊奇的是，每一乐器各代表一种行当，林林总总，而坐在家里的主妇一听，就准知道街上过的什么商贩。

此外，上文提到的美国人阿灵顿在《寻找老北京》一书中也记述了

[1] ［日］内滕湖南、青木正儿：《两个日本汉学家的中国行记》，王青译，北京：光明日报出版社，2002年，第124页。

路边代写书信的老者。美国摄影师雷尼诺恩拍摄，套色处理后的照片。

通州的路边老鞋匠。美国摄影师西德尼·甘博拍摄于 1918 年。《北京社会调查》(1921 年)的扉页图片。

北京的声色艺术："无论白天黑夜，街头的任何地方都可以见到黄包车夫敲着小铃，司机不断地按喇叭，小贩不停地叫卖。个人的行为上升到最高的程度，吵闹声直到清晨还没有结束。饭桌上不断地划拳声、卖唱女的高唱声、各种乐器演奏的吵闹声很远就能听到，却没有人在意这些。"[1]

3. 市井百姓

古都百姓平凡而又略显琐碎、温馨的生活最为吸引人："在北京的魅力与能够体味到的快乐的生活下面，却是沉重的苦难与触目惊心的贫困。乞讨者并不是贫穷的真实的写照，因为许多人是被专门组织起来行乞的。正是那些不要饭的人才真正反映出最极端的贫穷。不论是捡废纸破布还

[1] [美]刘易斯·查尔斯·阿灵顿：《古都旧景——65 年前外国人眼中的老北京》，赵晓阳译，北京：经济科学出版社，1999 年，第 168 页。

是在夏天为养鸟的人捉蚱蜢，这种谋生手段常常被人忽视了。冬天许多人冻死街头。最了不起的是那些忍受着巨大苦难却从不抱怨、依然快乐、具有坚韧不拔毅力的人们。”

“在每一个地方，我都得到了最友善和最诚挚的款待。拍照要求有耐心，因为那时电子闪光灯还没有出现，我不得不经常帮人们摆姿势，要求他们保持非常静止的状态。我发现人们乐意做摄影对象，以良好的情绪及耐心满足我的要求，至今我很感激。我曾给数百各行各业的中国人拍过照，却记不得有被拒绝的时候。”

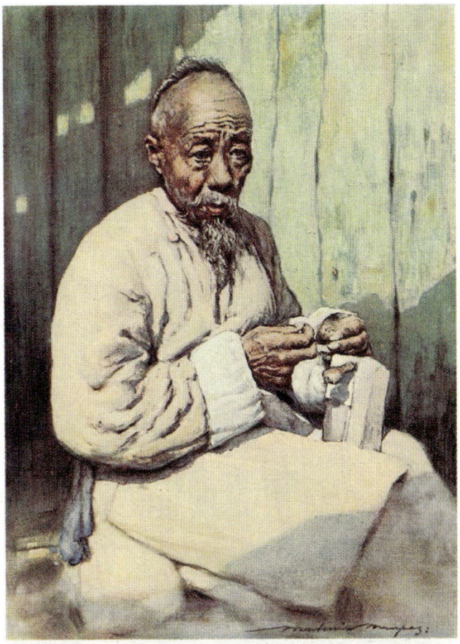

“鞋匠”。19 世纪末英国画家莫蒂默·曼培斯（Mortimer Menpes）的水彩画。摘自布莱克爵士（Sir Henry Arthur Blake）编撰的《中国》（1909 年）。

此外，我们还可以参照美国公使夫人萨拉·康格对北京人的描述：“不会将严厉、悲伤、焦虑、仇恨、逆反和不悦等各种情绪表现在脸上。他们不会为自己的不幸哀伤不已，也不会为自己的成功欢呼雀跃，他们把所遭受的一切都看成是命中注定的事情。”[1] 对于他们在北京的仆人，康格夫人认为：“我们的男仆看上去都像是单身小伙子，但实际上都已结婚成家。他们遇事冷静，做事专注细心、一丝不苟，行为举止温文尔雅，不像一般男人那样粗心，倒更像受过良好教育的女子”。[2]

[1] ［美］萨拉·康格：《北京信札——特别是关于慈禧太后和中国妇女》，沈春蕾等译，南京：南京出版社，2006 年，第 33—34 页。

[2] ［美］萨拉·康格：《北京信札——特别是关于慈禧太后和中国妇女》，沈春蕾等译，南京：南京出版社，2006 年，第 34 页。

元宵灯节。摘自德国学者约瑟夫·屈尔施纳编撰的《中国》(1901 年)。

4. 节日庆典

赫达·莫里逊非常喜欢北京的春节活动：“在爆竹声中人们迎来新年。人们宴请不断，参拜寺庙，走亲访友。春节庙会很多，位于外城西部的琉璃厂尤其有趣、好玩，这里是由所有经营书画以及其他的艺术品的重要的商人们开办的古玩交易市场。”

关于这一点，我们可以参照日本作家青木正儿对北京春节更详细的记述：“小吃铺的蒸笼里正蒸着年糕，冒着白茫茫的蒸汽，好像菱饼一样的糕上点缀着干枣、核桃、瓜仁、杏仁、青丝等各种配料，正中染上红印，陈列在店铺前。点心铺店头圆圆的月饼堆积得像百万塔（按：日本的一种供养塔）；纸铺用捉恶鬼的门神和给亡者在阴间的零花钱纸钱招徕顾客；香蜡店里驱散恶鬼用的威力无比的烟花爆竹正等着买主；小吃摊上锅里正翻滚着正月十五的元宵；走街串巷的货郎担子上摆着青皮萝卜或红皮萝卜，正月中妇人女子为辟邪气吃萝卜，俗称‘咬春’；小摊的毡子上天女散花一般堆放着装饰在月饼上的剪纸和贴窗户用的窗花；那边又摊开着廉价的俗唱本、日历和升官图之类……”[1]

5. 吃的艺术

“作为曾经伟大而又高度发达的文明的中心，北京保留了精湛的烹饪传统，每一种不同地区的烹饪都可以在那里找得到。那里各种各样的烹饪可以迎合每一种口味。许多饭店都是以前的老建筑，自从中华帝国最兴盛的时候就已开张营业。大饭店当然是为有钱人提供服务的。但沿街叫卖的和街道的饭馆也提供非同寻常的可口食物。烹饪技术已到了尽善尽美的地步。”

赫达·莫里逊最喜欢的食物“是一种简单的、任何人都可以吃得起也买得起的食物：烧饼。这是一种完全由粗糙的面粉做成的扁平的、圆的小面包，有些像油酥点心那么硬，上面有一层芝麻。它是面包中最好吃的一种，即使是在它单独吃的时候。不过也可以在里面填上肉，这是在北京的欧洲人早餐中的一种美味。像许多美好的东西一样，因为这种食品太常见了，以至于人们不知道充分享受它的美味”[2]。

关于声名远扬的北京烤鸭，莫里逊作了重点介绍：“外国人非常喜欢烤鸭。北京鸭个儿大、毛白。上餐桌的鸭子注定很短命，因为从很早就被填塞食物，在它们十到十二周时肉最好吃。它们非常肥、非常嫩，烤烧在一个很大的砖砌炉中进行，直到鸭皮变成褐色、油亮而且香脆时为止。鸭肉是一顿饭的主菜，还包括鸭肝、鸭舌、鸭掌和鸭汤。鸭肉会被特别仔细地用刀片下，鸭肉片包括一点皮（这是最重要的部分）、一点脂肪和一点肉，蘸上甜面酱，配点葱头，卷在小面饼里吃下去。最后上桌

---

[1] ［日］内滕湖南、青木正儿：《两个日本汉学家的中国行记》，王青译，北京：光明日报出版社，2002年，第125页。

[2] ［澳］赫达·莫里逊：《洋镜头里的老北京》，董建中译，北京：北京出版社，2001年，第127页。

1921 年套色明信片，路边小吃。

1921 年套色明信片，东菜市。

的是鸭头，它被均匀地片开，这样贵客就可以吃到鸭脑。”[1]

6. 休闲娱乐

“北京有着无穷无尽和丰富的娱乐项目，对街道、集市、庙会的人一律免费。每一个季节有属于自己的、使人羡慕的东西和活动。人们总是可以看得到舞台表演。”

街头架鸟。摘自 1873 年 9 月 13 日《伦敦新闻画报》。

“前门南面，有一座精美的汉白玉石桥——天桥，桥下面的水道通往天坛。这个地方有一个很大的常年固定的集市，许多货物都在这里出售。每逢节日这里就会举办各种各样的娱乐活动，有精彩的杂技和变戏法的表演，许多表演者都是年纪很小的孩子。这里还有踩高跷的、说书的和流动的戏班，他们在临时搭建的草垫与棚子里表演。表演者不是常年待在北京，他们还在中国北方的城镇与乡村巡回演出。这种流动的戏台给那些支付不起到正规戏院看戏的人提供了娱乐的机会。”

“北京有些常年演出戏剧的戏院，那些戏剧是中国舞台剧的伟大遗产，这一行当经历了数百年的演变。戏剧的演出与西方戏剧结构一致，以同样的方法分为幕和场，但舞台的技术有极大的差异。老的中国戏院几乎没有什么后台背景，没有幕布，座位是简单的木制长椅。舞台服务

---

[1] ［澳］赫达·莫里逊 :《洋镜头里的老北京》，董建中译，北京 : 北京出版社，2001 年，第 128 页。

卖鸟的商贩。美国摄影师雷尼诺恩拍摄。

人员当众来回走动，伴奏乐师坐在舞台边上，公众一览无余。演出一直进行到很晚，主要或最好的节目放在最后一个。演员们身穿光彩夺目的传统戏装，脸涂油彩，但是场景和舞台道具以及大部分的动作都是通过人们所熟知的习惯方式表现出来的。”

7. 工艺美术

“长久以来，各式各样的工艺品一直吸引着我。北京作为伟大帝国历史悠久的都城，仍旧有着特别精湛的工艺传统，而且，手工技艺还是千年前的样子。一些技术与工具对于西方人来说是陌生的，但工匠们的技能是卓越的。即使是最简单的活儿，例如捆扎一个包裹，也有着与众不同的利落与优美。”[1]

“整条街道及其附近地区常常都从事同一种特定的行当。从中央的大门——前门向南穿过外城的大路，它的西面是许多手工艺聚集区。前门大街的前头是玉石街，相连的店铺出售玉器和其他石雕作品。在店铺里面进行交易，同时在附近，常常是店的后面，即是工匠制作物品的作坊。”

此外，我们还可以参照日本记者兼外交官内滕湖南对北京店铺装饰的描述：“家屋装饰极尽华美繁缛乃为中国一大特色，其中以北京店铺为

[1] ［澳］赫达·莫里逊：《洋镜头里的老北京》，董建中译，北京：北京出版社，2001 年，第 154 页。

内城街头的店铺。英国摄影师费利斯·比托1860年10月26日拍摄。

19世纪中叶德国水彩画“北京街道及店铺”。摘自《普鲁士特使远东风景记录：日本、中国、泰国》（1864年）。

甚。记所售物品名称之招牌，均施以雕刻，悬以龙首，似寺院幢幡，轩头施以细密精巧之装饰，卖场之台，恍如须弥坛（按：佛像底座）。行走于北京市中，犹如穿行于寺观之间，而其寺观则更极尽绘绮，其趣致无异于通常人家。盖我寺院之装饰殆太过移用中国普通装饰，然通常人家则极为质朴，此种装饰反被看作为寺院之特有。”[1]

---

[1] ［日］内滕湖南、青木正儿：《两个日本汉学家的中国行记》，王青译，北京：光明日报出版社，2002年，第84页。

北京是自行车城。对于一个外国人来说，到处看看的最好方式是骑自行车，这样可以避免聚集在人群中，足够慢的速度又可以与其他的骑车人聊天……

北京人是有礼貌的，互相让座，在车上很少骂人。

条带般的小巷已经是可去的了，对于最近刚到的美国人来说，这些小巷是离奇有趣的。那儿的生活似乎一直这样进行着。如大家所说，这个城市是干净的，尽管也有孩子们习惯地穿着开裆裤和中国随地吐痰这些事实……

——1973年6月1日，美国驻中国联络处发给华盛顿的电报，主题是“骑自行车的北京”。见[美]普里西拉·罗伯茨编辑：《紫禁城之窗：戴维·布鲁斯的北京日记》，张颖译，北京：中央文献出版社，2006年，第98—100页。

粗犷、温柔、美妙，很多相对的细微和诗意飘散在风中，从遥远遥远的过去开始就是这样。云彩的棉絮，散发香气的花朵，变幻的天空，摇动的荷花和月亮的阴影……所有这些都同时出现在北京干冷的空气，在光秃秃的树干上，在结了霜的地面，还有那个巨大的红太阳，每天早上都在升起，升起……所有这些，都像那些中国古画上的风景，与其说它是地上的景象，不如说更接近天上的梦幻。

——[法]贝尔纳：《中国情人：一个外国女人在北京》，尹兵译，郑州：河南人民出版社，2003年，第5页。

第六章

新中国·新北京·新奥运

第一节

新与旧的交替更迭

20世纪40年代末期，历史的更迭让一直以来处变不惊的北京人也感到眼花缭乱了。日本投降后，国民政府一度统治北平。1949年1月，北平和平解放。同年的9月，改称北京。此后，七十年犹如白驹过隙，北京经历了一系列新与旧的交替更迭。

1937年初，正阳门城楼东北面，美军骑兵在操练。

一

日伪占领时期的北京城是一段灰色的历史，此时在京的外国人绝大多数是日本人，在一些国际友人的眼中，“北平二百万市民，对这个北平城里的‘大日本帝国’压在自己头上的殖民统治，又愤怒又悲伤，又反抗又绝望。他们内心深处，虽然也隐藏着总有一天会从这种境地摆脱出来的淡薄的希望，但为了维持自己眼前的生计，只好勉勉强强地跟随着日本人的后面走”[1]。

了解此时北京的域外形象，可以参考日本工程师山本市朗的日记。山本市朗于1944年来到中国北京，在这个城市生活了四十多年。虽然“文革”期间，他曾被当作“国际间谍”逮捕入狱，过了五年半的监禁生活，但出狱后，仍留在北京工作，丝毫不减对这个城市的热爱。其日记的日文版由岩波书店出版，是1981年日本十大畅销书之一，它以作者的生活为中心，描写了日本战败投降、国民党时代以及中华人民共和国成立后的北京风貌。

在来北京之前，作者耳濡目染日本战争机器的宣传，对北京当然没有什么好感，即便是第一次看到北京，也将其与中国风情联系在一起：“通过北平的城墙进入外城，郊外路旁柳树荫下，零散地摆着撑白色布篷的茶摊，羊群在河边的草地上静静地吃着草。到前门火车站，一进车站广场，我们就从宁静中被抛进了当时中国城市独有的、像海涛般声音的大旋涡之中，高尖的叫卖声、招揽客人的呼喊声，混着大蒜味和汗臭一起扑来。”[2]

---

[1] ［日］山本市朗：《一个日本人眼中的新旧中国——北京三十五年》，胡传德、郑泰宪译，北京：光明日报出版社，1985年，第31页。

[2] ［日］山本市朗：《一个日本人眼中的新旧中国——北京三十五年》，胡传德、郑泰宪译，北京：光明日报出版社，1985年，第30页。

1937 年 8 月 8 日，日军穿过正阳桥、五牌楼，从正阳门侵入内城。

1945 年 10 月 10 日，中国战区华北日本投降仪式在太和殿举行。

然而，作者很快就发现了北京的迷人之处，“北平虽然挣扎在苦恼中，但一般平民的生活，却有在青岛和烟台所看不到的古老中国的传统气息。我沉浸在天桥的平民娱乐场所里，夜里一家一家地品尝着饮食摊上的不知名的食物”[1]。然而此后随着日本战败，国民党对北京的接管和近乎疯狂的掠夺，北京的民生日益凋敝，作为局外人的山本市朗也看得很清楚：“北平虽说是消费城市，但原来多少还有点小工业，拼命挣扎，维持着生产。在国民党接收后的暴政下，半年之间有的停了产，有的破了产，几乎全部处于瘫痪状态。”[2]

二

美国汉学家德克·博迪（Derk Bodde，1909—2003）记录了北京在解放前夕的情况。1948年夏天，德克·博迪根据富布赖特计划（把一些美国人派到同盟国去教书、搞研究）回北京时，“有一种回老家的感觉”，因为他曾经于1931年到1937年在北京工作和生活过。在北京被围城的时候，他坚持记日记，这部日记“从一个城市，一个在这一年中的许多事件焦点的城市的角度，所记下的中国历史上关键性的一年的片断”，有着很高的历史价值。作者也自信道：“据我所知，还没有任何其他外国人有和我这本北京日记一样的记录。”[3]

博迪对北京的建筑和文化地位有着很高的评价：“北京城至今仍然是城市建筑设计的卓越的典范……北京城又不仅仅是一个建筑上的奇迹，

[1] ［日］山本市朗：《一个日本人眼中的新旧中国——北京三十五年》，胡传德、郑泰宪译，北京：光明日报出版社，1985年，第33页。

[2] ［日］山本市朗：《一个日本人眼中的新旧中国——北京三十五年》，胡传德、郑泰宪译，北京：光明日报出版社，1985年，第60页。

[3] Derk Bodde, *Peking Diary: A Year of Revolution*, New York: Henry Schuman, 1950. 汉译参见［美］博迪：《北京日记：革命的一年》，洪菁耘、陆天华译，上海：东方出版中心，2001年，序。

抗日战争胜利后，蒋介石的画像也曾被短暂悬挂于天安门城楼。

她还拥有众多的学者和艺术家，有不少书店和古玩店，有许多大学、图书馆和博物馆，还有一家又一家的餐馆、剧院和工艺品店。多少年来北京一直是中国的文化中心。北京马路上的小贩的吆喝声，婚丧喜事的仪仗队，集市贸易场上的喧嚣，以及寺庙里的各种祭拜活动，早已使她成为亚洲的最吸引人的城市之一了……总之，北京城一直是，今天仍然是中国人民的心脏。”[1] 可是，面对北京每况愈下的生活环境，博迪感慨道：“今天，我们所看到的是一种古代文明的崩溃，很久以来，北京一直是这种古代文明的最后的城池。很难相信，创造古代文明的这种生命力竟然已经走到了尽头。”[2] 当然，出现这种情况不仅和日本军队的占领和掠夺有关，还和国民政府的接管有着很大的关系。

此时在北京生活的外国人已经不再像 20 世纪初那样过着悠闲的“世外隐士”生活。除了“山姆大叔”的子民能够再次“陶醉在北京如画的

[1] ［美］博迪：《北京日记：革命的一年》，洪菁耘、陆天华译，上海：东方出版中心，2001 年，序。

[2] ［美］博迪：《北京日记：革命的一年》，洪菁耘、陆天华译，上海：东方出版中心，2001 年，第 10 页。

1947 年的新华门。

风景之中，满足于北京生活的‘低廉物价’”，其他的外国人则过着异常拮据的生活。德克·博迪这样描写发生在留京外国人身上的巨大反差：“我们在北京的生活，就像是一场奇特的梦。首先，这个城市和十一年前我们所了解的北京城市那么的相像，可又是那么的不相像。我们过去所认识的人现在还住在这里，可他们现在的生活水平简直没法去和十一年前相比。那时候，他们中的绝大多数住得宽敞，经济条件优越。可现在他们生活拮据，天天在为将来担忧。……处境更可怜的是那些还留在北京的外国人：俄国人、法国人、德国人，和其他一批不是美国籍的外国人。对中国人来说，尽管他们很穷，至少他们还能找到一份赖以生存的活计；可对这些外国人来说，什么希望也没有，那些能找到出路的，早已离开北京了；那些至今还留在这里的，就是因为他们无路可走。他们中的好些人已经在这里生活了几十年，现在他们几乎两手空空，什么也没有了，他们的前景更渺茫。”（日记标题：9 月 26 日，星期日，“北京是一个梦”）

1947 年的鼓楼。

无独有偶，关于“美国大兵”在二战后北京悠闲生活的描述还体现在美国作家西摩·托宾的小说《北京来信：一部关于中国内战的小说》[1] 中。托宾年轻时曾是美联社驻华记者，在中国采访内战的消息，对围城时期的北京有一定了解。在美国人眼中，第二次世界大战刚结束时的北京物价便宜，生活舒适，是他们在自己国内所享受不到的。一位在使馆任秘书的人员能够居住在豪华公寓中，雇佣仆人服务。一位青年外交官有足够的美金挥霍，租一卖身女同居，还有余款前往琉璃厂购买廉价的古玩。小说主人公名埃瑞克·金森，是位在北京研究道教的美国学者，他更是非常迷恋北京的传统文化韵味[2]。

北京和平解放以后，博迪终于找到了十一年前所认识的北京：“大多数北京人，都洋溢着一种获得新生后的希望和乐观”，“总之，我在散步

[1] Seymour Topping, *The Peking Letter : A Novel of Chinese Civil War*, 1999.

[2] 董鼎山：《名记者笔下的中国内战故事》，载《中华读书报》，1999 年 10 月 20 日。

1949 年 1 月 31 日，欢迎解放军进入北平，图为正阳门南面，前门大街。

的路上所遇到的那些人，全没有我们刚到北京的那六个月中所看到的那种紧张不安的神色。他们随时想笑，想唱(新的歌曲相当流行)，想自由自在地与人交谈，他们又重新拥有了那份无忧无虑，那份亲切友好的心情。我记得很清楚，在过去的那年代，人们是拥有这种怡然自得，善良友好的心情的，而我们这次回到北京就一直没有看到过人们有这份好心情。现在，他们又重新拥有了。”

三

中华人民共和国成立以后，北京成为首都。近七十年来，为了适应全国局势和时代发展的需要，曾先后多次对北京城进行了总体规划，其

20 世纪 50 年代，春节期间的正阳门箭楼。彩绘明信片。

中最重要的有三次规划[1]。

第一次发生在 1950 年到 1954 年间，经过综合中外专家多种方案，北京市政府推出了北京市总体规划第一稿，即《改建和扩建北京市规划草案要点》。1957 年又在 1954 年规划的基础上，对总体研究方案进一步完善。该规划的主要特点是：以旧城为中心向四郊发展，中心城市是 600 平方公里、可以容纳 600 万人的一张“大饼”，郊区建设若干卫星城镇。当时，在交通路线和空间分布上，已经基本规划出了一环、二环、三环和四环，道路则是环线和放射线结合，从规划图看去，整个北京未来规划颇似一张缜密的“蜘蛛网”格局。

1958 年，全国进入“大跃进”和人民公社化运动高潮时期，在特殊的政治背景下，要求弱化大城市的作用，城乡结合，缩小城乡间的发展

[1] http://bj.house.sina.com.cn/2004-11-12/52748.html，2004 年 11 月 12 日。

差距。此时的北京城开始了第二次规划，主要特点是：压缩中心城市的规模，从 600 万人减少到了 350 万人，把中心城市这张“大饼”的模式改变为“分散集团式”，中心城市变成了几十个不同规模的集团，同时在扩大市域范围的基础上增加了卫星城市的数量。

伴着改革开放的大潮，1983 年国务院批准了北京市的第三个总体规划。这次规划的主要特点是：提出了两个战略转移的方针，强调市区不再扩大规模，而是逐步从外延扩展向内涵发展转移；城市建设的重点从市区转移到广大郊区，大大强化了在市区外围建设卫星城的部署，扩大了卫星城的规模，并赋予卫星城相对独立新城的概念，疏散城市中心过密的人口和产业；要体现历史文化名城的定位，“珍贵的革命史迹、历史文物、古建筑和具有重要意义的古建筑遗址，要妥善保护”。

这三次规划对北京城面貌影响是深远的，其印记不仅镌刻在北京百姓的记忆里，也同样体现在外国人关于北京的印象中。

第二节

“伤城”：灰色的记忆

一

坦坦荡荡，大大方方；巍巍峨峨，正正堂堂。
雄雄赳赳，�磅磅；轰轰烈烈，炜炜煌煌。
国风浩浩，文采泱泱；革命壮烈，历史悠长。
凤城如海，绿化汪洋；丰碑屹立，极建中央。
红旗灿烂，迎风飘扬；五星灼烁，万丈光芒。
天安门上，党声皇皇：多快好省，挺起脊梁。
全民团结，济济翔翔；流金铄石，举国腾骧。
和平共处，有纪有纲；东风永畅，天地低昂。

中华人民共和国建国十周年前夕，郭沫若创作了这首《颂北京》，传达了人民首都朝气蓬勃的精神面貌。红色北京成了全球共产主义者梦想朝圣的城市。然而，在对北京日新月异发展赞叹的同时，此时来华的西方人也多有微词。

20 世纪 70 年代，北京的生活面貌是外国人眼中中国人生活的标准情景：“蓝蚂蚁”般的人流，天一擦黑

1954 年，庆祝五一劳动节，游行队伍通过天安门。

大街上便杳无人迹，“人们在高墙后面静悄悄地生活”。英国人尼尔·阿谢森这样评价“文革”时期的北京：“北京没有什么可留恋之处……在长安街上，穿蓝衣服的骑自行车的人川流不息，他们的铃铛响个不停。那里没有私人小汽车，电车挤得要命。建筑物的周围是有一些亚洲式的小四合院的街道。现在只剩下了一些经过选择的几个历史区，如紫禁城、天坛等。”[1]

当然，在一些西方人眼中，此时的北京也有其质朴、可爱的一面。1973 年，美国在北京建立了对华联络处，戴维·布鲁斯出任第一任主任，他在日记里记录了在北京 18 个月的经历。初到北京时，他看到的古都北京是一个“美丽的历史名城”[2]，他对北京及周边的主要名胜如紫禁城、天

[1] 原载 1979 年 10 月 17 日英国《苏格兰人报》，汉译文参见丁海峰编：《中国见闻》，北京：新华出版社，1980 年，第 251 页。

[2] ［美］普里西拉·罗伯茨编辑:《紫禁城之窗：戴维·布鲁斯的北京日记》，张颖译，北京：中央文献出版社，2006 年，第 2 页。

20 世纪 70 年代初，正阳门西南侧。城楼下的观音廊和关帝庙已经被拆除。

坛、颐和园、长城和明十三陵有着浓厚的兴趣，这些地方他都游览了多次。在参观紫禁城时，他写道 ："这些建筑如此宏伟以至于无法用语言形容，对于西方人来说简直太奇特了，它们似乎是梦想的产物，除了塞缪尔·柯尔律治，西方人无法想象出来。" [1] 对于北京市民，他也给予了表扬 ："都很整洁而且很有礼貌 ；甚至孩子都不吵闹" [2]，"无论在北京的什么地方，女人们的指甲都很清洁，这尤其使我吃惊。她们不涂指甲油也不磨光指甲，但是指甲被小心翼翼地修剪并且不被弄脏" [3]。

[1] ［美］普里西拉·罗伯茨编辑 :《紫禁城之窗 : 戴维·布鲁斯的北京日记》，张颖译，北京 : 中央文献出版社，2006 年，第 85 页。

[2] ［美］普里西拉·罗伯茨编辑 :《紫禁城之窗 : 戴维·布鲁斯的北京日记》，张颖译，北京 : 中央文献出版社，2006 年，第 201 页。

[3] ［美］普里西拉·罗伯茨编辑 :《紫禁城之窗 : 戴维·布鲁斯的北京日记》，张颖译，北京 : 中央文献出版社，2006 年，第 201 页。

19 世纪中叶德国水彩画“紫禁城护城河和景山”。摘自《普鲁士特使远东风景记录：日本、中国、泰国》（1864 年）。

二

北京旧城是中国封建时代国都建筑艺术的集大成者，甚至是人类历史上任何封建帝都无法企及的，古都的城市风貌和规划历来在西方学界享有很高的声誉：

丹麦城市规划学者罗斯缪森（Steen Eiler Rasmussen）在专著《城镇与建筑》中评价道：“北京城乃是世界的奇观之一，它的布局匀称而明朗，是一个卓越的纪念物，一个伟大文明的顶峰……北京，古老中国的都城，可曾有过一个完整的城市规划的先例，比它更庄严、更辉煌的吗？”[1]

美国现代城市规划学家培根（Edmund N. Bacon）在《城市设计》一书中认为：“在地球表面上，人类最伟大的个体工程，也许就是北京城了。

[1] Steen Eiler Rasmussen，*Towns and Buildings*，First M.I.T. Press，1969，Preface, p.v.

1973 年的景山公园外景。

这座中国的城市是设计作为皇帝的居处，意图成为举世的中心标志。城市深受礼制和宗教观念所束缚，这已经不是我们今日所关心的事情。可是，在设计上，它是如此辉煌出色，对今日的城市来说，它还是提供丰富设计意念的一个源泉。”[1]

美国城市规划学者亨瑞·丘吉尔（Henry Churchill）坦言，北京的城市设计“像古代铜器一样，俨然有序和巧为构图”，“整个北京城的平面设计匀称而明朗，是世界奇观之一”，“北京是三维空间的设计，高大的宫殿、塔、城门，所有的布局都具有明确的效果”，“金光闪烁的琉璃瓦在单层普通民居灰暗的屋顶上闪烁”，“大街坊被交通干道所围合，使得住所成为不受交通干扰的独立天地，方格网框架内具有无限的变化”。

……

然而，“不识庐山真面目，只缘身在此山中”，当西方人将北京古城誉为“奇迹”的时候，中国人则在为了和“西方现代化”接轨，一段接

[1] Edmund N. Bacon，*Design of Cities*，Penguin Books，1980，p.244.

今日从景山眺望紫禁城。

一段地拆毁北京的城墙，破坏古都的风貌。历史给国人开了一个莫大的玩笑，我们最终认识到断壁残垣乃是“国之瑰宝”。

1. 拆毁的城墙

1924年，瑞典学者喜仁龙对北京城墙的描述还历历在目，他用疑问结束全书：“这些奇妙的城墙和城门，这些北京绚丽多彩历史的无言记录者，它们的丰姿到底还能维持多久呢？”[1] 果然一语成谶言，数十年后，环绕北京的城墙和“内九外七皇城四”[2] 的雄伟城门已基本被拆毁。这说

[1] ［瑞典］奥斯伍尔德·喜仁龙：《北京的城墙和城门》，侯仁之译，北京燕山出版社，1985年，第168页。

[2] “内九”是指现在沿北京二环路的原九座城门：东直门、西直门、朝阳门、阜城门、崇文门、宣武门、前门、德胜门和安定门。“外七”包括广渠门、广安门、左安门、右安门、东便门、西便门和永定门。“皇城四”是指天安门、地安门、东安门、西安门。

20 世纪初的钟楼南面。

明历史文化不必总是毁于兵燹战火。第二次世界大战后期，被日本人誉为“古都恩人”的梁思成，曾成功地劝阻美军轰炸奈良和京都，终无力保护祖国的古都。

1972 年 5 月 24 日，费正清和夫人费慰梅在阔别中国二十五年之后来到北京。那个时候的北京城，城墙已被基本拆尽，到处都在挖防空洞，费正清很是伤感：“对于四十年以前的老北京，我们可以说了如指掌，虽然导游一直不停地邀请我们去参观新地铁，但占据我们脑海的仍然是那些古色古香的旧建筑。北京的旧城墙现今已荡然无存，只剩下两座城门幸免于难……全北京市民一直在挖防空洞备战，以防苏联的入侵。”[1]1973 年，美国驻北京外交官戴维·布鲁斯也看到无数的防空洞：“在北京，人们会经常发现街道两侧横放着大量的混凝土石板。这些混凝土石板是用来在几乎所有新的建设项目中修建防空洞的。与抵御核轰炸相

[1] ［美］费正清：《费正清自传》，黎鸣等译，天津：天津人民出版社，1993 年，第 168 页。

1900 年，永定门西城墙被八国联军扒开豁口，护城河上架起临时铁路桥。

1915 年，安定门瓮城被拆除，环城铁路开通，北京城墙的完整性遭到彻底破坏。

比，这些防空洞也许对于营造士气更为有效。在我们的新房子也将有一个防空洞，我打算将它用作酒窖。”[1] 在他们看来，北京城的标志似乎已经由城墙换作了比比皆是的防空洞。

1979 年，著名历史地理学家侯仁之教授应美国匹兹堡大学邀请代表北京大学出访，并赠送给匹兹堡大学一份礼物——北京城的城砖。北京城砖每块重约 14 公斤，这两块城砖上面刻有“嘉靖三十六年分窖户王保造”的字样。在赠送仪式上，当师生们得知这两块砖造于 1557 年时，全场沸腾了，因为城砖制造的年代比美国的独立（1776 年）早 219 年，是哥伦布发现美洲大陆后的第 65 年。他们为收到这样珍贵又特殊的礼品而欢呼。恰巧，也是在 70 年代末，一个来自北欧的城市规划代表团访问了北京。当他们看到北京城墙已荡然无存的时候，问导游：“你们北京的城墙是谁批准拆掉的？”面对导游闪烁其词的回答，他们说：“你们不要以为北京只是你们中国的，它应该是属于全世界的！北京城墙拆掉，实在是太令人惋惜了……”

2. 污染严重

生活在老舍时代，天天享受蓝天白云的北京人怎能想到，数十年后

[1] ［美］普里西拉·罗伯茨编辑：《紫禁城之窗：戴维·布鲁斯的北京日记》，张颖译，北京：中央文献出版社，2006 年，第 120 页。

1954 年，拆除中的东四牌楼。

1968 年，拆除中的崇文门。

北京蓝天的天数是要有指标的。如当代作家张承志在《GRAFFITI——胡涂乱抹》中所言："北京还是一个港口，一个通向草原和沙漠的港口。"北京不仅长期深受沙尘大风的骚扰，后来修建的大量工厂更是污染了空气和水源。

美国驻北京外交官戴维·布鲁斯批评北京的环境污染道："北京的天空通常笼罩着像雾一样的气体。控制污染被多次提到，但是我猜想对于中国来说这并不是件迫切的事情。在我们房子后面是一家医院，医院的烟囱上喷出黑色的浓烟，当风吹向我们的时候，这种浓烟弄得我们的窗子和窗台满是灰尘。不远处的化肥厂喷出浓黄色的带状的带有蒸汽的物质。从我的办公室能看到 6 家冒着大量浓烟的工厂。"[1]

1979 年，美国《基督教科学箴言报》记者哈里·埃利斯来北京，重点评论了这里的气候和环境污染问题："在中国北部平原上建设起来的北

[1] ［美］普里西拉·罗伯茨编辑:《紫禁城之窗：戴维·布鲁斯的北京日记》，张颖译，北京：中央文献出版社，2006 年，第 260 页。

京城也有自己的问题，北京市成千上万骑自行车的人不得不戴上口罩来保护自己的鼻子和口腔。几年来，由于北京有组织地开展‘大扫除’运动，市内绿草减少了，因为许多居民把敢于长出地面的草统统拔光了……在我们抵达中国后从北京机场驱车前往市区的途中，我们的向导自豪地指给我们看路旁成行的树木。这些树木是他们认识到北京要想控制住飞扬的沙尘就必须建设绿色林带之后才种植的。”[1] 这里透露了新的信息，北京已经开始了整治环境的工程。

3. 岌岌可危的古建筑

早在清末民初的时候，一大批西式风格的建筑就在北京出现了。从使馆到军营，从医院到学校，散落在古都的街巷之中。这些建筑有的吸收了中国传统建筑的风格，能够与北京城的原有风貌融为一体；有的却是典型的“洋式”产物，多少给古都带来了不协调色彩。只是因为这种“洋式”建筑的数量还比较少，不足以对整体的城市风貌构成破坏。经历了“文革”之后，北京的古都风貌便遭到严重的破坏。

美国驻北京外交官戴维·布鲁斯认为“不能发现北京仍尚存什么古代建筑是令人沮丧的事情。除了紫禁城、颐和园、天坛和几个其他对公众开放的景点外，现在中国旅行指南没有记载旧的旅行指南提到的许许多多的庙宇、宫殿和游乐场的命运。大多数在战争和革命中被毁，或者为现代住宅区或者办公区让路”[2]。

赫达·莫里逊于 1979 年回到北京，她看到三十年未见的北京城“发生了巨大的变化。我知道，现在的北京是一个大都市，它正向每一个方向上拓展，占据了过去曾是农业的用地。这里进行了大规模的工业化，现在当你从过去喜爱的景点望去，会看到这样一幅全景：冒着浓烟的高

[1] 原载 1979 年 4 月美国《基督教科学箴言报》，汉译参见丁海峰编：《中国见闻》，北京：新华出版社，1980 年，第 102 页。

[2] ［美］普里西拉·罗伯茨编辑：《紫禁城之窗：戴维·布鲁斯的北京日记》，张颖译，北京：中央文献出版社，2006 年，第 146—147 页。

北京明城墙遗址公园一角。作为全国重点文物保护单位，公园东起东南角楼，西至崇文门，城墙遗址全长约 1.5 公里。

高的工厂烟囱耸立在数不清的高层建筑之中。辉煌灿烂的城墙已被铲除，为了修建城市环线公路，护城河已被填平”。“我在北京度过的岁月是我人生的成长阶段。令我十分高兴的是，我有机会目睹了中国往日的风采，那既有好的一面，也有不好的一面，现在这一切都已永远消逝了”[1]。

美国作家大卫·季德于 1946 年至 1949 年作为密西根大学和燕京大学的交换生来北京求学，对这座古都甚是迷恋。1981 年，作者重回北京，看到“在举世闻名的北京城墙的墙基上已建起了快速公路，两旁盖起了新的但并不是很漂亮的楼房”。看到这种情形，他“产生了一种为古老文化惋惜的情绪”[2]。此外，到处是“年久失修的旧屋。原来的北京的特征、

[1] ［澳］赫达·莫里逊 :《洋镜头里的老北京》，董建中译，北京 : 北京出版社，2001 年，后记。

[2] ［美］大卫·季德 :《毛家湾遗梦 : 1949 年北京秘闻》，胡定译，北京 : 中华工商联合出版社，1996 年，第 173 页。

1876 年，崇文门瓮城外西侧，城楼、箭楼和护城河。英国摄影师托马斯·查尔德拍摄。

店铺的金红色门脸已经消失。居民住宅前和大门上的红漆字被灰浆盖住，甚至北京的天空也变成灰白色”。“胡同里的旧式住宅依然如故，那宽大的门洞只表明早先庭院里的建筑的气派，如今那里到处都搭盖着简陋的小屋和狭窄的厨房，严重破坏了旧式院落的格局。人们聚居在此，繁衍生息，已失去了往日独处的清静景象”。“只有在熙熙攘攘的大街上，年轻人五颜六色的衣服给城市增添了不少生机”[1]。

1982 年 10 月，北京举行纪念圆明园被毁 123 周年活动。联邦德国《明镜》周刊记者的评论颇为尖锐：“由于外国的侵略，如今圆明园一片废墟。但是古老的北京城连同它的城墙、宫殿、寺庙、公园这些文明的

[1] ［美］大卫·季德：《毛家湾遗梦：1949 年北京秘闻》，胡定译，北京：中华工商联合出版社，1996 年，第 173 页。

1910 年，朝阳门北面全貌及护城河。城楼巍峨，碧波荡漾，垂柳旖旎。

象征横遭破坏，则要由中国人自己负责了……现在的北京，与其说是一座城市，毋宁说是街道、建筑物和空地的堆砌……沿马路走上几个小时，竟然看不到一座前两个世纪留下的古建筑物，更不用说具有引人注目的建筑风格了。”[1]

美国作家哈里森·索尔兹伯里对中国读者而言并不陌生，他曾经沿着红军长征经过的线路走完全程，写下了《长征：闻所未闻的故事》一书。索尔兹伯里在《捕捉新北京的故都余韵》一文中表述了他对老北京魅力的独特感受：“旧北京……给我留下的印象是一座神秘莫测、色调微妙、差别细微的城市。它灰中泛青，褪色的黄围墙内檀木清香缭绕，在朱门绣阁间飘浮。”“这自然是生活中的梦幻，即便在当时也并不存在，其实也许根本不曾有过。但是这种印象却深深地印在我的脑海中，不能磨灭。我似乎还能够听到深宅大院里的绸衣窸窣声、泉水溅泼声和走在石板地

[1] 《编译参考》，1983 年第 2 期。

上拖鞋的噼啪声——我想这些都是一种如同蜘蛛网一般匀称精美的文化所发出的声音。”[1]1985 年，哈里森·索尔兹伯里第二次访华，一切恍若隔世一般，他对北京古都风貌的消逝深为痛惜：“12 年前，我第一次来北京时，有一股对于一座未曾见过的城市的强烈怀旧感。而我心目中的北京却久已不复存在了，如果它确实存在过的话。它被战争风暴和空前浩劫——连年的内战、日本的占领、革命战争，尤其是‘文革’的恐怖行为一扫而光。我想我来得太晚了，整整迟了半个世纪。”[2]

[1] ［美］哈里森·索尔兹伯里：《捕捉新北京的故都余韵》，载美国《纽约时报》，星期日版，1985 年 2 月 10 日。参见赵园：《北京：城与人》，北京：北京大学出版社，2002 年，第 4 页。

[2] 《编译参考》，1985 年第 8 期。

第三节

改革开放后的首都北京

一

改革开放以后，古都北京以前所未有的新面貌去迎接来自世界各地的外国朋友，而他们也确实看到了一些令人欣喜的变化。

1979 年，埃及《今日消息》副主编穆罕默德·坦塔维来到北京，对这次旅行感觉很好：“我没有感到对行动自由的任何限制，我去过北京的主要街道，拍了我想要拍的照片，中国内部生活的形象开始露出它的面貌。在一般老百姓眼中，外国人不再是魔鬼了，过去任何一个外国人都被称为‘鬼子’，即外国的魔鬼，这个词已经消失了。当我在街上走着时，发现行人们都微笑地望着我，如果我问什么事，就会有人设法让我明白，哪怕是打手势。当我走进拥挤的商店时，老百姓便主动把我让到前边。”[1]

---

[1] 原载 1979 年 5 月 16 日埃及《最后一点钟周报》，汉译参见丁海峰编：《中国见闻》，北京：新华出版社，1980 年，第 244 页。

德国画家笔下的北海。摘自《普鲁士特使远东风景记录：日本、中国、泰国》(1864年)。

意大利裔加拿大人李莎（Lisa Carducci）从1991年起，在北京的大学和电视台工作，荣获在华外国人最高奖——“友谊奖”。1985年，李莎第一次来中国北京，“从夜空中往下看，北京就像一片荒漠，一个巨大的黑洞”，她将其与欧洲和北美的不夜城相比，觉得“真是不可思议，难道这就是一个大国的首都”[1]！当时的北京，晚上9点以后，公共汽车就停运了，基本没有夜生活，酒吧、迪厅基本不存在，戏剧演出也很少，没有几个家庭拥有电视机，人们都习惯于日出而作、日落而息的生活。北京的自行车大军让李莎印象深刻，“红灯亮时，几百辆自行车齐刷刷地停在白线后；绿灯亮时，又同时出发”[2]。而在来北京之前，她只见过孤零零的自行车，还从没有见过成群结队的壮观景象。更让她吃惊的是，北京百姓可以“在几百辆一模一样的黑色自行车中毫不费力地找到自己的那辆”。李莎刚到北京时，大部分北京百姓还戴不起手表，“总是借口问时间与外国人聊天交友”，结果，李莎也正好借这个机会来学习汉语。而当她20世纪90年代再来北京时，发现“戴一块手表已经毫不新鲜了，应该买轿车了”[3]！

[1] ［加］李莎：《一个西方人眼中的中国》，北京：外文出版社，2002年，第9页。

[2] ［加］李莎：《一个西方人眼中的中国》，北京：外文出版社，2002年，第15页。

[3] ［加］李莎：《一个西方人眼中的中国》，北京：外文出版社，2002年，第19页。

李莎认为北京人很诚实、淳朴，有一次李莎生病了，一位北京语言文化大学老师来看望她，还为她买了药。这位老师在交代完药的服法后就离开了，等到了自己家中才发现忘了还李莎“一毛三分”的零钱，结果他蹬上自行车火速赶回，还不停地向李莎道歉，以免给她带来不诚实的印象。李莎通过这件事认识到北京百姓强烈的道德观念，也更对北京有了好感。李莎将北京和加拿大的蒙特利尔市作了比较，虽然蒙特利尔比北京人口少，但在这个城市“走夜路时，觉得没有北京安全”。“在蒙特利尔，每天都是可预见的；而在北京，每天都是新奇的。也许这恰恰是我选择北京的原因”[1]。

德国作家洛依藤格（Gertrud Leutenegger）的长篇小说《大陆》也反映了一种积极向上的北京形象。这部小说是作者 1981 年 9 月一次中国旅行的产物，主要情节在瓦里斯和北京两个城市展开。作者对中国和北京表达了一种希冀解脱的向往之情，而这种情感在细致的北京生活描写中再现：帆船、塔、骆驼、自行车、鸟笼、小商贩、西山等。除了这些场景之外，还叙述了一些真实的事件，如胡耀邦在 1981 年 9 月 4 日鲁迅一百周年诞辰的讲话，1981 年 9 月在北京举行的国际马拉松长跑比赛。小说的第一人称叙事者“我”对于瓦里斯和北京的态度有着明显的区别。瓦里斯被描绘为危险和死亡之地，而中国北京则被大大拔高，是“终于”到达的目的地，是“令人感到忘乎所以”之地。这里也体现出一种对原初状态的向往和回归之情[2]。

法国作家贝尔纳（Suzanne Bernard）1986 年出版的小说《中国情人：一个外国女人在北京》也对改革开放初期的北京有所描写：这是一座古老与现代、童话与现实相结合的城市。法国女孩瑞莉 1978 年到北京一家对外发行的中国杂志编译部门工作，初到北京，这里的柳树和阳光都是

[1] ［加］李莎：《一个西方人眼中的中国》，北京：外文出版社，2002 年，第 49—51 页。

[2] ［德］顾彬：《关于“异”的研究》，曹卫东编译，北京：北京大学出版社，1997 年，第 168 页。

她迷恋的对象："从来没有见过像北京这样的柳树：就像纤细的长发在飘动，又像是和风在说着情话。"[1]"北京的阳光具有明代瓷器般的微妙和温柔，脆弱和透明，在瞬间即逝中永存。北京阳光的光线有一种奇特的柔情，它不像欧洲的阳光那样生硬和惨白，倒有些接近印象派油画的色彩——粉红和蓝色的融合，具有神秘的东方色彩。这层光线后，还有一层光线，像是从一个燃烧的火炉里散发出的那种珠光般的金黄色。北京的阳光，用它那种独特的温柔在冬天的寒冷中等待着春天的到来。"[2]

在瑞莉的感觉中，北京就像一首缥缈的诗歌，"粗犷、温柔、美妙，很多相对的细微和诗意飘散在风中，从遥远遥远的过去开始就是这样。云彩的棉絮，散发香气的花朵，变幻的天空，摇动的荷花和月亮的阴影……所有这些都同时出现在北京干冷的空气，在光秃秃的树干上，在结了霜的地面，还有那个巨大的红太阳，每天早上都在升起，升起……所有这些，都像那些中国古画上的风景，与其说它是地上的景象，不如说更接近天上的梦幻"[3]。工作场合虽然只有"那陈旧的墙皮，那堆满旧书、摇摇欲坠的书架和冰冷的水泥地"，但却是朴实无华的。瑞莉觉得"在她的双脚踏上这片世界上最古老的土地的时候，她似乎重新找回了她童年时的天真、纯洁。又像一个走进童年世界的女孩子，面对着的是取之不尽的财富和无边无际的珠宝"[4]。

贝尔纳同样也描述了北京的跨文化交流管制状况："北京的小胡同儿像一座迷宫。无数交织错落的巷道旁边是那些灰色的土墙后面的四合院儿和房檐高挑的平房。在北京总会有这种感觉：从宽敞到窄小，从开放

[1] ［法］贝尔纳：《中国情人：一个外国女人在北京》，尹兵译，郑州：河南人民出版社，2003年，第137页。

[2] ［法］贝尔纳：《中国情人：一个外国女人在北京》，尹兵译，郑州：河南人民出版社，2003年，第4页。

[3] ［法］贝尔纳：《中国情人：一个外国女人在北京》，尹兵译，郑州：河南人民出版社，2003年，第5页。

[4] ［法］贝尔纳：《中国情人：一个外国女人在北京》，尹兵译，郑州：河南人民出版社，2003年，第4页。

1860 年 10 月 29 日，从景山眺望北海和琼岛白塔。英国人费利斯·比托拍摄。

夕阳下的北海美景。摘自 1861 年 5 月 4 日《伦敦新闻画报》，根据费利斯·比托拍摄的照片绘制而成。

到封闭，从院外到院内。”跨文化交流管制的焦点集中在瑞莉下榻的友谊宾馆里，贝尔纳这样写道：“中国，它存在于瑞莉上班、工作的地方，停止在旅馆周围的栅栏边。旅馆住着来中国工作的外国人，以及一些游客和生意人，也有一些中国人，他们也一样，与外界隔绝了。旅馆是一个很奇特的地方，因为它看起来哪儿都不像。如同各种国籍的人相遇在一个巨大的方舟上，行驶在时而宁静、时而波涛汹涌的大海上。这是在北京的一个国中之国，一个封闭的国中之国。”[1]“旅馆同时也是一个产生流言蜚语的地方，产生着激情和艳遇，是一个人造的临时金色地狱。”[2]在瑞莉眼中，友谊宾馆以“为了你们的安全”的名义，用“栅栏隔开了外国人和中国人的世界”。

今日北海夜景。

当然，瑞莉眼中的北京也在变革和发展之中：“北京与其说是一个城市，不如说是一个太空中的场所，宽阔的大道就像大海的臂膀，到处是高高的大吊车和脚手架，高耸的大楼拔地而起，顶端上的工人就像小小的蚂蚁。”北京的进步不仅在城市风貌上，也在文化上。瑞莉爱上了同事林，但由于文化的隔阂和历史的阴影（他们的一个同事老邓曾经因为和

[1] ［法］贝尔纳：《中国情人：一个外国女人在北京》，尹兵译，郑州：河南人民出版社，2003 年，第 25 页。

[2] ［法］贝尔纳：《中国情人：一个外国女人在北京》，尹兵译，郑州：河南人民出版社，2003 年，第 26 页。

威廉·亚历山大所画的北海风景，蓝天白云下舟楫往来繁忙。

托马斯·阿罗姆根据亚历山大的画重新绘制的北海风景。

一个巴西女大学生相恋，而被下放到北大荒，巴西女孩则被遣返回国；北京某大学一个阿拉伯男生和一个中国女孩在相恋三年后，因男孩来自一个与中国关系不稳定的阿拉伯国家，女孩父母坚决反对这桩婚事，最终，两人选择了相拥自杀[1]。)，二人最终没有结合。故事的结局虽然有些遗憾，瑞莉离开了北京，但毕竟有越来越多的同事理解并支持瑞莉大胆的爱情举动。

二

1988年《北京日报》举办了“威力杯外国人看北京”征文活动，短短两个多月就收到来自五大洲43个国家的330篇文章。文章对北京有热情的赞扬，也有中肯的批评和积极可行的建议，字里行间无不流露着对北京的挚爱。后来，北京日报总编室将其结集出版[2]，从中我们可以看出改革开放时期，北京在外国人，特别是留学生眼中的形象。

1. 诗意的魅力

正如老舍所言：“北京的秋天是人间的天堂，也许比天堂还要美。”日本留学生成濑隆世“印象最深的是北京的秋色”，“一到北京，眼前就浮现出那碧蓝透彻的天空与火红的香山红叶相互映辉的景色。同时也联想起四十多年前在小学时代画风景画时的情景，当时用来涂抹天空的天蓝色蜡笔和颜料的原色在北京的天空上得到真正再现”[3]。

意大利广播电视公司驻京记者伊拉里奥·菲奥雷引用美国作家海明威的话：“美国是我的祖国，巴黎有我的家”，他将其改写为：“意大利是我

[1] [法]贝尔纳：《中国情人：一个外国女人在北京》，尹兵译，郑州：河南人民出版社，2003年，第77页。

[2] 北京日报总编室编：《外国人看北京》，北京：北京日报出版社，1988年。

[3] 北京日报总编室编：《外国人看北京》，北京：北京日报出版社，1988年，第31页。

1929 年明信片，颐和园美景。

颐和园水彩画。摘自英国画家李通和的《中国：她的奇迹和神话》(1910 年)。

颐和园万寿山佛香阁、乐寿堂。英国画家李通和的作品。

颐和园十七孔桥。德国画家爱德华·希尔德布兰特创作。

的祖国，北京是我的家。”[1] 尽管作者认为利玛窦曾在游记里说，北京风沙漫天，是“灰尘世界的首府”，但作者却总能看到“北京湛蓝的天空清澈明朗”。

日本留学生大岛光雄感触最深的是北京古朴而又悠闲的生活，“来往行人不多的小路上，放学回家的孩子们奔跑追逐；院子大门口，老人呆呆地坐在椅子上。林荫树从马路两边把树枝遮天盖地伸开。阳光透过树叶，斑斑驳驳地在柏油路上撒下无数光点”[2]。“看惯了日本城市马路两边鳞次栉比的高楼大厦”，他感到非常新奇，并认为北京在现代化加速的进程中，很可能抛弃那种自然、传统和悠闲的心境，他“从心眼儿里希望”

[1] 北京日报总编室编：《外国人看北京》，北京：北京日报出版社，1988 年，第 42 页。

[2] 北京日报总编室编：《外国人看北京》，北京：北京日报出版社，1988 年，第 38 页。

21 世纪初，紫禁城及天安门广场。

北京不要抛弃灿烂的传统文化和古韵风格。

法国留学生何美聆说："如果让我来选择一个长久的住地，毫无疑问，北京对于我，则更有亲近感。"[1] 她羡慕北京四合院邻里之间温情脉脉的关系，并买了一处四合院，经常邀请朋友们来小院里"喝茶、谈笑，有时还跳舞"。此外，作者也非常喜欢故宫，认为它"是中国文化精华的凝结，一种权力的象征和体现。气势恢宏，造型之精巧，绝对无与伦比。故宫，这一东方建筑的艺术构思，其想象力是永远也不会失去它的光彩。尽管人山人海，可是天安门广场总给人一种肃穆、宁静的感觉。我想，那是因为故宫，那金光灿烂的凝重感造成的。它有一种无形慑服力。尽管这几年高楼林立，将故宫置于盆地之底，但故宫的气势是无论怎样也压不住的"。[2]

[1] 北京日报总编室编：《外国人看北京》，北京：北京日报出版社，1988 年，第 51 页。

[2] 北京日报总编室编：《外国人看北京》，北京：北京日报出版社，1988 年，第 52 页。

2004 年，德胜门箭楼东北面。

美国人甘嘉林在北京生活了六个月，感触最深的就是“北京人民的生活方式可以说是一种‘忍耐精神’和‘幽默感’的混合，这是北京人民的骄傲”[1]。作为一位此前“对中国语言和文化没有进行过正规系统学习”的美国人，能在短时间内认识到这一点，诚为可贵。

意大利留学生贝雷尼切在《北京何以最迷人》一文转引法国诗人莱克多的评价：世界上有三个最迷人的城市，它们是塞维利亚、威尼斯和北京。贝雷尼切都亲身体验过这三个城市，他觉得：“要是说威尼斯和塞维利亚的迷人之处你第一眼就能很快发现，那么北京的迷人之处却是十分细腻的，它们几乎隐藏在城市宽阔的街道上，弯曲狭窄的小巷

[1] 北京日报总编室编：《外国人看北京》，北京：北京日报出版社，1988 年，第 220 页。

中。”[1]“北京将几个世纪以来的历史完整无缺地保存在那数不清的古老建筑内、和平宁静的公园里和金碧辉煌的故宫中。在我们外国人眼里，这些宏伟的建筑构成人间奇迹，是伟大天才的见证。”对那些打算来北京旅游观光的外国人，他建议道：“北京的迷人之处首先要从那细腻、具体的日常生活中去寻找。北京的市民把生活同时间结合得十分和谐，而不受时间的支配。北京的街头上，自行车汇成的长河滚滚流过，秩序井然，丁零的车铃声奏出了行进的节奏。”[2]总之，北京的美无处不在，只要游人有善于发现美的眼睛。

2. 善意的批评

美国留学生赵浩生认为：“以批评的眼光看北京，人们可以提出：都市规划、交通拥挤、住宅缺乏、环境污染、公共设施能源物资不足”等问题[3]。此外，北京已经逐渐失去原来的“老北京”风味，“外来人看北京最感失望的，是看到北京的一些事物像外国（外资旅馆、外国汽车），像香港（文娱节目、许多外资旅馆只有广东菜），像台湾（流行歌曲和歌星）。中国特色和北京风味却在北京几乎失踪或黯然失色。”[4]

泰国留学生徐年认为北京“部分服务员和青年人的作风粗俗，欠缺教养，每次上街都让我头疼。商店的服务员态度不好；上公共汽车，乘客争先恐后，没有秩序；要坐出租汽车吗，司机要先问到哪里，近的不去，远郊不拉，并且对‘黑头发’与‘黄头发’两种态度”[5]。

美国教师韩杰放弃了在美国的教书职业来到北京，印象最深的“是来自于北京人所表现出的友好、热情、助人的精神”[6]。韩杰认为：“作为西方人，一个从发达国家来的人，观察正在发展中的中国人的生活道路，

[1] 北京日报总编室编：《外国人看北京》，北京：北京日报出版社，1988年，第60页。

[2] 北京日报总编室编：《外国人看北京》，北京：北京日报出版社，1988年，第61页。

[3] 北京日报总编室编：《外国人看北京》，北京：北京日报出版社，1988年，第6页。

[4] 北京日报总编室编：《外国人看北京》，北京：北京日报出版社，1988年，第7页。

[5] 北京日报总编室编：《外国人看北京》，北京：北京日报出版社，1988年，第19页。

[6] 北京日报总编室编：《外国人看北京》，北京：北京日报出版社，1988年，第205页。

2009 年，正阳门城楼南面。

我自然更感兴趣。这可以给人一种历史感。我从拥挤不堪的大栅栏胡同来到有着现代化商店的西单，这里有古老的宫殿，木门的小院，旧城的胡同。这一切使我感到新鲜。这些及其他的东西使我感到北京比我所到过的任何城市都迷人。当我听到无线电台中的迪斯科音乐，或是通过天桥，我常有受骗的感觉。尽管我知道，那种变化给北京人生活带来更多的愉快和好处。我无法接受这种强加给这座古城的现代化。”[1] 他认为北京发展的所有问题在外国人看来，可以“归结一点，北京能否保持她自己的特色”。作者在离开北京时依依惜别，“希望将来能在发达的现代化城市中找到古树参天的北京、四合院里那种邻里和睦的北京”。

美国作家罗宾·弗莉女士的访谈《我们是来寻求异国情趣的》主题非常鲜明，罗宾女士认为，每一个去外国旅行的人无不是去寻求异国情趣

[1] 北京日报总编室编：《外国人看北京》，北京：北京日报出版社，1988 年，第 206 页。

的，到北京来的外国人当然也不例外。“当我漫步在北京街头，看到朴实友好的中国人民，见到迎面而来的自行车大军，欣赏到中国古典建筑时，我感到自己真正到了中国。”但当她一回到下榻的饭店，看到的却都是西式的装饰，“又像是回到了自己的国家，又过起了在国内的生活”。因此，她非常希望北京兴建旅游饭店时，一定要注意建筑形式的民族化和内部装饰的地方化，甚至连服务员的衣着也要具有传统文化特色。另外，她还指出北京兴建了太多的高档饭店，但却缺乏中低档饭店，这是一项不明智的决策，因为“旅客千里迢迢来北京不是为住饭店来的，他们是为了了解中国人的生活方式和游览北京名胜古迹来的，不会有人愿意把太多的钱花在住超豪华的饭店上”[1]。罗宾女士还希望北京不要盲目扩大汽车的规模，否则会造成环境污染和交通秩序混乱的恶果。北京既然素有“自行车王国”的美称，而且“不少各国游客在拟定去北京旅行计划时看自行车大军是必有的一个项目”。因此，北京人最好坚持自己便利而环保的交通工具，不要因为生活水平的提高而重蹈西方城市的覆辙。

其实，罗宾·弗莉女士的意见也代表着西方学界主张发展城市人文、环保精神的声音。以《后汽车时代的城市》一书而誉满全球的美国学者莫什·萨夫迪曾分别于1973年和1999年来北京访问，但是短短二十几年的变化却是巨大的。1973年的北京之行令他兴奋："那时候，世界上最大的城市中很少有依然如此毫不妥协地坚持继承传统与历史的。紫禁城作为城市中最重要、最富纪念性的建筑群隐现于环绕它的低尺度的邻里中。许多街道都十分开阔并绿化成林荫大道……大道是拥挤的，却不是因为汽车。成千上万的自行车穿行在城市街道上。汽车的数目很少，而且只是偶尔才被自行车流所打断。”1999年的重返北京却让他很是惆怅，感觉自己“几乎是来到了另一个星球，又好像是相隔了几代人之久。很难相信像这样巨大规模的发展会发生在一代人的时间之内。我们从机场

[1] 北京日报总编室编：《外国人看北京》，北京：北京日报出版社，1988年，第226页。

到市中心的旅行被交通阻塞延迟了，那是因为成千上万的汽车超过了新建的立交桥的负荷功能。一条条排列着高楼建筑的大道代表着一种新的都市密度与发展模式：写字楼、公寓、酒店和无处不在的汽车。当然，还有许多骑自行车的人试图在汽车的洪流中穿行。许多历史区域已经消失了，大量的四合院被拆除而代之以高层塔楼。北京在几十年之后重蹈了许多西方、南亚和拉丁美洲城市进化的过程。同样的发展模式，同样的对汽车的依赖，同样的忽视公共交通，以及随处可见的对历史区域的毁损和混乱布局的高层建筑。而所有这一切是发生在一个拥有良好建制的、集中式规划的城市”[1]。

---

[1] ［美］莫什·萨夫迪：《后汽车时代的城市》，吴越译，北京：人民文学出版社，2001年，第1—2页。

第四节
新北京·新奥运：全球性的想象与人文情怀

一

在21世纪初，学界一般认为，根据城市在国际化程度上所表现的差异，一般可分为两个层级：第一层级是对全球有巨大辐射力和全面影响的国际化大都市，这一层级的城市仅有四个：纽约、巴黎、伦敦和东京；第二层级是对世界某个区域具有重要影响的国际化大都市，这一层级的城市代表有罗马、布鲁塞尔、柏林、莫斯科、首尔、新加坡等二十多个，世纪之交的中国只有香港进入了这一层级[1]。由此可见，首都北京的国际交流能力和国际大都市形象有待进一步提高。

就目前而言，北京的历史文化价值和传统建筑艺术魅力集中体现在旧城核心的紫禁城上，它代表了中国封建社会在都城建设上的最高成就。如美国作家大卫·季德的盛赞："这座城中之城，据说曾经是岿然不动的

[1] 陈剑、夏沁芳：《北京离现代化有多远》，北京：北京出版社，2003年，第172—173页。

北极星和天地间的垂直轴，整个地球绕此旋转。皇帝在巨大建筑物的主殿内，威风凛凛地端坐在高高的宝座上。处在城市水平轴线的中央，帝国的权力通过神圣的子午线和一座座雄伟的拱门伸展到全中国，以至世界。”[1] 纵观全球，北京的紫禁城是世界上现存最庞大最完整的帝王宫殿群，共有宫殿近九千间，被誉为“宫殿之海”，与英国的白金汉宫、法国的凡尔赛宫、美国的白宫、俄罗斯的克里姆林宫并称“世界五大宫”。比较而言，北京“皇宫之瑰丽与雄伟，使欧洲所有皇宫都相形见绌”[2]，法国的凡尔赛宫面积不到紫禁城的四分之一，俄罗斯的克里姆林宫号称欧洲最大的宫城，其面积还不足紫禁城的一半，英国的白金汉宫面积仅仅相当于紫禁城的十分之一。

如果说紫禁城等建筑是古都的最好诠释，那么，北京中央商务区、王府井现代化商业中心区则力图显示北京国际化大都市的魅力。北京中央商务区占地面积 3.99 平方公里，最早崛起的中国国际贸易中心是亚洲最大、世界第二的国际贸易中心，总建筑量 200 多万平方米，目前世界 500 强企业中进驻北京的绝大多数企业都落户在这里。现在，北京中央商务区正在大规模扩建，等全部完成后，北京国贸将超过纽约而成为世界最大的国际贸易中心。王府井现代化商业中心也不甘示弱，大步向前，努力与国际接轨。2002 年 5 月，以“商机、交流、发展”为主题的“北京王府井国际著名商业街峰会”在王府井召开，巴黎香榭丽舍大道、纽约第五大道、柏林库达姆大街、伦敦牛津大街、维也纳克恩顿大街、莫斯科阿尔巴特大街、东京都新宿大街、首尔明洞大街、新加坡乌节路、悉尼皮特大街、雅加达格劳道科大街、布宜诺斯艾利斯佛罗里达大街、蒙特利尔地下城共十三条世界著名商业街代表汇聚北京王府井，代表们签署了表达

[1] ［美］大卫·季德：《毛家湾遗梦：1949 年北京秘闻》，胡定译，北京：中华工商联合出版社，1996 年，第 168 页。

[2] ［罗］米列斯库：《中国漫记》，柳凤运，蒋本良译，北京：中国工人出版社，1999 年，第 87 页。

新时期的天安门。

国际著名商业街交流、合作、发展愿望的《王府井宣言》，承诺加强交流商业街的管理、经营经验，以期共同繁荣。

世纪之初，北京的艺术演出市场同样非常发达，不仅在国内首屈一指，更以前所未有的速度追赶着世界大都市的脚步。各种异国风情的歌舞演出形成了一道亮丽的风景线。仅 2002 年，北京的演出场次就一万三千场，其中国外和港、澳、台地区的演出团体 3290 场次，并不乏国际顶尖的外国艺术团体。

2001 年 7 月，在成功申办奥运会之后，北京一大批重要的里程碑性项目纷纷上马，最具代表性的当属位于北京中轴线与北四环交叉点，占地面积 1215 公顷的北京奥林匹克公园，它包括了奥运村、记者村和国家体育场、国家体育馆、国家网球中心、国家游泳中心等 14 个比赛场馆以及国际新闻中心、国际广播电视中心等群体建筑。因此，我们可以说，新世纪的北京将是古老与现代，四合院与摩天大厦、文化古城与现代化都市结合在一起的东方大都会。

在这种日新月异的发展速度下，北京也赢得了一些外国友人的高度肯定，譬如巴西的留学生罗蒙亚说："看到北京那些新建的高层建筑，走进北京繁荣的商业区，所有现代化的信息告诉我，北京正在飞速地发展。"韩国籍建筑师承孝相指出："北京正在变化。潮水般汇聚世界中所有力量的北京，将从中国的城市变成亚洲的城市，变成世界的城市。"[1]2001 年，全球传媒巨头国际新闻集团董事长默多克这样评价北京："也许你是这里的常客，也许你还是第一次造访，不管怎样，你会被北京——这座魅力四射的城市所深深吸引！"[2]

二

当一些人为北京日新月异的现代化建设骄傲不已时，也有一些知识者和外国的朝圣者却为此伤心不已。他们义无反顾地离开导游图推荐的现代路线，一头扎进故宫、北海、胡同等古迹，去搜寻、体验八百年古都的陈迹遗韵。这就暴露了一个北京在现代化和国际化的进程中所必须面对的尖锐问题——新老城区的矛盾：是保留富有老北京风味的老城区、老建筑，以凸显北京的传统文化特色，还是迅速建立现代化新城，以赶上国际化城市的规模。这也是所有的发展中城市在壮大时所必然要面临的两难问题。

关于北京的旧城，特别是胡同和四合院去留的问题，国内争得不可开交。以文学界为例，陈建功为旧建筑的拆除而欢呼，著文《"拆"》赞颂道："生活就是这样前进的。没有那些写在胡同口的'拆'字，没有随之而来的轰隆隆的推土机，就没有即将崛起在西单西部的首都金融街，也没有多少年来被拥挤被不便困扰的居民们向拥挤不便告别。"反对的一派则以萧乾和冯骥才为代表，萧乾在《老北京的小胡同》中写道："胡

[1] 《SOHO 小报》，2003 年第 4 期，第 26—28 页。

[2] 霍增龙、周大海编著：《魅力北京》，北京：旅游教育出版社，2002 年，序言。

同可以说是一种中古民用建筑。我在伦敦和慕尼黑的古城都见到过类似的胡同……他们舍得加固，可真舍不得拆。”垂暮之年的萧乾呼吁：“但愿北京能少拆几条，多留几条胡同。”冯骥才甚至在全国政协会议上发言，呼吁保护北京古城的胡同和四合院，认为这也是保护一种物质文化遗产。

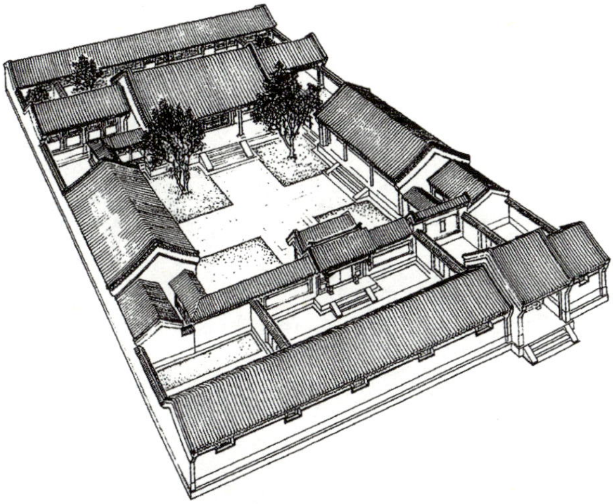

三进院落的四合院立体复原图。

与国内莫衷一是的争论相比，国外友人的声音却是较为一致。如今，被定位为国际化大都市的北京，为了拓展国际空间，提高国际化水平，增强国际竞争力，理所当然要注意听取国际友人们的建议和意见。

美国史迪威将军的女儿南希·易史文斯说：“在北纬四十度上下的世界各大城市，只有北京是历经三千年而不衰的都城。古迹之多，胜过罗马；气魄之大，胜过巴黎……我希望北京要永远保持自己的古都风貌；因为，这是一笔无法再创造的财富！”

美籍华裔建筑设计大师贝聿铭认为北京应该向巴黎学习，将旧城和新城分开：“四合院应该保留，要一片一片地保留。不要这儿找一个王府，那儿找一个王府，孤零零地保，这个是不行的。四合院不但是北京的代表建筑，还是中国的代表建筑……北京古城最杰出之处就在于它是一个完整的有计划的整体，因此，对北京古城的保护要着眼于整体。”[1]

[1] 王军：《城记》，北京：三联书店，2004 年，第 17—22 页。

四合院内部庭院（纪晓岚故居）。

新加坡国家艺术理事会主席刘太格认为："四合院是我们国外的人对北京最向往的。所谓四合院的落后，是因为基础设施没接进去，其实它的生活环境是好得不得了的！我去过几个四合院，我知道尤其在春天、秋天的时候，院子里阳光明媚，那个居住环境太美了。四合院是因为北京的气候而产生出来的建筑造型，是最适合北京的，是我们中国人的老祖宗的智慧的产品，我觉得应该保留。"[1]

1995 年 1 月 3 日，《光明日报》刊发了一位德国学者的文章《京城大屋顶，加盖到几时》，惋惜北京 20 世纪令人着迷的魅力已不存在，而千篇一律的小亭子、大屋顶建筑使人觉得好像巨人头上戴了一顶小儿帽[2]。2000 年 9 月 1 日，在北京市政协文史委员会召开的"旧城改造与古都风貌保护研讨会"上，88 岁的建筑设计大师张开济感慨道："我到过许多地方，巴黎和北京最好。巴黎保护得很好，北京就惨不忍睹了！意大利

[1] 王军：《城记》，北京：三联书店，2004 年，第 26 页。

[2] 《京城大屋顶，加盖到几时》，《光明日报》，1995 年 1 月 3 日。

《团结报》一位女记者采访我，她说北京是 Poor Hongkong(可怜的香港)。可悲呵，这么一个世界文化名城，竟连一个香港都不如了。”[1] 无独有偶，中国作家老舍也曾有意识地将北平与巴黎作了比较："论说巴黎的布置已比伦敦、罗马匀调多了，可是比上北平还差点事儿。北平在人为之中显出自然，几乎是什么地方既不挤得慌，又不太僻静：最小的胡同里的房子也有院子和树；最空旷的地方也离买卖街与住宅区不远。这种分配法可以算——在我的经验中——天下第一了。北平的好处不在于处处设备得完全，而在它处处有空儿，可以使人自由地喘气；不在有好些美丽的建筑，而在建筑的四周都有空闲的地方，使它们成为美景。每一个城楼，每一个牌楼，都可以从老远就看见。”[2] 如果老舍生活在今天，看到往昔欣赏的景色逐渐消失，将是何等的遗憾啊。

国际友人不仅停留在口头上的批判和惋惜，更有许多人将保护的行为付诸实践中。来自荷兰的 Tom Wolters 的家坐落在北河沿大街钟鼓胡同 1 号，2006 年他和中国妻子李文君用 240 多万元人民币买下一座 280 平方米的四合院。Wolters 对自己的居所赞不绝口："这里有最完美的生活……四四方方的院子，抬头能见蓝天，既私密又开放，不像荷兰的别墅，绿地都在房外，你的生活完全一览无余……我们睡在北京的'心脏'，安静得却只能听见猫和鸟的叫声，仿佛是睡在郊外，闹中取静，太不可思议了！”Wolters 的这番话颇能代表一些洋房东的心情。在外国友人看来，这里每一座老宅都有自己的故事，一砖一瓦都体现着中国文化，这里不是豪华别墅，却胜过所有别墅。在翻修四合院之前，Wolters 特地请来了古建筑专家，对诸如门墩的大小、门簪的多少等专业问题进行了逐一了解。"翻修时把瓦一块一块从旧房上揭下来，翻盖时再盖上去，南北房的梁、柱、椽、坨、门全没有动，保存得非常好。翻修花了 40 万元，这比

[1] 王军：《城记》，北京：三联书店，2004 年，第 26 页。

[2] 《老舍全集》，第 14 卷，北京：人民文学出版社，1995 年，第 62 页。

国家大剧院秋景。

全部推倒重来还要昂贵得多。”[1] 由此可见，Wolters 对北京四合院的保护确实做得很到位。

然而，与这种小范围的维修、保护相比，“拆”毕竟是主流。拆毁这些旧建筑，是为了给现代化的高楼、洋房腾出地方。为了和国际接轨，北京为西方的建筑师提供了难以想象的优厚待遇，这座有着八百年历史的古都成为全球最大的现代建筑试验场。譬如，法国建筑师安德鲁设计了国家大剧院[2]，荷兰设计师库哈斯中标中央电视台新大楼，瑞士设计师赫尔佐格、德梅隆拿下奥体中心，美国设计师诺曼福斯包下首都机场新

[1] 《闹中取静：洋人恋上四合院》，香港《文汇报》2006 年 8 月 27 日。

[2] 当然，也有不少人对安德鲁设计的国家大剧院持肯定的态度，有学者认为：“这个方案甚至暗合了老子‘大象无形’的思想。这个混沌而硕大的体型，反而成为一个和谁也不冲突的建筑形象。有趣的是，那条玻璃的曲线，竟暗合了中国一件最古老的乐器——木鱼的曲线。各国如此不同的文化，其本源竟有许多相同之处。”参见邹德侬：《中国现代建筑史》，天津：天津科学技术出版社，2001 年，第 607 页。

站楼，英国设计师哈迪德、鲍赞巴克入主物流港的主体工程，日本人矶琦新取得中央美术学院“美术馆”设计方案……国际招标和洋大师的到来，带来的全部是昂贵而又奇异的后现代建筑。2004 年 8 月，英国广播公司（BBC）报道：北京在一步步设计自己的新形象，以适应奥运的舞台，为此，什么都要现代化，什么都要“酷”，什么都是世界顶级设计师操刀，至于花多少银子倒是其次。“这个城市形象正被改变得不同以往。北京未来的新形象就是一大批外国建筑师设计的炫耀工程：奥运主会场被描绘成‘动感城市’，呈鸟巢形状；中央电视台的新楼设计成 Z 字形，好像要挑战重力定律。它们都是出自名师之手。著名建筑师 Zaha Hadid 表示，有什么新设计新方案要付诸实施，在北京都可能做到，但其他地方不会被允许。”[1]

这是一个何等的讽刺和感叹，有着数千年建筑文化的古国首都就这样匆匆放弃自己的文化传统，让位于新奇的外来建筑。就连一些外国人也看出了不妥，美国规划协会院士级规划师苏乐（Jeffrey L. Soule）认为：“北京不需要借助洋建筑师来认定自己的身份。其悠久的建筑历史应足以激发起它对自己身份的信心。自信铸造着一个民族自尊和自豪的核心……缺乏城市设计培训或经验的中国官员，通常会把现代性和盛气凌人、古怪异常的设计混为一谈。一些因幼稚的设计会被本国拒绝或嘲笑的外国建筑师，却在中国找到了富有同情心的听众。由于中国许多所谓的学者和专家，经常受益于与这些外来者的经济关系，用以提高他们的政治和专业地位，他们就不能发出客观和诚实的声音来抑制这种体制的盲动……城市是为人民建的，而不是为那些在高空中把城市当成几何玩具的神仙们建的。我恳请城市官员们像市民那样感知城市，即把自己的双脚摆到街道上来，而不是坐在直升机上、飞驰的豪华汽车中，或是站在昂贵的模型前。”[2]

[1] 《中国拒绝“洋建筑试验场”》，《青年参考》，2004 年 8 月 10 日。

[2] 《美专家：北京穿一身俗气的洋裤褂》，《新华每日电讯》，2005 年 8 月 23 日。

夜幕下的水立方和鸟巢。

为什么中国人多次从战争的炮火中挽救出来的古城北京，现在却一砖一瓦地将它清除出地图，面对这座“失去记忆的城市”[1]，就连外国人也觉得很遗憾、费解：“这是一件令人悲伤的事情：一个有着最伟大城市设计遗产的国家，竟如此有系统地否定自己的过去。当欧洲人还在和猪分享着他们阴暗的陋室时，古代长安已成为世界上最大最恢宏的城市了。北京的新建筑不是增强而是削弱了城市的身份和特征。北京失去了都市感，成为杂乱无章，遗弃着建筑师和工程师青春期冥想的景观。”[2] 这似乎正验证了法国作家克里斯蒂安·加辛在其长篇小说《信鸽的飞行》（2000年）中所描述的“后现代北京”。20 世纪末期，北京在极力“模仿西方”，表现出消费主义倾向，并受到香港文化模式影响。在这里，涌动着城市建设的热潮，西方文化无孔不入地渗透进来，如摇滚音乐、酒吧、麦当劳、

[1] 杨东平：《城市季风》，北京：新星出版社，2006 年，第 406—410 页。

[2] 《瞭望新闻周刊》，2005 年 8 月 21 日。

肯德基，“可口可乐文化”征服东方之都的胜利似乎就要来到了[1]。

笔者以为，忠言逆耳利于行，唯有挚友方才陈直言。在全球化的背景下，中国城市的现代化进程呈现出趋同的现象，大都在模仿西方城市的发展模式，给人“千城一面”的印象，这样就丧失了中国城市的风格和个性。“只有民族的，才是世界的”，中国的城市，特别是首都北京，必须呈现出自己的风格：保留其独特的中轴线布局、胡同、四合院、皇城、王府、古刹等等，因为他们都凝聚着醇厚而又精深的东方文化。

三

在最后一部分，我们主要来看一看近年来“外国人眼中的北京”相关调查和统计数据。

北京的外国留学生一直居全国各大城市之首。据 2004 年国家留学基金管理委员会的统计，在当年来华留学生 110884 人中，北京市共接收留学生 37041 人，保持占全国比例三分之一的优势，北京语言文化大学以接近 1 万名留学生人数高居全国高校榜首[2]。不过，北京与纽约、巴黎、伦敦、东京、柏林等国际大都市所拥有的留学生人数相差较大，国际上一些著名大学的外籍学生所占比重往往达到三分之一以上。目前，在北京的外国留学生有 8 万余人，他们在北京外籍人员中占有相当大的比重，构成长住北京外籍人员的主要来源。

2005 年 8 月，北京市政府外办和信息办联合举办首届“我眼中的北京”征文大赛。参赛选手以在北京高校的外国留学生为主体。他们就北京的方方面面发表了自己的意见，大到城市的建设，小到衣食住行等细节。这项活动不仅调动了外国人对北京的热情和关注，也为北京相关决

[1] ［英］阿历克斯·休斯：《管制跨文化交流：北京历险记》，参阅汪介之主编：《跨文化语境中的比较文学》，南京：译林出版社，2004 年，第 30—51 页。

[2] 相关数据均来自“国家留学网”，www.cscl.edu.cn。

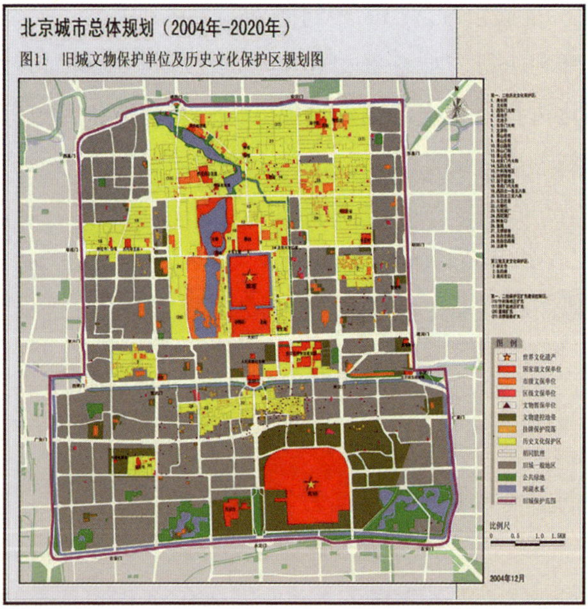

2004 年推出的北京旧城历史文化保护区规划图。

策机构提供了一种全新的信息渠道。借助外国人不同的审美视角和价值判断，我们可以看到北京颇具特色的东方文化。

在首届“我眼中的北京”征文活动中，共入围500篇文章。不同的留学生看北京文化，有着不同的关键词，比如“人情味”“交通”“的哥”“自行车”“胡同”“紫禁城”等。在调查外国留学生对北京城市的整体印象时，调查结果显示，52% 的留学生认为北京的城市环境是“不太好”，41% 的留学生认为“一般”，而认为北京的城市环境是“很好”的，仅仅占 7%。对于“北京的城市环境最不好的地方是什么”的回答，大多数的留学生举出“交通设施与交通秩序”“空气和水质的污染”“卫生问题”，可以看出这三项是北京城市环境的最大不足[1]。

当问及北京对传统文化的保护问题时，65% 的留学生认为北京的传统文化保护一般，22% 的留学生认为非常不好，只有 13% 的学生认为保存得非常好。另外，有 53% 的留学生认为北京的国际化程度一般，31% 的学生则认为不高，仅有 16% 的留学生认为非常高。在调查北京举办奥

[1] 刘川生、郑师渠主编：《2005 年北京文化发展报告》，北京：同心出版社，2006 年，第 388 页。

2007 年，整修中的太和殿，犹如蒙着一层面纱，等待北京奥运会期间国内外游客的到来。

运会的优势时，有 45% 的留学生认为北京能举办的原因在于它最能代表中国形象，20% 的留学生认为是由于北京是历史悠久、名胜古迹荟萃的城市[1]。

在最后的自由问题时，请留学生借助只言片语勾勒出他们眼中的北京文化。调查结果显示，有 29% 的留学生认为北京与其他城市相比，有很多的“传统建筑”，代表了“传统文化”，并表现出一种独特风味——“京味儿”，19% 的留学生认为北京的最大特点是具有很多名胜古迹，还有 10% 的学生认为北京有一种首都气派，它的文化有一种自尊、自信和自我认同的特点。总体来看，这些数据真实反映了留学生眼中的北京风貌。

2006 年秋，《瞭望·东方周刊》的记者参加了北京奥运会第一届世界新闻媒体大会，并对出席的部分外国记者做了问卷调查。结果显示，半数或半数以上的外国记者表示对中国北京的政治和外交（50%）以及文化遗产（53%）最感兴趣，将近五分之二（38%）的人选择了经济发展和商业机会，五分之一（21%）的人选择了自然环境，另外还有 16% 的人

[1] 刘川生、郑师渠主编：《2005 年北京文化发展报告》，北京：同心出版社，2006 年，第 391 页。

对体育和涉奥内容等感兴趣。在受到口头访问的记者中，65% 的人认为北京最吸引他们的是生活在这里的人，55% 的人选择北京的文化，44% 的人选择现代北京的风貌，有 28% 的人对北京的经济和商业感兴趣，另外，有 9% 的记者对北京的建设、交通和其他内容感兴趣[1]。这里虽然没有涉及批评性意见，但北京的域外形象特征亦很明确地彰显出来。

知辱而后勇，见贤思齐，在倾听国际友人的热心建议和合理意见后，北京市近年来在环境治理、文物保护方面投入的力度是前所罕见的。根据北京市政府第 29 届奥运会组委会《奥运行动规划》，北京将斥巨资全面实施《北京历史文化名城保护规划》，根据“保用并举、恢复景观、成片整治、形成风貌”的指导方针，重点保护旧皇城、传统城市中轴线、25 片历史文化保护区、重点文物保护单位、历史城市水系和古都基本风貌。笔者以为 :“人文北京”“人文奥运”提得好，它结合了中国人文精神和奥运“以人为本”的宗旨 ;“绿色北京”“绿色奥运”提得好，过去的北京城因为四合院里有许多大树，从高处望去，北京城一片绿色，所以当时的外国人称其为“Green City”(绿城)[2]，如今我们要抓住奥运的契机让新北京恢复绿色、更多人文关怀，只有如此，首都北京才可在成为国际化大都市的同时，不失近八百年来东方之都富丽、绵长的魅力。

---

[1] 《瞭望·东方周刊》2006 年第 52 期。

[2] ［英］立德夫人:《我的北京花园》，李国庆、陆瑾译，北京：北京图书馆出版社，2004 年，第 30 页。

大事记

1267 年 忽必烈下诏兴建汗八里城（大都）。

1274 年 汗八里基本建成。

1275 年 马可·波罗到达汗八里。

1292 年 马可·波罗离开中国，由海路返回威尼斯。

1294 年 孟德高维诺抵达汗八里。

1307 年 因孟德高维诺在汗八里建设教堂，传教成果显著，教皇克莱蒙特五世封其为汗八里总主教。

1325 年 方济各会修士意大利人鄂多立克抵达大都。

1342 年 教皇委派方济各会修士意大利人马黎诺里等 4 人为专使抵达大都，受到元朝隆重欢迎。

1368 年 朱元璋建立明王朝，定都南京，降大都为北平府，原有的宫殿被拆毁，城市规模被压缩。

1370 年 教皇乌尔班五世任命了一名新汗八里主教，但未能到任。

1403 年 明成祖朱棣改称北平为北京。

1405 年 郑和第一次下西洋。

1421 年 明成祖将首都自南京迁至北京。

1520 年 葡萄牙人托梅·皮雷斯进京朝觐明武宗，是新航路开辟后首批到达北京的欧洲人。

1541 年 葡萄牙旅行家费尔南·门德斯·平托抵达北京。

1564 年 明修建北京外城，至此，北京城墙、城门全部建成。

1585 年 西班牙人胡安·冈萨雷斯·德·门多萨出版《中华大帝国史》。

1598 年 9 月 利玛窦第一次抵达北京。

1601 年 1 月 利玛窦再次抵达北京。利氏进献西洋方物。神宗欣赏自鸣钟，为便于修理，特允许利玛窦长居北京。

1605 年 北京天主教南堂建成。

1644 年 清政府定都北京。

1648 年 葡萄牙传教士安文思来到北京，后出版《中国新史》。

1654 年 意大利耶稣会士卫匡国出版《中国新图志》，被称为西方“研究中国地理学之父”。

1656 年 7 月 荷兰东印度公司派特使约翰·纽霍夫到达北京，10 月在太和殿谒见清顺治皇帝。

1660 年 南怀仁抵达北京，任汤若望助理。

1687 年 法国派耶稣会士、科学家张诚、白晋、李明、洪若翰、刘应一行五人来北京传教。

1695 年 东正教圣尼古拉教堂在北京建成。

1705 年 12 月—1706 年 8 月 罗马教皇克莱蒙特十一世派特使铎罗在北京活动。

1735 年 法国耶稣会士杜赫德出版《中华帝国通志》。

1793 年 英国马戛尔尼率使团抵达北京。

1816 年 阿美士德率领的第二个英国使华团抵达北京，停留 10 个小时。

1840 年 第一次鸦片战争。

1860 年 第二次鸦片战争，英法联军掠夺烧毁北京城郊的圆明园。

1898 年 光绪帝“百日维新”。

1900 年 8 月 八国联军侵入北京，慈禧挟光绪帝逃往西安。

1901 年《辛丑条约》签订。

1907年6月“北京—巴黎汽车拉力赛”在北京举行，10日参赛选手出发。

1908年 光绪皇帝、慈禧相继谢世。

1911年 辛亥革命爆发。

1912年2月 清宣统帝溥仪退位。

1919年 五四运动最先在北京发起。

1924年11月 冯玉祥派兵逼溥仪搬出紫禁城。

1928年 国民党定都南京，北京成为特别市，再次改名为北平。

1937年 日本侵占北平。

1945年 国民政府接管北平。

1949年1月 北平和平解放。

1949年9月 北平改称北京。

1954年 经过综合中外专家多种方案，北京市委和市政府推出了北京市城市总体规划第一稿。

1958年 全国进入“大跃进”和人民公社化运动高潮时期，北京城开始了第二次规划。

1983年 在改革开放的背景下，国务院批准了北京市的第三个总体规划。

1990年 北京举办亚运会。

2001年7月 北京申办2008年奥运会成功。

2008年8月 第29届奥林匹克运动会在北京召开。

参考文献

一　作为研究对象的文本

（一）译文

［美］刘易斯·查尔斯·阿灵顿：《古都旧景——65年前外国人眼中的老北京》，赵晓阳译，北京：经济科学出版社，1999年。

［英］托马斯·阿罗姆：《大清帝国：印象城市》，李天纲编译，上海：上海古籍出版社、上海科技文献出版社，2002年。

［英］爱尼斯·安德逊：《英国人眼中的大清王朝》，费振东译，北京：群言出版社，2001年。

［葡］安文思：《中国新史》，何高济、李申译，郑州：大象出版社，2004年。

［英］詹·格·巴拉德：《太阳帝国》，董乐山译，上海：上海译文出版社，2007年。

［法］贝尔纳：《中国情人：一个外国女人在北京》，尹兵译，郑州：河南人民出版社，2003年。

［美］德克·博迪：《北京日记：革命的一年》，洪菁耘、陆天华译，上海：东方出版社，2001年。

［英］博克舍编注：《十六世纪中国南部行纪》，何高济译，北京：中华书局，1990年。

[意] 马可·波罗 :《马可·波罗行纪》, 冯承钧译, 上海 : 上海书店出版社, 2001 年。

[英] 雷蒙·道森 :《中国变色龙——对于欧洲中国文明观的分析》, 常绍民、明毅译, 北京 : 时事出版社、海口出版社, 1999 年。

[美] 丁韪良 :《花甲回忆 : 一位美国传教士眼中的晚清帝国》, 沈弘等译, 桂林 : 广西师范大学出版社, 2004 年。

[法] 杜赫德编 :《耶稣会士中国书简集 1—6 卷》, 郑德弟等译, 郑州 : 大象出版社, 2001 年。

[意] 鄂多立克 :《鄂多立克东游录》, 何高济译, 北京 : 中华书局, 2002 年。

[瑞士] 冯铁、费瑞实、高思曼编:《走进中国: 瑞士人在华见闻录》, 陈壮鹰译, 上海 : 东方出版中心, 2000 年。

[英] 彼得·弗莱明 :《独行中国——1933 年的中国之行》, 侯萍, 宋苏晨译, 南京 : 南京出版社, 2006 年。

[瑞]马·弗里施:《弗里施小说戏剧选》, 蔡鸿君选编, 合肥: 安徽文艺出版社, 1993 年。

[俄] 伊·冈察洛夫 :《巴拉达号三桅战舰》, 叶予译, 哈尔滨 : 黑龙江人民出版社, 1982 年。

[日] 横光利一:《上海故事》, 滕忠汉等译, 沈阳: 辽宁教育出版社, 1993 年。

[美] 霍塞 :《出卖上海滩》, 越裔译, 上海 : 上海书店出版社, 2000 年。

[美] 大卫·季德 :《毛家湾遗梦 : 1949 年北京秘闻》, 胡定译, 北京 : 中华工商联合出版社, 1996 年。

[德] 基希 :《秘密的中国》, 周立波译, 上海 : 东方出版中心, 2001 年。

[意] 卡尔维诺 :《看不见的城市》, 张宓译, 南京 : 译林出版社, 2001 年。

[美] 萨拉·康格 :《北京信札——特别是关于慈禧太后和中国妇女》, 沈春蕾等译, 南京 : 南京出版社, 2006 年。

[法] 保尔·克洛岱尔 :《认识东方》, 徐知免译, 天津 : 百花文艺出版社, 1997 年。

[俄] 科瓦列夫斯基:《窥视紫禁城》, 阎国栋等译, 北京: 北京图书馆出版社,

2004 年。

［英］立德夫人 :《我的北京花园》，李国庆译，北京 : 北京图书馆出版社，2004 年。

［英］立德夫人 :《穿蓝色长袍的国度》，王成东等译，北京 : 时事出版社，1998 年。

［英］李提摩太 :《亲历晚清四十五年》，李宪堂、侯林莉译，天津 : 天津人民出版社，2005 年。

［加］李莎 :《一个西方人眼中的中国》，北京 : 外文出版社，2002 年。

［英］约·罗伯茨编:《十九世纪西方人眼中的中国》，蒋重跃、刘林海译，北京:时事出版社，1999 年。

［美］普里西拉·罗伯茨编辑 :《紫禁城之窗 : 戴维·布鲁斯的北京日记》，张颖译，北京 : 中央文献出版社，2006 年。

［美］E.A. 罗斯 :《变化中的中国人》，公茂虹、张皓译，北京 : 时事出版社，1998 年。

［法］皮埃尔·洛蒂 :《北京的陷落》，刘和平、安蔚、姚国伟译，济南 : 山东友谊出版社，2005 年。

［法］皮埃尔·洛蒂 :《在北京最后的日子》，马利红译，上海 : 上海书店出版社，2006 年。

［法］马尔罗:《人的状况》，杨元良、于耀南译，桂林: 漓江出版社，1990 年。

［法］马尔罗:《人的境遇》，丁世中译，北京 : 外国文学出版社，1999 年。

［法］马尔罗:《反回忆录》，钱培鑫、沈国华等译，桂林: 漓江出版社,2000 年。

［意］马国贤 :《清廷十三年》，李天纲译，上海 : 上海古籍出版社，2004 年。

［英］马礼逊夫人编 :《马礼逊回忆录》，顾长声译，桂林 : 广西师范大学出版社，2004 年。

［英］麦高温 :《中国人生活的明与暗》，朱涛、倪静译，北京 : 时事出版社，1998 年。

［英］约翰·曼德维尔 :《曼德维尔游记》，郭泽民、葛桂录译，上海 : 上海书店出版社，2006 年。

［英］毛姆：《彩色的面纱》，刘宪之译，北京：十月文艺出版社，1988年。

［英］毛姆：《在中国屏风上》，陈寿赓译，长沙：湖南人民出版社，1987年。

［西］门多萨：《中华大帝国史》，何高济译，北京：中华书局，1998年。

［美］爱狄·弥勒：《上海——冒险家的乐园》，包玉珂编译，上海：上海文化出版社，1956年。

［罗］米列斯库：《中国漫记》，柳凤运、蒋本良译，北京：中国工人出版社，1999年。

［英］明恩泽：《中国人的特性》，匡雁鹏译，北京：光明日报出版社，1998年。

［澳］赫达·莫里逊：《洋镜头里的老北京》，董建中译，北京：北京出版社，2001年。

［日］内滕湖南、青木正儿：《两个日本汉学家的中国行记》，王青译，北京：光明日报出版社，2002年。

［英］克利斯多福·纽：《上海》，唐凤楼等译，上海：学林出版社，1987年。

［葡］托梅·皮雷斯：《1515年葡萄牙人笔下的中国》，夏茂译，《中外关系史译丛》第4辑，上海：上海译文出版社，1988年。

［葡］平托等著：《葡萄牙人在华见闻录》，王锁英译，海口：海南出版社，1998年。

［日］山本市朗：《一个日本人眼中的新旧中国——北京三十五年》，胡传德、郑泰宪译，北京：光明日报出版社，1985年。

［英］石黑一雄：《上海孤儿》，陈小慰译，南京：译林出版社，2002年。

［英］斯当东：《英使谒见乾隆纪实》，叶笃义译，上海：上海书店出版社，2005年。

［瑞典］奥斯伍尔德·喜仁龙：《北京的城墙和城门》，许永全译，北京：北京燕山出版社，1985年。

［美］斯德林·西格雷：《龙夫人（慈禧故事）》，秦传安译，北京：中央编译出版社，2004年。

［法］谢阁兰：《勒内·莱斯》，梅斌译，北京：三联书店，1991年。

［法］谢阁兰：《谢阁兰中国书简》，邹琰译，上海：上海书店出版社，2006年。

［德］瓦德西：《瓦德西拳乱笔记》，王光祈译，上海：上海书店出版社，2000年。

［英］普特南·威尔：《庚子使馆被围记》，冷汰等译，上海：上海书店出版社，2000年。

［英］威尔士、诺曼：《龙旗下的臣民：近代中国社会与礼俗》，刘君等译，北京：光明日报出版社，2000年。

［澳门］《文化杂志》编：《十六和十七世纪伊比利亚文学视野里的中国景观》，郑州：大象出版社，2003年。

［美］哈罗德·伊萨克斯：《美国的中国形象》，于殿利、陆日宇译，北京：时事出版社，1999年。

［阿拉伯］佚名：《中国印度见闻录》，穆根来等译，北京：中华书局，1983年。

［葡］曾德昭：《大中国志》，何高济译，李申校，上海：上海古籍出版社，1998年。

［英］雷金纳德·庄士敦：《紫禁城的黄昏》，众城等译，珠海：珠海出版社，1995年。

［日］竹中宪一：《北京历史漫步》，天津编译中心译，北京：中国文史出版社，1991年。

（二）外文

Acton, Harold. *Peonies and Ponies*. Oxford: Oxford University Press, 1983.

Acton, Harold. *Memoirs of an Aesthete*. London: Methuen, 1948.

Arlington, Lewis Charles & Lewisohn, William. *In Search of Old Peking*. Oxford: Oxford University Press, 1987.

Backhouse, E. & J. O. P. Bland. *Annals & Memoirs of the Court of Peking; From the 16th to the 20th Century*. Boston and New York: Houghton Mifflin Company, 1914.

Barbarians and Mandarins. *Thirteen Centuries of Western Travellers in China*. Oxford: Oxford University Press, 1989.

Bredon, Juliet. *Peking: a Historical and Intimate Description of Its Chief Places of*

Interest. Shanghai:Kelly and Walsh, 1922.

Bridge, Anne. *Peking Picnic*, Boston : Little, Brown, and Co., 1932.

Bridge, Anne. *Facts and Fictions:some literary recollections*. New York : Mc-Graw-Hill, 1968.

Dickinson, Goldsworthy Lowes. *Appearances: Notes of Travel, East and West*, New York: Doubleday, Page & company, 1914.

Gamble, Sideney D. *Peking: A Social Survey*. New York: George H. Doran, 1921.

Geil, William Edgar. *Eighteen Capitals of China*. London: Constable, 1911.

Grantham, A. E. *Pencil Speakings from Peking*. London : George Allen & Unwin, 1918.

Johnston, Reginald F. *Twilight in the Forbidden City*. London : Victor Gollancz, 1934.

Kates, George N. *The Years that Were Fat: Peking 1933—1940*. Cambridge: Cambridge University Press, 1988.

Little, Archibald, Mrs. *Round About My Peking Garden*. London:T. Fisher, 1905.

Mandeville, John. *The Travels of Sir John Mandeville*. London : William Collins Sons, 1973.

Maugham, William Somerset. *On a Chinese Screen*. Oxford : Oxford University Press, 1985.

Miller, G. E. *Shanghai. The Paradise of Adventurers*. New York : Orsay Publishing House, 1937.

Miln, Louise Jordan. *It Happened in Peking*. New York : Frederick A. Stokes Company, 1926.

Morrison, Hedda. *A Photographer in Old Peking*. Oxford : Oxford University Press, 1985.

Pitman, Norman Hinsdale. *Dragon Lure: A Romance of Peking*. Shanghai:Commercial Press, 1925.

Quennell, Peter. *A Superficial Journey Through Tokyo and Peking*. Oxford:Oxford

University Press, 1986.

Rennie, D. F. *Peking and the Pekingese*. London: John Murray, 1865.

Russell, Bertrand. *The Problem of China*. George Allen & Unwin, 1922.

Rowe, H.Y. *The Adventures of Wu : The Life Cycle of a Peking Man*. Princeton : Princeton University Press, 1983.

Wagel, Srinivas R. *Finance in China*. Shanghai:North-China Daily News & Herald, Ltd. 1914.

Weale, Putnam (Bertram Lenox). *The Human Cobweb: a Romance of Peking*. London : Macmillan & Co. Ltd., 1910.

二　理论、研究和其他资料

（一）中文学者专著、编著、编译

包亚明主编 :《后现代性与地理学的政治》（都市与文化第 1 辑），上海 : 上海教育出版社，2001 年。

包亚明主编 :《现代性与空间的生产》，（都市与文化第 2 辑），上海 : 上海教育出版社，2003 年。

包亚明主编 :《后大都市与文化研究》，（都市与文化第 3 辑），上海 : 上海教育出版社，2003 年。

北京日报总编室编 :《外国人看北京》，北京 : 北京日报出版社，1988 年。

陈立旭 :《都市文化与都市精神 : 中外城市文化比较》，南京 : 东南大学出版社，2002 年。

陈平原、王德威编 :《北京 : 都市想象与文化记忆》，北京 : 北京大学出版社，2005 年。

陈晓兰 :《文学中的巴黎与上海——以左拉和茅盾为例》，桂林 : 广西师范大学出版社，2006 年。

丁海峰编 :《中国见闻》，北京 : 新华出版社，1980 年。

葛桂录 :《雾外的远音——英国作家与中国文化》，银川 : 宁夏人民出版社，

2002 年。

郭少棠：《旅行：跨文化想象》，北京：北京大学出版社，2005 年。

侯仁之、邓辉：《北京城的起源与变迁》，北京：中国书店，2001 年。

黄亚平：《城市空间理论与空间分析》，南京：东南大学出版社，2002 年。

李欧梵：《上海摩登：一种新都市文化在中国 1930—1945》，北京：北京大学出版社，2001 年。

刘继南、何辉：《中国形象：中国国家形象的国际传播现状与对策》，北京：北京广播学院出版社，2006 年。

罗钢、刘象愚主编：《后殖民主义文化理论》，北京：中国社会科学出版社，1999 年。

罗岗主编：《帝国、都市与现代性》，南京：江苏人民出版社，2005 年。

罗岗：《想象城市的方式》，南京：江苏人民出版社，2006 年。

罗岗、顾铮主编：《视觉文化读本》，桂林：广西师范大学出版社，2003 年。

孟华主编：《比较文学形象学》，北京：北京大学出版社，2001 年。

欧阳昱：《表现他者——澳大利亚小说中的中国人 1888—1988》，北京：新华出版社，2000 年。

钱林森、[法]克里斯蒂昂·莫尔维斯凯主编：《20 世纪法国作家与中国》，南京：南京大学出版社，2001 年。

钱林森：《光自东方来——法国作家与中国文化》，银川：宁夏人民出版社，2004 年。

钱林森：《法国作家与中国》，福州：福建教育出版社，1995 年。

沙莲香：《外国人看中国人 100 年》，太原：山西教育出版社，1999 年。

沈弘编著：《晚清映像——西方人眼中的近代中国》，北京：中国社会科学出版社，2005 年。

孙逊主编：《都市文化史：回顾与展望》（《都市文化研究·第一辑》），上海：三联书店，2005 年。

孙逊主编：《都市·帝国与先知》（《都市文化研究·第二辑》），上海：三联书店，2006 年。

王军：《城记》，北京：三联书店，2004年。

王正和：《不可思议的中国人：二十世纪来华外国人对华印象》，广州：花城出版社，2001年。

汪晖：《真实的与乌托邦的》，南京：江苏文艺出版社，1994年。

汪民安：《身体、空间与后现代性》，南京：江苏人民出版社，2005年。

吴亮：《城市伊甸园：漫游者的行踪》，上海：上海文艺出版社，1993年。

吴孟雪：《明清时期——欧洲人眼中的中国》，北京：中华书局，2000年。

秦启文、周永康著：《形象学导论》，北京：社会科学文献出版社，2004年。

夏瑞春主编：《德国思想家论中国》，南京：江苏人民出版社，1995年。

忻剑飞：《世界的中国观》，上海：学林出版社，1991年。

熊月之等选编：《上海的外国人》（上海史研究译丛），上海：上海古籍出版社，2003年。

许明龙：《欧洲十八世纪“中国热”》，北京：外语教学与研究出版社，2007年。

叶中强：《从想象到现场》，上海：学林出版社，2005年。

余三乐：《早期西方传教士与北京》，北京：北京出版社，2001年。

乐黛云编：《独角兽与龙——在寻找中西文化普遍性中的误读》，北京：北京大学出版社，1995年。

乐黛云、张辉主编：《文化传递与文学形象》，北京：北京大学出版社，1999年。

张恩荫、杨来运编：《西方人眼中的圆明园》，北京：对外经济贸易大学出版社，2000年。

张鸿雁：《城市形象与城市文化资本论——中外城市形象比较的社会学研究》，南京：东南大学出版社，2002年。

张京媛主编：《后殖民理论与文化批判》，北京：北京大学出版社，1999年。

张京媛主编：《新历史主义与文学批评》，北京：北京大学出版社，1993年。

张星烺编：《中西交通史料汇编》，北京：中华书局，1979年。

赵园：《北京：城与人》，北京：北京大学出版社，2002年。

郑曦原主编：《帝国的回忆——〈纽约时报〉晚清观察记》，上海：三联书店：2001年。

宗坤明：《形象学基础》，北京：人民出版社，2000年。

周一良主编：《中外文化交流史》，郑州：河南人民出版社，1987年。

周宁：《中国形象：西方的学说与传说》（共八卷），北京：学苑出版社，2004年。

周宁：《永远的乌托邦——西方的中国形象》，武汉：湖北教育出版社，2000年。

周宁编著：《2000年西方看中国》，北京：团结出版社，1999年。

朱静编译：《洋教士看中国朝廷》，上海：上海人民出版社，1995年。

中国社会科学院近代史研究所翻译室编：《近代来华外国人名辞典》，北京：中国社会科学出版社，1981年。

（二）译著

[法]罗贝尔·埃斯卡尔皮：《文学社会学》，于沛选编，杭州：浙江人民出版社，1987年。

[法]艾田蒲：《中国之欧洲》，钱林森、许钧译，郑州：河南人民出版社，1992年。

[德]约翰·凡·安德里亚：《基督城》，黄宗汉译，北京：商务印书馆，2005年。

[希腊]柏拉图：《理想国》，郭斌和、张竹明译，北京：商务印书馆，2002年。

[英]艾勒克·博埃默：《殖民与后殖民文学》，盛宁、韩敏中译，沈阳：辽宁教育出版社，1998年。

[法]莫里斯·布朗肖：《文学空间》，顾嘉琛译，北京：商务印书馆，2005年。

[美]布劳特：《殖民者的世界模式：地理传播主义和欧洲中心主义观》，谭荣根译，北京：社会科学文献出版社，2002年。

[法]雅克·布罗斯：《发现中国》，耿昇译，济南：山东画报出版社，2002年。

[英]诺曼·丹尼尔：《文化屏障》，王奋宇、冯钢等译，杭州：浙江人民出版社，1992年。

[美]迪尔：《后现代都市状况》，李小科等译，上海：上海教育出版社，2004年。

［日］多田贞一:《北京地名志》，张紫晨译，北京：书目文献出版社，1986 年。

［法］米歇尔·福柯:《知识考古学》，谢强、马月译，北京：三联书店，2007 年。

［德］顾彬：《关于“异”的研究》，曹卫东编译，北京：北京大学出版社，1997 年。

［英］詹姆士·哈林顿：《大洋国》，何新译，北京：商务印书馆，1996 年。

［美］大卫·哈维:《希望的空间》，胡大平译，南京：南京大学出版社，2005 年。

［美］乔·奥·赫茨勒：《乌托邦思想史》，张兆麟等译，北京：商务印书馆，1990 年。

［英］G.F. 赫德逊：《欧洲与中国》，王遵仲等译，北京：中华书局，1995 年。

［美］海登·怀特：《元史学——十九世纪欧洲的历史想象》，陈新译，南京：译林出版社，2004 年。

［英］巴特·穆尔-吉尔伯特等编撰：《后殖民批评》，杨乃乔等译，北京：北京大学出版社，2001 年。

［英］丹尼·卡瓦拉罗：《文化理论关键词》，张卫东等译，南京：江苏人民出版社，2006 年。

［意］康帕内拉：《太阳城》，陈大维等译，北京：商务印书馆，1997 年。

［英］迈克·克朗:《文化地理学》，杨淑华、宋慧敏译，南京：南京大学出版社，2005 年。

［法］雅克·拉康等：《视觉文化的奇观——视觉文化总论》，吴琼编，北京：中国人民大学出版社，2005 年。

［英］布莱恩·劳森：《空间的语言》，杨青娟译，北京：中国建工出版社，2004 年。

［法］雅克·勒戈夫：《中世纪的知识分子》，张弘译，北京：商务印书馆，2002 年。

［英］戴维·理查兹：《差异的面纱——文学、人类学及艺术中的文化表现》，如一等译，沈阳：辽宁教育出版社，2003 年。

［美］凯文·林奇：《城市意象》，方益平、何晓军译，北京：华夏出版社，2001 年。

[日]刘建辉：《魔都上海》(《上海史研究译丛》)，甘慧杰译，上海：上海古籍出版社，2003年。

[美]罗溥洛主编：《美国学者论中国文化》，包伟民、陈晓燕译，北京：中国广播电视出版社，1994年。

[德]曼海姆：《意识形态和乌托邦》，艾彦译，北京：华夏出版社，2001年。

[美]刘易斯·芒福德：《城市发展史——起源、演变和前景》，宋俊岭、倪文彦译，北京：中国建筑工业出版社，2005年。

[英]托马斯·莫尔：《乌托邦》，戴镏龄译，北京：商务印书馆，2006年。

[英]杰弗里·帕克：《地缘政治学：过去、现在和未来》，刘从德译，北京：新华出版社，2003年。

[美]帕克等：《城市社会学》，宋俊岭等译，北京：华夏出版社，1987年。

[英]弗兰克斯·彭茨等编：《剑桥年度主题讲座：空间》，北京：华夏出版社，2006年。

[比利时]亨利·皮雷纳：《中世纪的城市》，陈国樑译，北京：商务印书馆，1985年。

[澳]西里尔·珀尔：《北京的莫里循》，檀东鍟、窦坤译，福州：福建教育出版社，2003年。

[英]齐亚乌丁·萨达尔：《东方主义》，马雪峰、苏敏译，长春：吉林人民出版社，2005年。

[法]让-保罗·萨特：《想象心理学》，褚朔维译，北京：光明日报出版社，1988年。

[美]爱德华·W·萨义德：《文化与帝国主义》，李琨译，北京：三联书店，2003年。

[美]爱德华·W·萨义德：《东方学》，王宇根译，北京：三联书店，1999年。

[美]施坚亚编：《中华帝国晚期的城市》，杜光庭等译，北京：中华书局，2000年。

[美]史景迁：《大汗之国》，阮淑梅译，台北：台湾商务印书馆，2000年。

[美]史景迁：《文化类同与文化利用》，廖世奇等译，北京：北京大学出版社，

1990 年。

［美］史景迁：《天安门：知识分子与中国革命》，尹庆军等译，北京：中央编译出版社，1998 年。

［德］斯宾格勒：《西方的没落》，吴琼译，上海：三联书店，2006 年。

［美］爱德华·索亚：《第三空间——去往洛杉矶和其他真实和想象地方的旅程》，陆扬等译，上海：上海教育出版社，2005 年。

［德］韦伯：《非正当性的支配——城市的类型学》，康乐等译，桂林：广西师范大学出版社，2005 年。

［美］丹尼丝·伍德：《地图的力量》，王志弘等译，北京：中国社会科学出版社，2000 年。

［美］哈罗德·伊萨克斯（应译为“艾萨克斯”）：《美国的中国形象》，于殿利、陆日宇译，北京：时事出版社，1999 年。

［德］沃尔夫冈·伊瑟尔：《虚构与想象》，陈定家、汪正龙译，长春：吉林人民出版社，2003 年。

［美］朱克英：《城市文化》，张廷佺等译，上海：上海教育出版社，2006 年。

（三）主要论文

［日］藤井省三：《北京、上海——近代中国文学的双城故事》，王中忱译，载《清华汉学研究》第二辑，葛兆光主编，清华大学出版社，1997 年，第 261—276 页。

［英］阿历克斯·休斯：《管制跨文化交流：北京历险记》，载汪介之主编：《跨文化语境中的比较文学》，南京：译林出版社，2004 年，第 30—51 页。

叶向阳：《英国游记中的北京形象：历时地勾勒及流变》，载汪介之主编：《跨文化语境中的比较文学》，南京：译林出版社，2004 年，第 559—575 页。

（四）外文

Allport, Gordon. *The Nature of Prejudice*. Cambridge: Addison-Wesley Press, 1954.

Bachelard, Gaston. *The Poetics of Space*. Trans. Maria Jolas. Boston: Beacon

Press, 1994.

Baudet, Henri. *Paradise on Earth : Some Thoughts on European Images of Non-European Man*, Trans. Elizabeth Wentholt. New Haven:Yale University Press, 1965.

Caws, Mary Ann. *City Images: Perspectives from Literature, Philosophy and Film.* London : Gordon and Breach Science Publishers, 1991.

Chen, Xiaomei. *Occidentalism : A Theory of Counter-Discourse in Post-Mao China*. New York : Oxford University Press, 1995.

Colin, Mackerras. *Western Images of China*. Oxford : Oxford University Press, 1999.

Elder, Chris. *Old Peking: City of the Ruler of the World*. Oxford:Oxford University Press, 1997.

Elvin, Mark and Skinner, G. William. *The Chinese City Between Two Worlds*, Stanford: Stanford University Press, 1974.

Hsia, Adrian, ed. *The Vision of China in the English Literature of the Seventeenth and Eighteenth Centuries*. The Chinese University Press of Hong Kong, 1998.

Hohenberg, Paul M. and Lees, Lynn Hollen. *The Making of Urban Europe, 1000—1994*, London: Harvard University Press, 1996.

Hudson, Geoffrey. *Europe and China : A Survey of Their Relations from the Earliest Times to 1800*. London : E. Arnold, 1931.

Jaye, Michel C. and Watts, Ann Chalmers. *Literature and the Urban Experience : Essays on the City and Literature*. New Brunswick and London : Rutgers University Press, 1981.

Lach, Donald Frederick. *Asia in the Making of Europe*. vol. Ⅰ Ⅱ Ⅲ . Chicago: The University of Chicago Press, 1965—1993.

Leask, Nigel. *British Romantic Writers and the East : Anxieties of Empire*. Cambridge : Cambridge University Press, 1992.

Lehan, Richard. *The City in Literature: An Intellectual and Cultural History*. Berkeley : University of California Press, 1998.

Mumford, Lewis. *The Story of Utopias*. New York : Viking Press, 1922.

Pike, Burton. *The Image of the City in Modern Literature*. Princeton : Princeton University Press, 1981.

Said, Edward W. *Orientalism*. New York : Pantheon Books, 1978.

Sharp, William & Wallock, Leonard. *Visions of the Modern City: Essays in History, Art and Literature*. Baltimore and London:The Johns Hopkins University Press. 1987.

Soya, Edward W. *Postmodern Geographies : The Reassertion of Space in Critical Social Theory*. London and New York : Verso, 1989.

Westwood, Sallie and Williams, John. *Imagining Cities : Scripts, Signs, Memory*. London : Routledge, 1997.

Winks, Robin W. and Rush, James R. *Asia in Western Fiction.* Manchester and New York : Manchester University Press, 1990.

后记

古都北京是在元大都的基础上发展演变而来的，是中国古代城市建筑艺术的“封笔”杰作。任何一个人登临景山俯瞰京城，都会为古都的壮伟神奇深深折服：青砖灰瓦的四合院里透出层层绿荫，衬托着南北八公里长，纵贯正阳门、故宫、鼓楼、钟楼等雄伟建筑的城市中轴线……这是世界上其他任何城市所无法比拟的辉煌。

从孩提时代起，我就对北京有着一种朦胧的向往之情，总觉得胸前鲜艳的红领巾就象征着天安门。从高考到考研再到考博，一直希望去北京的高校就读，可是由于种种原因，直到今日，我依然徘徊在古都禁城的大门外，只能借助短暂的游历来慰藉童年的梦想。失望之时，我便自嘲这难以释怀的“北京情结”：看来北京对于我而言，只能是水中月、镜中花了。

中国有句古谚：“塞翁失马，焉知非福。”高考时，擅长“数理化”的我阴差阳错地进入了中文系，结果对文学的迷恋一发不可收。本科四年后，同窗学友大都考取了中国文学的研究生，而我则“一错再错”，选择了比较文学与世界文学专业。后来细分研究方向时，我干脆“将错就错”，主攻中国城市的域外文学形象。也许是冥冥之中自有天命，所有的巧合最终促成了这本书的出炉。

古都北京以其宏大的气魄和多元的文化格局而著称于世。中国文学中的北京描写可谓汗牛充栋，即便是中学生也能够如数家珍般列举出相关的作家作品。京城的巍峨崔嵬，宫廷的政治斗争，朱门的富丽奢华，宫闱的秘闻佚事，以及五光十色的市井社会，这些都是读者耳熟能详的主题。就学术界而言，对中国文学中的北京形象研究现已取得相当可观的成果，蔚为壮观的“北京学”已初现端倪。特别是改革开放以来，中国文化界相继出版了许多关于老北京的书籍，向当代读者提供了一个神秘优雅但却消逝了的城市空间：“北京，在这里成了一个旧梦，一个神话，一片模糊迷离的镜像。”[1] 然而，让人颇为遗憾的是，关于外国文学中的北京形象研究却乏善可陈（据我目前所掌握的资料来看，本书应该是国内外第一本系统研究北京域外形象的专著）。其实，北京作为中国的首都，是外国作家笔下出现频率最高的中国城市之一，在某种程度上代表了外国人眼中的异域中国形象。这是一笔可观的文学财富，有待比较文学学者和城市文化研究者去整理、发掘，只是和国内文学作品相比，语言和解读的方式不同罢了。

本来，我打算将这本书定名为《外国人眼中的北京形象》，希求梳理北京作为东方古都在外国文化中的形象变迁史，并探讨影响这一形象流变的诸多因素，特别是其中潜藏着怎样的异域文化动机。但由于我的主要精力集中在中西文化交流史，学术视域有所局限，无法贯通“东方和西方”，只好忍痛割爱，将范围缩小至“西方文化中的北京形象”。至于东方人对北京的描写，我只挑选代表性的案例穿插于行文之中。

即便是缩小了范围，我在为文时也颇感吃力。虽然近五年来，我一直在搜集相关资料，但原典材料的系统性、代表性和权威性问题依然没有得到解决。在捍卫精准的学术和实现儿时的梦想之间，我踯躅了很久，曾多次想到放弃，但却又不忍心就此搁笔。最终，在师长和亲友们的鼓励下，我坚持了下来，将本书定位为普及性的文化读物，试着用稚嫩的笔做一些资料辑录、汇编的工作，为“北京学”的研究专家们提供一点

[1] 《读书》，1991 年第 2 期。

可资参考的新视角。

另一方面，面对逐渐临近的2008年北京奥运会，我也希望能为“人文奥运”和“人文北京”献出一点绵薄之力。本届奥运的口号是“同一个世界，同一个梦想”（One World One Dream），拙作则试图再补上一句“同一个北京”（One Peking）。本书选择的作者有来京的旅行家、传教士、商人、外交官、军人、记者、作家等，他们从各个角度介绍了中华帝京的历史文化和风土人情。外国人看北京的视野范围远远超越了中国城市，观察的角度和方法也和国人有异，“他者”的文化定位和思维习惯能反映出北京的独特形象。他山之石，可以攻玉，诚如鲁迅先生所言：“看了这些，而自省、分析，明白哪几点说的对，变革，挣扎，自做功夫”，这样便能对我国的城市建设，特别是首都北京的发展规划，有着明镜自鉴的作用。

当然，我深知自己的仓促为文是“学术浮躁”甚至是“急功近利”的表现。不过，从另一种角度来看，这也是一种历史的无奈。很早就读过美国作家大卫·季德（David Kidd）的文章，这位耄耋老者曾于1946年至1949年作为密西根大学和燕京大学的交换生来北京求学，对北京有着很深的感情，他认为“现在只有少数当时居住在那里的西方人士依旧活在这个世界上，最多不超过十几人，他们现今分散在世界各地”。如果有可能，应该尽早组织人撰写这些人的北京经历，“否则，等到我们这些人去世后，那就太迟了，而我们那时所处的奇妙环境就将在黑暗中消失”[1]。季德先生说得不错，随着北京现代化进程的加快，古都风貌逐渐成为历史，而最后的一批“外族”见证人也即将离开人世，在这种时不我待的情况下，希望我的这本小册子能够多少弥补这一缺憾。

本书配合文字内容插入了大量绘画、照片和古旧地图，其目的是给读者一个形象的认知体验，让怀旧的人们在图文并茂中重温老北京的记

[1] ［美］大卫·季德：《毛家湾遗梦：1949年北京秘闻》，胡定译，北京：中华工商联合出版社，1996年，序。

忆。旧日京城的壮丽雄伟，曾使无数西方人瞠目结舌，倾慕不已。而如今，许多曾经闻名遐迩的京师故迹已经不复存在。近年来，政府开始着手保护、修复或重建故宫、永定门、圆明园、四合院和胡同等一系列古迹，以便向世界展示一个有着绚丽历史风采的古都。这一工程的指导方针是“修旧如旧”，然而旧貌究竟如何，仅凭现有的中文资料是不够的，因为中国古人多少忽略了北京古迹的历史意义，也缺乏现代化的手段来记录这些古迹的图像资料，倒是一些外国人在有心无心之间，为我们保留了翔实的文字记载以及大量的图画和照片，其中包括他们在北京的家庭和社交生活、北京城里和近郊的旅游景点、庙宇建筑，以及各个时期的北京地图。借助这些资料，读者可以在追忆北京历史的同时，玩味异质文化在阐释北京时的独特之处。

由于时间仓促和内容的驳杂，再加上我才疏学浅，本书讹误和挂一漏万之处在所难免，敬请方家、广大读者批评指正。

最后，笔者要感谢山东画报出版社韩猛编辑的辛劳工作，以及所有关注本书成长的师友，并祝愿每一位来北京寻梦的国人和海外友人，在下了飞机和火车后都能找到他们梦寐以求的东方古都。

吕超

2008 年 3 月 1 日

新版后记

2008年夏末，《东方帝都：西方文化视野中的北京形象》一书面世。正如初版后记所言，该书是我撰写博士论文之余的“副产品”，既是为了圆梦儿时心愿，也是对深居简出书斋生活的一种调剂。因该书发行时，适逢北京奥运盛会，一时影响颇广。几年间，我陆续收到不少读者的来信，既有专治北京史的专家，也有在读的大学生，还有已经退休的教师，大家无论身处何地，从事何种职业，也无论年龄大小，都有着共同的心愿，就是希望将北京的域外形象研究事业发扬光大。

时光荏苒，近十年来，我先后赴香港中文大学（2008）、斯坦福大学（2009—2010）、牛津大学（2012—2013）和哈佛大学（2016）等高校研修，在各类图书馆、档案馆里搜寻相关文献资料，得到很多师友的热心帮助，也多次“邂逅”此书，他乡遇拙著，这对漂泊异域的我来说是最温暖的慰藉。尤令人欣喜的是，2018年春天，本书的韩文版（文坛出版社，极东大学李承熙教授翻译）由韩国“文学村”出版集团推出，一时成为韩国各大书店的主推新著。

感谢天津市高校“中青年骨干创新人才培养计划”对学术出版的大力资助，以及北京市哲学社会科学重点项目“近现代英美旅行文学中的北京形象研究”（16WXA002）的支持。本次新版对原书做了精心修订：在保持纲目基本不变的前提下，微调了书名，删掉了附录的三篇论文，调整两百多幅图片并全彩呈现，修改文字千余处，以期更加精准地呈现西方文化中的北京印象。身为作者，我将一如既往地欢迎广大读者针对该书提出意见或建议，以期进一步修改完善，来信敬请发至邮箱：xkbgyx@126.com。

吕超

2019 年 2 月 1 日

我吃西红柿 著

典藏版

7

盘龙

黄河出版传媒集团
阳 光 出 版 社

图书在版编目（CIP）数据

盘龙：典藏版. 7 / 我吃西红柿著. -- 银川：阳光出版社, 2022.8
ISBN 978-7-5525-6417-4

Ⅰ. ①盘… Ⅱ. ①我… Ⅲ. ①长篇小说－中国－当代 Ⅳ. ①I247.5

中国版本图书馆CIP数据核字(2022)第136624号

PAN LONG DIANCANG BAN 7
盘龙 典藏版 7　　我吃西红柿 著

责任编辑　杨 皎
装帧设计　曹希予 佘彦潼 周艳芳
责任印制　岳建宁

黄河出版传媒集团 阳光出版社 出版发行

出 版 人　薛文斌
地　　址　宁夏银川市北京东路139号出版大厦（750001）
网　　址　http://www.ygchbs.com
网上书店　http://shop129132959.taobao.com
电子信箱　yangguangchubanshe@163.com
邮购电话　0951-5047283
经　　销　全国新华书店
印刷装订　北京盛通印刷股份有限公司
印刷委托书号　（宁）0024170

开　　本　710 mm × 1000 mm　1/16
印　　张　18
字　　数　262千字
版　　次　2022年8月第1版
印　　次　2022年8月第1次印刷
书　　号　ISBN 978-7-5525-6417-4
定　　价　36.80元

目录

CONTENTS

第288章
命令下达

希金森站在半空，疑惑地看着林雷。林雷竟然就这么不顾任何人直接开始修炼起来。

“厉害，厉害！”希金森赞叹一声，飞向德斯黎等人。

德斯黎等人看向林雷的目光中有着赞叹。

大家各自坐下，海沃德笑道：“大哥，这林雷不愧被称为天才，连和修炼光明系元素法则的希金森切磋都能有所领悟。”

德斯黎这一群人都是圣域级高手。

他们知道林雷肯定是领悟了重要的东西才会直接开始修炼。

“伯父，”雷诺急忙跑过来，“老三怎么了？他受伤了吗？”

“哈哈！”德斯黎等人大笑起来。

米勒笑道：“雷诺，他没事。不过他这一修炼到底要耗费多长时间，那可就难说了。像我们想要突然领悟是很难的。”

雷诺这才放下心来。

林雷此刻的脑海中：一道手持长剑的人影再次施展出刚才希金森的那一剑。

一剑出，光芒闪现，空间错乱……

那模糊的影子，那可怕的穿透力，仿佛无可阻挡。

“到底是什么？到底是什么？”林雷在心中不断地问自己，在脑海中一遍遍演示刚才那一剑。

他明白自己感受到了什么，但是那种感觉很模糊。

是的，很模糊！

他一遍一遍地演示，认真地思考着。

忽然，仿佛有一道闪电在林雷的脑海中闪过，他脑海中的迷雾被他拨开了。

他终于明白自己感受到了什么。

“对！是风，是风！是快奥义的剑法！”

林雷心中狂喜。

当初，他见过米勒施展蕴含风系元素法则的慢奥义的剑法，明白了之后该如何领悟慢奥义。他也明白了，自己研究的风的律动的威力完全可以继续增强。

风的律动是由慢奥义和快奥义这两种相反奥义形成的一种空间刃。对慢奥义和快奥义的领悟越深，会使得空间刃的威力越强，风的律动的威力自然也会越强。

跟米勒交手后，林雷对慢奥义的领悟正逐步加深。

可是，他对快奥义的领悟陷入了瓶颈。

风系元素法则中快奥义的道路是什么？

林雷今天看到希金森的幻空之剑后，明白了自己接下来要走的道路：“各大元素法则中，论速度，也就风系元素法则和光明系元素法则占优势。希金森的速度快，快到令空间发生错乱。风系元素法则中的快奥义，应该也能令空间错乱。”

林雷对风系元素法则中快奥义的领悟已经有一些时日。这些日子，他也经常思考。

现在，林雷想清楚了，就好像一条道路有了起点，又有了终点，他现在要做的就是在这条道路上走下去，一直走到终点。

林雷在脑海中演示各种可能，对风系元素法则中快奥义的领悟也逐渐加深。当无法判断演示对错的时候，他就会站起来使用紫血神剑施展招式来确认对错。

修炼就是这么枯燥、严谨，但也需要偶尔的领悟。

就好像他刚才灵光一闪，终于看清了道路，接下来就是领悟、研究、试验，只需要时间。

从蕴含光明系元素法则的一剑中领悟出风系元素法则中的快奥义，这种领悟力绝非常人能比。此刻，德斯黎一行人都想不到林雷到底领悟了什么。

“这都半个月过去了，老三……”雷诺焦急地看着远处盘膝静坐的林雷。

旁边的蒙妮卡笑道：“雷诺哥哥，昨天晚上，我还看见林雷站了起来，好像在演示什么剑法。不过，他的剑影好模糊啊。那紫色剑影一出，周围便起风了，而且剑影速度太快，根本看不清变化。”

“老三不知道还要修炼多久。”雷诺有些焦急。

“雷诺哥哥，你看！”蒙妮卡忽然惊喜地指向林雷。

林雷此刻已经站了起来，正笑着看向雷诺，边走边说：“老四，怎么了？我的脸上长花了吗？”

这时候，一道黑影冲过来，跳到了林雷的肩膀上。

“贝贝。”林雷宠溺地摸了摸贝贝的脑袋。

贝贝鼓着嘴巴，不满地道：“老大，都半个月了！你还真能睡啊。”

“睡？”林雷哑然失笑。

他在这里修炼，贝贝肯定无聊得很。不过，他此刻心情很是不错，因为他对风系元素法则中快奥义的领悟又更进一步了。

在快奥义上要达到希金森那一剑的威力，估计需要十年左右。

在慢奥义上要达到米勒的境界，估计要三四年。

很明显，米勒在境界上要比希金森低。

林雷心中很是欢喜，跟人切磋时果然能有所领悟。

如果他一个人在深山中毫无头绪地修炼，运气好，要花费十年乃至百年才能找到道路；运气不好，要花费数百年乃至数千年才能找到道路。

修炼就是这样。同一境界，对元素法则领悟得深，实力就会强；对元素法则领悟得浅，实力就会弱。比如奥利维亚和蒂隆，同为圣域级强者，但奥利维亚击败了蒂隆，因为奥利维亚对元素法则的领悟力比蒂隆强。

混乱之岭北部，发生了一场大规模的战争。

按照林雷、赛斯勒等人的计划，在林雷出发前往神秘山村七八天后，巴克等人开始领军攻击南边的属于光明圣廷一方的一个公国——社黎公国。

社黎公国的军队实力远不如林雷这一方，林雷这一方的军队成员性格彪悍，战斗能力要强得多。再加上巴克五兄弟，更是战无不胜。

社黎公国的最强者只是三个八级战士，连一个九级战士都没有。这种公国有什么实力阻止林雷一方呢？

巴克五兄弟如同五个战神，带着大军冲击而来，所过之处，皆被攻克。仅仅四天，社黎公国境内一个郡城的五个小城皆被攻克。林雷一方的势力范围再次扩大。

盖茨、黑鲨、安科三人正待在社黎公国的郡城中。

“简直毫无反抗之力。”盖茨大大咧咧地说道，“对方太弱了，连个能阻挡我们的人都没有。”

一般的对手遇到盖茨等人，谁能挡得住？

而且，圣域级魔兽黑纹云豹黑鲁一直处于待命状态，随时可以出击。

“安德路，”安科突然掉头看向身后的一名银发中年人：“现在社黎公国的军队整编得如何？这公国中的民众呢？”

治理国家，自然要用人，巴克等人不过是将领罢了。

“各位大人，”安德路恭敬地说道，“如今，军队整编已经结束了，安插了不少来自黑土城等城池的军人在其中。”

对于这些投降的军队，巴克等人有些不放心，只能尽量打乱这些军队过去的阵营，让那些将领跟士兵互相不了解，同时安插了一些人。

“社黎公国长期受光明圣廷的影响，信仰光明圣廷的人不少。”安德路忧虑地说道，“我相信，如果光明圣廷的人来攻击我们，这些民众可能会反叛。可是民众太多，我们也没办法。”

“反叛？”黑鲨自信地说道，“那些普通民众能掀起什么大浪来？”

“安德路，这社黎公国我们掌控不久，现在民心不稳，接下来就要麻烦你们了。”安科嘱咐道。

安德路恭敬应命。

“好了，你先退下吧。”安科笑道。

片刻后，房间中只剩下安科、黑鲨、盖茨三兄弟。

安科看向自己的两个兄弟：“赛斯勒先生他们商议后，将命令传了过来，现在停止攻击。我们可以为半个月后正式建立公国做准备了。如今，我们麾下的人有一千多万了。”

黑鲨、盖茨都笑了。

“没想到，光明圣廷根本不反抗，看来是不想跟我们硬碰硬。”盖茨笑道，“等公国建立，对外公开后，我们再继续攻击光明圣廷。”

光明圣廷这种反应，的确让黑鲨、盖茨等人认为光明圣廷不想跟他们斗。

还是那个昏暗的房间中，金发中年人再次来到了这里。

“裁判长大人。”金发中年人恭敬候命。

坐在书桌前的乌森诺此刻目光灼灼，淡漠地说道：“现在林雷一方刚攻克社黎公国，肯定要花费一段时间来整顿。我相信他们会认为我们不想跟他们斗。”

金发中年人抬头看向乌森诺，激动地问道：“要进攻了吗？”

“不进攻则已，一进攻，必须将林雷一方灭掉。”乌森诺冷冷地道，“林雷对我们光明圣廷的威胁很大。现在他们敢挑衅我们，敢攻击社黎公国，显然是要跟我们光明圣廷斗。”

“既然他们要斗，我们就将林雷一方的高手全部解决。”乌森诺语气愈加冰冷，一抹紫光在他的眼中闪过。

金发中年人激动起来，旋即疑惑地问道：“裁判长大人，难道我们要动用圣域级力量？那会不会引起黑暗圣廷、奥布莱恩帝国等势力的不满？”

“不用管那些。”乌森诺冷漠地说道，“如果任凭林雷这么发展下去，那么我们光明圣廷在混乱之岭数千年的积累或许会毁于一旦。他的成长速度太可怕了，现在我还有把握解决他，可是再这么下去……”

乌森诺看向金发中年人：“好了，按照当初的计划，准备行动吧。”

"是，裁判长大人。"金发中年人领命。

"明天半夜，九名圣域级天使会出发……我也要会会林雷以及那只鼠类魔兽。"乌森诺有着足够的自信。

他的实力可是跟光明廷皇不相上下的，比黑德森要强一个层次。

解决林雷，他有足够的信心。

第289章
骤变

乌云遮盖了月亮，天地间一片黑暗。

突然，南方有九道刺眼的白光疾速飞向社黎公国。其中，五道白光飞向社黎公国的五座小城，另外四道白光继续朝社黎公国的郡城飞去。

这白光赫然是全身散发着柔和圣光的天使。

这些天使都有四翼。一开始，他们就变身为天使形态。显然，他们降临的肉身是完全可以承受住他们的力量的。

按照天使品级——

双翼天使是圣域下级，四翼天使为圣域中级，六翼天使为圣域顶级。至于八翼天使，有下位神的实力。传说中的十二翼天使，拥有骇人的上位神的实力。

可惜，在玉兰大陆位面不可能找到能够承载十二翼天使降临的肉身。

“可惜……”跟在四名天使后面的乌森诺，看着天使摇头暗叹，“天使这种人形兵器，没有突破的可能性。即使时间再久，他们的实力也不会提升。”

天使，实际上算不上生灵，而是光明主神在光明神界创造出来的人形兵器。至于是怎么创造出来的，乌森诺并不清楚。可是他明白，天使是无法突破的。天使被创造出来的时候是几翼，就永远是几翼，实力和最初一样。比如光明圣廷内部活了数千年的天使，那些天使的实力和数千年前一模一样。

这使得乌森诺有些瞧不起天使，只是将天使当成工具罢了。这一次行动，他派出的都是天使，除了他以外，没有一个人类圣域级强者。

在乌森诺的眼中，有无限可能的人类圣域级强者要比天使珍贵得多。

社黎公国的一座小城。

一名四翼天使飞到这座小城上空，身上那柔和的圣光陡然变亮，在夜空当中如同太阳一般耀眼，照亮了整座小城。

小城中的居民因为看到这亮光都跑了出来。

“啊，天使！”

“是天使！”

小城的居民都震惊了。因为长期处于光明圣廷的教导当中，这些居民大多数都是信仰光明之主的。

这个时候，许多人都有一种感觉——光明之主派遣他的侍者来拯救他们了。

无数居民跪了下来。

“信仰光明之主，将得到庇护；违背光明之主，终将被毁灭。”四翼天使的声音响彻整个小城。

小城中，近四千名军人中竟然有一大半人跪伏了下来，其他来自黑土城等城池的人则站在原地，感到愕然。

天使？

传说中的天使？

“杀了这些背叛者。”忽然，有人拔出长剑刺死了一名军官。

这些军队中有不少军官是来自莫特郡城等外来城池的。他们不信奉光明之主，这些日子，他们甚至毁掉了不少光明神殿。

今天，周围大量士兵，乃至民众都一拥而上，将外来者全部消灭。

四翼天使一招都没出，就把这座小城收复了。

“光明之主的追随者们，光明之主一定会给予你们庇护。”四翼天使朗声说道。

人们跪伏在地上，非常虔诚。

四翼天使的脸上露出了笑容，他轻而易举就发现有十几个人是修炼光明系魔法的。他降落下来，走到其中一个最强者的面前：“你叫什么名字？”

这个银发老者激动地回道："尊敬的、伟大的天使大人，我叫费尔顿，是这座小城过去光明神殿的殿司，我侥幸保住了性命。"

四翼天使点头，又道："从今天起，费尔顿就是这座小城的城主。"

他的声音响彻整个小城。

"费尔顿！"

"费尔顿！"

"费尔顿！"

小城的居民兴奋得高呼起来。在他们的高呼声中，四翼天使飞了起来。在耀眼的圣光围绕下，四翼天使离开了这座小城，朝郡城方向飞去。

其他四座小城同样如此。天使的出现，使得信奉光明之主的追随者们疯狂了。他们争先恐后地消灭那些背叛者，奉修炼光明系魔法或者光明系斗气的最强者为城主。

当这五名四翼天使飞到社黎公国郡城的时候，这里处处亮起火光。

此时，这里有不少来自莫特郡城、黑土城等地方的军队与当地军队正进行着激烈的战斗。

"裁判长大人。"这五名天使飞到了乌森诺的旁边。

乌森诺正凌空而立看着下方那场大战，三名四翼天使正在和三个不死战士战斗。

"不死战士？"其中一名天使惊呼。

乌森诺淡然点头。他带着四名天使来到这座郡城，通过天使的震慑力，使得城中人开始攻击林雷一方的人马，连军队中的士兵也叛变了。

此次战斗对林雷一方极为不利。

"滚！"一声怒吼响起。那人足有三米高，手臂很粗，鼓起的肌肉使得他宛如一个人形战争机器。他的体表有一层紧贴着肌肉、仿佛岩石的白色铠甲，全身只有脸部露了出来，他脸上的皮肤更是呈骇人的青绿色。

圣域级不死战士！

三名四翼天使对战三个圣域级不死战士。

“二哥，他们的速度太快了。”盖茨愤怒的声音响起。

这三人正是盖茨、黑鲨、安科。他们只是九级战士，即使变身成不死战士，也只是初入圣域境界。依靠不死战士在防御力、力量方面的优势，他们勉强能和圣域中级的四翼天使硬拼。

可是，天使太灵活了。

一名四翼天使一闪，对着盖茨狠狠地踢了一脚。

那一脚踢在盖茨的白色铠甲上，让盖茨的身体一颤。

盖茨看到高空中又有天使飞来，疾呼道：“二哥、三哥，快走，又有天使来了！”

他们连三名天使都搞不定，如今上空还有六名天使和一个人类圣域级强者，怎么和对方斗？

“走，光明圣廷这次真的拼命了！”安科愤怒地吼道。

三人脚一蹬，大地颤动，地面直接龟裂开来。三人如同三块人形陨石朝北方疾速飞去。然而，不死战士的飞行速度是四大终极战士中最慢的。

天使的速度比他们快。顿时，四名四翼天使飞到了盖茨三人的前面，另外五名四翼天使在盖茨三人的后面。

“老五，怎么办？”黑鲨看着盖茨。

盖茨的主意是五兄弟中最多的，可是此刻，盖茨看了看前方四名悬浮着的四翼天使，又看了看背后的五名天使，有点想哭。

老天啊，双方的实力差距太大了。

他们一对一，只能勉强打个平手。

现在九对三，怎么斗？

“怎么办？”盖茨眼中光芒一闪，“拼了！干掉一个就不亏，干掉两个就赚了。”盖茨低吼一声，朝天使疾速冲去。

虽然四翼天使的防御力强，但是他们也不敢硬扛这人形怪物的冲击。

远处的乌森诺淡然道：“天使战阵。”

顿时——

三名四翼天使疾速飞开，另外六名四翼天使很快就摆出了天使战阵，直接围住了盖茨三人。

上方一人，下方一人，周围四个人，这个“囚笼”使得盖茨、黑鲨、安科三人都傻眼了。

“破！”盖茨猛地撞向那由白色光芒形成的墙壁。

砰的一声，一股炽热的可怕力量渗透盖茨的白色铠甲。

盖茨被那可怕的力量冲击得反弹了回去。

“老五，没事吧？”安科立即扶住盖茨。

“没事。”盖茨的嘴角溢出一丝鲜血，“这力量好强，估计比得上圣域级巅峰强者的力量了。幸亏这铠甲的防御力强，不然我就完了。”

乌森诺飞了过来，淡漠地看着盖茨、黑鲨、安科：“圣域级不死战士？阿曼达家族？”

盖茨三人根本不理睬乌森诺。

“我给你们一个机会，只要你们投靠我们光明圣廷，我就不杀你们。”乌森诺淡漠地道。

盖茨、黑鲨、安科三人对视一眼。

“有本事就杀了我啊！”盖茨怒视乌森诺，“我可不怕你。”

乌森诺脸一沉。

“你以为我是被吓大的？”盖茨昂头说道，“你别在这里吹牛，难道你们光明圣廷没接到希塞大人的警告？”

希塞早就说了，如果光明圣廷敢对付巴克五兄弟，他会杀上光明圣廷圣岛。

乌森诺冷哼一声。

乌森诺刚才只是拿话诈他们，的确不敢杀他们。

他可不敢违抗希塞的话，毕竟希塞五千多年前就是圣域级强者了，实力极强，前几年更是达到了神域境界。

希塞可是神级强者！

给乌森诺十个胆子，他也不敢惹希塞，否则光明圣廷会面临被毁灭的灾难。

“解除天使战阵。”乌森诺淡然吩咐道。

“嗯？”盖茨三人疑惑地对视一眼。

难道乌森诺会好心地放过他们?

当六名四翼天使解除天使战阵的时候，乌森诺陡然化为黑光冲向盖茨三人。

盖茨三人根本来不及闪躲就被乌森诺踢了，他们宛如疾速坠下的流星，朝地面砸去。

轰的一声，地面不仅龟裂开来，还震颤起来。

地面上出现了三个巨大的人形深坑，里面躺着盖茨三人。他们体表的白色铠甲已经裂开了，鲜血从他们的嘴角溢出。

他们已然动弹不得。

乌森诺把力量掌控得非常好，让他们受了重伤，却不会有生命之危。

乌森诺翻手取出三根掺杂了黑钰的锁链，扔给了旁边的天使：“把他们都给我绑了。你们两个负责在这里看守他们，其他人跟我去莫特郡城。”

乌森诺说完，不看盖茨三人，直接朝北方飞去。

其他七名四翼天使立即跟在他的身后。

社黎公国郡城和莫特郡城相距数百里。盖茨他们突然遭到袭击，想要通知自己的兄弟都没办法。

在毫无准备的情况下，莫特郡城也遭受了乌森诺以及七名四翼天使的袭击。

这次，乌森诺的动作很快!

当巴克和布恩变身不死战士的时候，乌森诺就踹了他们一脚。

“砰！”

“砰！”

两个不死战士被踢得撞碎了院墙，砸裂了大地，陷入了深坑当中。

“还有一只圣域级魔兽。”乌森诺通过精神力很快就发现了正在疾速逃逸的黑纹云豹黑鲁。

黑纹云豹黑鲁看到巴克和布恩二人被瞬间击败了，就知道大事不妙。

要知道，它要击败巴克、布恩也是要耗费些时间的。

这个人类圣域级强者的实力太强了。

黑纹云豹黑鲁还没开始战斗就逃跑了。

“主人，主人，你快回来啊！”黑纹云豹黑鲁在心中嘶喊着。

第290章

林雷归来

乌森诺化为一道黑色光芒，朝黑纹云豹黑鲁追去。

“他的速度太快了，不好！”黑纹云豹黑鲁朝东南方向疾速逃窜。

它通过精神力发现乌森诺正朝它疾速赶过来。单论速度，它比乌森诺要慢得多，它很清楚自己的实力。

实际上，黑纹云豹黑鲁只是初入圣域境界，不过魔兽的天赋远超人类，它才能跟人类圣域级强者一比。

如大地之熊，刚达到圣域境界就能击败一般的圣域级强者。

其实，贝贝也一样。

贝贝达到圣域境界不久，可是它属于极为罕见的珍贵族群，即使只是初入圣域境界，实力也很强，连磐石剑圣黑德森也不及它。贝贝的天赋极高，比大地之熊还要高。

不一会儿，乌森诺就看到了前方的黑纹云豹黑鲁。

乌森诺的体表此刻燃烧着黑色火焰，整个人宛如来自地狱的魔神，朝下方的黑纹云豹黑鲁疾速冲去。

黑纹云豹黑鲁被吓了一跳，身体立即缩小，不一会儿就只有老鼠大小了。

嗖的一声，黑纹云豹黑鲁直接窜入地底。

轰的一声，一道可怕的黑色火焰射向地面。地面上的石头、泥土瞬间消失，出现了一个深不见底的洞穴。

乌森诺降落来，看了一眼洞穴。

“哼，还真能逃！”乌森诺冷哼一声。

圣域级魔兽的身体可大可小，特别是身体变小后，钻地、潜行的速度极快，人类圣域级强者却没有这种本领。

虽然乌森诺的实力强，但是论钻地能力，他是远不如圣域级魔兽的。

地底深处数百米。

黑纹云豹黑鲁在地底疾速前行，它的身体前端有一股尖锐的气浪，可以快速地分开泥土。

“主人，主人！”黑纹云豹黑鲁急得要命，“主人离开的时候只说去了南方，现在距离太远了，连灵魂传音都做不到。”

魔兽和主人的灵魂传音是有距离限制的，只有主人和魔兽的精神力都强，双方灵魂传音的距离才会长。

如今，林雷和黑纹云豹黑鲁在近千里范围之内可以灵魂传音。

然而，林雷此刻在混乱之岭的最南端，距离它足有三千里。它根本无法和林雷灵魂传音，只能模糊感应林雷的大概方向。

于是，黑纹云豹黑鲁在地底，朝林雷所在的方向疾速赶去。

乌森诺折返回来，飞到莫特郡城上空，直接对那几名四翼天使吩咐道：“你们将这两个不死战士押送到社黎郡城，和其他三个不死战士关在一起，我去黑土城看看。”

乌森诺翻手取出了两根掺杂了黑钰的锁链，扔给了手下的天使。

“是，大人！”那些天使恭声应命。

乌森诺看向北方。据他估计，林雷应该在黑土城。他想：“林雷的那只豹类魔兽估计已经将这里的信息传给林雷了，不知道林雷是逃，还是来迎战。”

旋即，乌森诺化为一道黑光，朝北方飞去。

混乱之岭南部，神秘山村内的小树林中央有一间石屋，石屋前有一张石桌。

林雷和雷诺边喝酒边交谈，不知不觉就到凌晨三四点了。

天亮后，林雷就要离开。

“再过两三个小时，我会和贝贝一起离开。老四，等空闲下来，你就回帝都看看吧！你父母一直牵挂着你。”林雷对雷诺嘱咐道，旋即瞥了一眼雷诺旁边的蒙妮卡，笑道，“好了，老四，你先去休息吧，你都一夜没睡了。”

雷诺、蒙妮卡两人并肩站在一起。

“老三，这次谢谢你了！”雷诺感激地说道。

无论是他跟蒙妮卡能够轻易在一起，还是他拥有每年都可以离开山村一次的特权，这都是林雷带给他的。他很清楚，以他的本事是不会被德斯黎等人放在眼里的。

林雷嘴角上翘，笑骂道：“老四，你还跟我客气？”

“嗯？”林雷忽然脸色一变。

此刻，黑纹云豹黑鲁距离他不足千里。

黑鲁的声音已然在他的脑海中响起：“主人，大事不好了，光明圣廷的圣域级强者攻过来了，巴克五兄弟都被俘虏了。”

这个消息让林雷大吃一惊。

“老四，”林雷忽然正色道，“抱歉，我现在有要事，得离开了。”

“出了什么事？”雷诺、蒙妮卡感到惊讶。

林雷摇头说道：“我的一些私事。老四，你就不要担心了。”

林雷挤出一丝笑容，捶了一下雷诺的胸膛：“好了，我走了。”一闪身，他化为一道残影。

林雷来到德斯黎的府邸前，朗声说道：“德斯黎先生！”

这府邸周围有一些石屋，海沃德和福曼便住在这些石屋里。

“林雷，出什么事了？”海沃德停止修炼，走出石屋，对林雷问道。林雷这么快赶过来，肯定有事。

过了一会儿，德斯黎等人也走了出来。

林雷看着德斯黎等人，歉然地说道：“德斯黎先生，还有各位，我现在有重要的事情要办，得先离开。”

“出了什么事，要我帮忙吗？”德斯黎问道。

“不用。”林雷摇头。

林雷知道德斯黎这一批人在这里潜修，肯定不喜欢争权夺利。人家这么问或许只是出于礼貌，如果他真的让德斯黎他们去对付光明圣廷，德斯黎心底反而会反感。

最重要的是，经过这段日子的相处，林雷知道德斯黎过去竟然在光明圣廷待过。不单单德斯黎，连希金森也在光明圣廷待过。

当然，现在德斯黎他们已经脱离光明圣廷了。

“各位，先告辞了。”林雷行礼，旋即施展风影术，整个人腾空而起。

在远处草地上趴着的贝贝化为一道黑影，飞了过来。

一人一兽在德斯黎等人的注视下离开了这神秘山村。

他们飞出了这条山脉，朝北方疾速赶去。

此刻还是深夜。

“老大，发生什么事情了，这么着急？”贝贝跟着林雷一边飞行，一边疑惑地问道。

“光明圣廷跟我们来真的了。”林雷眼睛眯起，冷冷地说道。

贝贝顿时兴奋起来：“哦？那光明圣廷敢来拼了？真是太好了！这些日子我过得真无聊，很快就会有好玩的事情了。”

林雷点点头：“我等这一天也等了很久。”

对光明圣廷，林雷是发自心底地怨恨。无论是父亲、母亲，抑或是德林爷爷，这些亲人的离去无一不跟光明圣廷有关。这个表面光明、暗地里阴狠的组织就是个毒瘤，林雷早就想清除了。

一人一兽疾速飞行。

不久后，下方一道黑影破土而出，旋即就飞到了林雷的旁边。

“主人。”黑纹云豹黑鲁恭敬地道。

贝贝喝道："黑鲁，到底是怎么回事？快说清楚！"

黑纹云豹黑鲁一边飞行，一边说道："我跟巴克、布恩两人待在莫特郡城的时候，光明圣廷一方突然有七名四翼天使和一个人类圣域级强者过来了。"

"七名四翼天使？"贝贝眼睛一亮。

"四翼天使还好，可是那个人类圣域级强者的实力太强了，他瞬间就将变身中的巴克和布恩踢成重伤，令他们动弹不得。我根本不敢迎战，只能逃窜。我逃入地底的时候，他发出的一道黑色火焰，追击我直到地底数百米深的地方，我差点就完了。那个人类圣域级强者太可怕了，比黑德森给我的感觉恐怖多了。"黑纹云豹黑鲁谈到乌森诺，此刻还有些后怕。

林雷在心中思索着。

"按照武神的说法，光明圣廷最强者光明廷皇的实力应该比德斯黎、法恩等人低一个层次，比黑德森高一个层次。今天来的人似乎实力和光明廷皇相当。"

"难道是地位跟光明廷皇相当，实力和光明廷皇不相上下，最残暴、最毒辣的裁判所的裁判长乌森诺？"林雷在心中暗道。

林雷不认为光明廷皇会直接过来，可乌森诺过来还是有可能的。

"贝贝，此次的敌人比黑德森强，你也要小心。"林雷提醒道，"这一次，我们不能大意。即将抵达社黎公国境内时，我就对你们两个施展风影术。"

风影术，乃九级魔法，虽然只是辅助魔法，但是消耗的魔法力还是很大的。

不过，林雷拥有盘龙戒指，通过盘龙戒指施展魔法，消耗的魔法力、精神力只是原来的六分之一。

"风影术？"贝贝一眨眼，"难道那个人的速度赶得上我？"

"这次不能大意。"林雷摇头道。

贝贝点了点头。

林雷对黑纹云豹黑鲁吩咐道："黑鲁，那个人类圣域级强者交给我和贝贝对付，至于你，去对付四翼天使。我们要尽量先消灭一些四翼天使。"

"是，主人。"黑纹云豹黑鲁应命。

旋即，一人两魔兽快速朝社黎公国飞去。

天蒙蒙亮，林雷、贝贝、黑纹云豹黑鲁就到了社黎公国境内。

一抵达社黎公国，林雷就变身为龙血战士，还对贝贝、黑鲁施展了风影术。

“老大，我感觉你现在的速度好像快了许多啊。”贝贝感受着现在的速度，同时疑惑地看向旁边的林雷。

“我对风系元素法则有了一些领悟，速度也就快了一些。”林雷笑着说道。

在风系元素法则快、慢两大奥义上，林雷都有所突破。如今他的身影愈加飘逸，速度也更快了，加上龙血战士的天赋以及风影术，他的速度比之前和黑德森战斗的时候提升了一个档次。

“好喧闹。”林雷看着远处一座社黎公国的小城。

那座小城此刻万家灯火，热闹得很。不久前，天使降临，使得这座小城的居民兴奋得睡不着觉，一个个愈加信仰光明之主。

林雷注意到那小城城楼上的旗帜已经变了，恢复成社黎公国的旗帜了。

“天使一来，失地都收复了。”林雷懒得管这种小城，直接朝社黎公国的郡城飞去。

仅仅一会儿，一人两魔兽就飞到了社黎郡城的上空。

此刻，天更加亮了，清晨清新的空气充满大地。

林雷、贝贝和黑鲁都悬浮在社黎郡城上空。

“只有六名天使和巴克他们五人，没有其他圣域级强者。”林雷的精神力瞬间就覆盖了下方。

“六名？”贝贝好像不满足。

这时候，那六名四翼天使发现了林雷，从下方飞了出来。他们身上的圣光是那般耀眼，仿佛六个小太阳一样从下方升起。

林雷目光冷厉，说道：“六名天使，都给我灭了！”

“是，老大（主人）！”贝贝、黑鲁化为两道黑色流光，冲向六名四翼天使。

第291章

天使陨落

社黎郡城的民众得知天使住在城主府后，许多民众就一直关注这里。

此刻，看到六名四翼天使同时腾空而起，他们顿时欢呼起来，引起了更多民众的注意。

六名四翼天使是这些普通民众需要仰视的存在。

“那三道黑影是什么，竟然敢跟天使斗？”不少民众也注意到了即将跟六名四翼天使厮杀的三道黑影。

片刻后，社黎郡城的民众再次欢呼起来，因为那三道黑影已经被六名四翼天使包围了。

“动作好连贯，配合还真是够默契的。”林雷淡笑着看着周围。

刚才，林雷紧跟着贝贝、黑鲁冲了过去。

没想到，那六名四翼天使立即向四周撤退，瞬间就形成了天使战阵，将林雷、贝贝、黑鲁包围了。

六名四翼天使处于六个方向，那天使圣力形成了“囚笼”。

“嗷——”贝贝尖啸着，一爪子抓在其中一名四翼天使的身上。

那白色圣力形成的“囚笼”一阵震荡，却没溃散。

林雷在心中暗叹：“这天使战阵果然厉害！只是六名圣域中级的天使，就让天使战阵的威力变强了，连可以和黑德森硬碰硬的贝贝都不能攻破。”

“这魔兽很厉害，小心点！”其中一名四翼天使叮嘱道。

片刻后，一道刺眼的光芒从这名四翼天使的身上发出，直接朝高空射去。当升至最高处，那刺眼的光芒突然爆发，让社黎郡城民众感觉眼前一片模糊。

仅仅一会儿，大多数人就揉着眼睛，努力抬头继续观看这一场大战。

“在通知乌森诺？”林雷环顾周围六名天使，暗自说道。

“哼，林雷，你这次必死无疑。”其中一名天使笃定地说道，“过会儿裁判长大人过来，你逃命的机会都没有。”

“果然是乌森诺。”林雷目光冷厉。

“你以为你敌得过裁判长大人？”一名四翼天使说道。

那六名四翼天使都冷着脸，他们身上雄厚的光明圣力开始朝其中一名四翼天使的身上聚集。

显然，这六名天使正在准备大招。

林雷摇头，冷漠一笑。

他一闪，就到了一名四翼天使的面前。

那名四翼天使体表的白色光明神力立即亮了起来，他道：“真是可笑。”

那名四翼天使十分自信。根据情报，林雷的实力跟黑德森相当，比不上那只叫贝贝的魔兽。

连贝贝都破不开天使战阵，林雷能吗？

林雷眼中掠过一丝讥讽，如果没有实力，他岂会故意进入这天使战阵？

砰的一声，黑钰重剑拍击在光明圣力护罩上。

一股可怕的振动波瞬间进入四翼天使的体内，让四翼天使身受重伤。

那名原本还很自信的四翼天使瞬间脸色惨白，眼神变得暗淡，直接从半空坠落，仿佛破烂的沙袋砸在地上，扬起一片灰尘。

大地奥义——一百五十重振动波！

这是林雷如今的极限！

“上一次六名天使，这一次又是……”林雷冷漠一笑，“天使战阵对我没用的。可惜，上次陨落的六名天使没办法告诉你们。”

这一百五十重振动波，可比当年他和黑德森比试的时候的威力强得多，就是防御力很强的黑德森，恐怕最多硬扛两下就不行了。

“怎么可能？”另外五名四翼天使感到震惊。他们没感到光明圣力护罩有震荡，他们的伙伴就殒命了。

这时候，贝贝、黑鲁化作黑色光芒。

“嗷——”刺耳的声音响彻天际。

一名四翼天使想要闪躲，可是在贝贝堪称可怕至极的速度面前，根本毫无反抗之力，当场丧命。

而后，贝贝只是三爪子，另外三名四翼天使从高空接连落下，没了气息。

此时，黑鲁也解决了一名四翼天使。

林雷宛如一阵风，飘忽不定，而黑钰重剑时快时慢。片刻后，黑钰重剑剑身上竟然出现了空间刃。

黑钰重剑带着空间刃劈在了那名惊恐得想要闪躲的四翼天使的头上，四翼天使从空中落下。

风之奥义——风的律动。

“用黑钰重剑施展风之奥义，威力的确小了一些。”林雷看着地面上的尸体感慨道。

无论是风之奥义，还是大地奥义，都可以用其他兵器或者拳头施展，只是效果不同。比如用黑钰重剑施展风的律动，威力只有紫血神剑的五成左右，跟用拳头施展这一招的威力不相上下。

在林雷使用风之奥义解决了其中一名四翼天使后，眨眼的工夫，另外五名四翼天使便被贝贝、黑鲁解决了。

六名天使的尸体躺在地上。

“怎么，怎么……”

“不……不可能。”

这一幕，令社黎郡城无数民众震惊不已。

他们心中至高无上的天使，那可是光明之主的使者啊！可是，这六名四翼天使竟然瞬间就被三道黑影解决了。

林雷体表的青黑色气浪翻滚，整个人悬浮空中。

社黎郡城的人仰视着这个魔神。

“你们竟然信仰光明之主？真是笑话！”林雷的声音仿佛雷声轰鸣一般在天地间回荡，“光明圣廷的廷义只是一种欺骗。在这个世界，别把希望寄托在神的身上，而是要靠自己。”

社黎郡城无数民众都感到迷茫。

六名四翼天使竟然就这么殒命了。按照光明圣廷的廷义，光明之主的荣光无可阻挡，当光明之主派出他的使者，一切阻碍都会化为灰烬。可是今天，化为灰烬的是天使！

“这个人是谁？”许多人都低声议论起来。

“记住，我的名字叫林雷！”

林雷的声音在社黎郡城中回荡。即使林雷、贝贝、黑鲁飞入了城主府，社黎郡城中的民众也还处于震撼当中。

“林雷，竟然是林雷……”

玉兰大陆上名叫林雷的强者只有一个，就是那个石雕宗师、魔法天才、龙血战士——林雷·巴鲁克！

林雷自从知道光明圣廷要跟自己硬碰硬就不再隐瞒自己的身份了。一个圣域级巅峰强者的号召力是非常强的，林雷直接公开自己的身份，恐怕一些公国就不敢反抗，甚至会直接投降。

乌森诺疾速飞行，朝社黎郡城赶去。

“没想到，林雷竟然会在社黎郡城出现，我还以为他逃走了。”

乌森诺重伤了巴克、布恩，派人将巴克二人送到社黎郡城，将他们和盖茨三人关在一起，然后前往黑土城。

在黑土城，乌森诺没有发现一个圣域级强者。

林雷逃了！

这是乌森诺当时的第一反应。

乌森诺认为黑纹云豹黑鲁灵魂传音给林雷，把林雷吓跑了。乌森诺当时很失望，只能回到莫特郡城。

没想到，天蒙蒙亮，乌森诺就发现社黎郡城方向出现了耀眼的光芒。

信号！

那是林雷出现的信号！

“林雷的实力强，六名四翼天使联手施展天使战阵，即使杀不了林雷，也应该能保住性命。”乌森诺在心中暗道。

当初，他在那里安排六名四翼天使，就是为了施展天使战阵。

毕竟是六名圣域中级四翼天使！

当初，兰澹六人殒命，光明圣廷不在乎，因为兰澹六人只达到九级。这种低等级的天使，光明圣廷有不少。可是，这六名四翼天使就不同了。

要找到可以让四翼天使发挥出全部力量的肉身比较困难。肉身必须达到七级战士的级别，才能让四翼天使降临，让他们发挥出全部力量。达到七级战士级别的肉身很少，光明圣廷数千年来也才那么一些。

乌森诺到了社黎郡城，然后直接飞向城主府。

乌森诺散发精神力，片刻后，他的脸色就变了。

他飞到城主府的上空，清晰地看到了城主府门前躺着的六具尸体。

“六名四翼天使都死了？”乌森诺的心脏狠狠地抽搐了一下。

当年，魔兽山脉的帝林带着圣域级魔兽杀到芬莱城，光明圣廷也没损失多少天使，可是今天损失了六名四翼天使。

乌森诺目光冷厉，周围的温度竟然急剧下降，那六名四翼天使体表的鲜血开始凝结。

“林雷，出来！”乌森诺吼道。

社黎郡城那些刚受过林雷刺激的民众，此刻震惊地发现，城主府上空又出现了一道穿着暗金色长袍的身影。

“挑战林雷吗？”不少民众在心中讶异。

今天，他们受到的刺激太多了。先是天使降临，而后天使被林雷等人灭了，现在竟然又有一个圣域级强者来挑战林雷……

他们一辈子都没看过这种连续不断的激烈战斗。

“林雷，你只会躲在城主府中吗？你以为我发现不了你？”乌森诺的声音中蕴含着愤怒。

光明圣廷什么时候吃过这么大的亏？

如果林雷是神级强者，光明圣廷只能忍气吞声，可林雷不是。

“躲？”冷漠的声音在城主府中响起。

“乌森诺，你未免太看得起自己了。”迈着沉稳的步伐，穿着深青色长袍的林雷，在贝贝、黑鲁的跟随下走出了城主府。

巴克五兄弟也跟在林雷的身后，一字排开。

林雷仰头看向前方上空的乌森诺，乌森诺在半空俯视林雷。

二人对视，气氛很紧张。

此刻，乌森诺四周的温度已经降到了极低的地步。

幽暗，死寂。

这一块区域，乌森诺就是掌控者。

“呼——”

陡然，这一块区域起风了，风源是林雷。

林雷的深青色长袍被吹起，长发飘飘。

狂风呼啸，直接袭向上空的乌森诺。

乌森诺如激浪冲击下的礁石，一动不动。

“你让我光明圣廷的六名四翼天使殒命，我今日必让你殒命，并让你的灵魂永世受烈火煎熬。”乌森诺的声音仿佛冰冷的刀子刺入众人耳中。

林雷看着上空的乌森诺，咧嘴一笑：“有本事就来吧。”

第292章
与乌森诺激战

黑色的鳞甲、尖刺迅速冒了出来，林雷瞬间就变成了龙血战士。他身上穿的那件深青色长袍被翻滚的斗气震得粉碎，长袍碎片悬浮在林雷周围。

“去！”林雷盯着上空的乌森诺。

顿时，那悬浮的无数长袍碎片宛如一支支利箭射向上空的乌森诺。

紧接着，站在林雷身后的贝贝消失在原地。

近百米距离，仅仅一刹那，身长半米的贝贝就出现在了乌森诺的眼前。

“嗷——”刺耳的尖啸声朝四面八方传开，贝贝那双利爪朝乌森诺狠狠地抓去。

哧哧声响起，乌森诺的身体宛如着火一般，他的体表萦绕着黑色火焰。

环绕着黑色火焰的拳头跟贝贝的利爪撞击在一起，震耳欲聋的声音响起。

乌森诺瞬间就飞退到百米之外。

贝贝怒视着乌森诺：“乌森诺，有本事别逃！”

乌森诺刚要张口说话，一阵旋风就到了他的面前。

一只覆盖着鳞甲的利爪如利刀一样劈向他。

乌森诺再次闪退。

林雷站在半空，体表的青黑色气浪翻滚：“乌森诺，你怎么总是后退？刚才你不是说让我殒命吗？”

林雷声音低沉，目光冷厉，让人心颤。

“老大，乌森诺那黑色火焰的威力很大，不过应该破不了脉动防御。”贝贝的声音在林雷的脑海中响起。

“我知道，乌森诺的绝招还没拿出来。”林雷小心警惕着。

乌森诺手一翻，手中出现了一柄纯黑色的狭窄长刀。他冷漠地看向林雷和贝贝这一人一兽：“刚才只是探探你们的实力，的确……你们有资格让我拔刀。”

一人一兽和乌森诺凌空对峙。

下方的民众都屏息观看社黎郡城建城以来前所未有的一场大战。

“上！”林雷的声音在贝贝的脑海中响起。

林雷和贝贝从两个方向同时冲向乌森诺。

林雷手中散发青色光晕的黑钰重剑，向乌森诺劈去。

乌森诺见贝贝、林雷冲来，心想：“这只叫贝贝的魔兽，速度比我还快，林雷的速度也只是比我慢一些，难不成情报有误？”

林雷身影飘忽，好像很慢，又好像很快，诡异至极。

对风系元素法则领悟得越深，他的速度就越快。

贝贝率先冲到了乌森诺的面前。

乌森诺竟然在半空一动不动，任凭贝贝一爪子抓过来。突然，乌森诺手中的黑色长刀光芒一闪，劈在了贝贝的利爪上。

“锵！”如同金属撞击的声音响起。

乌森诺被反弹力撞得后退了百米，然而贝贝在半空一动不动。

“贝贝。”林雷感到情况不妙。

“老大，小心！他的黑色长刀蕴含灵魂攻击。”贝贝提醒道，“我刚才脑袋有些发晕。”

林雷心中一紧。

灵魂攻击！

据林雷观察，乌森诺是一个圣域级战士，估计精神力不会太强。就像奥利维亚，他也是一个圣域级战士，虽然会灵魂攻击，但是其精神力只相当于八级魔法师，其灵魂攻击对精神力强的人杀伤力不大。

“我的精神力达到了九级，应该可以承受。”林雷不顾一切，再次手持黑钰重剑冲上去。

贝贝甩甩小脑袋，旋即尖啸一声，再次朝乌森诺冲去。

乌森诺身影一动，迎向林雷。

“呼呼——”黑钰重剑瞬间划破长空，劈向乌森诺。

乌森诺手中的黑色长刀劈向林雷的黑钰重剑。

黑钰重剑和黑色长刀撞击，林雷被反弹得后退，痛苦地甩了甩脑袋。

一股诡异的振动波通过黑色长刀传向乌森诺，透过乌森诺体表燃烧的地狱火焰直接进入他的体内，令他的五脏六腑都震颤起来。

“噗！”一口鲜血直接从乌森诺的口中喷出。

乌森诺震惊地看着林雷，没想到他跟林雷的第一次真正交手就被重伤了。

“如果再来一下，我恐怕就不行了。林雷的攻击太诡异、太可怕了，我的防御力根本没用。”乌森诺已经感觉到了林雷的可怕之处，“没想到，对付林雷，我竟然要使用绝招。”

过了一会儿，林雷才感觉脑袋舒服一点。

“好可怕的灵魂攻击！”林雷心底惊诧，“不但对灵魂有穿透作用，还有迷幻作用。”

“看我的！”贝贝猛地冲到乌森诺的面前，用锋利的犬齿去咬乌森诺。

可是，贝贝竟然从乌森诺的身体中穿了过去。

“两个！”林雷震惊了。

这个时候，半空竟然有两个乌森诺，而且不是幻影，是真的！

“分身？”林雷不敢相信。

两个乌森诺再次一动，竟然变成了四个乌森诺。

这跟奥利维亚靠快速运动形成的幻影不同，这四个乌森诺都是真实的。

林雷通过精神力发现这四个乌森诺都有本尊的气息。

“这……这是怎么回事？”林雷感到诧异。

四个乌森诺凌空而立，冷漠地看着林雷，一人一句形成了一段话：“林雷，你确实有实力，竟然逼得我使用这一招。刚才你也看到了，你攻击我时会发现我的身体是虚幻的。我攻击你时，你会发现我的身体是真实的。也就是说，我可以攻击到你，你却攻击不到我。你必死无疑。”

四个乌森诺同时朝林雷疾速飞去。

林雷冲向其中一个乌森诺，却将黑钰重剑劈向另外一个乌森诺。

大地奥义——一百五十重振动波！

可是，林雷的黑钰重剑从这个乌森诺的身体中穿了过去，丝毫没有伤到他。

乌森诺突然一刀劈向林雷，林雷立马用黑钰重剑抵挡。

林雷被劈飞，感觉一阵眩晕。

“怎么可能？怎么可能有这种逆天的能力？”林雷不敢相信。

就算是面对法恩、德斯黎，林雷也没有过这种感觉。

林雷攻击不到对手，对手却可以轻易攻击到他。这到底是怎么回事？

“乌森诺，这没什么了不起的。”贝贝的声音响起。

贝贝盯着乌森诺，道：“别人攻击不到你？如果有四个人同时攻击你的四个身体，你说攻击得到吗？”贝贝似乎对这种能力很清楚。

四个乌森诺都手持黑色长刀。

“你似乎懂得这一招？”乌森诺冷笑道。

“当然懂！别忘了，我是黑暗属性的魔兽。”贝贝身体一晃，竟然一分为二，两个贝贝凌空而立。

乌森诺看到这一幕场景震惊了，林雷同样感到震惊。

下方的巴克五兄弟看着上空发生的一切。

“怎么回事？”黑鲨看向盖茨。

盖茨迷茫地摇了摇头：“这场战斗不是我们能插手的，看着吧。”

林雷此刻飞到了两个贝贝的旁边。

贝贝对林雷说道：“老大，黑暗系元素法则中有一个基础招式——潜行术。潜行术修炼到一定程度，就能修炼化影术，化影术是将身体融入影子中。化影术修炼到一定程度，就能修炼化影分身术。”

“这个乌森诺在化影分身术这方面比我厉害！”贝贝说道。

“这叫化影分身术？”乌森诺皱眉问道。

“你不知道？”贝贝看着乌森诺。

乌森诺沉默了。实际上，这种分身之法是他修炼黑暗系元素法则的时候，根据化影术的原理逐渐领悟出来的。至于名字，他随便起了一个。

化影分身术第一级别，就是在原本影子的基础上再形成一个影子，本尊可以在两个影子中任意改变位置。

化影分身术第二级别，就是将两个影子化为四个影子，本尊可以在四个影子中任意改变位置。

乌森诺显然已经修炼到了第二个级别。

刚才林雷攻击乌森诺的一个分身，乌森诺本尊就转移到其他影子中了，攻击林雷的时候再转换过来。

这一招是厉害，可是在神级高手的神之领域中没有用。

“贝贝，你什么时候学会的？”林雷灵魂传音问道。

“黑暗属性魔兽天生就知道一些黑暗系魔法、特殊攻击等。我达到圣域境界后，就会施展化影分身术。可惜，我没有这个乌森诺厉害。”贝贝无奈地灵魂传音回道。

魔兽天生就拥有魔法等特殊技能，越强的魔兽魔法就越厉害。

林雷在心中暗叹不已。

“知道又怎么样？你还是要死！”四个乌森诺都动了，目标是林雷。

四个乌森诺疾速围攻而来，林雷立即飞退。

一打四，怎么斗？

硬碰硬，他必输！

“嗷——”两个贝贝尖啸着冲了过去。

两个贝贝的速度都极快。

两个贝贝跟四个乌森诺纠缠在一起。乌森诺有四个影子可以选择，躲避起来要比贝贝轻松得多。

砰的一声，两个贝贝飞退开来。

“贝贝，快，到我这里来！等一下你听我的命令行事。”

此刻，林雷站在社黎郡城的一条街道上，仰头看着上空的乌森诺，静静等待乌森诺过来。

贝贝感到疑惑，可依旧朝林雷飞去。

“老大，要干什么啊？”贝贝问道。

当贝贝听到林雷灵魂传音的回答时，眼睛亮了起来，飞快地蹿到了林雷的肩膀上。林雷和贝贝仰视上空那四个乌森诺，似乎毫不畏惧。

“嗯？在玩什么把戏？”乌森诺见林雷如此自信，有些疑惑。

他用精神力搜索，发现林雷和贝贝的周围没有其他人，也没有陷阱。

他认为自己实力强，又修炼了化影分身术，不会怕对方的手段。

“哼！”乌森诺冷哼一声。

不再犹豫，四个乌森诺同时向下方的林雷冲过去。

林雷一手持黑钰重剑，一手持紫血神剑，站在大街中央。

贝贝站在林雷的肩膀上，一动不动。

一人一兽都看着乌森诺疾速冲下。

当距离林雷只有十几米的时候，乌森诺忽然停下来了。

第293章

巴鲁克公国

有阴谋!

乌森诺看着前方自信满满的林雷，感到古怪。

“这小子到底有什么阴招？”

“怎么，害怕了？”林雷双手持剑，看着乌森诺，“如果害怕，你就灰溜溜地滚蛋吧！没事，我不会追杀你的。”

林雷的话气得乌森诺欲吐血。

“追杀？”乌森诺不爽，现在明显是他占了上风。

可是他生来谨慎，怀疑林雷有什么阴招，见林雷那副自信的模样，忽然想道：“难道林雷故意装出这副模样想将我吓走？”

乌森诺仔细审视林雷：“如果林雷有绝招早就用了，何必现在故弄玄虚？即使他有底牌，也不可能如此高调，这不是明显告诉别人他有绝招吗？”

乌森诺心底冷笑：“虚虚实实、实实虚虚，这小子在玩我。我不信他有办法伤我。”

“裁判长大人，你怎么总是迟疑呢？你过去的威风、果决呢？”林雷冷漠地说道。

乌森诺凝视着林雷那双暗金色的眼眸，嗤笑道：“小子，我还……”

话说到一半，四个乌森诺几乎同时攻向林雷，速度之快让人惊惧。

然而——

嗡的一声，百米范围内瞬间覆盖了土黄色光晕。

林雷和贝贝的身上也出现了土黄色光晕。

瞬发——七级重力术！

七级重力术，让身体受到的地面引力变为正常的四倍。这样不仅会影响肌肉，也会影响体内的经脉、内脏、血液。

再厉害的强者，在七级重力术的影响下，不仅施展的招数会变形，速度也会变慢。

对圣域级强者而言，你扔一块万斤巨石在他的身上，他会像弹灰尘一样将巨石弹得粉碎，速度几乎不受影响。

可是七级重力术不同，它会令一些人的血液循环变慢。实力弱的人，在七级重力术的影响下，可能会猝死。

在瞬发了七级重力术，以及在自己和贝贝的身上施展了抵消七级重力术的魔法后，林雷和贝贝就向乌森诺发动了攻击。

一个林雷和两个贝贝同时杀向四个速度明显变慢的乌森诺。

然而，林雷的黑钰重剑又劈空了，紫血神剑同样劈空了。

砰的一声，乌森诺被击中了，身体抛飞出去。

四个乌森诺合为一个，鲜血从他的口中溢出。他躲过了林雷的攻击，却躲不过两个贝贝的攻击。

林雷和贝贝毫不犹豫地朝乌森诺冲过去，可是乌森诺再次瞬间化成四个，同时，他体表迸发的黑色火焰将周围的街道烧得一干二净，甚至消除了七级重力术的能量。

“没想到你还会这招。”乌森诺愤怒地看着林雷，“可是，你这招没用！”

“没用吗？”林雷自信地站在地面上。

四个乌森诺再次疾速冲过来，同时，林雷周围再次浮现出了土黄色的光晕——七级重力术！

四个乌森诺一顿，紧接着，黑色火焰燃烧，再次消除了七级重力术的能量。

乌森诺眼中尽是怒气：“没用的，林雷！我的身体可以逐渐习惯这种程度的重力术。”

“贝贝，上！”林雷、贝贝再次冲向乌森诺。

林雷再次施展了重力术，只是这一次他施展的是六级重力术。

六级重力术，让身体受到的地面引力变为正常的两倍。

原本已经准备好适应四倍引力的乌森诺，在两倍引力的作用下，施展的招数再次变形。

林雷趁机施展风的律动。紫血神剑时快时慢，剑刃上出现了空间刃。

紫血神剑带着空间刃劈在了乌森诺的身体上，穿透黑色火焰，再次将乌森诺劈飞。

一道伤口出现在了乌森诺的胸口上。

乌森诺躲过了林雷的黑钰重剑，躲过了两个贝贝的攻击，却被紫血神剑伤了。

“威力怎么这么大？”乌森诺的脸色变了。

刚才，他无处可躲。

他的四个影子，林雷可以同时攻击两个，两个贝贝可以攻击另外两个。

无论如何，他必须承受一击。

他不敢硬扛黑钰重剑，也不敢硬扛贝贝的爪子。

最后，他选择硬扛紫血神剑。

可是，这紫血神剑似乎比贝贝的爪子还要厉害。

“据情报，这紫色长剑的攻击力并不强。”乌森诺思忖。

的确，林雷跟黑德森战斗的时候，用紫血神剑施展风的律动时威力并不大。可是，他如今在风系元素法则中的快、慢两大奥义上都取得了一定突破，再施展风的律动，其威力比过去大了很多。

“乌森诺，你不是要让我殒命吗？”林雷显得有些兴奋。

攻击！

变身后宛如地狱恶魔的林雷和身体变大的贝贝一起朝乌森诺冲去。林雷再次瞬发重力术，土黄色的光晕不一会儿就覆盖了大地。

“轰！”乌森诺体表的黑色火焰迸发，消除了重力术的能量。

对林雷而言，这种等级的重力术连续瞬发一两百次都不会消耗太多魔法力。

于是，林雷交替使用七级重力术、六级重力术。

“不好！”不断变换的重力术使得乌森诺的攻击招数再次变形。

六级重力术和七级重力术对引力的影响各不相同，让乌森诺陷入了困境。这就好像正常人走路时，引力突然混乱，以致走路都走不好。

避无可避，乌森诺被贝贝的爪子又狠狠抓了一下，咔嚓一声，他的胸骨断了……

乌森诺这一次直接腾空而起，再也不敢靠近地面。

“没想到，不同的重力术会造成这种效果。”乌森诺捂着胸口，感到震惊。

他的伤很重，被林雷的黑钰重剑、紫血神剑各来了一击，还被贝贝的爪子抓了两三次。

“贝贝，上！他现在受了重伤，状态不好。”林雷说道。

毫不犹豫，四个乌森诺同时朝南方疾速飞去，不理会后面的贝贝。贝贝或许会追上他，但是他本尊可以在四个影子中不断变换，无须畏惧贝贝。

如果是林雷去追，乌森诺或许会反伤林雷，毕竟林雷在空中无法施展重力术，速度也不如乌森诺。

巴克五兄弟走上前来。

“那乌森诺逃走了。”安科慨叹一声。

“大人和贝贝将乌森诺打跑了。”盖茨兴奋起来。

他们仔细看了一下城主府门前的街道，沉默了。

那六名天使的尸体还躺在街道上，不过早就凝结成冰块了。

在靠近林雷的位置，地面大概下沉了一米，原本一米厚的泥土被乌森诺的地狱火焰烧成焦土了。变身为龙血战士的林雷正站在那凹下区域的尽头。

“大人！”巴克五兄弟都激动地朝林雷冲过去。

林雷恢复人类形态，从空间戒指中取出长袍穿上。

贝贝此刻落到了林雷的旁边，林雷这才舒了一口气。

“大人，我们赢了！”巴克激动地说道。

其他四人也激动地看着林雷。

林雷的脸上有着一抹淡然的笑容，他遥看南方：“我们算不上赢。可惜，我的风之奥义风波动的每一剑的攻击力不够强，如果够厉害，我一个人就能对付乌森诺。”

风波动，瞬间出千万剑，速度快到了极致，攻击力却不强。

那四个乌森诺如果围攻过来，林雷用这一招根本伤不了乌森诺，反而会被乌森诺重伤。

“风的律动和风波动是两种奥义，无法融合。只有将风系元素法则中通过快奥义领悟出的剑法融入风波动，风波动的威力才能提高。”林雷想道。

林雷还记得希金森那一剑的速度极快，快到空间错乱重叠，穿透力强得可怕。如果林雷达到那个境界，再施展风波动，无数幻空之剑攻击出去，即使每一剑的威力不大，总体来看威力也会很大。

“我也是啊。”贝贝嘀咕道，“化影分身术，如果我修炼到一分为四的境界，我一个就可以跟他斗。”

巴克五兄弟看到这一人一兽在自怨自艾，只能沉默。

片刻后，巴克大声说道：“大人，你年纪轻轻已经很厉害了！”

林雷和贝贝相视一眼，都笑了。

也对，人不能太贪心。

林雷如今对风系元素法则、地系元素法则的领悟达到了一个境界，不像一些人总是处于瓶颈。这确实值得高兴。

“巴克，你立即派人去收复社黎公国。现在，社黎郡城中的那些军队没有士气，估计不会反抗。”林雷很有信心。

经过天使战斗和刚才的战斗，社黎郡城的人谁敢反抗？

“是，大人！”巴克回复。

“按照计划，既然跟光明圣廷硬碰硬了，我们就公开，十天后，正式对外宣称公国成立，公国名字就叫巴鲁克！”林雷宣布道。

巴克、安科、黑鲨、布恩、盖茨五人都兴奋地应道：“是，大人！”

社黎郡城一战，说明光明圣廷一方暂时没有能力对付林雷。

林雷击败六名四翼天使，令裁判长乌森诺逃离，这样的战绩极为惊人。在赛斯勒的安排下，此事很快就传开了。

林雷一方士气如虹，社黎公国的军队没有丝毫反抗，再次回归林雷的统治。

黑土城，花园内。

“林雷大人，西方的安尼公国被我们吓了一下，然后就投降了。东边的那个公国倒是比较顽固。”赛斯勒笑道。

林雷的名声的确很有用。只是吓一下，一个公国就立即投降了。

不投降又能怎么样？跟圣域级强者斗？毕竟一般公国的最强者也就是八级战士，少数公国才有九级战士。至于圣域级强者，怎么可能待在一个公国？

“赛斯勒，”林雷吩咐道，“还有三天，我们便正式建立巴鲁克公国。你派人去一趟道森商会分部，让他们立即传信给在玉兰帝国帝都的迪莉娅，告诉她巴鲁克公国建立的事情。”

“是！”赛斯勒应命。

林雷站在花园中，遥看南方：“迪莉娅，我们的约定我完成了，你什么时候来呢？”

第294章
归宿

乌森诺的书房中。

“裁判长大人？”金发中年人轻声喊道。

自从乌森诺被林雷、贝贝击溃逃回来后，整个人就阴沉了很多，那些下人甚至不敢靠近乌森诺。

乌森诺抬起头，冷冷地看向金发中年人。

金发中年人连忙挤出一丝笑容：“裁判长大人，如今我们该怎么对付林雷呢？”

“对付林雷？”乌森诺冷哼一声。

金发中年人一颤，感觉书房中的温度下降了。

乌森诺冷漠地说道：“你立即派人将这里的消息传到圣岛，告诉廷皇，如果还不除掉林雷，以后光明圣廷恐怕会毁在这个林雷的手里。”

乌森诺对林雷的成长速度感到害怕。

去年八月份，林雷跟黑德森大战，那时候林雷的实力跟黑德森不相上下。然而，仅仅过了几个月，林雷的实力就提升了。

那紫色长剑过去威胁不到黑德森，如今却伤了他乌森诺。

“他……他还那么年轻，实力却那么强！”乌森诺满是忧虑。

“是，裁判长大人，我马上就派人将你的意思传达给廷皇陛下。”金发中年人连忙说道。

乌森诺在心中慨叹一声："如果……如果当年供奉给光明之主的人中没有林雷的母亲，或许林雷会成为我们光明圣廷的支柱，能够帮助我们光明圣廷压倒黑暗圣廷吧。"

可惜，一切都已经迟了。

林雷和光明圣廷已经走上了对立面。

混乱之岭如今主要有三大势力：光明圣廷一方，黑暗圣廷一方，林雷一方。

因为社黎郡城一战，光明圣廷暂时保持低调。

至于黑暗圣廷，他们不会出手，还想看林雷和光明圣廷互相厮杀，自然也保持低调。只要林雷不惹他们，他们根本不可能惹林雷。

在这种情况下，林雷一方的气势最强。

巴鲁克公国的建立在准备中。如今巴鲁克公国拥有三座郡城、十九座小城，民众超过了两千万。这么广的面积，已经赶得上一般王国领土的二分之一了。

巴鲁克公国是一个超大型的公国。

林雷的事迹再次被无数民众传唱……他的事迹中多了击败六名四翼天使、击退光明圣廷裁判所裁判长的事。

随着林雷的名声越来越大，崇拜他的魔法师和战士也越来越多，他们纷纷赶来巴鲁克公国，都想为林雷战斗！

玉兰帝国帝都，圣域魔导师隆尔斯的居所。

迪莉娅依旧在庭院中晒太阳，呼吸新鲜空气，研究隆尔斯的魔法笔记。

"迪莉娅小姐，道森商会的人在外面。"护卫跑过来禀报。

迪莉娅顿时眼睛一亮。

"我敢打赌，肯定是林雷派人送信来了。"旁边的大地之熊呵呵笑道。

迪莉娅笑着瞥了它一眼，旋即吩咐道："快让道森商会的人进来。"

"是！"那护卫恭敬应命。

不一会儿，一个笑容可掬的中年人来到庭院。他看到迪莉娅，便立即从怀中取出一封信："迪莉娅小姐，这是你的信，来自混乱之岭。"

这已经不是他第一次送信给迪莉娅了。

迪莉娅见到送信的人，就知道这封信来自林雷。

"迪莉娅小姐，那我告退了。"中年人恭敬得很。

迪莉娅感激一笑，待中年人离开，便打开信看了起来，旁边的大地之熊伸过脑袋来看。

迪莉娅不由得回头瞪了它一眼："阿黄，我生气了啊！"

大地之熊立即憨笑几下。

迪莉娅笑了笑，又继续看信，看着看着，不禁兴奋起来。

"太好了，太好了！"迪莉娅激动得站了起来。她感到自己心跳加速，全身开始冒汗了。

"迪莉娅，怎么这么高兴？"大地之熊疑惑道，连旁边的狂雷疾风鹰也疑惑地看着迪莉娅。

这时，从屋子内走出一个中年人，正是风系圣域魔导师隆尔斯。

"老师。"迪莉娅恭敬行礼。

隆尔斯笑着看着迪莉娅，说道："哈顿（阿黄）灵魂传音告诉我，你收到了林雷的信，好像有什么大喜事？"

迪莉娅瞪了一眼大地之熊，大地之熊却得意地笑了起来。

"老师，"迪莉娅激动地回道，"是林雷的信，他告诉我……巴鲁克公国今年4月16日建立，也就是今天。林雷的公国终于建立了，实在太好了。"

隆尔斯对迪莉娅的事情很清楚。

"这么高兴？是不是为了即将见到林雷而高兴？"隆尔斯打趣道。

迪莉娅的脸红了，不知道是害羞了，还是太过激动了。

"好了，老师，我不跟你说了。我先回去一趟，将此事跟我父母说一声。按照一开始和他们说的，他们应该不会再反对我跟林雷在一起了。"迪莉娅说道。

隆尔斯点了点头："好了，你去吧。"

迪莉娅连连点头，当即带着狂雷疾风鹰离开了隆尔斯的居所。

看着迪莉娅离开，隆尔斯摇头叹息一声：“迪莉娅，你的父母恐怕不会那么容易被说服啊！”

莱恩家族。

代亚·莱恩夫妇二人疑惑得很。迪莉娅那么焦急地将他们拉到安静的偏厅，到底要谈什么事情呢？

“父亲、母亲，我有一件事情要告诉你们。”迪莉娅说着，深吸了一口气。

迪莉娅的母亲笑了起来：“什么大喜事啊，这副模样？”

迪莉娅也笑了起来：“父亲、母亲，你们当初不是说，我跟林雷在一起可能导致皇帝陛下对我们家族的信任度降低吗？可是现在，林雷他已经在混乱之岭建立了公国。”

“建立公国？”代亚·莱恩夫妇眉头一皱。

“迪莉娅，我亲爱的女儿，你可不能欺骗父亲，毕竟你所说的这件事情，我可是从来没听说过啊。”代亚·莱恩说道。

迪莉娅暗笑。

林雷的巴鲁克公国今天才建立，这消息要传到玉兰帝国，估计得十天半个月。她的父亲如果知道了那才怪呢。

“这是真的，不过是我提前得到了消息而已。林雷建立的公国名叫巴鲁克。”迪莉娅肯定地说道。

代亚·莱恩夫妇二人相视一眼。

“这是真的！父亲、母亲，难道你们不相信我说的话？”迪莉娅蹙起眉头。

代亚·莱恩淡笑着摇头，说道：“我亲爱的女儿，我从来没有怀疑过你说的话。可是，你为什么非要嫁给林雷呢？当一个大公的妻子，比得上当一个帝国的皇后吗？”

迪莉娅脸上的笑容顿时消失了。

“父亲，你想说什么？”迪莉娅的表情十分凝重。

代亚·莱恩伸手按住迪莉娅的肩膀，却被迪莉娅挣开了。

代亚·莱恩叹息道："迪莉娅，没错，林雷是圣域级强者，他是厉害。可是，蓝德陛下是我们玉兰帝国的皇帝，你嫁给他更好，我们莱恩家族也会因此得到益处。"

迪莉娅看着父亲，眼中尽是震惊。

"父亲，你还是当年那个父亲吗？"迪莉娅的声音显得有些沙哑。

代亚·莱恩一怔，他的妻子一时间也不知道说什么好。

"父亲，我很爱林雷，并不是因为他是圣域级强者。当年在恩斯特魔法学院的时候，我就对他有好感了。那时候他是圣域级强者吗？为什么你们会将女儿想成那样？

"还有，从学院归来后，我没有接受过帝都中任何一个青年的追求。你们难道不知道原因？"

迪莉娅真的不知道自己的父母是怎么想的。

"我从奥布莱恩帝国回来，主动告诉你们我跟林雷的事情，是想得到你们的祝福。然而，你们劝阻我……"迪莉娅的眼中泪花闪烁，"我承认，你们说得很有道理。当时我跟林雷在一起，的确会影响陛下对家族的信任度。"

"父亲、母亲，我爱你们，我也爱这个家。所以，我不想让你们为难。虽然我很想早点到林雷那里去，但是为了你们，我忍着，一直待在帝都，因为我很珍惜你们。可是，你们劝我嫁给别人。你们到底怎么了？难道林雷不如那些纨绔子弟？你们怎么总是这样？"这七八个月来，迪莉娅一直压抑得很。

"我终于等到了今天，林雷建立了公国。我今天来见你们是高高兴兴的，希望得到我亲爱的父母的祝福。可是……"迪莉娅说着说着开始流眼泪了，"你们让我很失望，很失望……"

代亚·莱恩夫妇沉默了。

"父亲、母亲，我很爱你们，也很珍惜你们。"迪莉娅深吸了一口气，"如果你们还珍惜我，我希望我跟林雷大婚那一天，能够得到你们的祝福。如果你们不在乎我这个女儿，那就算了吧。"

迪莉娅说完，转身离开了。

代亚·莱恩夫妇一时间都有些蒙了，被女儿的一大堆话说蒙了。

等女儿走了，他们才清醒过来。

“迪莉娅！”他们呼唤道。

然而，迪莉娅已经坐上了狂雷疾风鹰的背，飞上了天空。

迪莉娅跟隆尔斯告别后，再次坐上狂雷疾风鹰的背，离开了帝都。

风吹散了迪莉娅那飘逸的金色长发，也吹干了迪莉娅的眼泪。

此刻，迪莉娅十分悲伤，但还是牵挂着林雷，只有林雷的怀抱才能够让她感到温暖。

狂雷疾风鹰低声鸣叫着，似乎在安慰迪莉娅。

渐渐地，狂雷疾风鹰和迪莉娅的身影消失在北方天际。

黑土城城外，黑乌山山脚。

“林雷他现在就在黑乌山上修炼。”赛斯勒指着眼前的山笑着说道。

迪莉娅看着眼前鸟语花香的场景，十分激动：“赛斯勒先生，林雷他一直在这里吗？”

赛斯勒笑道：“几乎所有时间，林雷都在这里修炼，贝贝也在这里。”

沿着溪流，赛斯勒带着迪莉娅来到了湖岸，迪莉娅很快就看到了林雷。

此刻，林雷穿着天蓝色长袍，随意披散着长发，手持紫血神剑在湖面上试验着剑法。

紫血神剑所过之处，空间发生波动，显得林雷很模糊。

显然，他沉浸在修炼中。

“啊，迪莉娅，你来了。老大！”在水中嬉闹的贝贝瞬间就看到了迪莉娅，立即兴奋得大叫起来。

林雷动作陡然一顿，立即转过身来。

林雷看到迪莉娅，愣了一下，旋即便激动地飞了过来。

迪莉娅的脸上有着难以抑制的笑容，眼睛瞬间就湿润了。

第295章
迪莉娅，嫁给我吧

林雷落到湖岸，看着眼中闪烁着泪花的迪莉娅，十分感动，想冲过去将迪莉娅搂在怀里。他虽然有这种冲动，但是站在迪莉娅的面前，张开嘴巴，不知道说什么好。

他心中有千言万语，此刻却一句话都说不出来。

“林雷还是这样。”迪莉娅笑了，主动伸出了左手。

看着那白皙的小手，林雷又愣住了。

迪莉娅一撇嘴，一瞪眼，说道：“呆子，难道我为了去湖中央，还得专门施展一下飞行术吗？”

这里离湖中央足有数十米，迪莉娅不施展飞行术可过不去。

林雷看着迪莉娅，还有她那伸出的白皙小手，终于伸出了自己的右手，和迪莉娅十指相扣。

“啊，林雷，我就先离开了。”赛斯勒这时候出声。

林雷、迪莉娅的脸上几乎同时泛起一抹红晕。

林雷转头看了赛斯勒一眼，赛斯勒却对林雷一眨眼，旋即飞速离开了。

“赛斯勒就是这样。”林雷说道，牵着迪莉娅的手，脚下一点，一阵旋风便环绕了两人。

两人飞到了湖中央，走到了中央岩石边缘的台阶处，并肩坐了下来，依旧牵着手。

林雷感受着迪莉娅那柔软的手，觉得自己好像站在云端。

迪莉娅的脸还是有些红。

两人之间的气氛瞬间变得暧昧起来。

忽然——

林雷瞅到不远处的湖中，贝贝冒出了小脑袋，正贼溜溜地看着他们。

“啊，老大！你们继续，我先玩去了，你们继续啊！”贝贝见自己被发现了，便沉入湖中。

然而，林雷和迪莉娅都没有注意到，在黑乌山远处一棵大树的树枝上，一只狂雷疾风鹰正偷偷朝这边看呢。

迪莉娅笑了起来：“林雷，贝贝还真是可爱啊！”

林雷点头笑道：“贝贝就是这样。对了，迪莉娅，你上次从奥布莱恩帝国回去，今天才过来，是不是发生了什么事情？”

他还记得，原先迪莉娅走的时候，可是说会很快就来找他的。

“嗯。”迪莉娅点点头，旋即沉默了。

在帝都中发生的一系列事情让迪莉娅很伤感，她对自己的父母很失望。林雷提到这个，她的心情便低落了。

“发生了什么事情？跟我说说。”林雷握紧迪莉娅的手。

“你真的要听？”迪莉娅凝视林雷。

林雷点头。

“如果听了，你可就要娶我。”迪莉娅突然说道。

“这……”林雷听到这话，感到有些为难。

迪莉娅的确是他现在唯一喜欢的人，可是让他立即娶迪莉娅，他做不到。

第一段感情给他留下了阴影，让他不敢对一个女生再次投入百分之百的感情，他担心会再次被伤透心。

“开玩笑的啊！”迪莉娅笑了起来，旋即娇嗔道，“林雷，你真是的，也不哄我开心一下。”

迪莉娅的话令林雷不再那么尴尬。

迪莉娅深吸了一口气："现在我就开始说了啊，你还想听吗？"

林雷立即点头。

迪莉娅让自己的心静下来，然后握着林雷的手，看着眼前宁静的湖水，缓缓说道："林雷，那次我接到家族的来信就立即回去了。可是我回到家后，发现我奶奶身体好好的，没有一点问题。"

林雷眉头一皱。

迪莉娅回去后就来信说她奶奶的身体很好，当时林雷就察觉到里面似乎有什么隐情。

"后来我才知道，我父母从我老师那里得知，我留在奥布莱恩帝国是为了和你在一起。所以，我的父母骗我说奶奶身体不好，为的就是让我和你分开。"迪莉娅苦笑着看着林雷，"这一招很笨拙吧，可我还是上当了。"

林雷疑惑道："你父母这么做……"

"为了家族。"迪莉娅感叹道，"当初你还没有在混乱之岭打开局面，玉兰大陆上几乎所有人都认为你是奥布莱恩帝国的一员，而奥布莱恩帝国和我玉兰帝国一直都视对方为大敌。"

林雷点点头。

在玉兰大陆上，最强大的就是这两大帝国。

"在我的父母看来，我如果嫁给你，等于和敌国的圣域级强者有了亲密关系，那么玉兰帝国的皇帝陛下对我们家族的信任度就会降低。所以，我父母不想我和你在一起。"

迪莉娅瞥了林雷一眼："当然，这是我父母的想法。他们不知道我们还没有到谈婚论嫁的地步。"

林雷只能摸摸鼻子。

迪莉娅苦涩地道："帝都中有不少人追求我，父母劝说我嫁给其他人。我不愿意！我真的很讨厌这种行为！林雷，当时我真的想要立即来找你。可是，我不想跟我父母闹僵，我爱我的父母！"

"我明白。"林雷安慰道。

迪莉娅的心情他当然懂，因为他也是一个珍惜家、珍惜父母的人。

“我很想来找你，可是又不想失去父母。”迪莉娅咬着嘴唇，声音低沉。

林雷明显感到迪莉娅握着自己的手在用力。

“不过，我跟我父母说了，如果你在混乱之岭建立一个公国，不再属于奥布莱恩帝国，那么他们就不能阻止我和你在一起。”迪莉娅说道，“所以，我一直忍耐着。”

林雷将迪莉娅的手放在了自己的腿上。

迪莉娅看了林雷一眼：“我在等……等你建立公国。可是，我父母忽然跟我说，让我嫁给玉兰帝国的皇帝陛下，让我当皇后。”

林雷有了一丝怒气，迪莉娅的父母实在太过分了。

“我不愿意，那一次我对父母发火了。”迪莉娅无奈地说道，“我在父母面前一直很乖，可那一次我发火了。我跟我父母明说，宁愿死也不嫁。”

林雷十分感动，一个女人能够做到这一步，很难得。

“我在等……终于，我等到了你的来信……你建立了巴鲁克公国。”迪莉娅看着林雷，“当时我很激动，认为父母不会再阻拦我们了。”

林雷听后很开心。

在林雷看来，迪莉娅应该是跟父母说完，然后开开心心过来的。

“我将这个消息告诉了父母，可是我的父母还是劝说我让我嫁给玉兰帝国皇帝。”迪莉娅的脸上有着一丝苦涩。

“怎么会这样？”林雷脸色一变。

到了这个份上，迪莉娅的父母竟然还不愿意支持女儿。林雷完全可以体会到迪莉娅当时的心情。

“对，怎么会这样？”迪莉娅的眼中有着一抹哀伤，“我开开心心地去见他们，没想到是这个结果。其实，我该想到的。我父亲是家族的族长，他当然要为家族考虑。在他看来，皇帝陛下很优秀，地位很高，又对家族有益处，我嫁给皇帝陛下，一切很完美。可是，他从来没站在我的角度思考问题。”

迪莉娅深吸了一口气：“所以，我不再奢望了。”

迪莉娅看着林雷："我不再管我的父母，离开了帝都，来找你了。"

看着迪莉娅，林雷心潮澎湃——是感动，是怜惜，是满足！

"迪莉娅……"林雷想要开口说些什么，却如鲠在喉。

眼前的女孩——

为了自己，她可以孤独等待数年。

为了自己，她可以不在乎权力。

为了自己，她甚至选择离开了她的父母，独自一人来找自己。

林雷忽然瞧不起自己，怨恨自己。

"一个女孩为了你付出了这么多，你从头到尾连一个承诺都没有。"林雷在心中责问自己，"你在等什么？你在迟疑什么？"

迪莉娅一直在等他，而他一直在犹豫。

林雷今天才发现，在他总是迟疑不定的时候，他得到的已经很珍贵了。

"抛弃一切……等待数年，现在她还在等……没有我的任何承诺。"林雷看到迪莉娅眼角的泪水，心里很愧疚，"难道要让她一直等下去，直到她心如死灰的那一天？"

林雷心底一阵刺痛，心中的那一层坚冰开始融化。

林雷不想再等待，不想让自己等待，也不想让迪莉娅再等待！

"林雷，你怎么了？"迪莉娅看到林雷的表情，担心地问道。

林雷忽然伸出双手，扶住迪莉娅的双肩。

迪莉娅一颤。

林雷凝视着迪莉娅，深吸了一口气，郑重地说道："迪莉娅，嫁给我吧！"

迪莉娅瞬间把眼睛瞪得滚圆，愣愣地看着林雷。

当说出这句话时，林雷的脑海中浮现出一幕幕与迪莉娅相关的场景：在恩斯特魔法学院第一次见到的那个可爱小女孩，少年时期的相处，乌山镇深夜的吻别……

林雷觉得很温暖。

若有这样的人做妻子，他还有什么奢求，还有什么不满足的？

“林雷，”迪莉娅动了动喉咙，瞪大眼睛看着林雷，“你刚才说什么？再说一遍，好吗？”迪莉娅的声音有些颤抖。

林雷凝视着迪莉娅，一字一句地说道：“迪莉娅，嫁给我吧！嫁给我，永远和我在一起，永远不分开，好吗？”

林雷的声音有些颤抖，此刻他很紧张。

对，是紧张。

他虽然知道迪莉娅会答应，但还是紧张，他想听到迪莉娅亲口答应。

迪莉娅看着林雷，眼泪突然就流了下来。

多久了？

她等这一天等了多久？

她一直在盼望这一天，盼望林雷是她的白马王子。

一天天等待……

十几年来，不管是艾丽斯跟林雷在一起，还是林雷失踪数年，还是父母的阻碍，她都没有放弃。

她最害怕的是林雷会放弃她！

她一直在等待，甚至不敢逼迫林雷许下承诺，因为她害怕！

“你愿意吗？”林雷看着迪莉娅那布满泪痕的脸，十分感动。

迪莉娅哭泣着，猛地紧紧抱住林雷，在林雷的耳边不断地说道：“我愿意，我愿意，我愿意……”

林雷感受着迪莉娅身体传递过来的温度，心里感到十分满足。

第296章

巴鲁克王国

此刻，林雷拥抱着迪莉娅，感到全身暖洋洋的。

这叫幸福！

林雷心底的坚冰已全部融化。

迪莉娅的脸上有着一抹开心的笑容，这么多年了，她从来没有这么开心过。

“林雷，我很开心。”迪莉娅在林雷的怀里轻声说道。

“我也是。”林雷抚摸着迪莉娅的秀发。

迪莉娅乖巧地靠在林雷的怀里，呢喃道：“林雷，我觉得自己好像在做梦……你说这是真的吗？”

那个能够跟一个帝国皇帝侃侃而谈的女强人，现在乖巧得跟个婴孩一样。

“真的，是真的。”林雷感受着迪莉娅身体传来的温度，有一种心贴心的感觉。

迪莉娅忽然扬起脑袋，有些忐忑地看着林雷：“林雷，如果有一天艾丽斯来找你，你会怎么做？”

迪莉娅很害怕，害怕林雷被夺走。

“艾丽斯？”林雷的手一顿，旋即他继续抚摸着迪莉娅的秀发安慰道，“她跟我的感情早就尽了，现在我对她既没有爱，也没有恨。她喜欢谁，是她自己的选择……”

林雷抚摸着迪莉娅的脸蛋，笑道：“迪莉娅，别乱想了，我永远不会离开你的。如果舍弃你，那我就是白痴。”

“迪莉娅，你说我是白痴吗？”林雷看着迪莉娅。

迪莉娅笑了，笑得很开心。

“天才，你可是整个玉兰大陆最了不起的天才。”迪莉娅娇嗔道。

林雷看着迪莉娅那娇艳的嘴唇，忽然有一种冲动……他没有丝毫犹豫，低下头吻了迪莉娅。

迪莉娅仿佛触电一样，整个人一怔，旋即沉浸在这个吻中……

这是林雷和迪莉娅第二次接吻，第一次是在乌山镇。

许久，唇分。

迪莉娅没说什么，只是依偎在林雷的怀里。此刻，她的脸上还有一抹红晕。

林雷发现，此时此刻的迪莉娅很是动人。

“啊，看不下去了，看不下去了，我看不下去了啊！”忽然，贝贝从湖水中冲了出来。

林雷、迪莉娅两个人一怔。

贝贝在半空对着两人憨厚一笑：“啊，对不起，对不起！老大、大嫂，你们继续！”

“大嫂？”林雷和迪莉娅都笑了起来。

“你竟然一直在偷看。贝贝，你说我该怎么惩罚你呢？”林雷笑道。

之前，贝贝使用了化影分身术，隐匿在湖面的影子内。

林雷没用精神力来搜索，自然没发现它。

“惩罚我？”贝贝思考了一下，“啊，那‘惩罚’我一只母老鼠吧，要跟我一样厉害的哦！我现在也很孤独呢。”

贝贝一副可怜巴巴的模样。

林雷和迪莉娅都不由得笑了起来。

“可惜，像我这么天赋异禀的老鼠，那是千年难得一见啊！”贝贝叹息一声，旋即嬉笑道，“老大、大嫂，你们什么时候结婚啊？我为你们着急呢。”

“结婚？”

林雷看向迪莉娅，这个问题的确要商量一下。

黑土城城主府。

当林雷和迪莉娅手牵手亲昵地走进来时，巴克等人都愣住了。

赛斯勒是第一个反应过来的，故意大声说道："林雷大人，你跟迪莉娅小姐这是怎么回事呢？"

因为林雷的身份，在公众场合，赛斯勒称呼林雷为"大人"。

"我准备跟迪莉娅结婚。"林雷微笑着说道。

这个消息让所有人都震惊了。

"啊！结婚？"盖茨第一个叫了起来。

"哎呀，迪莉娅姐姐，你跟林雷大人要结婚了，太好了！"丽贝卡也兴奋得跳了起来。

整个大厅瞬间热闹起来，唯有一个人笑得有点勉强，那就是詹尼。詹尼这段日子一直在管理公国各项事宜。

她没想到会突然得知这个消息。

当然，她早就预料到会有这么一天。

林雷跟迪莉娅无话不谈，迪莉娅也知道詹尼和林雷的事情。

迪莉娅笑着朝詹尼走去，然后亲昵地挽住詹尼的手说道："詹尼，我跟林雷大婚那一天，你来当我的伴娘，好吗？"

詹尼看着迪莉娅的笑容，微微点头。

旋即，迪莉娅将詹尼拉到一旁，亲昵地交谈起来。

林雷走向巴克、赛斯勒等人："我跟迪莉娅商议过了，我们会直接举行婚礼，婚礼的日期定在7月21日。"林雷笑着看向巴克，"巴克，我希望在三个月之内攻克周围的公国，在三个月之内建立一个王国，可以做到吗？"

不过在林雷看来，三个月的时间似乎不够。

"不用，"巴克非常自信地说道，"一个月就足够了。"

"一个月？"林雷疑惑地问道，"这一个月要调兵攻克，还要整编那些被攻克的公国军队，这些事都比较麻烦。一个月真的能做到吗？"

盖茨大笑道："大人，这你就不知道了。大人，请看。"

盖茨走到悬挂在大厅墙壁上的一幅军事地图的前面，道："大人，你仔细看一下混乱之岭的势力分布。这一块区域近二十个公国都是属于光明圣廷的，这一块区域近二十个公国都是属于黑暗圣廷的，而剩下的这一块区域不属于任何一方势力。"

林雷发现了，这势力分布很怪异。

光明圣廷和黑暗圣廷控制了混乱之岭的中部和南部，却没有控制混乱之岭的北部。

混乱之岭在地图上近乎呈长方形，如果将它从东西方向平行切割成四份，最北边，也就是靠近黑暗之森的部分，光明圣廷、黑暗圣廷都没要。

"大人，我们巴鲁克公国便是毗邻黑暗之森的。"巴克解释道。

"过去，我还真没注意过。"林雷仔细地看着这幅军事地图，"光明圣廷、黑暗圣廷这两大势力占领了混乱之岭的大半区域，可是靠近黑暗之森的诸多领土，他们为什么不要呢？"

"林雷大人，"赛斯勒走了过来，笑道，"这就是我们说可以在短时间内统一的原因。"

"哦？"林雷疑惑地看着赛斯勒，"不属于两方就容易统一？"

赛斯勒解释道："不是这个意思。除了我们巴鲁克公国，其余靠近黑暗之森的七个公国，估计多数会直接臣服于我们。"

"直接臣服？"林雷还是不明白，"难道要强势压迫？"

赛斯勒解释道："林雷大人，你忘了黑暗之森每隔数十年就会有一次魔兽暴动吗？每一次的魔兽暴动都是从黑暗之森的边缘开始的，也就是从这些靠近黑暗之森的公国开始的。"

林雷似乎明白了："你说的是这些公国……"

"对，这些公国是混乱之岭中最穷，也是最苦的。"赛斯勒感叹道，"光明圣廷、黑暗圣廷之所以不愿意来管辖这片区域，就是因为抵抗魔兽暴动消耗的财力和人力远远超过从这些公国得到的。"

林雷完全明白了，这些公国就是烫手山芋。

管辖这些地方，就要做好和黑暗之森无数魔兽搏斗的准备。

林雷完全可以想象那种惨烈场景……每一次，估计就有上百万甚至更多的人殒命。

“林雷大人，另外七个公国，除了极个别的不想投降外，大多数都想有一个靠山。大人，你可是圣域级强者，是强大的靠山。”赛斯勒笑道，“就是普通民众也希望你来管辖。这样，他们才会觉得安全。”

巴克笑道：“大人，现在已经有三个公国派人过来了，正在商量投降的事情。不过，他们的领土跟我们不相连，我们需要攻克夹在我们和他们中间的那个公国。”

林雷点了点头：“既然这样，那你们就尽快行动吧。”

盖茨拍胸脯保证道：“大人，一个月后，混乱之岭四分之一的领土就全在你的管辖范围内了。”

混乱之岭四分之一的区域，这面积的确非常大，比当年的芬莱王国都要大，单单人口就估计有一亿。

林雷点了点头：“赛斯勒，你同时安排一下，将我大婚的请柬送给一些人。我过会儿把名单及地址等信息给你。”

“是，林雷大人。”赛斯勒应命，旋即笑道，“那你大婚的消息是否对外公开呢？”

林雷看向正跟詹尼聊得开心的迪莉娅，心里有一个信念——无论如何，一定要让迪莉娅幸福。

“公开！我要在巴鲁克王国建立那一天，同时举行一场盛大的婚礼！”林雷兴奋地说道。

一个月后统一混乱之岭四分之一的区域，三个月后巴鲁克王国建立，并且举行一场盛大的婚礼。

海洋中的岛屿，光明圣廷的核心——圣岛，收到了来自混乱之岭的消息。

光明神殿的第九层，海廷斯看到了来信。

“林雷跟他的魔兽联手竟然逼退了乌森诺?!”

海廷斯看到这个消息，受打击了。

乌森诺的实力是毋庸置疑的，特别是他的分身术，一分为四，可怕至极。

就是黑德森，恐怕一个照面也会被乌森诺重伤，毕竟抵挡分身术太难了。

“乌森诺说得对。”海廷斯心中一紧，“如果这么下去，那……”

林雷如果单单一个人，光明圣廷倒也不惧。可林雷不是一个人在战斗，他还有那神奇的魔兽贝贝、五个不死战士，还有他的弟弟。

“等到以后，林雷的人类形态达到圣域境界，那五兄弟的人类形态达到圣域境界，再加上林雷他弟弟的人类形态达到圣域境界，那就是七个巅峰终极战士。加上那不弱于终极战士的魔兽老鼠……八个！”

每一个巅峰终极战士都可以称为圣域级最强者。

七个终极战士，加上魔兽贝贝，一起冲上圣岛……海廷斯完全可以想象那场景，光明圣廷即使拼个你死我活，最终也会完蛋。

“不行，一定要解决林雷。”海廷斯看向眼前的红衣大主廷吉尔默，命令道，“吉尔默，你快将狂信者军团团长雷鸣请过来，快！”

“雷鸣？”吉尔默一惊。

在光明圣廷中，实力最强的，无疑是光明廷皇海廷斯；最神秘、最可怕的，无疑是乌森诺；最让人钦佩的，无疑是苦修者精神领袖落叶；最让人畏惧的，无疑是狂信者军团团长——雷鸣！

狂信者本身就拥有一种特殊的力量——让人畏惧。

“还迟疑什么？快去！”海廷斯呵斥道。

海廷斯不敢再拖下去，必须派出实力不弱于乌森诺的雷鸣了。

乌森诺和雷鸣联手，如果再击败不了林雷，那就怪了。

混乱之岭北部，一座郡城城墙上。

安科、布恩、盖茨三兄弟各举着一柄可怕的巨斧，如魔神一般站立着。

对方的士兵被杀怕了，不敢反抗了，一个个放下了手中的兵器。

“七个公国中，五个公国愿意投降，剩余两个中的一个已经被我们攻克了。你们是最后一个。”盖茨一把抓住那城墙守军首领，怒视那个被吓得发抖的首领，“没有实力还反抗，这不是让你的士兵送死吗？”

的确，双方的实力差距太大，盖茨三人就将守军解决了大部分。

那守军首领被提了起来，惊惧地道：“大人，这不关我的事啊，是大公下的命令！”

“老五，”安科笑道，“行了，我们先下去。大哥他们都在下面，估计正在准备庆功酒呢！”

盖茨、布恩二人不禁大笑起来。

短短二十天，包括巴鲁克公国在内的，处于黑暗之森边境的八大公国终于统一，形成了新的王国——巴鲁克王国。

巴鲁克王国管辖的人口近一亿，占了混乱之岭近四分之一的区域。

混乱之岭的其他区域，被光明圣廷、黑暗圣廷分别占据。

自此，混乱之岭形成了三强割据的局面。

第297章

接连到来

玉兰大陆历史上第一天才——林雷·巴鲁克，即将与玉兰帝国莱恩家族的迪莉娅小姐大婚！大婚之日也是巴鲁克王国正式成立的日子。

时间：玉兰历10010年7月21日。

地点：巴鲁克王国未来王都——巴鲁克城（即扩建中的黑土城）。

这个消息如同一阵旋风快速传遍了混乱之岭，同时向玉兰大陆各个区域传开，一封封请柬也被迅速送到了玉兰大陆各处……

玉兰大陆无数人的目光一时间都锁定了混乱之岭。

玉兰帝国帝都，莱恩家族大厅内。

如果说莱恩家族如今谁的地位最高，不是族长代亚·莱恩，而是迪克西·莱恩！

迪克西，不仅是莱恩家族未来的族长，还是玉兰帝国的支柱大圣司的亲传弟子。

大圣司——一个从玉兰历元年以前就拥有神级实力的可怕强者，玉兰大陆人类社会的巅峰人物。

在无数民众心中，唯有武神才能和大圣司一比。

大圣司收的亲传弟子，绝大部分能达到圣域魔导师境界。

迪克西·莱恩——大圣司的亲传弟子，未来的圣域魔导师，还是双系圣域魔导师。

此刻，代亚·莱恩皱着眉头将请柬递给了自己的儿子迪克西。

齐肩的金色长发，拥有拒人于千里之外的气质，这就是迪克西。

迪克西接过请柬，翻开来仔细一看，脸上浮现出了笑容：“这个林雷，没有让妹妹失望。”

“迪克西，你说我们怎么办？”代亚·莱恩问道。

迪克西看了父亲一眼，眉头一皱，说道：“什么怎么办？妹妹追求了十几年的幸福终于成功了，我们当然要祝福。”

代亚·莱恩夫妇迟疑了片刻。

“父亲、母亲，我知道你们的心思。”迪克西淡漠地道，“你们的眼光不要总是局限在世俗。在这玉兰大陆，真正决定一切的还是武神、大圣司以及诸多圣域级强者。”

迪克西不得不承认，自己父母的眼光太短浅了。

“迪克西，我亲爱的儿子，那林雷再强，难道能够影响到我们玉兰帝国？”代亚·莱恩叹息一声，“毕竟我们家族的根基在玉兰帝国。”

迪克西看了自己父亲一眼：“父亲，你小看林雷了。”

“哦，怎么说？”代亚·莱恩有些疑惑。

迪克西郑重地说道：“其实这次回家之前，老师给了我一个命令。”

“老师？啊，大圣司！”代亚·莱恩夫妇的眼睛瞬间瞪得滚圆。

他们这种普通人可能一辈子都见不到大圣司，现在大圣司竟然给他们的儿子下命令了。

他们此刻有一种荣耀感。

“大圣司让我和两位师兄一同前往混乱之岭，代替她向林雷贺喜。”迪克西郑重地说道。

其实，迪克西也不明白，像大圣司这个级别的高手，为何要如此友好地对待林雷？武神和大圣司是对立的，而林雷跟武神关系不错。按道理，大圣司跟林雷的关系不好才对。

可是事实并非如此……

大圣司反而对林雷示好。

“玉兰大陆的水深着呢。”迪克西在心中暗叹。

玉兰帝国帝都，华史家族内。

“大人，这是来自混乱之岭林雷大师的请柬。”管家恭敬地将请柬递到了乔治的手上。如今，乔治已经被华史家族内定为未来的族长。

乔治接过请柬。

“哈哈，老三啊老三，没想到最后还是跟迪莉娅在一起了。”乔治一看到请柬就大笑起来。

“世事弄人啊。”乔治还记得当年进入恩斯特魔法学院后，迪莉娅就经常找林雷一起玩。

当初，乔治看到林雷跟艾丽斯在一起，还以为林雷跟迪莉娅不可能在一起。

没想到，兜兜转转，十几年过去了，林雷和迪莉娅走到了一起。

玉兰大陆中，和林雷有些交情的人或者是一些大势力的首领，都收到了请柬。毕竟林雷这次不单单是举行婚礼，还会建立一个王国，自然会邀请其他势力的一些首领前来观礼。

自林雷入主黑土城的那一天起，黑土城就开始了修建工作。黑土城外围，还在扩建当中。

林雷邀请的客人当中，率先抵达黑土城的是沃顿、尼娜、希尔曼、希里这一批人。

此刻，黑土城城主府大厅中一片其乐融融。

“大哥，我和尼娜决定了，从今天起，我们就不走了，就待在你这里了。”沃顿大笑着说道，“大哥，你在这里辛苦地开疆拓土，我怎么能待在帝都享福呢？我自己都不好意思了。”

林雷心底大喜。

对于管理王国，林雷是没有时间的，他绝大部分时间都在修炼。

“沃顿，我一直在等你说这句话。”林雷笑着说道。

林雷忽然瞥向尼娜的肚子，疑惑地看向沃顿：“沃顿，尼娜的肚子好像大了一些，难道……”

尼娜和沃顿相视一眼，都笑了起来。

旁边的希尔曼大笑道：“林雷，你不愧是圣域级强者啊，你的察觉力就是强。对，尼娜殿下已经有身孕了。林雷，这一方面你可就落后了，以后你跟迪莉娅要努力哦！”

林雷、迪莉娅都哭笑不得。

“尼娜妹妹，孩子的名字想好了吗？”迪莉娅问道。

尼娜点头说道：“想好了，不管是男是女，都叫西尼。”

“西尼？”林雷看向沃顿，“难道这名字有什么特殊含义？”

沃顿立即憨厚地笑了笑，跟尼娜交流了一下眼神，然后对林雷神秘兮兮地说道：“这可是我跟尼娜的秘密，不告诉你。”

林雷一拍沃顿：“你还跟大哥我保密啊！”

大厅中一片欢声笑语。

林雷将沃顿拉到了厅外的花园中，两兄弟在一起，没有外人。

“哥，有什么事情吗？”沃顿问道。

林雷看着自己的弟弟，说道：“沃顿，我一直盼望你能和我住在一起，现在你来了，我的确很高兴。可是……尼娜她，她是自愿的吗？你别委屈了人家。”

沃顿点头说道：“哥，尼娜跟我谈了很久，还是决定跟我过来了。以后等有空闲的时候，她会回去看看的。”

“也只能这样了。”林雷笑着看着沃顿，“沃顿，等巴鲁克王国正式成立，我跟迪莉娅大婚之后，我会直接将国王之位传给你。”

林雷现在说此事，也是为了让沃顿有心理准备。

沃顿一怔，而后道：“国王？”

“嗯！我已将王国命名为巴鲁克，自然要让我巴鲁克家族的子弟继承下去。”林雷早就有了决定。

沃顿没有推辞：“那好吧。反正我现在是八级战士，人类形态要达到圣域境界，估计还要二三十年。这二三十年内我也领悟不出什么元素法则，到时候再传给我的儿子，或者哥你的儿子。”

沃顿的想法，林雷很赞同。

不过，领悟元素法则，修炼者需要能清晰地感受到自然，感受到各种元素，需要极高的元素亲和力。一般的魔法师，天生就有极高的元素亲和力，而一般的战士，元素亲和力都不高。

这也是九级战士达到圣域境界很难的原因。九级战士中只有少数人的元素亲和力高。

沃顿现在几乎感受不到自然，感受不到各种元素，想要领悟元素法则很难。

不过，成为圣域级强者，情况就会不同了，圣域级强者对周围环境的感受将更明显。他们可以清晰地感受到自然，感受到各种元素。

之后，林雷、迪莉娅二人在黑土城待了三天，然后离开了黑土城，进入了黑乌山，开始了两人的潜修生活。

至于贝贝，无聊的时候，它会和黑纹云豹黑鲁一起进入黑暗之森中，与其他魔兽比试比试。

蔚蓝的天空中，一道黑色光芒和一道白色光芒正疾速划破长空，朝混乱之岭黑土城飞去。

那黑色光芒正是乌森诺。

乌森诺今日穿着镶金丝边的黑色长袍，紫色长发随风飘荡。

在他的旁边，是一个穿着宽松的、白色长袍的强壮中年人。这个强壮中年人的身高有两米五，很是骇人。

身高两米五的汉子，在人类社会中几乎看不到。

他身上的白色长袍随风飘荡，绿色短发如同钢针一般竖起，脸形端正，眉心处有着很淡的印记，那是白色火焰的印记。他身上偶尔散发出的气息让人感到压抑、心颤。

此人正是狂信者军团团长雷鸣。

两人飞行着，乌森诺还向雷鸣说着关于林雷、贝贝的各种战斗能力：“就这些。雷鸣，你现在应该有底了吧？你有多少把握？”

雷鸣看了乌森诺一眼，眼中仿佛有光芒闪烁，声音低沉：“乌森诺，那一人一兽的实力不如你，你竟然沦落到这个地步。不过也对，你的单体攻击不够强，战斗时靠的是诡异的分身术。至于我，我一个人就可以击败那一人一兽。”

乌森诺也清楚，单体攻击的确是他的弱点。

而雷鸣的单体攻击特强。

“前面就是黑土城，”乌森诺遥指下方的那座城池，“黑土城旁边就是黑乌山。根据我们的情报，林雷几乎大部分时间都待在黑乌山，我们直接前往黑乌山就行了。”

雷鸣目光锁定下方的黑乌山。

旋即，二人朝黑乌山俯冲而去。

第298章

光明系元素法则

乌森诺、雷鸣朝黑乌山疾速飞去，同时，二人的精神力都释放出来，覆盖了整座黑乌山。

“林雷就在黑乌山，正是穿天蓝色长袍的那个！”乌森诺立即说道。

“知道。”雷鸣眼中闪过一丝光芒，同时，体内的能量开始蓄积。

他的手中猛地出现了一根足有三米长的长棍。这根长棍，对常人而言是一根柱子，但是对雷鸣而言，就是一根普通的棍子。

长棍，通体银色，上面有各种纹路。

“那只魔兽不在，可是有另外两个圣域级强者，还有一个实力很一般的女人，难道是那个迪莉娅？”乌森诺心底有些疑惑。

雷鸣却已经手持长棍疾速冲下，朝林雷砸去。

林雷和迪莉娅此刻正在接待客人——德斯黎夫妇。

德斯黎夫妇这一次去了冰雪女神殿，回来的时候转道来林雷这里，顺便恭贺一下林雷。

正当这两对夫妇相谈甚欢的时候，一股可怕的力量从天而降，直指林雷。

“让开！”林雷脸色大变，立即将迪莉娅推向一旁。

林雷瞬间变为龙血战士，身上的天蓝色长袍化为碎片，手中则出现了黑钰重剑。

那根蕴含无尽力量的银色长棍已经出现在林雷的视野中。

空间震荡，林雷感觉周围的空间在不断挤压自己。

“林雷！”一旁的迪莉娅眼中尽是惊恐。

就在这个时候，一道乳白色的柔和光芒在林雷的前方出现。

那拥有能够砸碎黑乌山力量的银色长棍砸在了这道乳白色的柔和光芒上。

这道乳白色的柔和光芒只是略微凹陷一下，那根银色长棍便无法再砸下去。

手持银色长棍的雷鸣受到了反弹力，整个人弹了回去，落到了百米之外的地面上。

乌森诺落到了雷鸣的旁边，惊骇地看着德斯黎，清楚地知道是这个人挡住了雷鸣。

“你是谁？”乌森诺问道。

“乌森诺，是你们！”林雷脸色难看。

迪莉娅立即跑到林雷的旁边，很是担心。

此时此刻，林雷、德斯黎等人在湖中央，而雷鸣、乌森诺在湖岸，两方人隔着湖水相望。

“光明圣廷的人？”德斯黎眉头一皱。

林雷心底一惊：“德斯黎过去是光明圣廷一方的，他不会对光明圣廷还念旧情吧？”

同时，林雷立即灵魂传音给贝贝：“贝贝，别待在黑暗之森中了，快回来！光明圣廷的人都打上门来了。”

“老大，我一定以最快的速度赶回去！”贝贝立即回应。

林雷仔细地打量着雷鸣，看到雷鸣那两米五的身高，感到了一丝压迫：“刚才攻击我的就是这大个子，这大个子的实力不亚于乌森诺。”

“迪莉娅，保护好自己。”林雷低声对旁边的迪莉娅说道。

迪莉娅此刻没有吭声，不想影响林雷。

“你到底是谁？”乌森诺看着德斯黎，“这是我们光明圣廷和林雷的事情，我希望你不要插手。你修炼的也是光明系元素法则，你让开，算给我们光明圣廷一个面子。日后，我们定会报答。”

自傲的雷鸣此刻不吭声了。

刚才德斯黎的一招，让雷鸣感到了巨大威胁。

“我叫德斯黎。”德斯黎出声说道。

“德斯黎，是你？”乌森诺和雷鸣都脸色大变。

德斯黎在光明圣廷中属于传说中的人物。很久以前，传奇廷皇恩斯特创建神圣同盟。在那个时代，德斯黎便是光明圣廷苦修者的领袖，其地位和如今的落叶一样。

乌森诺、雷鸣二人相视一眼，都感觉到了双方心中的惊惧。和传奇廷皇同时代的圣域级强者，如今，他的实力一定强得可怕。

“德斯黎大人，希望你看在往日恩情的分上，不要管这件事情。”乌森诺诚恳地说道。

“哼，做梦！”一个冰冷的声音响起，正是冰瑟琳发出来的。

冰瑟琳给了林雷一个“尽管放心”的眼神。

处于警惕中的林雷听到冰瑟琳这么说，心里很是感激，可还是担忧地看向德斯黎，毕竟做主的是德斯黎。

“你在想什么？”冰瑟琳见德斯黎迟疑，不满地说道。

在冰瑟琳看来，这根本不需要迟疑。

迪莉娅此刻也紧张得很，担忧地看向德斯黎。

“德斯黎大人，难道你忘了过去恩斯特大人的恩情？”乌森诺连忙说道。

德斯黎迟疑片刻，旋即叹了一口气，说道：“我不会让你们杀林雷的，你们走吧。”

德斯黎对光明圣廷当然有感情，特别是恩斯特当年如兄长般待他。

“德斯黎大人，”乌森诺急切地说道，“林雷杀了六名天使，对我们光明圣廷毫不留情。如果任其发展，再加上另外五个不死战士，对我们光明圣廷的威胁太大了。难道德斯黎大人能看着光明圣廷毁在他们的手里吗？”

德斯黎眉头一皱。

“我让你们走。”德斯黎声音低沉。

雷鸣和乌森诺相视一眼，已然有了决定。

雷鸣盯着德斯黎，大声说道："德斯黎，你既然这样，我们也没办法了。"

说完，雷鸣的体表忽然冒出了白色的火焰。一股可怕的气息散发开来，周围的草地直接化为一片焦土。

他手持银色长棍，上面有电光闪烁。

"狂信者？"德斯黎淡然一笑。

乌森诺体表萦绕着黑色火焰，身体一晃，直接化为四个乌森诺："雷鸣，德斯黎我先挡着，林雷就交给你了。"

乌森诺知道自己实力不如德斯黎，但认为靠着分身，缠住德斯黎应该没有太大问题。

"冰瑟琳夫人，迪莉娅就交给你了。"林雷低声嘱咐。

"放心。"冰瑟琳立即拉着迪莉娅到了远处。

迪莉娅没有说话，只是给了林雷一个鼓励的眼神。

林雷此刻心中充满了战意："无论如何，为了迪莉娅，我不能死。"

林雷旋即冷漠地看向雷鸣。

"他的攻击力确实强，难道一棒就能让我殒命？"林雷体表的青黑色气浪翻滚，"脉动防御已经达到了一百五十二重，加上鳞甲护身，他想要一击杀我，做梦！"林雷很自信，自己的大地奥义是很厉害的。

"这时候该用最后一招了。"林雷左手持紫血神剑，准备引动紫血神剑内部的可怕煞气。

"轰！"气爆声响起，雷鸣疾速冲向林雷。

同样的气爆声响起，四个乌森诺飞向德斯黎。

二人突然加速，导致狂风呼啸，连林雷石屋周围的石头都被吹得飞了起来，湖水也冲天而起。

"可笑！"德斯黎不屑地道。

德斯黎凌空而立，全身发出耀眼的白色光芒，宛如太阳一般。那一道道白色光芒直接射向雷鸣和四个乌森诺。

雷鸣和四个乌森诺的速度再快也赶不上光速，他们被白色光芒击中了。

四个乌森诺一颤，旋即，其中三个直接崩溃了，最后一个体表的黑色火焰疯狂燃烧，抵挡着白色光芒。

"啊！"雷鸣怒吼一声，额头上的白色火焰印记大亮。

砰的一声，雷鸣竟然冲破了德斯黎的白色光芒。

德斯黎大吃一惊，还来不及进行第二轮攻击，林雷就跟雷鸣交上手了。

雷鸣在冲破德斯黎的白色光芒的那一刻，看到了一双暗金色的眼眸以及一柄深青色的重剑。

雷鸣一惊："是林雷！"

旋即，他毫不犹豫地挥舞着手中那根长棍朝林雷狠狠砸去。

林雷也丝毫不留情，手中的黑钰重剑、紫血神剑同时朝对方攻去。

"啊——"雷鸣怒吼着，额头上的白色火焰印记越来越亮。那根银色长棍所过之处，空间仿佛水波一样震荡起来，一股可怕的力量袭向林雷。

林雷瞬间引动了紫血神剑中的煞气，他那暗金色的双眸中出现了一丝红色，脑海中立即浮现出了熟悉的一幕场景—— 一片无尽的血色海洋中，漂浮着各族群的尸体和白骨。

任何一具尸体和白骨散发出的气息都是可怕的。

"啊！"雷鸣忽然狂叫起来，那股可怕的煞气已经涌向他的脑海。

那源自绝顶强者的煞气，令雷鸣这等强者感到心颤，额头上的白色火焰印记也是一颤，以致他手中的银色长棍蕴含的力量弱了一些。

砰的一声，银色长棍和黑钰重剑相撞。

林雷这蕴含了大地奥义一百五十二重振动波的黑钰重剑被砸得直接反弹到了自己的身上，那可怕的力量直接冲击在脉动防御上。林雷体表的脉动防御气浪翻滚了起来，那可怕的力量穿透了脉动防御。

"林雷！"远处的迪莉娅感到惊慌。

半空，林雷一个翻滚落到远处的湖岸上，朝迪莉娅咧嘴一笑："放心，我没事。”说话的时候，他将涌到喉咙的鲜血吞了下去。

雷鸣悬浮在半空，嘴角溢出一丝鲜血，已经清醒过来。

“浑蛋！”雷鸣怒吼一声，手持银色长棍再次砸向林雷。

“哼！”

一个冷哼声响起，一道肉眼可见的透明波纹从德斯黎的体内冲出，瞬间击中了雷鸣。

雷鸣一颤，竟然从半空坠落下来，扑通一声，直接坠入湖中。

“你们两个不要逼我！”德斯黎脸一沉。

“好强的精神力！隔空伤人，雷鸣毫无反抗能力。”林雷十分震惊，“怪不得武神说，德斯黎、法恩等五个圣域级极限强者都达到了神域门槛，实力实在太强了。”

第299章

各退一步

乌森诺不敢动了，心中满是惊惧。

“嗖！”一道人影从湖中冲了出来，正是雷鸣。

雷鸣这时候飞到了乌森诺的旁边，脸色极为苍白，看向德斯黎的目光中含有一丝畏惧。

德斯黎皱着眉头，看着这二人：“你们知道我过去是苦修者首领，应该知道我是一个圣域魔导师。”

乌森诺和雷鸣相视一眼。

圣域魔导师最强的就是精神力，特别是德斯黎这种修炼了数千年的强者，他在精神力的运用上早就超过了他的好兄弟海沃德。无论是精神力，还是对光明系元素法则的领悟，他都达到了圣域级极限状态，只差最后一步便能达到神域境界。

“德斯黎大人。”乌森诺再次称呼对方为大人。

乌森诺还记得光明圣廷中关于德斯黎卷宗的详细记载，知道德斯黎跟传奇廷皇恩斯特的关系很好。

“恩斯特大人的一生都在为光明圣廷奔波。他建立了神圣同盟，也是希望我们光明圣廷越发繁荣！五千多年来，我们一直都没有放弃过这个目标。”乌森诺声音低沉。

德斯黎眉头一皱，他对恩斯特确实心怀愧疚。

"林雷，他是龙血战士，有一个实力很强的弟弟，身边有五个不死战士，还有一只实力不弱于他的魔兽。"乌森诺看着德斯黎，"数十年后，那便是七个巅峰终极战士，外加一只可怕的魔兽。如果他们一起冲过来，那么我们光明圣廷就完了！德斯黎大人，到时我们光明圣廷就完了啊！恩斯特大人的心血就会被毁掉啊！"

乌森诺的话让德斯黎踌躇起来，他还记得恩斯特对自己的关心、帮助。

林雷、冰瑟琳、迪莉娅三人站在一起，冰瑟琳对林雷低声道："德斯黎最愧对的人就是恩斯特，现在他一定很难做决定。"

恩斯特魔法学院就是以恩斯特的名字命名的。

此人的事迹，林雷当然知道。

一声叹息从德斯黎的口中响起。

德斯黎环顾两方人马，说道："这样吧，你们两方各退一步，就当给我德斯黎一个面子，怎么样？"

"各退一步？"乌森诺和雷鸣都疑惑地看着德斯黎。

林雷也感到疑惑。

"你们都到湖中央来。"德斯黎说道。

林雷相信德斯黎，便牵着迪莉娅飞到了湖中央。

乌森诺、雷鸣二人非常守规矩，也落到了湖中央。

林雷、迪莉娅站在湖中央巨石的一端，乌森诺、雷鸣则站在巨石的另外一端，双方都小心戒备着。

"德斯黎在想什么？"林雷在心中暗道。

德斯黎淡笑道："你们两方的仇怨我都清楚了。这样吧，从今天起，二十年内，光明圣廷不允许对付林雷。"

"二十年？"乌森诺不满，"德斯黎大人，二十年后，林雷的人类形态恐怕就达到了圣域境界，我们想对付他也对付不了。不公平，不公平！"

"闭嘴！"德斯黎的眉宇间有一丝怒气。

乌森诺一颤，这才想起来，此刻是德斯黎说了算。

“这是让你们光明圣廷退一步，而林雷，我也会让他退一步。”德斯黎看向林雷。

“德斯黎大人请说。”林雷说道。

德斯黎歉意一笑：“乌森诺说得对。林雷，你一个人的威胁还不算大，可你的弟弟，外加五个不死战士，相当于七个终极战士，联合起来，的确可以毁灭光明圣廷。所以我想让你答应，从今往后，即使你要报复光明圣廷，也只能靠你一个人，其他人，包括你的魔兽，都不可以帮忙。”

听到这里，乌森诺和雷鸣松了一口气。

圣岛是什么地方？那可是光明圣廷的大本营，单单圣域级天使就有一大堆，还有海廷斯、落叶等诸多强者。加上圣岛上的一些大型魔法阵，只要不是神级强者，冲过来绝对是送死。

“明白我的意思了吧？”德斯黎环顾两方人马。

“我们在二十年内不得对林雷动手，林雷一生则只能一个人来光明圣廷复仇。”乌森诺淡笑道，“我们可以答应，如果连林雷一个人都抵挡不住，我们光明圣廷被灭，我们无话可说。”

乌森诺答应得很爽快。

光明圣廷不怕林雷一个人，怕的是林雷背后的那一群人。

“林雷，你呢？”德斯黎看向林雷。

其实，林雷有些不甘。

“一个人去对付光明圣廷？”林雷还是有自知之明的，“除非我达到神域境界，而要达到神域境界是很难的，就是希塞也花费了五千多年。历史上，号称花费时间最短就达到神域境界的人是武神奥布莱恩。实际上，武神是幸运地获得了神格，若是单靠他自己，谁知道要多久？”

林雷皱着眉头，思考着。

“林雷！”德斯黎再次出声。

乌森诺、雷鸣二人看着林雷。

林雷看到了旁边的迪莉娅，心猛地一颤："无论如何，我都不能让迪莉娅有危险。"

林雷拿定主意，对德斯黎说道："光明圣廷在二十年内不得来攻击我，但是还要加一点，永远不能伤害我的亲人朋友。"

"行。"乌森诺连忙说道。

林雷看着乌森诺，目光冷厉，在心中暗道："我一个人？即使我不去圣岛，可是以后若遇到你们落单了，我不就可以对付你们了？有本事，你们就一直躲在圣岛上不出来。"

为了亲人朋友，林雷最后还是妥协了。

乌森诺和雷鸣终于松了一口气，毕竟德斯黎算是林雷那方的人，他们并没有多大胜算。

黑乌山，湖中央，林雷一方和光明圣廷一方定下了协议。

"如果这二十年内，林雷来对付我们，我们可是会反抗的。若被我们反杀，那可怪不得我们。"乌森诺说道。

林雷冷笑道："哼，放心，我不会和你耍心眼。"

林雷忽然笑道："如果以后其他人，比如武神率领强者冲到圣岛，我趁机冲过去，那可怪不得我。"

"那自然不怪你。"乌森诺摇头说道。

如果武神要灭光明圣廷，恐怕光明圣廷早就完蛋了。

片刻后，迪莉娅说道："那么在混乱之岭的领土争夺呢？圣域级强者会参战吗？"

"圣域级强者？"乌森诺眉头一皱。

的确，光明圣廷在混乱之岭的势力范围很大，林雷一方的势力范围也不小。两方如果争斗下去，一旦牵扯到圣域级强者，或许还没等到二十年，林雷就跟光明圣廷兵戎相见了。

"这样吧，"德斯黎发话了，"世俗战争，圣域级强者不得参加。"

德斯黎看向冰瑟琳："夫人，你去把黑暗圣廷的奥凯西找来，就说我找他。

我们在这里等你们。”

“好！”冰瑟琳点头，立即飞出去。

“奥凯西是谁？”林雷皱着眉问道。

乌森诺说道：“奥凯西是黑暗圣廷的裁决大长老，地位和我在光明圣廷相当。他是黑暗圣廷在混乱之岭的总负责人。”

林雷点头，表示知道了。

“世俗战争，圣域级强者不得参战。林雷，你也敢答应？”乌森诺冷笑着看着林雷。

“巴克五兄弟不变身便不是圣域级强者，他们应该可以参加战斗吧？”林雷反问。

“当然，不就是五个九级强者吗？”乌森诺满不在乎，“林雷，论九级强者数量，你这方是远远不如明圣廷和黑暗圣廷的。”

林雷自信一笑，不理会乌森诺。

“迪莉娅。”林雷握着迪莉娅的手。此刻，他还是龙血战士形态，手上满是鳞甲。

迪莉娅丝毫不介意，抬头看着林雷，低声说道：“林雷，谢谢。”

迪莉娅知道，林雷之所以妥协，是因为她。

林雷没说什么。

这么多年来，经过这么多挫折，林雷深知过于要强可能会造成让人悔恨的结果，偶尔的妥协却可以让亲人朋友平安。

“我一个人就对付不了光明圣廷吗？”林雷在心中暗道，“难道历史上出现过既是圣域级终极战士，又是圣域魔导师的修炼者吗？”

等实力达到巅峰状态，林雷准备去挑战一下圣岛。即使对付不了圣岛，他逃命也还是有把握的。

过了好久——

“老大！”一道黑影从远处疾速飞来。

“贝贝！”林雷心底一喜。

贝贝直接跳到了林雷的肩膀上，旋即怒视乌森诺：“这家伙又来了！”

“已经没事了。”林雷说道。

“哼！”贝贝冷哼一声，灵魂传音，“老大，别怕这些人，我在黑暗之森结交了几个圣域级魔兽朋友，实力都很强。到时候，我直接让它们帮忙，一起对付他们。”

“圣域级魔兽朋友？”林雷惊异地看向贝贝。

他修炼时，贝贝经常跑去黑暗之森和其他魔兽比试，没想到，它竟然结交了圣域级魔兽朋友。

“嗯，它们的实力都很强。和它们一比，黑鲁在圣域级魔兽中的实力很一般。我结交的那些魔兽，如大白是雷翼白虎，大个子是黄金比蒙，大蛇是九头蛇皇，都很厉害。”

林雷很是惊奇，圣域级魔兽之间这么容易交朋友？

“对了，其中还有圣域级鼠类魔兽哦！”贝贝嘿嘿笑道。

林雷心中一惊。

圣域级鼠类魔兽？

“可惜它是雄性。”贝贝无奈地灵魂传音。

林雷哭笑不得，灵魂传音追问道：“那圣域级鼠类魔兽是什么模样啊，跟你一样吗？”

“不是。”贝贝摇头，“那圣域级鼠类魔兽是紫金色的，很帅气呢。它对我很好，还给了我许多珍贵的好吃的东西。”贝贝满脸笑容。

紫金色的圣域级鼠类魔兽？书中并没有记载过。看来，书中记载的内容并不全。

“不过老大，我的那些朋友一个个傲气得很呢。它们是跟我打了一架，才跟我交朋友的。”贝贝得意地笑道。

就在这时，远处天空中有两道人影疾速飞来，其中一个正是冰瑟琳。至于另外一个披着黑色长袍的人，应该就是黑暗圣廷裁决大长老——奥凯西。

第300章

大婚

奥凯西落到湖中央，脱去包裹在身上的黑色长袍。他穿着制式礼服，仿佛参加晚宴的绅士。

“德斯黎大人，我早就听说过你的大名了，今日得以一见，实在荣幸万分。”奥凯西微笑着行礼，旋即看向旁边的乌森诺等人，“哦，乌森诺，你旁边的这位是？”

雷鸣道：“狂信者军团团长雷鸣！”

“雷鸣先生。”奥凯西微笑着点头。

“林雷大师，十年前，我们黑暗圣廷就想邀请你加入。可惜，那时候光明圣廷非要抓着你不放啊。”奥凯西看着林雷，仿佛见到老熟人一般发着牢骚。

林雷只是有礼貌地笑了笑。

“好了。”德斯黎浅笑着说道，“大家应该都知道是怎么回事了。世俗战争如果牵扯到圣域级强者，的确不合适。如玉兰帝国、奥布莱恩帝国，平常发生战争都不会动用圣域级强者，圣域级强者只是起震慑作用罢了。”

德斯黎叹息道：“我在这混乱之岭待了数千年，不想这里太混乱。所以我提议，你们三方若发生战争，圣域级强者不得参与。你们是否都愿意接受？”

“愿意。”乌森诺点头。

林雷微笑着点了点头。

德斯黎立即看向奥凯西。

奥凯西咧嘴笑了笑："这还用问吗？我当然接受。"

"那好。"德斯黎严肃地道，翻手取出了四张纸以及一支笔，"如今我们四方共同立下约定，如果哪一方违反，那么另外三方将合力消灭那一方！"

林雷眉毛一挑。

奥凯西和乌森诺则心中一惊。

如果算四方人马，最强的自然是德斯黎一方，毕竟德斯黎背后还有希金森、海沃德等强者。

"你们签字吧。"德斯黎快速地写下了四份协议，然后分别递给林雷、乌森诺、奥凯西。

奥凯西微微一笑，第一个签下了自己的名字。

旋即，林雷也签下了自己的名字。

"签！"乌森诺也执笔签下名字。

"很好。"德斯黎微笑着说道，"这协议我们每人一份。当然，这约定是靠我们个人信誉维持的。如果谁不要脸面，让圣域级强者出战，然后毁尸灭迹等，可要知道后果是什么。一旦被发现，那么另外三方会立即将这一方消灭。"

傍晚时分，晚霞布满西方天空。

林雷和迪莉娅二人正享受着属于他们的宁静时刻。

"从今天起，可以过平静的日子了。"迪莉娅的脸上有着幸福的笑容，"以后不需要担心什么了。林雷，你以后会不会后悔今天的决定？其实，你今天就算不答应，我想德斯黎也会帮你。"

林雷也觉得德斯黎是站在自己这边的。

即使自己不答应，德斯黎也不会允许对方对付自己。

"不，我永远不会后悔今天的决定。"林雷拥着迪莉娅，"如果我不答应，我勉强能够自保，可是保护不了你。如果你死了，我想我会悔恨一辈子的！"

正是考虑到迪莉娅，考虑到自己的亲人和兄弟，林雷才决定妥协。

"谢谢。"迪莉娅将脑袋靠在林雷的胸膛上，轻声说道。

感受着这种温馨，林雷愈加认为自己做得对。

玉兰历10010年7月21日。

巴鲁克城（原黑土城）如今热闹非凡。巴鲁克城的内城已经建造好了，这内城实际上是在原黑土城的基础上加以改建的，巴鲁克城的建筑以朴素、实用为主。

王宫占地面积不大，方圆两里左右。当初，巴鲁克公国建立之前就开始兴建王宫，耗时五个月，如今已经建成。王宫大多数建筑是一层的，最高的不过两层而已。王宫的主大殿面积极大，足以容纳数百人。

今天，这主大殿中的客人极多。

“林雷陛下，我代表我罗奥帝国皇帝向你致以最真诚的祝福。”一个中年人恭敬地说道。

林雷端着酒杯，迪莉娅挽着他的手，二人笑着举杯表示感谢。

两人应付得很累，可是很高兴。

“今天来的人还真是多啊。”沃顿走到林雷的旁边，“哥，罗奥帝国和莱茵帝国的人都来了，连奥布莱恩帝国的特使都来了。哦，快看，还有来自极东大草原王国的人。”

“伟大的林雷陛下，我代表我木汗王国国王向你致以最崇高的问候以及祝福。”一个来自极东大草原木汗王国的使者向林雷行礼。

林雷自然不能不给面子，举杯表示感谢。

“林雷，你似乎很累。”迪莉娅轻声说道。

“还好。”林雷努力挤出笑容。

接待客人是他最不喜欢做的事情，不过今天是他大婚，他不能退却。

迪莉娅轻声说道：“这样吧，地位较低的人我帮你应付。”

迪莉娅过去可是搞外交的，交际起来轻松自如，不像林雷就那两句干巴巴的话应付。

“光明圣廷吉尔默红衣大主廷到！”殿外传来一个声音，顿时整个大殿都安静下来。

林雷和光明圣廷的冤仇许多人都知道，毕竟林雷击败了六名天使的事情传遍了玉兰大陆。现在，光明圣廷竟然派人来了。

“林雷陛下。”吉尔默一过来就谦逊地行礼。

林雷还记得，数年前，吉尔默从恩斯特魔法学院将自己招去光明圣廷。这么多年过去了，吉尔默还是红衣大主廷，而他已经是一个王国的国王，连光明圣廷都要向他妥协。

“吉尔默先生，请到里面休息。”林雷笑着说道。

“武神门众弟子到——”

来人赫然是卡斯罗特等三位武神亲传弟子。

“麦克肯希大人到——”

又是一位圣域级强者。

“黑暗圣廷奥凯西大人到——”

听到这些接连报出的名字，那些王国、帝国的使者都走到一旁，悄悄地议论起来。老天，一个个都是圣域级强者啊！

“玉兰帝国大圣司门下，三位弟子到——”

林雷、迪莉娅立即迎了上去。

看到来人，迪莉娅立即兴奋地喊道：“哥！”

三位弟子之一正是迪克西。

迪克西和他的两位师兄都走了过来，向林雷表示祝福。

“林雷，你总算没让我妹妹失望啊。”迪克西站在林雷的面前，露出了一丝笑容。

当初在恩斯特魔法学院的时候，林雷和迪克西被誉为两大天才。

迪克西忽然靠近林雷，在林雷的耳边悄声说道：“林雷，我可警告你，以后千万别让我妹妹生气。否则，即使我收拾不了你，也会让我老师出马的！”

“不用你老师出马，我自己惩罚我自己。”林雷笑了起来。

今天，林雷感觉迪克西非常容易亲近。

迪莉娅看到林雷和迪克西交谈的样子，极为开心。

就在这时——

“极东大草原武圣门下弟子到——”

大殿外传来的声音让林雷有些疑惑。

武圣是什么人？

这时，德斯黎走到了林雷的身边，悄声说道：“林雷，如今玉兰大陆实力跟我不相上下的有四个人，极东大草原第一强者武圣突厉雷便是其中之一。”

林雷心中了然。

五大圣域级极限强者，一为法恩，二为德斯黎，三为突厉雷。那么第四个和第五个呢？

一个包裹着头巾的中年人大步走进来，他的身后跟着二人。

中年人看到林雷，笑着说道：“林雷陛下，我冒鄂代表老师向你致以最真挚的祝福。”

“多谢突厉雷先生。”林雷微笑道。

冒鄂眼睛一亮：“原来林雷陛下也知道我老师的名字。啊，德斯黎大人！”

冒鄂看到德斯黎，立即行礼。他可是见过自己的老师突厉雷跟德斯黎一起亲切交谈、切磋的场景。老师突厉雷还说过，德斯黎的实力跟他不相上下。冒鄂自然很是恭敬。

“冰雪女神殿圣女到——”

德斯黎、冰瑟琳等人立即迎了上去。

林雷、迪莉娅自然也跟着迎了上去。林雷很是好奇，这位神秘的冰雪女神殿的圣女到底有多厉害？

这位圣女有着一头碧色长发，整个人显得冰冷不可亲近，她的身后跟着两个貌美的女子。

“姐姐！”冰瑟琳欢喜万分。

德斯黎在林雷的旁边低声说道：“林雷，圣女罗莎莉是冰雪女神殿的第一强者，她的实力跟我不相上下。”

听到这话，林雷明白了，罗莎莉也是五大圣域级极限强者之一。

现在，那五大圣域级极限强者他已经知道了四人，分别是法恩、德斯黎、突厉雷、罗莎莉。

“最后一个是谁？”林雷在心中暗想。

可惜直到婚宴结束，最后一个强者也没来。

巴鲁克王国的大殿上，圣域级强者就有一大堆。

那些帝国使者和帝国使者凑在一起交谈，圣域级强者跟圣域级强者在一起交谈，等级分明。

“玉兰帝国特使到——”

来人赫然是乔治。

“老二！”林雷大笑起来。

乔治兴冲冲地跑过来，然后故意躬身行了一礼：“啊，伟大的林雷陛下，我乔治代表我国皇帝陛下……呜！”

林雷直接一拍乔治的肩膀，硬是让他后面的话没说出来。

“行了，跟我还这样？”林雷高兴万分，“走，跟我去见老四！”

“老四也在这里？”乔治激动得不得了。

自从几年前分别后，他就再也没见过雷诺。

“老四！”

“老二！”

雷诺和乔治一见面，高兴得拥抱起来。

正在这时，“道森商会会长到——”

这话刚落音，耶鲁就冲进了大殿，一眼就看到了站在一起的林雷、雷诺、乔治。

“哈哈，老二、老三、老四，你们的老大来了！”耶鲁朗声大笑。

大殿中，绝大多数人都看向这四兄弟。如果是一般人在这种场合嬉闹，估计早就有人训斥了。可是，林雷他们四兄弟在这里嬉闹，没人敢说什么。

好些年过去了，这是四兄弟第一次全部聚集在一起。

“啧，林雷小家伙当了国王，排场都不一样了，安排的侍者还问我要请柬，还问我是谁，真是麻烦！”一个穿着宽松长袍的懒散中年人突然出现在大殿中，他从旁边取了一杯酒，非常享受地喝上两口。

“嗯，不错！”中年人的表情极为享受。

“希塞大人?!”大殿中的巴克看到了这个中年人，惊呼出声。

他永远不会忘记这个救了他性命的神级强者。

第301章
那一夜

巴克五兄弟想走过去，希塞却皱起了眉头，不耐烦地说道：“别靠这么近，别让我引人注目啊，低调，低调！”

巴克五兄弟只能在原地讪笑，和希塞不着痕迹地打招呼。

“啧啧！”

希塞品着酒，躲到了大厅旮旯里，遇到一些王国、帝国的特使，他也跟人家举杯，丝毫没有神级强者的架子。

“希塞！”忽然，一个清冷的声音响起。

希塞一抬头，脸上不由得露出了尴尬的笑容。

说话的正是冰雪女神殿的圣女罗莎莉。

罗莎莉盯着希塞，哼了几声，却没有说话。

希塞如坐针毡，只能傻笑。

“你都达到了神域境界，还是这样。”罗莎莉的眼中竟然有了水雾。

希塞努力挤出一丝笑意：“罗莎莉，你当你的圣女不是很好吗？哎呀，我就是一个浪子，喜欢四处漂泊，哪里好玩就在哪里享受，顾不了你的。”

希塞心里发苦。

“希塞大人！”林雷也看到了希塞。

“别去。”德斯黎拉住林雷，他的脸上有着意味深长的笑容，“人家两口子在一起，你去凑什么热闹？”

“两口子？罗莎莉不是圣女吗？”林雷很吃惊。

“谁说圣女不能有男人？”德斯黎看了林雷一眼，“罗莎莉也是快成神的人了，还为冰雪女神殿效劳，已经很给冰雪女神殿面子了。”

德斯黎笑容可掬地看着远处的希塞跟罗莎莉。

迪莉娅和林雷相视一笑，迪莉娅道：“林雷，这就是你说的希塞大人？”

林雷点头。

“这位神级强者好像有感情债啊！”迪莉娅捂着嘴低声笑道。

林雷摇头一笑：“希塞大人，他……怎么说呢……他有些风流。”

这一天，大家闹得很厉害，除了德斯黎那一群人，还有乔治、耶鲁、雷诺他们。

等应付完了所有人，已经半夜了，林雷这才朝新房走去。圣域级强者有一个好处——酒量很好，喝了这么多酒，林雷一点没醉。

“林雷！”

还没走到门口，林雷就听到有人喊自己，一抬头，看见希塞躺在屋顶上喝酒。

“林雷啊，你怎么就结婚了呢？唉，知道你结婚，我还为你感到可惜呢。”

“可惜？”林雷感到愕然。

希塞站起来，飞向空中：“可惜，又一个男人步入了婚姻坟墓！”说着，希塞已经飞到了高空，“嗯，祝你新婚快乐！好了，我走了。”

忽然——

“大浑蛋！”一个清脆的呵斥声响起。随后，一道飘逸的白衣身影飞了出来，朝希塞飞去。

希塞的飞行速度立即变快。

“嗯，还是步入婚姻坟墓好。”林雷的嘴角带着一丝笑意。

他朝新房走去，不一会儿就到了门口。

门口有两名俏丽的侍女，她们恭敬地打开房门。

林雷挥挥手：“你们都退下吧。”

“是，陛下！”

安静的新房，迪莉娅坐在床前。此刻，她安静得很，只是看着林雷，等着林雷说话。

半晌，林雷终于开口了：“贝贝，出来！”

“嘿嘿，老大。”贝贝竟然从床底下出来了。

“贝贝？”迪莉娅哭笑不得。

今天贝贝很早就不见踪影了，没想到它躲在这里。

林雷也哭笑不得地看着贝贝：“贝贝，你干什么呢？”

“为老大准备新婚礼物呢。”贝贝昂首说道。

“什么礼物？”林雷疑惑地问道。

贝贝咧嘴一笑，小爪子递过来一块黑色的石头：“这是我的好朋友给我的，就是我上次跟你说的那只紫金色的圣域级鼠类魔兽。我太小了，没什么积蓄，我兄弟就给了我这个。”

“这是什么玩意儿？”林雷疑惑地接过这块黑色石头，“难道是什么珍贵的矿石？不对，一小块矿石有什么用？”

林雷仔细地观察，却看不透。

“我也不知道。”贝贝把黑色石头交给迪莉娅，“迪莉娅，你先滴一滴鲜血在上面。”

“滴血？”林雷眉毛一挑。

需要滴血认主的，绝对是宝贝，比如林雷的紫血神剑和盘龙戒指。一般而言，炼制出来的非常奇特的物品才需要滴血认主。

“好！”迪莉娅很相信贝贝，一道风刃刮过迪莉娅的手指，手指上立即出现了一道细微的伤口。

一滴鲜血滴在了黑色石头上。

这块黑色石头竟然化为一道光芒，瞬间笼罩了迪莉娅。

林雷大吃一惊。

只是片刻，那道光芒就融入了迪莉娅的体内。刚才的黑色石头就这么消失不见了。

“怎么回事？”林雷大吃一惊，他从来没见过如此怪异的事情。

贝贝也目瞪口呆：“我也不知道啊！”

“迪莉娅，你有什么感觉？”林雷立即问道。

迪莉娅摇头说道：“没有任何感觉……不对，我对周围元素的感应力好像提高了。对，就是这个。”

林雷暗自点头。

一般而言，即使是邪恶的东西被滴血认主，也是不会伤害主人的。

林雷对这点倒是放心，只是这玩意儿到底是什么？

“贝贝，那鼠类魔兽为什么给你这块黑色石头？这好像是一件宝贝啊。”林雷问道。

这宝贝的好处，他现在只发现了一点——提高主人对元素的感应力。

贝贝连忙摇头说道：“老大，我也不知道。它只说这个对魔法师很有用。”

“对魔法师很有用？”林雷心中了然。

或许，这是可以提高元素亲和力的一件特殊用品，对圣域级魔兽没什么用。

不过，林雷总有一种感觉，那块黑色石头没那么简单。

“好了，贝贝，难道你还想继续待在这里？”林雷盯着贝贝。

贝贝那乌溜溜的小眼睛转了几圈，然后佯装抽泣两下：“老大，你有了妻子就忘记贝贝了，呜呜……”

林雷一个飞踢过去，而贝贝已然化为一道幻影蹿出了房间。

林雷关上房门。

新房内再次安静下来，林雷和迪莉娅并肩坐在床上。

“看什么呢？”迪莉娅似乎害羞了。

林雷笑了：“我在想……我们以后要几个孩子呢？”

迪莉娅一怔，林雷顺势抱住她躺倒在床上……

被翻红浪，一件件衣服被抛出床外……

一夜无眠。

林雷躺在床上，迪莉娅则趴在林雷的身上，把头贴在林雷的胸膛上。

林雷低头看着迪莉娅的模样，微微泛红的脸蛋，翕动着的白皙的小鼻子，心中十分满足。

林雷轻轻抚摸着迪莉娅的头发，突然感受到了迪莉娅的颤抖，不禁问道："迪莉娅，怎么了？"

"哭了。"迪莉娅抱着林雷，"我现在就是忍不住想哭。想到你过去和艾丽斯在一起，我想哭；想到我等了你这么多年，我想哭，呜呜……"

林雷捂住脑袋。

女人啊，永远令人捉摸不透。

"林雷，跟你说件事情。"迪莉娅突然轻声说道。

"嗯？"林雷低头看着迪莉娅。

迪莉娅仰头看着林雷，然后轻声说道："我爱你！"

林雷一时间感动不已。

片刻后，林雷低声说道："迪莉娅，沃顿跟尼娜的孩子再过几个月就要出生了，你说我们是不是要更加努力呢？"

"嗯？"迪莉娅一愣。

"所以，我要更加努力啊！"林雷一个翻身将迪莉娅压在下面……

第302章
十二年弹指过

光明圣廷圣岛，光明神殿第九层。

海廷斯站在落地窗前，眉宇间多了一丝愁意。当初，林雷跟光明圣廷立下约定，这使得光明圣廷的人松了一口气。毕竟没有其他终极战士的辅助和那可怕的魔兽帮忙，林雷一个人的威胁并不大。

可是，他们仅仅轻松了九年。

在林雷婚后的第九年，光明圣廷的探子就发现了一个秘密——林雷的人类形态已经达到了圣域境界。

“海廷斯。”一个冰冷的声音响起。

紫色长发飘荡，乌森诺出现在房间内。

海廷斯没有转身，淡淡地问道：“乌森诺，有什么事情吗？”

乌森诺有一丝恼意：“海廷斯，我们光明圣廷的诸多强者在圣岛已经待了足足三年。这三年来，你命令我们几个人不得擅自离开圣岛。海廷斯，难道仅仅因为林雷，我们就得这样？”

“海廷斯，你要明白，这个情报只是我们的情报人员在王宫中听到林雷的儿子和沃顿的儿子交谈才得知的。孩子说的话可不一定是真的！”乌森诺不满地说道。

因为得到情报——林雷的人类形态已达到了圣域境界，海廷斯就让乌森诺等人不得离开圣岛。

海廷斯依旧背对着乌森诺，淡然地说道："乌森诺，首先，那沃顿的儿子西尼是一个心思细腻、很稳重的少年，他说的话应该是真的。其次，当年林雷潜伏在奥布莱恩帝国西北行省的时候，就达到了九级。十几年过去了，按照龙血战士的修炼速度，林雷的人类形态也该达到了圣域境界。"

海廷斯猛然转身，盯着乌森诺。

"林雷的实力你应该清楚。十二年前的他只比你弱一些，如今他的人类形态达到了圣域境界，实力肯定比过去强得多。就算境界没有丝毫提升，他也能够胜过你。你相信十二年来，林雷的境界会没有一丝提升？"海廷斯反问乌森诺。

乌森诺沉默了。

林雷的修炼速度极快，他们都清楚。

十二年，林雷的境界没有提升，谁会相信啊？

当年，巴鲁克家族的先辈即使只是圣域级龙血战士，只修炼到了势的境界，也能凭借龙血战士的防御力以及力量，和圣域级巅峰魔兽争斗。

林雷呢？

他的实力不弱于先辈，而且他对元素法则有一定的领悟，比巴鲁克家族的先辈更加可怕。

"海廷斯，圣岛的防御根本不需要我吧？"乌森诺问道。

"乌森诺，你如果真的想离开圣岛，我不会拦你。"海廷斯淡漠地道，"你离开圣岛，就要赌林雷不会发现你、追杀你！当然，你逃命的本事很高，可你是否能够在林雷的手下逃掉，我也说不清。"

乌森诺会化影分身术，速度也快，可想在林雷手下逃命，成功概率只有五成罢了。

"哼！等我将化影分身术修炼到极致，我再去跟林雷斗一斗。"乌森诺冷哼一声，一闪身就消失在房间中。他虽然这么说，但是显然已经服软了。

海廷斯的脸上有着一丝苦涩的笑容。

林雷如今的飞行速度比过去快得多，想要监视他几乎不可能。他即使横穿玉兰大陆，也不需要半日。这么快的速度，他若想追杀某个人，绝对会让对方措手不及。

玉兰历10022年5月，巴鲁克城郊外。

一些野花野草在风中摇曳，那优美的“舞姿”让踏青的人心旷神怡。

此刻，两辆豪华的马车在一支精英骑兵的护卫下行驶在郊野上。

“陛下，黑乌山到了！”一名骑兵来到第二辆马车前，恭敬地说道。

旋即，一辆马车上走下来一对夫妇和一个少年，这对夫妇正是沃顿、尼娜。沃顿比过去成熟了很多，身为巴鲁克王国的国王，加上实力突飞猛进，他身上有了强者的气势，而尼娜没有了过去的青涩，丰满了些，也更加动人了。

至于他们身前的那个少年，看起来十二三岁，显得很是随和，有一种儒雅的感觉。这个少年正是沃顿和尼娜的儿子——西尼·巴鲁克。

“啊，到黑乌山了！”一个兴奋的声音从前面的马车中传出。

一个非常活泼的少年从马车上跳了下来。

“泰勒。”西尼笑着喊道。

“哥！”泰勒乐呵呵地跑了过来。他虽然长得比较俊秀，但是很活泼。

这时候，前面的马车上又下来了一个美妇人和一个漂亮的少女，正是迪莉娅和她的女儿莎莎。

莎莎跟泰勒长得极为相像，二人实际上是龙凤胎，不过莎莎比泰勒先出生一会儿，所以泰勒便屈居弟弟之位了。西尼今年十二岁，而莎莎、泰勒都是十岁。

“马上就要见到父亲了，我都有大半年没见到父亲了。”泰勒此刻显得很兴奋，西尼的眼中也有着一丝期待。

身为巴鲁克家族的子弟，他们都很崇拜如今整个巴鲁克家族的精神支柱——林雷·巴鲁克。

在巴鲁克王国，无数民众都崇拜林雷。林雷是整个巴鲁克王国的精神支柱，这种说法毫不为过。

虽然十二年过去了，但是迪莉娅的容貌没有丝毫改变，身上反而多了一种特殊的韵味。迪莉娅看着身边的一双子女，脸上有着幸福的笑容。十二年的宁静生活，她觉得很满足。

她遥看远处的巴鲁克城。巴鲁克城早就扩建了，常住人口已经超过百万。因为有林雷当初从芬莱王国得到的一笔巨大财富，巴鲁克王国轻松度过了最初本该艰难的几年，进入了正常的发展轨道。

迪莉娅仰头看着眼前的黑乌山，心已经飞到了林雷那里。

“沃顿、尼娜，我们上山吧。”迪莉娅笑着说道，“泰勒、莎莎、西尼，你们跟上。”

“知道了！”泰勒大声地应道。

他的姐姐莎莎只是点了点头。

那些精英骑士在黑乌山山下停了下来。迪莉娅、沃顿、尼娜三个大人带着三个孩子，一起进入黑乌山。黑乌山还是和过去一样景色优美。

一行人沿着小溪前进，不一会儿就看到了远处的一汪湖水。湖中央有三块平整的巨石，中间的一块巨石是林雷早先放置的，那石屋自然也很早就搭建好了。至于另外两块平整的巨石，是林雷婚后为自己亲人偶尔来小住准备的。

一道淡蓝色的身影正坐在湖中央钓鱼。

“父亲！”泰勒隔得老远就兴奋地喊道。

那道淡蓝色身影转过身来，正是林雷。林雷和过去相比，只是成熟了一点，站在远处仿佛完全融入了自然。

林雷立即站了起来，笑道：“哈哈，泰勒！”

他起身的动作给人一种乘风飞去的感觉，也给人一种沉稳至极的感觉。两种截然相反的感觉竟然出现在一个人的身上，令人无法想象。

林雷一挥手，湖中的一部分水凝结成一座水桥。

泰勒、莎莎他们非常熟练地踏上这座水桥跑向林雷。

这座水桥宛如实物一般。如果仔细观察，会发现水桥表面有细微的气流在流动着。

“泰勒，来，抱！”林雷高兴得将泰勒一把抱在怀里。

旁边的莎莎用期待的眼神看着林雷。

于是，林雷伸手也将她抱在怀里："泰勒、莎莎，这大半年没见到父亲，有没有想父亲啊？"

"想的，"泰勒连忙说道，"天天想！"

林雷的脸上露出了笑容。他现在完全能体会到当初德林爷爷对他的关心，还有父亲表面对他严厉、内心深处对他的关爱。

"嗬，泰勒、莎莎、西尼，你们来了！"一个欢快的声音从远处天空响起，一道黑影一闪就到了湖中央。

正是身体变得足有两米长的魔兽贝贝。

林雷看到贝贝，不由得笑了。

贝贝在泰勒、莎莎、西尼等晚辈的面前，总会将身体变大一点。按照贝贝的话说，身体太小，没有长辈的气势。

"贝贝叔！"泰勒立即挣脱林雷的怀抱，去抱贝贝。

小时候，贝贝可是经常陪泰勒玩的。

沃顿笑呵呵地说道："哥，我们都先坐下，边吃边聊吧！我可是带了不少美食过来呢。"

说着，这一大家人便围坐在一张长方形石桌旁。沃顿从空间戒指中取出了预备好的菜肴，大家开始享受起美食来。

"哥，你听说过发生在奥布莱恩帝国的那一场大战吗？"沃顿问道。

林雷"哦"了一声，回道："你说的是半个月前，奥利维亚挑战黑德森的那一战？"

奥利维亚已经从北极冰原归来了，这一次他是以超强实力回归的。

沃顿赞叹道："是的，仅仅一剑，奥利维亚就击败了以防御力强著称的黑德森，还真是够可怕的。"

"黑德森？是当年跟我父亲在图焦山战斗的黑德森吗？"泰勒仰着脸兴奋地问道。

这个小家伙极度崇拜林雷，对林雷的几场出名的战斗都了如指掌。

林雷笑着点了点头。

旁边的迪莉娅也赞叹道："这奥利维亚还真是够厉害的。"

旁边的西尼看着林雷，忽然问道："大伯，如果你现在跟奥利维亚战斗，你能赢他吗？"

林雷淡然一笑。

"奥利维亚的进步速度出乎我的意料。仅仅十几年，他就能够一剑击败黑德森。我若和他直接比试，谁赢谁输还很难说。"林雷笑着说道。

"老大，你谦虚什么？"贝贝不满地道，"黑德森当年的防御力和你相当。现在，你人类形态已经达到了圣域境界，龙血战士变身后，单单鳞甲的防御力就比当年鳞甲的防御力加上脉动防御还要强。更何况，你脉动防御的防御力比过去强了很多。那个奥利维亚在你的面前算什么啊？连乌森诺这些强者都不敢惹你，估计只有那五大圣域级极限强者能跟你比比。"

沃顿也说道："哥，你可是我们家族历史上最强的龙血战士，谦虚什么？"

沃顿等人可是知道林雷如今有多厉害。

十几年的苦修，林雷对地系元素法则和风系元素法则的领悟已经到达了一个较高境界，令沃顿等人瞠目结舌。

第303章

落日山脉

谦虚？

林雷不是谦虚，只是对自己的实力很清楚。

他的人类形态已达到了圣域境界，一旦变身为龙血战士，鳞甲的防御力比当年强了很多，斗气更浓厚了，力量也更大了。

他终于明白，当年自己的祖先境界不高，为何单靠圣域级变身就能击败圣域级巅峰魔兽。

地系元素法则中的大地脉动，他已经领悟了二百五十六重振动波。自从到了这一境界后，他有整整一年没有进步了，已经进入了瓶颈。

林雷很清楚："按照武神说的，在元素法则其中一条路上一直走下去，总有机会达到神域境界，但是我现在离神域境界还有很长一段路。二百五十六重振动波后面的路到底该怎么走？"

林雷不知道。

在这一方面，没有人能给他参考经验，他只能靠自己。

对风系元素法则的领悟，林雷进行得比较顺畅，没有遇到什么问题。

"不过，魔法修炼也进入了瓶颈。十几年过去了，我现在只达到九级巅峰，要达到圣域魔导师境界还真难。"林雷感叹道。

如果这句话被他人听到，他肯定会被骂。

魔法修炼，六级到七级是一个关卡，而九级到圣域级是一个大关卡。

这个关卡岂是那么容易突破的?

林雷看向迪莉娅，不由得想到当初结婚时贝贝送的那块黑色石头：“仅仅十几年，迪莉娅就从七级大魔法师突破到九级大魔导师。虽然她之前停留在七级大魔法师好几年了，但是现在的这个修炼速度太快了。”

迪莉娅已经是一名九级大魔导师了。

婚后，迪莉娅发现，她不单单元素亲和力高得可怕，吸收魔法力的速度极其惊人，连精神力也在变强，进步速度远远超过林雷。

在林雷看来，造成这一切的只有一个东西——那块神秘的黑色石头。

餐后。

西尼、泰勒、莎莎在湖岸一起玩闹，林雷、沃顿、迪莉娅则坐在一起闲聊。

“哥，”沃顿将这次来的目的说出来了，“西尼、泰勒他们小时候都测试过，他们体内的龙血战士血脉浓度都没有达到标准。看来，只能使用你当初说的那个办法了。”

林雷眉头一皱：“哦？”然后，他微微点头，“也对，是该将他们体内的龙血战士血脉引动起来了，让他们可以早点修炼《龙血秘典》。”

林雷当初跟位面监守者霍丹谈过一次后就明白，巴鲁克家族的龙血战士数量绝不是书中记载的那几个，实际数量应该非常多。

“会不会有危险？”迪莉娅有些不放心。

“龙血和蓝心草配合，引动他们体内的龙血战士血脉，根本没危险。”林雷确定地说道，同时看向湖岸的三个孩子，“泰勒跟西尼引动体内的龙血战士血脉，那莎莎呢？”

“莎莎？”沃顿、迪莉娅也看向远处的莎莎。

在战士修炼方面，虽然男性比女性天生占优势，但是不代表女性不能修炼。

迪莉娅淡笑道：“让她自己做决定吧。”

林雷微微点头。

“成为龙血战士？”泰勒率先欢呼起来，“啊，我愿意，我肯定愿意！我做梦都想成为龙血战士，跟父亲一样。啊，单单想想我就兴奋！”

西尼微微点头：“我也愿意。”

毫不意外，家族内的男孩子都愿意成为龙血战士。此刻，林雷、沃顿、尼娜、迪莉娅都看着莎莎。

莎莎很文静，虽然才十岁，但是那遗传自迪莉娅的美貌可以看出来了。

“我……我也愿意。”莎莎咬着嘴唇，坚定地点头说道。

迪莉娅抚摸着莎莎的头发，赞扬道：“莎莎，你以后可是厉害的女性龙血战士哦！”

莎莎的脸上露出了笑容。

“好。”林雷点头，“既然这样……沃顿、尼娜，你们就将西尼交给我。我会带着他们三个去落日山脉寻找圣域级巨龙，给圣域级巨龙放放血。”林雷笑呵呵地说道。

给圣域级巨龙放血？这话令西尼、泰勒、莎莎都目露惊喜。

“我也跟着去吧。”沃顿有些不放心。

“小沃顿，你现在才九级，即使变身龙血战士也只是初入圣域境界。”远处的贝贝飞了过来，不满地说道，“难道你认为你赶得上当年的老大？”

沃顿在变身后虽然达到了圣域境界，但是实力远远不如林雷。

“我跟老大去。若来一只圣域级巨龙，那就解决一只；来两只，一只解决，另一只抓来当坐骑。”贝贝兴奋地道。

十几年过去了，贝贝的实力突飞猛进。

沃顿点头笑道：“既然你跟着我哥去，那我也就放心了。”

去落日山脉的最终队伍已经确定——林雷、贝贝、迪莉娅以及三个孩子。迪莉娅负责照顾三个孩子，贝贝的责任就是保护他们。至于林雷，负责对付圣域级巨龙。

长空万里，朵朵丝绢般的白云飘在天际，一只足有十米长的魔兽正在半空疾速飞翔，那正是身体变大了的贝贝。

迪莉娅和西尼、泰勒、莎莎这三个孩子坐在贝贝的背上。

迪莉娅施展魔法，一面锥形护盾出现在他们身边，这样狂风便刮不到他们的身上了。

“啊！母亲，那座城池好像是我看到的最大的一座呢。”泰勒指着下方看起来只有拳头大的一座城池。从高空中往下看，城池都显得很小，这座拳头大的城池已经是很大的了。

迪莉娅眼神复杂，感叹道：“那是我的家乡，玉兰帝国的帝都。”

“玉兰帝国的帝都？”泰勒、莎莎、西尼都朝下方看去。

“饿了吗？”迪莉娅翻手从空间戒指中取出了毯子和一些美食。

迪莉娅将毯子铺在贝贝的背上，将美食放到毯子上，一行人开始享用美食。

贝贝飞行得很平稳，丝毫不颠簸，加上迪莉娅施展魔法挡住了风，让莎莎、西尼、泰勒觉得像踏青一样。

“迪莉娅，你可别太宠这些孩子了。”和贝贝并肩飞行的林雷见到这一幕，不由得笑着说道。

迪莉娅看了林雷一眼：“林雷，别说我。你那么久才见孩子们一次，还说我！”

林雷不敢吭声了，他的确理亏。他一次静修，有时候就是几个月，其间，都是迪莉娅在照顾孩子。

林雷看向下方，距离落日山脉不远了。

玉兰大陆主要有三大魔兽聚集地——魔兽山脉、黑暗之森、落日山脉。

如今，魔兽山脉、黑暗之森中都有神级强者，落日山脉没有神级强者，所以林雷选择去落日山脉。

一段时间后，落日山脉的轮廓已经出现在众人眼前了。

落日山脉在黑暗同盟和玉兰帝国的南部，又和莱茵帝国南边的炽阳沙漠相连。实际上，无论是落日山脉，还是炽阳沙漠，都是玉兰大陆的最南端。越过落日山脉或者炽阳沙漠，便是无边的南海。

“好大啊，好像比黑暗之森还大呢！”泰勒惊呼道。

泰勒他们曾经坐在贝贝的背上，从高空俯瞰黑暗之森。

西尼说道：“泰勒，按照书上记载，落日山脉和魔兽山脉都很长，可是宽度一般在千里左右。而黑暗之森有数千里长，宽度也只有两三千里。”

泰勒了然地点了点头。

“准备下去。”林雷说道。

贝贝和林雷并肩疾速朝下方冲去，当离落日山脉地面还有数百米的时候，一人一兽都停在半空。

“现在我们以这个高度飞行，我和贝贝会寻找圣域级巨龙。”林雷对迪莉娅以及孩子们嘱咐道。

“父亲，你放心去找吧！”泰勒兴奋地说道。

林雷见自己儿子这样，不由得笑了，随即和贝贝分开，同时散发精神力开始寻找圣域级巨龙。

和魔兽山脉差不多，落日山脉也有不少圣域级魔兽。

可是，落日山脉很大，圣域级魔兽一般是分散开来的，他们要找到圣域级巨龙还是很难的。

“嗯？”林雷通过精神力发现了一只圣域级魔兽。

对于这只圣域级魔兽，林雷还是比较熟悉的。

这是一只紫睛金毛猿，足有三层楼高。此刻，这只圣域级魔兽发现竟然有人窥视它。

“谁？”紫睛金毛猿的声音仿佛响雷一样在天地之间回荡，那紫色双眸看向高空中的人影。

林雷凌空而立，朗声说道：“混乱之岭林雷，抱歉，打扰了。”

林雷说完，那紫睛金毛猿便没有再纠缠了。

圣域级魔兽的智力可比普通人类还要高。特别是活得久的圣域级魔兽，它们对玉兰大陆的强者很熟悉。

一些巅峰强者，如混乱之岭的德斯黎、海沃德等人，如极东大草原的突厉雷等人，以及最近名声很大的混乱之岭的林雷。只要这些强者不是太过分，这些圣域级魔兽也不想跟这些强者对上。

于是，林雷他们继续寻找圣域级巨龙。

“老大，我发现了一只圣域级巨龙，是黑暗属性的霸王龙。”贝贝的声音在林雷的脑海中响起。

林雷立即朝贝贝疾速飞去。

一个山地土丘上。

林雷嘱咐道：“西尼，你们几个孩子就待在这里。迪莉娅，你负责照顾他们……贝贝，你可要保护好他们。”

贝贝自信地说道：“放心吧，老大，我的化影分身术施展后也有四个分身了呢。”

以贝贝的速度，再加上化影分身术，一般的圣域级魔兽是对付不了它的。

“父亲，你小心。”莎莎说道。

林雷笑了起来：“嗯，你们在这里等着，我去将那霸王龙擒来。”

说着，林雷朝远处飞去。

迪莉娅以及几个孩子就站在土丘上看着。幸亏选了这个土丘，让他们能看得清。

仅仅一会儿，林雷就飞到了霸王龙所在地的上空。

巨龙主要分为肉身强悍的地面巨龙和魔法力比较强的空中巨龙。霸王龙正是地面巨龙中的巅峰存在，拥有百米长的庞大身躯，还有坚硬的鳞甲。

霸王龙已然注意到了林雷，那双火红的、仿佛车轮一般大小的眼眸盯着林雷：“你是谁？”

“混乱之岭林雷。”林雷说道。

“林雷？”霸王龙道，“我，落日山脉普雷奎特。林雷，你要干什么？”

这只圣域级霸王龙普雷奎特在落日山脉也是巅峰强者之一。

林雷微笑着说道：“普雷奎特，我想借用一些你的血。”

“嗷——”普雷奎特的双眸中似乎有火焰燃烧，“林雷，你是在侮辱我吗？你若不滚开就准备接受我的怒火吧！”

在半空的林雷无奈地笑了，翻手取出了紫血神剑。

普雷奎特见林雷拿着紫血神剑，明白林雷准备动手了。

作为圣域级巨龙，普雷奎特高傲万分。

“砰！”普雷奎特仅仅是一迈步，脚下的大地便龟裂开来。

轰的一声，周围的树木断裂倒下。普雷奎特那宛如小山一般的庞大身躯飞到了半空，火红的双眸盯着林雷。

普雷奎特不敢掉以轻心。

第304章
圣域级巨龙

“普雷奎特，你的身躯这么大，我只是想弄一点你的血而已。”林雷摇头一叹。

“你是在侮辱我，侮辱高贵的圣域级巨龙！”普雷奎特陡然张开嘴巴，口中喷出了黑色龙焰，那黑色龙焰将林雷覆盖了。

可林雷瞬间就消失了。

普雷奎特掉头，发现林雷正悬浮在它的上空。

林雷道：“小心，我要攻击了。”

林雷显得很有礼貌。

“哼！”普雷奎特越发觉得被羞辱了，愤怒得把速度飙升到了可怕的地步。

轰的一声，气爆声响起。

普雷奎特竟然用自己的身躯去撞击林雷。它难道没发现林雷的惊人速度吗？

“好狡猾的霸王龙。”林雷施展风之幻影，瞬间横移过去。

一道黑色幻影划向林雷，赫然是霸王龙的尾巴。

砰砰声接连响起。龙尾的快速抽击竟然产生了巨型风刃，将周围的大树、巨石直接切割成两半，仿佛切豆腐一般。周围的大树接连轰然倒下。

仅仅龙尾快速抽击产生的风刃就有如此威力，那龙尾本身得有多可怕？

“这龙尾不能硬挡。”林雷神情严肃。

林雷瞬间把速度飙升到极限，引起了细微的风声。

如今，林雷对风的掌控能力比十几年前强多了。

普雷奎特体表陡然冒出炽热的地狱火焰，周围的温度瞬间上升。

林雷要进攻，就得进入地狱火焰覆盖的范围。

林雷体表的青黑色气浪翻滚，凭借着脉动防御，他直接冲入地狱火焰中。

嗖的一声，紫血神剑化为紫色流光，快到极致的可怕速度令空间错乱，产生了叠影。那道紫色流光直接斜劈在了普雷奎特的身上。

风之奥义——空间叠影。

哧的一声，紫血神剑在普雷奎特的身上弄出了一个足有一米长、三十厘米深的大伤口。

不过，这个伤口并没有流出一滴鲜血。

“这霸王龙的防御力还真是强。”林雷震惊。

空间叠影这一招，只比当初希金森的幻空之剑弱一筹罢了。

对风系元素法则中快奥义的领悟，林雷还是比不上希金森，毕竟人家修炼了数千年。

“有本事就跟我正面对战！”普雷奎特怒吼道。

正当林雷想答话的时候，数十只黑色触手竟然从普雷奎特的体表冒了出来，包裹了林雷。

“触手？”林雷一惊，觉得包裹自己的触手极其冰冷。

不过，林雷丝毫不担心自己的处境，反而暗自疑惑：“跟章鱼一样的触手，这霸王龙怎么会……”

“老大，这是黑暗系魔法中的冰触手。”贝贝的声音在林雷的脑海中响起。

林雷心中了然。

普雷奎特转首，死死地盯着林雷：“林雷，你准备受死吧！”

可是还没等它攻击，林雷体表的深青色气浪开始疾速翻滚，并向四周蔓延，以致碰到这气浪的冰触手震颤起来。

砰的--声，冰触手爆了。

林雷的脉动防御达到了二百五十六重，威力比过去大了很多。

片刻后，那龙尾再次抽过来。

林雷立即闪躲，可是脉动防御的边缘被碰到了。

那龙尾中传来的可怕力量，令林雷不由得一颤。

“霸王龙的力量真可怕。”林雷感慨道。

估计黑德森这个级别的强者可能都奈何不了它。

“嗷——”普雷奎特愤怒地吼着，竟然控制声波袭向林雷。

可怕的声波让林雷的耳朵嗡嗡作响，紧接着，普雷奎特朝林雷疯狂地冲去。

普雷奎特距离林雷只有百米，在冲向林雷的时候，它的身体不断缩小，可是那声势愈加可怕。

“嗷——”吼叫声响起。

同时，灰色迷雾出现，瞬间就笼罩了周围数百米范围，也笼罩了林雷。

林雷丝毫不在乎这些灰色迷雾，速度飙升，同时挥舞手中的紫血神剑。

在躲过普雷奎特的撞击后，林雷对着普雷奎特就是一剑。

结合了慢奥义和快奥义这两大截然相反的奥义形成的风的律动，威力极大，比幻空之剑略胜一筹。

“哧！”普雷奎特那厚实的鳞甲再次裂开了一条缝。

“嗷——”普雷奎特痛得怒吼起来，因为这次它流血了。

远处土丘上的西尼、泰勒、莎莎都欢呼起来，迪莉娅的脸上也有了一抹笑容。很明显，林雷是占上风的，他都还没变身为龙血战士。

此时，普雷奎特竟然直接朝地面冲去。

普雷奎特落到地面上后，仰头怒吼。可怕的声波以它为中心朝四面八方传开，周围的树木瞬间被震得粉碎。

贝贝反应很快，一个黑色的屏障立即出现在迪莉娅和孩子们的面前。

“你在干什么？在显示你的大嗓门吗？”林雷从半空飞下，“我已经在你的身上留下了伤口，让我取一些鲜血就行了。放心，我不会要你的命的。”

“你是在侮辱我！”普雷奎特愤怒至极。

林雷脸色陡然一变，看向远处的天空。

两只巨型魔兽疾速飞来，其中一只有一双巨型肉翅，正是传说中的圣域级黄金龙。

至于另外一只，体形跟霸王龙差不多，只是体表的鳞甲是深青色的，还有雷电在其体表环绕。

“圣域级黄金龙，圣域级雷龙！”林雷觉得麻烦了。

其实，霸王龙的实力不弱。林雷如果不变身为龙血战士，不敢直接硬扛霸王龙的尾巴一击。不过，霸王龙的弱点是速度慢。

而圣域级黄金龙的速度很快，圣域级雷龙的速度更是快如闪电。

“普雷奎特，你怎么了？”一个浑厚的声音从雷龙的口中发出，“是这个可恶的人类伤害了你吗？”

霸王龙吼道：“是的，大哥。这个可恶的人类仗着速度快、反应快，伤了我！”霸王龙气急。

如果遇到不擅长速度的，霸王龙岂会在意？它速度慢、防御力和攻击力强，跟不死战士比较像。

雷龙那双金色眼睛看向林雷。

圣域级雷龙、圣域级黄金龙、圣域级霸王龙是落日山脉中极为强大的一个小型团体。遇到强敌的时候，它们便会互相帮助。一旦它们联手，那可太厉害了。

“父亲！”远处的泰勒担心了。

西尼和莎莎也紧张地看着远处那三只圣域级巨龙。

普雷奎特此刻又飞到了半空。

每一只圣域级巨龙如同小山一般大，这三只圣域级巨龙并排飞行，连阳光都被遮挡了。单单那种气势就让人感到心颤。

“速度快而已，不值得我们合击。”一个淡漠的声音从黄金龙的口中发出。

林雷的嘴角有着一丝笑意，这一次的战斗似乎愈加有意思了。

陡然，一道巨大的闪电划破长空。

雷龙竟然瞬间就到了林雷的面前，它的利爪以林雷无法躲避的速度，狠狠地抓在了林雷的身上。

林雷体表的脉动防御一震，然后他被击飞了。

雷龙的双眸中同时射出两道闪电，劈在林雷的身上。

林雷被劈得砸落到地上。

“轰！”地面剧烈地震动起来，出现了数条大裂缝，还出现了一个大坑。

“这速度好快啊，快赶上贝贝的速度了。”在大坑中的林雷一惊，“不过，这雷龙的攻击力要比霸王龙弱不少。我的脉动防御虽然差点被破开，但还是防御住了。”

雷龙速度快，攻击力弱一点。如果雷龙不仅速度快，攻击力还跟霸王龙相当，那雷龙就无敌了。

“父亲他没事吧？”莎莎紧张地问道。

“没事。”贝贝感受到了林雷此刻的状态，笑着回道，“老大他现在还很兴奋呢。”

此刻，三只圣域级巨龙盘旋在半空，注视着下方。

嗖的一声，林雷突然从地表另外一处疾速飞出。

可是，一根光柱对着他当头劈下。光柱中蕴含的光明系能量，令林雷心底一颤。

当林雷准备闪躲的时候，这根光柱已经碰触了林雷的身体，一股可怕的波动冲向他的灵魂。

这种感觉林雷很熟悉。当初他检测入学的时候，学院就是用灵魂震慑这种魔法测试精神力高低的。当时，灵魂震慑被施展出来时，发出的是一道白色光芒。

而这黄金龙施展出来的灵魂震慑是一根很粗的光柱。

“光明系魔法灵魂震慑，有这么可怕吗？”林雷思忖着。

“哈哈，我来！”普雷奎特轰隆隆地冲下去，那可怕的龙尾仿佛巨型鞭子朝林雷狠狠抽去。

这种攻击配合，三只圣域级巨龙已经非常熟悉了。黄金龙施展魔法灵魂震慑让对手眩晕片刻，然后霸王龙来个全力一击。

“嗡——”

在巨型龙尾的全力抽击之下，空间都震颤起来了。

可怕的尖啸声甚至令周围的树木爆裂开来，化为齑粉。

“啊——”一声怒吼在那逐渐消散的光柱中响起。

旋即，普雷奎特感到一股可怕的力量控制了自己的尾巴。

光柱消散，雷龙、黄金龙和远处的贝贝、迪莉娅、泰勒等人都看到了可怕的一幕。

一个全身覆盖深青色鳞甲的人形怪物出现了，其鳞甲表面还有青色光晕不断闪烁。

这正是圣域极龙血战士！

也是终极龙血战士！

林雷用双臂抱住了普雷奎特的尾巴。

那身躯如同小山般的普雷奎特疯狂地怒吼着，奋力地甩动着尾巴，却撼动不了林雷。

这就是终极龙血战士的可怕力量！

林雷猛然一声暴喝，双臂抱着龙尾奋力一甩，把普雷奎特狠狠地砸在了下方的地面上。

大地顿时裂开，无数巨石、大树完全碎裂。

第305章
终极龙血战士

大地开裂处，泥土、沙石缓缓滑落。

一座小山般的身躯陷在一个巨大的坑中，那硕大的头摇晃了两下，火红的双眸震惊地看向空中的可怕身影——终极龙血战士。

龙血战士那双暗金色瞳孔正看着下方的霸王龙。

周围一片寂静，无论是霸王龙，还是雷龙、黄金龙，都被林雷那可怕的力量震撼了。

“啊，父亲好棒！”远处土丘上的泰勒欢呼起来。

旁边的西尼、莎莎也都极为激动。

迪莉娅则更为林雷感到骄傲。

贝贝在旁边嘿嘿直笑：“这三只圣域级巨龙还算不错，都逼得老大变身为龙血战士了。”

如今，林雷龙化后的形态和过去不一样了。过去，林雷体表的鳞甲是黑色的；现在，林雷体表的鳞甲是深青色的。

“虽然是棘背铁甲龙的血引动了我体内的龙血战士血脉，但是让我实力大增的还是龙血战士血脉。”林雷在心中暗道。

棘背铁甲龙的龙晶中蕴含的能量，又怎么能和龙血战士血脉相比？

拥有纯粹的龙血战士血脉者，龙化后，鳞甲颜色应该和沃顿的一样是青色的。喝了其他龙血而引动龙血战士血脉的龙血家族子弟，达到圣域境界再龙化，鳞甲颜色也是接近青色的。

普雷奎特飞向空中，再一次和雷龙、黄金龙聚在一起。

这三只圣域级巨龙用眼神交流后，旋即郑重地看着林雷，没有了一开始的嚣张、狂傲。

林雷对这三只圣域级巨龙有了一个新的认识。

霸王龙，力量大、攻击力极强，实力丝毫不弱于终极龙血战士。

林雷刚才能够轻而易举抓住霸王龙的尾巴，除了依靠自身就有的强大力量外，还依靠了脉动防御。达到圣域境界后，林雷体内的斗气比过去浓厚了很多，脉动防御的防御力自然变得更强了，让他凭借脉动防御卸掉霸王龙的部分冲击力，进而抓住霸王龙的尾巴。

而雷龙，林雷肯定，即使自己变身为龙血战士，他的速度也是比雷龙慢的。只是对方的攻击力不强，伤害不到自己。当然，这是对林雷这种防御力极强的人而言的。

至于黄金龙，这是擅长魔法的巨龙。不过，刚才他跟黄金龙只是一个简单交手，对黄金龙的真正实力还不太清楚。

“谈好了吗？”林雷凌空站立，暗金色瞳孔看向三只圣域级巨龙，朗声说道，“你们三个是要跟我死战到底，还是给我些龙血？”

三只圣域级巨龙早就有了决定，为首的雷龙大声说道：“林雷，你的实力很强，赢得了我们的尊敬。只要你现在离开，刚才发生的一切我们可以不计较。”

林雷的嘴角微微上翘。

十几年的静修，他的脾气比过去好多了。

“看来，我只能用拳头说话了。”林雷双拳一握，深青色斗气以他为中心仿佛浪潮一样澎湃起来，狂暴的力量立即朝四面八方散去，整个空间仿佛震荡了一下。

林雷冷冷地看着这三只圣域级巨龙：“来吧！这十几年来，我还没有真正尽全力战上一场。今天，我就好好跟你们战一场。”

林雷的那条龙尾随意甩动，引起了空间震荡。

三只圣域级巨龙都凝视着林雷。

“刚才只是我们的一个小小配合而已，你别以为可以敌得过我们三个。”雷龙大声说道，“林雷，我明明白白地告诉你，我的下一招名叫‘电闪雷鸣’！”

显然，雷龙信心十足。

林雷恍如魔神般站在半空，丝毫不在乎眼前的这三只圣域级巨龙。

“哧哧——”雷龙体表的青色鳞甲电光闪烁，雷电四处游走。

雷龙冷冷地看着林雷。

突然，一道可怕的巨型闪电冲向林雷。

不，不是闪电，是雷龙！

“哈哈！”大笑声响起。

林雷瞬间幻化出数道身影，疾速移动。周围的空间时而停滞，时而产生叠影。

林雷不断地移动着，凭借对风系元素法则的领悟，竟然躲过了雷龙的一次撞击。

雷龙从林雷的旁边蹿过去，显然没有碰到林雷。

雷龙那双闪烁着电光的眼睛越发阴冷。

轰的一声，仿佛雷声轰鸣。

雷龙那条有力的尾巴在不断地抽打着林雷。这龙尾甩动的速度可是比雷龙移动的速度要快得多，林雷根本躲不开。

龙尾的攻击才是电闪雷鸣这一招的实质。

林雷体表的脉动防御收缩到二十厘米厚，但是防御力丝毫没有减弱。当那龙尾抽过来时，脉动防御可以卸去其大半攻击力。

一两次攻击，林雷不在乎。可是，一眨眼的工夫，这龙尾就抽打了上千下。

“这速度还真是可怕。”林雷感慨。

这是他见过的最快的甩动龙尾的速度。龙尾甩动的速度一般都极为惊人，更何况是本就擅长速度的雷龙在甩动龙尾。

“父亲没事吧？”远处的莎莎担心地问道。

“贝贝叔，大伯他？”西尼也有些担心了。

他们此刻不知道远处空中战斗的具体情况，只能听到不断响起的骇人的声音，看到无数闪电在那片战斗区域出现。

贝贝只是咧嘴一笑，露出了白白的牙齿。

“滚！”林雷的怒吼声响起。

旋即，一声哀鸣，那雷龙竟然飞速逃逸。同时，雷龙的尾巴再也无法甩动了。

因为林雷刚才全力击出的一拳，实实在在地砸在了雷龙的尾巴上。

雷龙的防御力很强，普通对手的强力一拳对它根本没影响。

可是林雷的一拳蕴含了大地奥义，威力极强，将雷龙柔软的尾骨震断了。

雷龙一声怒吼：“快！”

“嗷——”一个愤怒的吼声从黄金龙的口中响起。

黄金龙早就蓄势的一击终于发出了，一柄纯白色的粗大长枪从高空朝林雷疾速劈来。

这柄纯白色长枪中蕴含的可怕力量，令林雷脸色一变。

光明系禁忌魔法——圣光之枪！

禁忌单体攻击魔法的威力可是强大得惊人。

林雷根本来不及闪躲，这柄纯白色的粗大长枪劈到了他的身上，仿佛锋利的长枪刺在了坚韧的盾牌上。

这长枪是光明系禁忌魔法圣光之枪，盾牌则是拥有脉动防御的终极龙血战士！

两者相撞，林雷被劈得砸入了大地中。

因为撞击，圣光之枪的狂暴能量产生了无数空间波纹，朝四周散去。

凡是空间波纹所过之处，树木、巨石皆化为齑粉。

“小心！”

贝贝立即控制黑暗系元素，硬是将攻击到他们身边的空间波纹挡下了。

空间波纹传了这么远，已经是强弩之末，但方圆数里之内，已经是一片狼藉。

“他受伤了吗？”雷龙低声问道。

“这可是禁忌魔法，就是厉害的圣域级强者也扛不住。不过，你的龙尾攻击都对他没用，这个就……”黄金龙有些底气不足，“就算解决不了他，也能重伤他吧。”

“准备最后一招吧。”雷龙低声说道。

黄金龙、普雷奎特立即开始准备。

这最后一招是它们联手时最强的一击，威力极大。在它们看来，神域境界之下应该没有什么高手能够抵挡住。

黄金龙的大嘴微微翕动着，仿佛在默念咒语。

龙语魔法！

轰的一声，林雷仿佛利箭一般直接飞了出去。

他的体表没有一丝伤痕。龙化后，有浓厚斗气支撑的脉动防御和鳞甲的防御力简直太可怕了。

刚才的禁忌魔法只是轰破了他的脉动防御，根本伤不到他体表的鳞甲。

空间陡然震荡起来，一道无形的波纹从黄金龙的体内冲了出来，直接朝林雷袭去。

林雷瞬间就反应过来了。

当年，德斯黎用这一招将狂信者军团团长雷鸣打成重伤，令其掉入湖中。

这是黄金龙的绝招——灵魂呐喊！

这道无形波纹只是被林雷体表的脉动防御削弱了一点，然后直接冲向他的脑海。

在林雷的脑海中，一个半透明七彩晶体悬浮着，周围是浩瀚的精神力。精神力正如潮水一般缓缓澎湃着，那奇异的节奏蕴含了部分大地脉动奥义。这里是林雷的灵魂海洋。

若是仔细观察就能发现，那精神力和半透明七彩晶体都有浅青色光晕保护。

此刻，那外来的精神力波纹疯狂地冲击而来，目标正是林雷的灵魂——半透明七彩晶体。

“砰！”

黄金龙的最强攻击和林雷的灵魂相撞。

黄金龙施展这一招后，普雷奎特体表的地狱火焰再次燃烧起来。同时，噼里啪啦的声音从它庞大的身躯内部传来，可怕的力量在蓄积。

雷龙相信林雷的灵魂此刻遭到了重创。

他即使不死，也会眩晕许久。

在这种状态下，他根本无法行动。

正当普雷奎特准备发出最强一击的时候，本该动弹不得的林雷化为幻影，直接撞向此刻处于虚弱状态的黄金龙。

黄金龙瞬间就从高空坠向地面。

雷龙、普雷奎特都吃惊地看着林雷。

林雷扫视它们，冷冷地道：“别想反击了，普雷奎特。我看得出来，你这一招的威力大得离谱。可是，以你的速度，你根本伤不了我。”

普雷奎特何尝不明白这个道理?

攻击力再强，碰不到对方，又有何用?

它这一招和灵魂呐喊配合，原本是完美无缺的。

可是，林雷根本没受到灵魂呐喊的影响。

这三只圣域级巨龙都无法相信眼前这一幕。

林雷在心中暗笑。

“灵魂攻击？我龙血战士家族的先辈们修炼数十年就能达到圣域境界。他们境界不高，灵魂也不强。可是，为什么我龙血战士家族的先辈们依旧能成就威名，还被称为圣域级最强？”

龙血战士乃是上天眷顾的终极战士。

林雷那些灵魂一般的先辈，只要达到圣域境界变身为龙血战士，就不会怕灵魂攻击。

因为一旦达到圣域境界，龙血战士的灵魂就会受到血脉中一种奇异能量的保护。

这便是龙血战士，无敌的龙血战士！

第306章
荣耀

看着那如魔神一般无敌的龙血战士，雷龙、黄金龙、霸王龙的心底涌出了一丝恐惧。

是的，恐惧！

它们害怕林雷会将它们杀了。这三只圣域级巨龙都明白，它们中魔法最强的黄金龙伤不了林雷，力量最强的霸王龙速度赶不上林雷。至于雷龙，遇到防御力如林雷这般强的，简直就是遇到了克星。

“会死吗？”

三只圣域级巨龙都不知道该如何是好，它们认为林雷不会放过它们。因为在战斗时，它们都施展了绝招，想置林雷于死地。

林雷会放过它们吗？

三只圣域级巨龙认为林雷不会。

一个冷漠的声音突然响起：“你们选择死亡，还是让我驱使百年？”

这个声音在它们听来仿佛天籁一般！

林雷用暗金色瞳孔扫向这三只圣域级巨龙。十几年的静修，使得林雷不再动辄杀戮。

在林雷看来，这三只圣域级巨龙对付乌森诺这个级别的强者还是可以的。

此时，雷龙、黄金龙、霸王龙都暗松一口气，只是被驱使百年，对于拥有悠长生命的它们而言的确不算什么。

作为魔兽，它们尊敬强者。林雷一人就击败了它们三个。它们就算屈服，也不算辱没尊严。

“主人！”

三只圣域级巨龙在林雷的面前都低下了高贵的头。

贝贝飞了过来，它的背上坐着迪莉娅、泰勒、西尼、莎莎。

几个孩子都欢呼着，因为在他们心中无比强大的圣域级巨龙，最后还是在他们崇拜的林雷面前低下了头。

“父亲，你好厉害！你收服了三只圣域级巨龙啊！”泰勒兴奋地尖叫起来。

莎莎和西尼生性文静，可是在见到这三只圣域级巨龙时，双眼放光，激动得不得了。

贝贝却冷哼道：“你们这三只蠢笨的爬虫，非要跟我老大斗。早点认输不就行了？”

“哼！”三只圣域级巨龙立即愤怒地盯着贝贝。

林雷这时候开口说道：“这是我的兄弟贝贝，它也是圣域级魔兽。不过，它的实力可比你们三个强多了。贝贝的速度和雷龙相当，它的防御力和攻击力都比霸王龙强。”

这话一出，三只圣域级巨龙完全傻眼了。

有这么强大的魔兽吗？

速度堪比雷龙，防御力、攻击力比霸王龙还要强。

这种魔兽真的存在吗？

“你是鼠类魔兽？”雷龙仔细看着贝贝，不禁大吃一惊。

三只圣域级巨丝毫不怀疑林雷的话，林雷这种层次的强者是不会在它们的面前撒谎的。

贝贝点头。

“可……可你的毛发是黑色的，不是紫金色的。”雷龙不敢相信，“这玉兰大陆上圣域级鼠类魔兽只有一种，就是传说中黑暗之森的鼠王。鼠王的毛发是紫金色的。”

黑暗之森中的鼠王，绝对是圣域级魔兽中非常强大的存在。鼠王一族，数量极为稀少，可是它们统领了无数噬石鼠、影鼠，本身实力也强得可怕。

“紫金色？”贝贝道，“哦，你说的是我的朋友。它的确是鼠王。”

“黑色的圣域级鼠类魔兽，这……”三只圣域级巨龙都无法理解。

贝贝不和它们多说，转而看向林雷：“老大，我们是不是该回去了？”

有了这三只圣域级巨龙，回去后再让西尼、泰勒、莎莎引动体内的龙血战士血脉就可以了。

霸王龙低沉的声音响起：“主人，你要不要施展灵魂契约？”

灵魂契约是控制魔兽最有效的手段。这三只圣域级巨龙既然认输了，也自然愿意接受灵魂契约。

“不用。”林雷淡然说道。

灵魂契约?

据林雷所知，一个人最多对三只魔兽施展灵魂契约。林雷早就对两只魔兽施展过灵魂契约了，最多再对一只魔兽施展灵魂契约。若要对这三只圣域级巨龙施展灵魂契约，他就得和之前的魔兽解除灵魂契约。

“不用？”这三只圣域级巨龙都感到吃惊。

圣域级魔兽送上门，林雷竟然不要?

“我相信你们。”林雷淡然说道。

“我们三兄弟供主人驱使百年，定会遵守约定。”这三只圣域级巨龙对林雷有了一丝钦佩。

能被人相信，那种感觉是非常好的。

看着眼前三只听话的圣域级巨龙，林雷感慨不已。

他还记得小时候，第一次在父亲的带领下去宗庙中了解家族先辈的传说——

巴鲁克，玉兰大陆第一个龙血战士。玉兰历4560年，巴鲁克在琳南城城下迎战冰霜巨龙和黑龙，最终将冰霜巨龙和黑龙击杀，名震天下。玉兰历4579年，巴鲁克于大陆北海海岸线上迎战九头蛇皇，当天海啸不断，城池崩裂。激战一天一夜后，巴鲁克终于斩杀九头蛇皇，最终建立巴鲁克家族，巴鲁克为第一代族长！

瑞恩·巴鲁克，玉兰大陆第二个龙血战士。玉兰历4690年，在魔兽山脉击败并收服一只圣域级黄金龙，成为黄金龙圣骑士！玉兰历4697年……

哈泽德·巴鲁克，玉兰大陆第三个龙血战士，玉兰历5360年出生，首战于落日山脉激战圣域级魔兽血睛鬃毛狮，将血睛鬃毛狮击败，令其落荒而逃，名震天下……

林雷还记得自己父亲当时的表情。

那是骄傲的、自豪的。

父亲为自己家族先辈而自豪，为自己是龙血战士家族子弟而自豪。

然而，父亲一辈子怀有遗憾。他一直希望能够找回家族传承之宝，更希望有朝一日能够重现家族荣耀。

“父亲，你看到了吗？”林雷在心中呐喊，“我，林雷·巴鲁克，玉兰历10022年，独自一人于落日山脉激战三只圣域级巨龙，并收服这三只圣域级巨龙。”

单单这一项记录，他就已经超过了家族的先辈们。

巴鲁克家族历史上最强的龙血战士，林雷当之无愧。

“如果父亲他能够看到这一幕，那该多好啊！”

父亲一生都想让家族重现荣耀。

当林雷成为恩斯特魔法学院学员的时候，父亲就将找回家族传承之宝、重现家族荣耀的重担放到了林雷的肩上……

林雷做到了！

可是，他的父亲看不到了。

“走，回去吧！你们三个也变小一点。”林雷感叹一声，而后吩咐道。

顿时，三只圣域级巨龙把身体缩小，十米长左右，跟贝贝一般大小。

林雷带着这三只圣域级巨龙，一行人朝混乱之岭疾速飞去。

混乱之岭，巴鲁克城城外，黑乌山上。

“哥，你这一招还真是够厉害的。”沃顿的脸上满是惊喜，“你将三只圣域级巨龙带到这里，让它们供你驱使百年。那么，以后如果还有子嗣需要龙血，就不需要再去找了。”

林雷笑了。

当时，他让这三只圣域级巨龙供他驱使百年，除了想要增加自己一方圣域级强者的数量外，的确还有沃顿所说的原因。

“哥，”沃顿激动地道，“我觉得我们龙血战士家族要重现数千年前的荣耀了。你不是跟我说过，那个霍丹说当初我们家族有数十个龙血战士吗？”

林雷点头说道：“对！数千年前，我们龙血战士家族肯定用了这个方法，才会有不少龙血战士。数十个龙血战士聚集，四大终极战士家族纵横玉兰大陆，不是虚话。”

当年家族是何等荣耀，林雷都能想象得出来。

“可惜，我们龙血战士家族的繁衍能力不够强。”沃顿叹息道。

的确，如林雷的爷爷，只有霍格一个儿子，而霍格只有林雷、沃顿这两个儿子。沃顿只有西尼这一个儿子，而林雷和迪莉娅只有莎莎和泰勒这一对龙凤胎。

要知道，在一些普通家庭中，孩子一般会有七八个。

“上天对我们已经够眷顾了，如果再加上子嗣多，那这玉兰大陆根本没别人混的份了。”林雷笑着说道。

沃顿也笑了。

的确，人不能太贪心。

林雷吩咐道：“沃顿，你让西尼他们准备一下。明天，我便为他们引动体内的龙血战士血脉。”

引动龙血战士血脉，这可是大事。

第二天，黑鲁和贝贝都乖乖地待在了黑乌山。

那三只圣域级巨龙收到了林雷的命令，没有反对。不过一点鲜血而已，对它们而言，根本算不了什么。

此刻，雷龙、黄金龙、霸王龙都把身体缩小了，看着泰勒他们。

林雷笑着看着三个孩子："你们要知道，龙血能够引动体内的龙血战士血脉。一旦你们喝下龙血，对你们以后的变身有很大影响。"

"比如我，我当年喝的是棘背铁甲龙的血，所以我的背部、肘部包括额头，都有类似棘背铁甲龙的尖刺。我的速度快，也是受棘背铁甲龙的血的影响。"林雷详细说道，"选择哪一个，你们可要想清楚。"

泰勒、莎莎、西尼都在思考着。三人可以选一样的，也可以选不同的。

"泰勒，你选哪一个？"迪莉娅笑着看着自己的儿子。

泰勒仔细地看了一下三只圣域级巨龙，最后把目光锁定在气势最霸道的霸王龙的身上："我选择霸王龙！它好强悍，我喜欢。"

泰勒的话令霸王龙很是高兴，它道："那是，我普雷奎特是最强悍的！"

"我选择黄金龙。"莎莎清脆的声音响起，"黄金龙好漂亮，那鳞甲好光滑，像是用黄金做的一样。"

"漂亮？"林雷和迪莉娅相视一眼。他们的宝贝女儿竟然因为这个选择了黄金龙。

黄金龙听了也很高兴。

过去，三只圣域级巨龙认为献出鲜血对它们是一种侮辱；现在，它们没有这种想法了。那三个孩子选择哪个，代表他们更喜欢哪个。

巨龙们都很骄傲，认为自己不比对方差。

雷龙还没被人选中，立即看向西尼。

西尼淡笑道："那我就选雷龙吧。"

无论孩子们选哪一个，龙血都能引动他们体内的龙血战士血脉。

"你们三个，分别将龙血弄到这三个小木桶中。"林雷指向旁边的小木桶。

三只圣域级巨龙按林雷说的做。

很快，三个小木桶中就都有龙血了。

第307章
发现

三个盛着龙血的小木桶摆放在三个孩子的面前，林雷翻手从空间戒指中取出了一把蓝心草。

蓝心草叶子碧绿，隐约有蓝色光晕闪烁，触感冰凉。林雷将这把蓝心草分成三份，每份有五株。

“你们三个听着。”林雷看着这三个孩子。

西尼、泰勒、莎莎都站在林雷的面前，认真聆听。

林雷嘱咐道：“过会儿，你们就给我喝龙血，尽量喝饱。喝龙血之前，先将蓝心草吃下去。按道理，一人服下三株蓝心草就足够了。以防万一，你们还是把蓝心草都吃下去吧。”

“吃草？”莎莎的眉头蹙了起来。

她从小没受过苦，自然有些抗拒。

“姐，父亲十几岁的时候，一个人去魔兽山脉找蓝心草，喝棘背铁甲龙的血。现在，父亲可是把龙血送到我们的面前了，你还不敢喝？”

泰勒不管三七二十一，抓住蓝心草就朝嘴里塞。

他大口大口地嚼着，然后吞咽下去。

见到这一幕，林雷不由得露出了满意的笑容。对于自己的儿子泰勒，林雷还是很满意的。

泰勒虽然比较活泼调皮，但能吃苦，修炼也用心，资质比当年的自己差不了多少。

西尼微微一笑，也抓着蓝心草吃了下去。

“莎莎，没事的，这蓝心草的汁液挺清凉爽口的。”西尼道。

“哦？”莎莎有些怀疑，但也拿起了蓝心草朝嘴里塞，而后一脸苦相，“西尼哥哥，你骗我。汁液是清凉的，可是那叶子让嘴发麻。”

莎莎虽然这么说，但还是忍着吃了下去。

林雷和迪莉娅都笑了。

汩汩声响起，泰勒第一个抱起小木桶，仰头灌龙血了。

泰勒知道，喝的龙血越多，越容易引动体内的龙血战士血脉。他不顾一切，大口大口地喝着。

西尼和莎莎也捧起小木桶喝了起来。

三个孩子一起喝龙血的场面，让林雷感慨不已。

前人栽树，后人乘凉。

林雷经过自己的努力，让他的晚辈们不需要经历危险就能喝到龙血。

“啊！”第一个喝了龙血的泰勒忽然痛苦地叫了起来，手中的小木桶掉落在地上。

泰勒痛苦得翻滚起来，脸色瞬间变得惨白，豆粒大小的汗珠从额头上渗了出来。

迪莉娅的脸色立即变了。

“没事。”林雷安慰迪莉娅。

迪莉娅也知道，龙血战士第一次引动体内的龙血战士血脉会变身，变身过程极为痛苦。林雷当年就经受过这种痛苦，当身体达到所能承受的极限，整个人就会晕过去。

果然，当黑色鳞甲从泰勒的体表冒出的时候，泰勒就晕过去了。

紧接着，西尼也痛苦地叫了起来，青色的鳞甲从西尼的体表缓缓冒出。这种身体上长出鳞甲的痛苦，让他痛得在地上打滚。

“连这点痛苦都受不了，那怎么行？”林雷平静地看着这一切。

仅仅一会儿，泰勒、西尼就完成了变身，而最后喝龙血的莎莎还处于变身过程中。

泰勒身上的鳞甲颜色是黑色的，跟霸王龙体表的鳞甲颜色一样。西尼身上的鳞甲颜色是青色的，跟雷龙体表的鳞甲颜色一样。

至于莎莎，她全身覆盖着黄金色鳞甲，仿佛穿着一件漂亮华贵的黄金铠甲，那条黄金色的龙尾也冒了出来。

“林雷，你看！”迪莉娅突然指着莎莎道。

林雷也注意到了莎莎的变化。

莎莎的背上竟然冒出了两个小小的淡金色翅膀。这赫然是继承自黄金龙的那双巨大肉翅。

这淡金色翅膀，加上覆盖莎莎全身的黄金色鳞甲，使得莎莎不仅如精灵一般，也使得莎莎神秘了很多。

许久后，三个孩子接连醒过来，都激动地看着自己变身后的模样。

“啊，姐姐，你有翅膀！”泰勒羡慕地看着莎莎。

莎莎也很喜欢这双翅膀。她轻而易举地就挥动了翅膀，仿佛挥手臂一样简单，接着便飞了起来。

莎莎兴奋地喊道：“我会飞了，我会飞了！”

“我感觉自己现在的力量好大。”泰勒兴奋得一拳砸在旁边的石头上。那石头直接裂开，碎成了几块。

十岁的孩子能够用拳头砸碎石头?!这简直不可思议！

西尼此刻也难掩兴奋。

嗖的一声，西尼一晃，一道残影出现，速度极快。

林雷、迪莉娅、沃顿、尼娜都笑着看着这一幕。

“好神奇！”黄金龙赞叹道，“龙血战士果然厉害！”

三只圣域级巨龙都为眼前这一幕感到惊叹。

传说中的终极战士果然了不得。

它们可以预见，数十年后，这三个孩子就是三个圣域级龙血战士。

片刻后，三个孩子都玩累了。

“母亲，衣服呢？”莎莎问迪莉娅。

莎莎变身时衣服破损得最厉害，裤子还好，没完全损坏，只是脏了一些，可是她的上衣因为长出的两个翅膀早就被损坏了。

迪莉娅不禁笑了起来，从空间戒指中拿出一件新衣服给莎莎。

林雷笑着嘱咐道：“你们三个给我听着，以后就专心修炼《龙血秘典》，但是平常不要变身为龙血战士。就凭你们现在的实力，龙化后也没什么用。”

“是，父亲（大伯）。”

三个孩子都应命。

“沃顿，这三个孩子我就交给你管了。”林雷看向旁边的沃顿。

三个孩子都是生活在巴鲁克城的，让他们待在黑乌山这种人迹罕至的地方，他们会不习惯，性格也会受到影响。

“是，哥。”沃顿点头说道。

泰勒他们都下山了。那三只圣域级巨龙，有两只出于好奇也跟着去巴鲁克城的王宫了。当然，它们把身体都变得很小。林雷和迪莉娅则在黑乌山中修炼，过着宁静的日子。

迪莉娅大半时间都陪着林雷，偶尔会去巴鲁克城陪陪孩子。

至于林雷，他经常几个月甚至大半年才会见孩子们一次，平常都在黑乌山修炼。

天黑了。

黑乌山那一汪湖水中央的石屋中。

林雷、迪莉娅正躺在床上。

“林雷，你有没有让贝贝问一下，我们结婚那天晚上它给我们的黑色石头到底是什么？”

“我让贝贝问了，那鼠王说是对修炼有好处的东西。”林雷说道。

迪莉娅笑了起来："没想到，我魔法的修炼速度会快到这个地步。我哥是天才，还在大圣司的教导下，现在也才达到九级大魔导师境界。我水平比他低，却比他更快达到九级大魔导师境界。我感觉自己的精神力每天都在提高。我就是不修炼，精神力也会以稳定的速度提高。我自己都有些吃惊。"

"好了，别乱想了。那鼠王送的是什么礼物，以后我们会知道的。嗯，很晚了，我们睡觉吧。"林雷道。

当林雷在黑乌山潜心修炼，深入研究风系元素法则和地系元素法则的时候，巴鲁克王国东方三百余里处的一座矮山山脚，有两个男子正在勘探。

无论是王国，还是帝国，只有拥有自己的矿脉，才不会受制于人。

在巴鲁克王国没有建立的时候，这一大片区域战乱不断，统治混乱。今年是这个人统治这一座小城，明年或许就是那个人统治。大家根本没时间，也没精力去寻找矿脉。

巴鲁克王国建立后，设立了地质勘查部门。这些成员专门在巴鲁克王国境内进行勘探。几十年来，他们找到了许多金属矿，铜矿、铁矿、金矿、银矿等，只是矿脉大小不同。

此外，他们还找到了一些比较珍贵，数量却比较少的黑铁矿、瑟银矿。

"组长，这片区域有些特殊啊！"瘦得跟猴子一样的金发年轻人低声说道。

旁边的中年人仔细观察一番，然后下令："卡亚，我们朝下面挖，再挖深一点，看看到底有什么。"

"是，组长。"卡亚立即取出了工具，和组长一起大力挖掘起来。

他们的实力不算强，年轻人只是三级战士，组长只是五级战士，但是对他们而言，挖掘工作轻而易举。

他们挖得非常巧妙。坑口不大，坑道却十分深，而且不会坍陷。

"哧——"刺耳的声音响起。

"组长，快来看看！"卡亚连忙说道。

中年人立即低头仔细看去。

此刻是下午时分，沿着坑道射下来的光线很亮。中年人清楚地看到有反光的东西，立即用手将周围的泥土抹开。

一块半透明的晶体出现在他的眼前。

“这，这是……”中年人辨别了一会儿，惊呼起来，“是魔晶石！是魔晶石啊！卡亚，这是魔晶石啊！”

“啊，组长，我们发了，我们发了啊！”卡亚面露惊喜。

魔晶石极为珍贵，可以这么说，魔晶石和魔晶核一样。魔晶核虽然是晶核，但实际上也是一种晶石，如龙族体内的魔晶核就被称为龙晶。

当然，天然的魔晶石不可能有龙晶那么珍贵。

按照市场价值——

一块下品魔晶石——十个金币，相当于三级魔晶核。

一块中品魔晶石——一百个金币，品质一般在四级魔晶核和五级魔晶核之间。

一块上品魔晶石——一千个金币，相当于六级魔晶核。

一块极品魔晶石——一万个金币。当然，这是比不上七级魔晶核的。七级魔晶核值五万金币左右。要找到超过极品魔晶石的晶石，只能去猎杀七级、八级乃至更高级别的魔兽。

可以这么说，一个魔晶石矿脉要比同等金矿贵重千万倍。金矿被挖掘后还得淘金，这样一来金子数量其实并不多，而魔晶石矿脉不同。魔晶石矿脉被挖掘后，不需要“淘金”，挖多少是多少。

在玉兰大陆，魔晶石矿脉的珍贵程度只有瑟银矿能够与之一比。

“我们发了，组长！随便装一口袋魔晶石恐怕就值几十万金币啊！我们发了！”卡亚欣喜若狂。

那中年人却皱眉说道：“别急，这应该是一个魔晶石矿脉。我们先看看，这魔晶石矿脉到底有多大。”

第308章

魔晶石矿脉

“是，组长！”卡亚强忍激动，耐住性子，和组长继续在周围勘察。

“这里也有！”中年人的眼睛一亮。

“组长，我这里也有魔晶石！”百米外的卡亚激动得不得了。

那中年人环顾周围，然后立即跑到卡亚的旁边，激动地说道：“卡亚，很明显，这是一个魔晶石矿脉，单单我们发现的就有数百米范围。如此大的魔晶石矿脉，在整个玉兰大陆都是极少见的。”

卡亚连连点头。

一口袋魔晶石可比一口袋黄金要贵千百倍。

那绝对是一笔天大的财富啊！

卡亚看向组长，又看看周围，见没有其他人，低声说道：“组长，我们俩发了啊！单单我们检测出来的数百米范围的魔晶石矿脉，绝对值几亿金币，甚至更多啊！”

那中年人自然也算得出魔晶石的大概价值。

“卡亚，你想说什么？”中年人在卡亚的眼中看到了贪婪。

卡亚压抑着内心的激动，连忙说道：“组长，你想……我们这么勘探一年才多少钱？现在，只要我们不告诉任何人，悄悄挖一口袋魔晶石，然后卖掉，那我们就能赚取很多金币！靠着这魔晶石矿脉，我们成为玉兰大陆上的巨富都有可能啊！”

想着想着，卡亚更加激动了。

没办法，这魔晶石可是硬通货，卖掉的渠道太多了。最低等的魔晶石都值十个金币呢。

“卡亚，冷静！有钱还不行，得有命花才行！”

在卡亚头脑发热的时候，中年人的话如同一桶冷水浇在卡亚的身上。

卡亚一个激灵，看着中年人：“组长，你这话是什么意思？”

中年人严肃地说道：“你应该知道，我们地质勘查部门管理严格。那些大人担心我们发现珍贵矿脉后会贪墨，因此在监察方面，地质勘查部门可是很严厉的。”

卡亚不屑地笑了：“组长，怕什么？是有人监察我们，可是我们捞上一票就走人，不回去就行。”

“你还是太年轻了。”中年人教训道，“我们每天去哪个区域检测，部门都是有记录的。若是我们突然失踪，他们肯定会检查这一部分区域。到时候，他们肯定会发现这个魔晶石矿脉。”

“此外……”中年人看着卡亚，郑重地说道，“王国的高手可不少，一旦发现我们做的事情，一定会追杀我们。到时候，我们的亲人恐怕会受到连累。”

卡亚忽然想起，组长在巴鲁克城有一个和谐的家庭。不过他不同，他的父母在很久以前的战乱中就死了，他孤身一人，而且到现在还没结婚，根本了无牵挂。他相信只要自己带走一笔巨额财富，以后就可以过人上人的生活。

“卡亚，”中年人看着他，“如果我们将此事汇报给部门，到时候部门会因为我们发现这魔晶石矿脉而给我们奖励的。”

“能给多少奖励？”卡亚哼了声，“给我们一万个金币就很了不得了。”

其实，一万个金币不少了，一个普通家庭一年消费也就几十个金币。一万个金币足够一个普通家庭生活百年。可是，要过上富豪的生活，一万个金币的确不算什么。

“不一定，这得看魔晶石矿脉的大小。如果魔晶石矿脉比较大，部门奖励我们几万个金币甚至十万个金币都是有可能的。”中年人劝说道，“卡亚，部门给我们的钱，我们用得安心，而且不用背井离乡。”

卡亚看向旁边坑道下方的魔晶石，又看了看组长，经过一番激烈的思想斗争，点了点头。

中年人这才露出一丝笑容。

他想起了自己的妻子和三个孩子，的确不想让妻儿跟自己一起逃亡。

这时，一柄锋利的匕首突然刺向中年人。

卡亚目光中露出了一丝疯狂：“去死吧！”

就在匕首快要刺到中年人的时候，卡亚的右手被中年人抓住了。

卡亚脸色大变。

中年人冷冷地看着卡亚，同时，手用力一掰。

咔嚓一声，卡亚的手腕骨头断了。

卡亚疯狂地嘶吼着，用左手袭击中年人。可惜他只是三级战士，中年人是五级战士，双方实力差距太大了。

“砰！”中年人一拳直接打在卡亚的胸口上。

伴随着骨头碎裂声，卡亚被打飞了，最后重重地落在地面上。

卡亚胸膛凹陷，口中不断溢出鲜血。

“你……”卡亚渐渐变得虚弱。他真的很不甘，近距离偷袭，还是被抓住了，对方明显有所防备。

中年人叹了一口气，看着卡亚：“卡亚，如果我再年轻二十岁，没有任何羁绊，或许我会跟你做出一样的选择，卷走大量财富，远走他乡，成为大富豪。所以，我完全明白你此刻的想法。”

中年人早就猜到卡亚会偷袭自己，因此时刻防备着，体内的斗气也早就运转起来。

卡亚听完，眼神彻底暗淡下来。

看着卡亚的尸体，中年人摇头低叹。不过，他并不在意。他年轻的时候，巴鲁克王国还没有建立，他见惯了这种场面。为了让自己成为人上人，拼掉性命的人太多太多了。

中年人立即用泥土将坑道遮盖住，旋即以最快速度朝泥封城赶去。

巴鲁克王国，泥封小城城郊发现魔晶石矿脉的消息很快就传到了王都。魔晶石矿脉周围已有军队驻扎，不允许任何人靠近，静等王都的命令。

黑乌山。

沃顿疾速穿行在山道中，穿过密集的山林，沿着溪水，终于来到了林雷的修行之所。

“哥！”沃顿老远就喊了起来。

此刻，正在湖中央石屋前盘膝静修的林雷不由得睁开了眼睛。他看到沃顿，脸上露出了笑容：“沃顿，有什么事情吗？这么急？”

“哥，你跟我出去一趟吧！”沃顿连忙说道。

“沃顿，有什么大事啊？”贝贝从远处的林子里冒了出来。

沃顿详细地说道：“哥，我们的人在东边三百多里的地方发现了一个大型魔晶石矿脉，至少有近千米范围。这还只是表层，内部到底有多大，我们还不清楚。可即使是千米范围，那里的魔晶石估计值数十亿金币。”

“哦？”林雷一惊，“这么大的魔晶石矿脉？”

魔晶石不像其他铁矿、铜矿，魔晶石矿脉的形成很复杂，一般是各种元素能量经过无数年的积累才形成的。有的魔晶石矿脉，只有数十米范围。

“走吧，哥！”沃顿催促道。

“好，一起去。”

林雷刚说完，贝贝立即说道：“我也去。”

沃顿笑了：“贝贝，你如果去，我就不需要变身飞行了。”

如今才达到九级的沃顿，如果不变身，的确无法飞行。可是，变身会让衣服破损。

“行。”贝贝干脆得很。

当即，贝贝把身体变大，背着沃顿，和林雷一起朝东方疾速飞去。以如今林雷、贝贝的飞行速度，三百多里的距离，喝一杯茶水的工夫就到了。

“就在下面。”沃顿指着远处下方有重兵把守的一大片区域道。

林雷微微点头。

当即，两人一魔兽朝下方降落。

看到有人飞来，那些士兵不敢太过莽撞。士兵头领立即跑过来，可惜他根本没见过沃顿。

“你是……林雷大人？”

看到一只黑色的鼠类魔兽把身体缩小后跃到其中一个人的肩膀上，不少士兵都惊呼起来。

不少人都知道，黑色的圣域级鼠类魔兽是林雷的一个标志。作为巴鲁克王国最传奇的人物，林雷的影响力很大。

“对，我就是林雷。这是沃顿，你们的陛下。”林雷淡笑道。

沃顿一伸手，手臂上顿时冒出了青色的鳞甲。这比任何说辞都有效。龙血战士变身，只有巴鲁克家族的子弟做得到。

“拜见陛下！拜见林雷大人！”

洪亮的声音响起。

沃顿淡然说道：“好了，你们继续做自己的事，我和我哥在周围看看。”

“是！”周围的士兵都抬头挺胸，把腰杆挺得笔直，想将自己最好的一面表现出来。

林雷开始释放精神力，旁边的沃顿只是看着林雷。

“好大！”林雷一探察，不禁脱口而出。

“哥，怎么了？”沃顿轻声问道。

林雷朝他咧嘴一笑：“似乎……我要认真了。”

沃顿感到愕然，片刻后，他就明白林雷的意思了。

这魔晶石矿脉太大，林雷随意散发的精神力根本探察不到全部。

“哥的精神力的覆盖范围可是很广的，连他都要认真释放精神力，这魔晶石矿脉到底有多大啊？”沃顿心底震惊。

此刻，林雷全力释放精神力。

其实，全力释放精神力对一个人的损耗是很大的。如果没有特殊原因，一般高手是不会这么做的。

终于，林雷完全探察到了这魔晶石矿脉。

“好惊人，好大的魔晶石矿脉！”林雷发现这魔晶石矿脉像一个椭圆形球体。此外，这椭圆形球体四周还有一些凌乱的矿脉。这个椭圆形球体，最靠近地表的地方，距离地表三四米，最宽处的直径已然超过一万米！

林雷暗呼一口气，看向旁边的沃顿。

沃顿低声问道：“哥，怎么样？”

林雷立即道：“到旁边再说。”

他将沃顿领到安静的地方。

“哥，这魔晶石矿脉到底有多大？”沃顿着急地问道。

林雷郑重地回道：“很大！比玉兰大陆过去最大的魔晶石矿脉要大十倍以上。”

沃顿一惊。

玉兰大陆过去最大的魔晶石矿脉可有一两里范围。

“据我估计，这个魔晶石矿脉值数千亿金币。”

林雷单单想想这个数字就感到心颤。

值数千亿金币？

“老天！”沃顿也震惊不已。

第309章
两方联合

玉兰大陆历史上最大的魔晶石矿脉竟然被仅仅建立十二年的巴鲁克王国发现了。

“混乱之岭这片区域常年发生战争，数千年来，没有势力有机会去开采矿脉。没想到，这片区域刚被统一，就发现了这么大的矿脉。”林雷在心中感叹。

可是林雷觉得有些奇怪。大量元素积累才能形成晶石，要形成这么大的魔晶石矿脉，到底要聚集多少天地元素啊？为什么那么多天地元素会聚集在这里？刚才他用精神力搜索的时候，并没有发现下面有什么特殊之处。

“不好！”沃顿忽然脸色一变。

“怎么了？”林雷疑惑地看着沃顿。

贝贝也看着沃顿：“沃顿，我们发现了这个魔晶石矿脉是好事啊，你为什么说不好？”

沃顿摇头，郑重地说道：“哥，这个魔晶石矿脉值数千亿金币乃至更多，这只是在钱财这一方面。最重要的是，魔晶石可以运用到战争上，这一点你是知道的吧？”

林雷点头，然后问道：“你是说魔晶炮？”

魔晶炮的诞生是战争的一个转折点，这使得大型魔法不一定需要顶级的大魔导师就能施展出来。当年的圣都芬莱城便有魔晶炮。可惜，毁灭之日来临的时候，圣域级魔兽降临了，大量飞行魔兽降临了，这使得魔晶炮来不及轰击就被摧毁了。

事实上，魔晶炮绝对是战争中一股非常可怕的攻击力量。

就拿顶级的魔晶炮来说，消耗大量魔晶石，一炮的威力就相当于七八级的魔法，能瞬间消灭上百人。战争期间，只要架上十门大型魔晶炮，连续轰击几次，敌方就会在眨眼工夫死伤过万。这对战况影响太大了。

不过，魔晶炮仿佛吞金兽，消耗魔晶石的速度太恐怖了。当年，巴鲁克王国在建立时，根本就没有考虑过魔晶炮，因为当时根本用不起魔晶炮。魔晶炮消耗的可都是魔晶石，比金币还贵得多的魔晶石！

“少量魔晶炮或许能购买到。”沃顿神色严肃，“可是，大量魔晶炮受帝国管制，不允许向外贩卖。魔晶炮虽然能走私，但走私的又能有多少？”

林雷点头。

这可是军事物资，敌国岂会让你大量购买？

沃顿郑重地说道：“购买魔晶炮不难，实际上以我们的国力，也可以自己制造。现在，拥有了这魔晶石矿脉，再配合魔晶炮，能弥补我们没有魔法师团队的短板。”

要知道，魔法师的数量是很稀少的，而七级大魔法师，乃至更高级别的魔法师，数量更稀少。玉兰大陆上，能够成立魔法师团队的，只有几大帝国、神圣同盟、黑暗同盟。

林雷的巴鲁克王国都没能力组建魔法师团队。

几十门大型魔晶炮和充足的魔晶石，不亚于一支魔法师团队。

“哥，”沃顿看着林雷，“你应该知道，在玉兰大陆上，四大帝国还有其他王国斗争，不到灭亡之战，圣域级强者都不会插手。圣域级强者不插手，那魔晶炮便拥有改变战争结果的能力。如果光明圣廷和黑暗圣廷知道我们拥有整个玉兰大陆最大的魔晶石矿脉，那后果……”

林雷神色严肃。

“你说得对，一旦被光明圣廷和黑暗圣廷知晓，或许这两方势力会联手攻击我们王国。”

林雷也感到了威胁。当年四方约定过，正常战争不允许圣域级强者参战。

人口仅有一亿左右的巴鲁克王国，斗得过人口数量远超它的光明圣廷和黑暗圣廷吗？

那两方势力的领土比巴鲁克王国大，他们辖区的人口加起来，绝对有四五亿之多。

“哥，我们现在怎么办？”沃顿看向林雷。

林雷说道：“不要想太多！现在我们要想方设法地购买魔晶炮，可以让道森商会帮忙！而后，我们悄悄开采魔晶石……如果光明圣廷和黑暗圣廷真的联手对付我们，那我们就用魔晶炮回击。”

“是，哥！”沃顿的眼睛亮了起来。

林雷打定主意，无论如何都不能退缩。

很快，许多矿工被调派来开采魔晶石矿，同时周围有大量军队严守。挖矿期间，这些矿工不允许和外界有任何交流。当然，他们的薪水是极高的。

对外，巴鲁克王国只是宣称发现了某个比较珍贵的矿脉。

巴鲁克王国的保密措施不可谓不严密，整整一个月，消息都没有被泄露出去。可是，光明圣廷、黑暗圣廷安插在巴鲁克王国的探子不少。最终，光明圣廷的情报人员从地质勘查部门人员的亲人入手，知道了这个消息。

雅致的贵族府邸内。

“玉兰大陆最大的魔晶石矿脉？范围至少十里？”一名银发青年看着手中的密信，表情立即变了。

他仔细地看着密信，神色愈加严肃。

这名银发青年看起来年纪不大，实际上，他的年纪比海廷斯、乌森诺还大。

他是光明圣廷一名圣域级天使。在三千多年前，他就降临到玉兰大陆了。虽然天使的实力不可能提升，潜力也比不上人类，但是经历了长久岁月，他们的智慧丝毫不比人类低。

阿方索，四翼天使，被光明圣廷派来管理混乱之岭相关事项的。

“好事啊！”阿方索的脸上露出了一丝笑容，他旋即对送来密信的手下吩咐道，“你马上将这个消息泄露给黑暗圣廷，看看黑暗圣廷是什么反应。”

“是，大人。”那送来密信的中年人恭敬地应道。

阿方索微微点头。

黑暗圣廷如果心动，攻击巴鲁克王国，自然是大喜事。即使黑暗圣廷不这么做，对光明圣廷也没任何损失。

“马上将这个消息传去圣岛，询问圣岛我们下一步该怎么办！”阿方索命令道。

像这种决定光明圣廷在混乱之岭基业的大事，他是必须听圣岛命令的。

很快，光明圣廷的命令就传来了。阿方索接到命令，丝毫不意外。

“联合黑暗圣廷，攻打巴鲁克王国。魔晶石矿脉我方至少要获得三分之一，这是底线。”

命令简单得很，毕竟有许多事根本不需要说清楚。阿方索既然能被派来管理这一大片区域，自然不是蠢笨之人。他清楚此次圣岛命令的另外含义，比如尽量让黑暗圣廷损失更多力量。

阿方索微微一笑，在心中暗道：“看来，该去答复黑暗圣廷了。”

前段时间，他命人将这个消息泄露给了黑暗圣廷。黑暗圣廷反应很快，邀请他商议这件事情。当时，他并没有立即答复，只是让对方等待。现在他等到了圣岛的命令。

一切可以开始了。

一座不出名的小城，一座很普通的庭院中，圣域级四翼天使阿方索和黑暗圣廷的裁决大长老奥凯西正相对而坐，饮酒谈笑。

“不错！色泽、味道都很不错，此酒是极品，应该是玉兰帝国流蓝酒庄的吧？”奥凯西笑道。

“奥凯西先生对酒也很精通啊。”阿方索淡笑道，“我们还是不要绕弯了。今天奥凯西先生请我到这里，是为了巴鲁克王国那魔晶石矿脉的事情吧。

不知奥凯西先生准备怎么做？”

奥凯西瞥了一眼阿方索，而后喝了一口酒：“阿方索先生，你介意我走的时候带一些这种酒吗？我想我喜欢上它了。”

阿方索眉头一皱，有一丝恼怒。

不过，既然是谈判，他自然要忍住。

“奥凯西先生，你难道想和我谈酒谈到天黑吗？”阿方索正色道。

奥凯西看着阿方索，大笑了起来：“阿方索先生，我只是和你开个玩笑而已。没错，巴鲁克王国的魔晶石矿脉，我们黑暗圣廷的确很想得到。可是，我们不想和巴鲁克王国发生战争啊。”

“不想？”阿方索看了一眼奥凯西。

这奥凯西到底打的什么主意？黑暗圣廷不想和巴鲁克王国发生战争，那他来见自己干什么？

“奥凯西先生，你什么意思？”阿方索脸一沉。

奥凯西微笑道：“阿方索，如果我派人跟巴鲁克王国说，你们光明圣廷准备攻击巴鲁克王国，并且邀请我们黑暗圣廷一起，只要巴鲁克王国愿意损失一些魔晶石，我们黑暗圣廷则两不相帮。如果巴鲁克王国愿意多损失一些魔晶石，我们黑暗圣廷可以帮他们一起对付你们光明圣廷。”

奥凯西看着脸色难看的阿方索：“你说，林雷、沃顿两兄弟会怎么选择？”

阿方索沉默着。

“林雷和你们光明圣廷的仇怨可不小。”奥凯西说道。

的确，如果奥凯西这么做，林雷一方或许真的愿意赠送一些魔晶石给黑暗圣廷，甚至愿意花费大量魔晶石，让黑暗圣廷帮助他们一起对付光明圣廷。

毕竟黑暗圣廷和光明圣廷是对立的，阿方索也知道现在的形势对他们不利。

“奥凯西先生，”阿方索严肃地看着奥凯西，“你知道那魔晶石矿脉真实的储量吗？”

“不知道，我估计是过去最大魔晶石矿脉储量的数倍。”奥凯西说道。

知道那魔晶石矿脉真实储量的人极少，毕竟它还没有被完全挖掘出来。只有林雷这种人通过精神力才能探察清楚。

而光明圣廷和黑暗圣廷又怎么敢去招惹林雷？

他们若去招惹林雷，或许会被林雷直接解决。

当初四方只约定圣域级强者不得参战，没说林雷不可以去解决对方的圣域级强者。

阿方索点头说道：“既然你不知道那魔晶石矿脉的储量，那林雷给你们黑暗圣廷的魔晶石，到底占了那储量的多少还很难说。”

“是的。”奥凯西承认。

他们并不清楚魔晶石矿脉的真实储量。林雷如果宣称给了他们储量的一半，或许只是真实储量的十分之一，毕竟林雷要骗他们很容易。

“只要我们联手对付巴鲁克王国，到时候，无论那魔晶石矿脉的储量有多少，我们两方可以各得一半。”阿方索说道。

“一半？不行！”奥凯西摇头，“七三分，我们七，你们三。”

阿方索说道：“奥凯西，你别太过分了。我们各一半，大家以后都好谈。”

奥凯西瞥了他一眼，笑道：“既然这样，那我们黑暗圣廷直接去帮林雷一方。到时候，我们轻轻松松就可以获得大量魔晶石。”

阿方索眉头一皱。

“你们六成，我们四成，一句话，答不答应？”阿方索严肃地道。

奥凯西看了阿方索一眼，举起手中的酒杯，微笑道：“阿方索先生，来，为我们的合作，干杯！”

阿方索这才露出了笑容。

“干杯！”他也举起了酒杯。

光明圣廷、黑暗圣廷两方，为准备掠夺巴鲁克王国庞大的魔晶石矿脉，就此联合。这也说明了，没有永远的敌人，只有永远的利益。只是这利益，有时候是金钱，有时候是权力。

第310章 调兵遣将

混乱之岭，光明圣廷辖区内，一条官道上，一支一眼看不到尽头的军队不断前进着。那些骑着魔兽或者骏马的军官，在队伍的两边大声呵斥着。

“走快点！”军官们挥舞着马鞭，表情都严肃得很。

急行军！

他们都记得此次的命令，必须以最快的速度赶往社黎郡城边界。

社黎郡城边界，是巴鲁克王国和光明圣廷辖区的一处交界区域，属于光明圣廷一方，是离魔晶石矿脉最近的一处边界。

大量军队被调集，根本欺瞒不了巴鲁克王国，他们自然得加速行军。

此刻在社黎郡城边界处，已然聚集了近二十万军队。这支赶过去的军队休息一两日，也会参与到战争当中。

一座幽静院落中，红衣大主廷吉尔默看着北方天空喃喃道：“要跟巴鲁克王国决战了。”

这一次战事的主要负责人并不是阿方索，而是吉尔默。毕竟在影响力方面，红衣大主廷吉尔默要大一些。

在战争过程中，圣域级强者不得参战，阿方索在也没用。吉尔默一个九级大魔导师，反而有很大的作用。

“真是可惜！当年完全可以为我们光明圣廷所用的一个少年，如今却成了我们光明圣廷的大敌。”吉尔默叹息，他是看着林雷一路成长起来的。

林雷从天才魔法师，到成为可以击败克莱德的九级强者。

沉寂八九年后，林雷一口气击败了六名九级天使，旋即在奥布莱恩帝国名声大振。之后，他更是在混乱之岭建立了巴鲁克王国。

“二十几年过去了，林雷已经强大到令裁判长他们在圣岛中都不敢出来的地步了。”吉尔默在心中慨叹。

“大人！”他麾下骑士恭敬地提醒道。

沉浸在思绪中的吉尔默清醒过来，看了那骑士一眼，淡然地说道：“走吧，跟我去科德郡城边境，见见黑暗圣廷的那位黑袍大主廷，看看这位黑袍大主廷维斯波特这几十年来有没有进步。”

王都巴鲁克城，王宫中。

沃顿、林雷、巴克等人齐聚在大厅内。大厅中央有一个大型的军事沙盘，一名神色刚毅的中年人正执着一个细棒子点着：“各位大人，魔晶石矿脉是在这里。如果单单光明圣廷攻击我们……他们选择最近的攻击点，便是社黎郡城。”

林雷等人都微微点头。

“不过……”中年人摇头说道，“除非光明圣廷的指挥官脑子有问题，否则他们不会选择这里为主要攻击点。”

“哦？”巴克眉毛一挑。

中年人继续说道：“魔晶石矿脉距离王都足有三百多里地，而社黎郡城边界距离王都也有四五百里。这都是直线距离。如果从社黎郡城一直攻击到魔晶石矿脉，沿官道也足有近千里路程。千里路程，这路程中有大小城池十余座。光明圣廷一方深入我方，作战千里？

“他们的军队，近一半必须驻守在奥布莱恩帝国、罗奥帝国和他们的交界处，能够攻击我们的只有一半军队罢了。所以，他们的军队数量和我们应该不相上下。”

中年人指着社黎郡城说道：“实力相当，我们坚守，他们攻击……他们还深入我方？这根本是送死。”

“所以……光明圣廷要攻击我们，只有一个办法……联合黑暗圣廷。他们别无选择！”中年人深吸了一口气，手中细棒子一点，“黑暗圣廷和我们交界处面积过千里，其中最靠近魔晶石矿脉的，无疑是这里！”

“科德郡城边界处！”这名中年人指着沙盘上一点。

“魔晶石矿脉是在泥封小城外，泥封小城正是科德郡城辖区的一座小城。从魔晶石矿脉到科德郡城，只有一百余里。”中年人表情严肃，“只要对方攻破这里，后面就容易了，他们有几条路径都可以冲到魔晶石矿脉！”

林雷微微点头。

“瓦茨，”沃顿忽然说道，“如果我让你全权调遣军队来应对此次战争，你有赢的把握吗？”

巴克也说道：“而且，我会向你提供超过三十门的魔晶炮，魔晶石的运输方面我来负责。”

如今，巴克在巴鲁克王国中的地位极高，是王国的唯一元帅，本人实力也极为可怕。

当初，林雷人类形态达到圣域境界不久，巴克也达到了圣域境界，一旦变身便是巅峰状态的圣域级不死战士。已然领悟势的巴克与乌森诺相比，二人实力不相上下。

当听到超过三十门的魔晶炮时，瓦茨的眼睛亮了。

瓦茨一挺胸，铿锵有力地说道：“陛下，只要将权力授予臣，臣只要王国五十万大军，便有百分之百把握在科德郡城将敌人拒之门外。”

“很好！”沃顿的脸上露出了笑容。

巴鲁克王国常备军已然过百万，这还没算那些普通的城卫军。

“陛下，”瓦茨严肃地说道，“我担心敌方会出现超乎我们意料的可怕力量。若因为出现这些不可抗拒的因素，我军不能够防御住，那就危险了。”

“可怕力量？”沃顿疑惑道。

“对，如圣域级强者突然出现，或者光明圣廷将他们传说中的那个庞大的魔法师团调遣过来，我们就会非常危险。”瓦茨严肃地说道。

光明圣廷、黑暗圣廷，在魔法师的培养方面都极为用心。这两大势力都拥有可怕的魔法师团。在魔法师团中，最弱的成员是七级大魔法师，最强的成员是九级大魔导师。

上千名强大的魔法师聚集，由诸多九级大魔导师引导，最后施展出来的集体性魔法，其威力丝毫不会比圣域魔导师的禁忌魔法弱。

在几大帝国不允许正常战争中出现圣域级强者的约定后，魔法师团便成为战争最可怕的一种力量。

“敌方的圣域级强者不会出现。”

林雷的声音响起，瓦茨立即看向林雷。

林雷淡淡笑着说道：“你放心，光明圣廷和黑暗圣廷不会让圣域级强者出马的。至于你说的可怕魔法师团……”

“他们如果想施展禁忌魔法，放心，他们是施展不出来的。”林雷淡漠地说道。

林雷知道禁忌魔法的威力。一旦施展禁忌魔法，恐怕整个科德郡城城池都会被毁掉，伤亡人数将非常可怕。

林雷不会为了约定就让一个城池近百万人丧命。

近百万人的生命还赶不上一个约定？

更何况所谓的约定，在国与国之间，只有实力相当的时候才有约束力。在一方实力极强的时候，打破所谓的约定直接发动战争，在玉兰大陆历史上并不少见。

当然，只有对方派遣魔法师团使用禁忌魔法时，林雷才会那么做。

瓦茨担任此次战争的总指挥官，各种情报被不断地传递到瓦茨这里，瓦茨和他的副手们很快将一个个命令传达了下去。

光明圣廷在社黎郡城边界集结军队的消息，很快就传递过来了。

难道光明圣廷要在社黎郡城发动攻击？

“社黎郡城边界，在原有的一个军团基础上，再调遣一个军团过去。两个军团共计二十万人……以坚守为主，将社黎郡城边界的树林毁掉，令敌方无藏军偷袭的机会……

“社黎郡城此处，敌方绝对不是真正攻击，只是牵制我军军力，我方只要坚守即可……”

黑暗圣廷一方军队的调动，完全证实了瓦茨的猜测。果然，黑暗圣廷与光明圣廷合作了。

“科德郡城前方河道的大桥皆毁掉，科德郡城周围的道路也皆破坏掉……让敌人无任何其他小径可走，逼迫他们只能攻击科德郡城。”这一条命令，的确让光明圣廷、黑暗圣廷两方吃了不少苦。

“科德郡城的城池内，所有居民迁移，将科德郡城改造成一座兵城，要有城内巷战的准备。”

总指挥部的命令一条条传下去，各种命令细则被各个部门执行起来。

还有一条命令传到了魔晶石矿脉处：“加派人手，以最快的速度挖掘魔晶石，不必再掩饰。”

十二年里，混乱之岭的三大势力只是小规模交过战而已，从来没有像这次一样，还没有开战，调遣的军队数量就达到了一个可怕的数字。

很明显——

这一次，三方不再是练兵游戏，而是来真的了。

万里长空，穿着天蓝色长袍的林雷快速飞行着，正朝黑暗圣廷一方飞去。林雷是知道奥凯西的住处的，那是黑暗圣廷在混乱之岭的总部，一座看似普通的黑暗神殿。

林雷目光冷厉，在心中道：“这奥凯西竟然答应光明圣廷一方，哼！”

其实，黑暗圣廷一方也是没办法。

如果黑暗圣廷一方帮助林雷，将光明圣廷一方在混乱之岭的势力全部灭掉，他们担心林雷翻脸对付他们黑暗圣廷。

须知，如今的林雷，还有巴克、盖茨，人类形态都已达到了圣域境界。这三人再加上贝贝，这股圣域级势力太可怕了，黑暗圣廷也敌不过。

林雷如果翻脸不顾约定，他们黑暗圣廷又能如何？

而且，他们知道德斯黎是偏向林雷的。

林雷一方的圣域级强者太强，黑暗圣廷、光明圣廷两方都存在才能让林雷有所顾忌。一旦其中一个完蛋了，剩下的一个估计也得完蛋。

“圣域级强者不可以参战，可是，我还是可以去解决圣域级强者的。”林雷看着远处的那座黑暗神殿，“用性命威胁奥凯西，奥凯西或许会醒悟吧。”

片刻后，林雷散发的精神力覆盖了整座神殿。

“嗯，没有？”

林雷眉头一皱，旋即体表气浪翻滚，以致玻璃窗户悄无声息地化为齑粉飘落下去。

林雷进入神殿中。

“奥凯西呢？”林雷淡漠地看着眼前这名穿着淡金色长袍的老者。

这名老者是这座黑暗神殿中如今实力最强的一个——一个圣域级强者。不过，他只是初入圣域境界而已，比奥凯西要弱得多。

老者微笑着说道：“奥凯西大人早就命属下在这里等林雷大人。自我介绍一下，我是黑暗圣廷的四翼堕落天使。”

林雷淡漠地看着老者。

老者态度谦逊，说道：“奥凯西大人让属下告诉林雷大人，此次战争不可避免。至于奥凯西大人，他已经回我们黑暗圣廷本部了。如今我们黑暗圣廷在这里的，只有我一个圣域级强者。”

林雷眉头一皱。

奥凯西竟然逃回去了。

“你不怕我杀你？”林雷凝视着眼前的老者。

第311章

运输工具

在林雷的注视下，这名四翼堕落天使笑着说道：“林雷大人如今是玉兰大陆数一数二的强者，想必不会降低身份攻击我。”

四翼堕落天使，只拥有圣域中级的实力罢了。

十二年前，林雷、贝贝他们就能击败六名四翼天使了。

如今的林雷，更是可以轻易击败眼前的这名四翼堕落天使。

“帮我转告奥凯西。”林雷看了这老者一眼。

“林雷大人请说。”老者态度谦逊。

林雷淡漠地说道：“他这一次选择和光明圣廷联手，是非常愚蠢的行为。以后，他一定会后悔。”

老者当即点头说道：“我一定将话转告给奥凯西先生，只是我想告诉林雷大人一句，实际上在这混乱之岭，你们巴鲁克王国产生的威胁，可是比光明圣廷还要大。”

“嗯？”林雷笑了。

林雷明白对方的意思，如今玉兰大陆上对他有威胁的也就那五大圣域级极限强者。他对元素法则方面的领悟，暂时赶不上那五大圣域级极限强者。无论是大地奥义，还是风之奥义，他只是勉强达到了希金森、海沃德他们那个层次。

不过，他是龙血战士。

龙血战士的战斗力本就比一般战士强很多。要是他和五大圣域级极限强者真正战斗起来，谁强谁弱还很难说。

无论是黑暗圣廷，还是光明圣廷，都没有像林雷一样的强者。毕竟领土再大，决定一个势力命运的还是站在巅峰的强者们。

林雷如此强大，自然会令光明圣廷、黑暗圣廷心底畏惧，两者自然会暗中相互帮忙。

“我明白你的意思。”林雷忽然觉得这名四翼堕落天使很有趣，“不过，我对领土大小并没有兴趣，你们黑暗圣廷和我巴鲁克王国联手，不必担心太多。”

老者摇头说道：“林雷大人，你这等强者对世俗权力不太在意，可是你的弟弟沃顿陛下呢？即使你的弟弟不在意，那巴鲁克王国以后的继承者呢？他们总会对扩大领土，一统混乱之岭有兴趣的。”

林雷一怔，旋即笑了。

“你很有意思。”林雷笑着看了老者一眼，身影一动便消失了。

待林雷离开，老者才松了一口气。虽然林雷从头到尾都没有出招，但是站在林雷的面前，就让他这名堕落天使感到心悸。他明白，这是实力相差太大的原因。

科德郡城城内，此刻大量民众正在迁移。巴鲁克王国王族的威望非常高，一声令下，加上即将到来的战争，这些民众都乖乖地有序朝外迁移。

当然，这些民众的去处都已经安排好了。

原先一座三层楼的酒店，如今成了科德郡城的指挥所。瓦茨站在第三层楼的窗户前，看着下方大量民众，暗叹了一口气。他明白，这些民众的家肯定要被破坏了。

为了将科德郡城建造成一个吞噬敌人的兵城，许多房屋都将被改造成暗道、陷阱等。

虽然国王陛下为此次迁移调拨了大量钱财来安顿民众，但是要舍弃自己的家，那些民众定是伤心不已。

“在王国的统治下，他们的日子可比十二年前好多了。”瓦茨看似是中年人，实则已经九十多岁了。他可清楚地记得过去混乱之岭是何等混乱，单单孤儿的数量就可以看出战乱的残酷。

忽然，敲门声响起。

“进来。”瓦茨淡然地说道。

“大人，元帅到了。”士兵一进来就立即禀报道。

“元帅？”瓦茨立即说道，“在哪里？快带我去！”

在巴鲁克王国民众心中，地位最尊贵的自然是那精神支柱、绝对的天才、玉兰大陆的巅峰强者林雷。其次是国王沃顿陛下，之后便是当年号称“五大战神”之首的圣域级不死战士巴克。

酒店后面的独立庭院内。

巴克坐着，正独自一人享受地喝着酒。

瓦茨一进来就行了个军礼：“拜见元帅大人！”

巴克掉头看了他一眼，笑道：“是瓦茨啊，过来吧，随意一点。”

十二年来，王国内部发现了很多人才。

瓦茨就是巴克发现的一个非常优秀的将才。

“来，喝酒。”巴克为瓦茨倒了一杯酒。

瓦茨询问道：“元帅大人，你这次来是？”

巴克笑了：“上一次我不是跟你说过吗？我会为你准备超过三十门的魔晶炮。”

瓦茨顿时眼睛一亮。

巴克接着说道：“一共有三十六门魔晶炮，都已经准备好了。”

“准备好了？”瓦茨忧虑地说道，“那怎么运送过来呢？元帅大人，这些魔晶炮恐怕都在其他地方吧？运送过来估计要耗费很长时间，来得及吗？”

巴克摇头一笑：“为了这些魔晶炮，我可是跑了一整天。”

瓦茨疑惑起来。

元帅大人这话是什么意思？

巴克对着庭院空旷的地方一挥手——

顿时，一门门魔晶炮出现在庭院中，排列成四排，每排都有九门魔晶炮。每一门魔晶炮足有两三米长，炮口直径近半米，炮身上面覆盖着复杂的魔法纹路。

在阳光的照耀下，魔晶炮的炮身反射出迷人的光泽。

整整三十六门魔晶炮。

“这……这……”瓦茨激动了。

“瓦茨，难道你连空间戒指都没听说过？”巴克揶揄道，“幸亏我的空间戒指的容量不算小，能勉强装下这三十六门魔晶炮。不过，为了这三十六门魔晶炮，我可是将玉兰大陆跑了一大半啊，飞了一天才将这些管制品一口气运过来。”

这三十六门魔晶炮都属于大型魔晶炮。

单单从炮口直径，以及炮身上复杂的纹路就可以看出魔晶炮的等级。这种级别的魔晶炮，各大帝国一般是不允许贩卖的。可是通过道森商会的渠道，巴克还是弄到了不少魔晶炮。

他靠着空间戒指，轻易地将魔晶炮运来了。

“这三十六门魔晶炮相当于三十六个八级魔导师，还是可以持续施展魔法的那种。”巴克笑道。

一般的八级魔导师施展八级魔法，施展两三次就不行了，即使有魔法杖，也最多施展四五次。

可是，魔晶炮只要有魔晶石，便可以一直发动攻击。

“元帅大人，有了这三十六门魔晶炮，用得好，绝对赶得上数十万大军啊！”瓦茨脸上有着难掩的激动，旋即笑道，“当然，还要有足够的魔晶石。”

用魔晶炮就是在烧钱。

大炮一响，等于是金币哗哗往外淌啊。没有足够的金币，谁舍得用？

“放心，过段时间魔晶石也会运送过来。”巴克肯定地说道。

“我们面对的敌人，数量上百万。到时候战斗起来，这三十六门魔晶炮消耗的魔晶石绝对是一个非常庞大的数字。”瓦茨看着巴克，“元帅大人，那么多魔晶石要运送过来，估计要安排不少人手。”

巴克点头。

魔晶炮，他可以放在自己的空间戒指中。如果要运送大量魔晶石，以他空间戒指的容量，恐怕要来回运送十次以上。

魔晶石矿脉处，巴鲁克王国已经开始调派大军，不加掩饰地、大规模地开展挖掘工作。

魔晶石矿脉不同于其他铜矿、铁矿等。

那些矿石还需要炼化，很麻烦。

而魔晶石，只要将矿脉之间的一层层泥土沙石清理掉，然后将魔晶石按照属性分类即可，挖掘起来是比较轻松的。只是有一点比较麻烦，魔晶石很坚硬。

等级越高的魔晶石就越坚硬，其坚硬度远超普通岩石。

一般的矿工根本挖不动魔晶石，这里的矿工都是精心挑选出来的。

按照规定，这里的矿工至少得有三级战士的力气，有三级战士的力气再配合专用工具，他们才能勉强开采魔晶石。即使如此，他们也只能开采下品魔晶石。

锵锵的声音不断传来，大量矿工不断地挖掘着。

虽然每个人的挖掘速度不快，但是每时每刻仍会有大量魔晶石被送上来，按照不同的属性被分成一堆堆。

从开始挖矿到如今，已经近两个月了。

即使如此，矿脉也只是被挖掘了很少的一部分。

“你说怎么回事？弄这么一个又大又长的铁箱子，储存魔晶石？这么大的铁箱子，如果装满魔晶石，足有好几千万斤吧。怎么送走？”驻守的军人们看着远处那个五十米长、三米宽、三米高的巨型铁箱子，心底疑惑。

那巨型铁箱子用来存魔晶石？

虽然一块魔晶石不算太重，但是装满那铁箱子的魔晶石的重量绝对会达到千万斤。千万斤的魔晶石，普通的军队怎么运输？而这个铁箱子，连空间戒指都放不下。

花费两个月时间，被挖掘出来的魔晶石总算是将这巨型铁箱子装满了。大量钢丝缠绕在一起结成的钢铁缆绳，将这铁箱子捆了起来。巨型铁箱子上，每隔一米就有一根钢铁缆绳，足足有数十根。

最后，巨型铁箱子上用钢铁缆绳打了两个绳结。

“过会儿，会有巨龙来搬运铁箱子，一个个安静一点，别大惊小怪。”军官命令道。

巨龙？

所有军人都翘首以待。

深夜，圆月悬挂高空。

果然，一只足有百米长的霸王龙出现在上空，下方的军人们感到天空瞬间就暗了下来。

霸王龙降落下来，它身上自然散发的威压让无数军人心跳加速。

“主人让高贵的圣域级巨龙来搬东西，真是……唉！”霸王龙普雷奎特在心中暗叹。

霸王龙如车轮大小的火红双眸扫了下方的军人们一眼，旋即哼了一声，两只龙爪抓住了绳索。

在月光的照耀下，霸王龙就这么轻而易举地将千万斤的铁箱子抓起，带着这巨型铁箱子朝南方的科德郡城飞去。

第312章
召集令

科德郡城是一座足以容纳数十万人口的城池，面积自然大。因为地形，加上巴鲁克王国军人们的故意破坏，使得光明圣廷一方和黑暗圣廷一方只能攻击科德郡城的南城门和东城门。

天蒙蒙亮，便有不少军人去哨站换岗。按道理，清晨外面的军人比较少，这一群换岗的人却惊讶地发现，外面的人非常多。而且，那些值夜的军人似乎一点都不疲累，反而兴奋得很。

“兄弟，换岗了。你们谈什么呢？”

不少军人跑到各自的位置换岗。

“巨龙，巨龙啊！没有翅膀，却可以飞行的巨龙，是圣域级巨龙……啊，好大，好像一座小山一样。”一个值夜的军人激动地谈论着。

“什么巨龙？”换岗的军人很好奇。

那个值夜的军人激动地解释道：“昨夜，一只巨龙就这么飞来了……当时好多军人在这儿等着搬运东西呢。你看，他们还在搬运呢。那个巨型铁箱子就是巨龙运送过来的。”

换岗军人看向远处。

他看到了那足有五十米长的巨型铁箱子，倒吸了一口凉气。这么大的铁箱子，人能搬得动吗？只能是巨龙来搬运。

大量士兵正从铁箱子内部搬运出一个个鼓鼓的袋子。

有关巨龙的消息，很快就从这一批士兵的口中传开了，令科德郡城的士兵们士气大振。自己一方有巨龙帮助，还是圣域级巨龙，他们相信此次战争肯定会获得最终胜利。

去往科德郡城相反的方向。

在混乱之岭的众多河流中，流延河算是一条比较大的河流，虽然长度排不上前三，但足有五六十米宽，足以令光明圣廷、黑暗圣廷两方头疼了。

因为原本耗费巨大财力，建在流延河上的那座大桥，竟然被巴鲁克王国一方毁掉了。

建起来难，毁掉容易啊！

光明圣廷红衣大主廷吉尔默，黑暗圣廷黑袍大主廷维斯波特，二人看着这茫茫流延河，眉头都皱了起来。要建造一座浮桥容易，可是这上百万大军什么时候过得完？

而且，一些极大的攻城器械从浮桥上运得过去吗？

不过，吉尔默管不了那么多了，命令道：“赶快建造大量浮桥，让士兵们都过去！”

“大型攻城器械呢？”下面的人询问道。

攻城器械，特别是巨型攻城器械，可是有数十米宽的。怎么运过去？如果建造一座大桥，单单要让泥石凝固就要极长时间。

可是，时间已经来不及了。

“到时候直接施展魔法，用冰冻住这里。”吉尔默皱着眉说道。

现在正是八九月份，一年当中最热的时候。这是一条大河流，要将这条河流冻住，又要让攻城云楼等巨型攻城器械运过去，最起码要九级大魔导师才能做到。

光明圣廷、黑暗圣廷分成两个阵营。

两方仿佛争胜一样，一个个强壮的战士扛着削好的巨型木桩，猛地一蹬河岸，跃出了数十米远，旋即将木桩朝河中重重地插下去。

“砰！”足有数十米长的木桩直接插入河底。

这些战士都是精英，最弱的都是七级战士。河道两岸也插了巨型木桩，浮桥很快被架了起来，浮桥与两岸的木桩绑在一起。

轰的一声，一块足有数十万斤的巨石，被一个强壮的战士猛地扔进河中。

这样的战士足有三个，正不停地搬运巨石。

在这样的河流中，只有巨石才不会被水流冲掉。

这三个强壮的战士接连往河中扔了数十块这样的巨石，巨石表面还被他们用剑气切割平整了。

片刻后，三座石头桥完成了。

只是从一块巨石到另外一块巨石，中间还隔了三四米。不过对这些士兵而言，这也不难，跳过去即可。

科德郡城内部被不断改造，士兵们准备着各种各样的武器；光明圣廷、黑暗圣廷两方则想方设法地让百万大军过这流延河。

混乱之岭，战争即将开启。

奥布莱恩帝国武神山。

武神奥布莱恩突然出现在洞窟门口，他站在那里，气势凌厉，就如一根蓄势待发的标枪一般。赤红色的长发披散开来，随风飘舞，武神奥布莱恩的脸上露出了一丝笑容。

他已经许久没有从地底出来过了。

突然，一道光芒飞来，正是法恩。

“老师。”法恩恭敬地站在武神的面前。武神一出关，便传音给法恩了。

武神看了他的弟子一眼：“法恩，最近一段时间你好好修炼，同时也准备准备……”

法恩眼睛一亮，看着自己的老师：“老师，你的意思是？”

“是的，应该又要开始了，因为黑暗之森那位神级强者让我去他那边。”

武神的这句话，让法恩心跳加速。

法恩知道，黑暗之森那位神级强者平常都不管事，现在让他老师过去，估计是商议开启众神墓地的事情。

旋即，武神化作一道火红色流光，瞬间划破长空，消失在东方天际。速度之快，远超林雷等人。

魔兽山脉的一座高山顶峰。

一袭暗金色长袍的妖艳青年站在高山之巅，遥看东方。他的眉心部位有一道竖着的刀痕。了解他的人都清楚，这并不是刀痕，而是这位魔兽山脉王者的最厉害的武器。

魔兽山脉王者——帝林！

“哼，那个老家伙。”帝林看着东方，他也收到了黑暗之森那位神级强者的命令。帝林虽然很看不惯黑暗之森的那位神级强者，可是也不敢违背他，“五千多年前是这样，现在还是这样。玉兰大陆……就这个老家伙最舒服！”

“嗖！”

帝林身影一闪，一个暗金色光点在东方天际亮了一下，旋即消失不见。速度之快，似乎比武神更加惊人。

玉兰帝国帝都上空，云端之上。

银色长发飘逸，脸上戴着泛着绿色光芒的面具，看其身材，比较消瘦，是一个女人！

玉兰大陆人类中最有资历的一位神级强者，玉兰帝国的支柱——大圣司！

“要开始了？”大圣司遥看东北方向，“也不知道这次会有多少人陨落。”

大圣司叹息一声，旋即周围风起。

待风停，大圣司已然消失不见。

罗奥帝国一个雅致的娱乐场所。

“来，亲一个。”依旧是宽松的长袍，懒散的笑容，希塞正搂着一名美女嬉闹着。

正当闹得开心的时候，他忽然身体一顿，而后道：“你先出去吧。”希塞一挥手。

美女显得有些疑惑。

“我让你出去！”希塞眉头一皱，身上散发的一丝气息让美女心中一颤。于是，美女立即出去了。

希塞皱着眉头，苦恼地嘀咕道：“黑暗之森大人啊，如你这样的伟大存在就不必在乎我这个小人物了吧？我达到神域境界的时间不长，难道就要跟你们去了？”

希塞虽然苦恼，但是也不敢反抗。

五千多年的岁月，使得希塞对玉兰大陆的背景非常清楚。

一道黑色影子一闪，希塞仿佛瞬移一样不见了。如果贝贝、乌森诺看到绝对会惊叹，单单化影术就可以做到这个地步，确实很厉害。

黑暗之森上空，四大神级强者正并肩飞行。有神情刚毅的武神奥布莱恩，有恬静温和的大圣司，有冰冷妖艳的帝林，还有那个离得比较远的苦着脸的希塞。

“希塞，怎么苦着个脸？达到神域境界，你应该很高兴才对。”大圣司温和的声音响起。

希塞脸上挤出了一丝笑容：“凯瑟琳大人，我达到神域境界的时间没你长。等以后遇到了危险，凯瑟琳大人可要帮帮忙。否则我小命玩完，那就惨了。”

“你小命玩完？”铿锵有力的声音响起，武神直勾勾地看向希塞，“你达到神域境界，修炼的是黑暗系元素法则中关于逃命的吧。我们几人中，你的逃命本领恐怕最强。”

希塞只能无奈干笑。

魔兽山脉王者帝林却一直沉默地飞行着。

“帝林，”大圣司看向他，声音依旧亲切温和，“恭喜你从戈巴达位面监狱中逃出来。不得不说，你的运气还真好。”

帝林瞥了大圣司一眼："凯瑟琳，我的运气可比不上你。"

正当几人谈话的时候——

"好了，以后有的是时间闲聊，快点过来。"沙哑苍老的声音忽然在四位神级强者的脑海中响起。这四位神级强者立即加快速度，旋即化为四道流光进入黑暗之森深处。

玉兰大陆上，绝大多数圣域级强者，如林雷、德斯黎等人，都不知道五大神级强者齐聚黑暗之森。

此时，林雷已经到了科德郡城，这一战实在太重要了。

林雷到达科德郡城后不久。

"林雷大人！"巴克忽然跑了过来。

"怎么了，巴克？"林雷微笑着看向巴克。

巴克连忙说道："林雷大人，你跟我去看看吧。刚才有人告诉我魔晶石矿脉中发生的事情，我去看了一下，发现了一件令人震惊的事情。"

"哦？"林雷感到好奇，"走，去看看。"

林雷当即跟着巴克快速朝魔晶石矿脉飞去。

如今，魔晶石矿脉有一条矿道已经被封掉了，不允许任何人进去探察。

当巴克、林雷来的时候，守卫的军人立即让开。

"就在这里面。"巴克引领林雷进入矿道。

他们沿着矿道进入昏暗的地底，矿道中有点燃的火把。

巴克解释道："有人告诉我，他们从上方挖掘到这矿脉核心处的时候，发现那里的魔晶石品质非常好，甚至超越了市面上的极品魔晶石。"

林雷听后立即散发精神力。

他发现这条矿道的终点，正是整个椭圆形球体矿脉的核心位置，也就是中央地方。

"你说魔晶石品质非常好？"林雷疑惑地问道。

"对，据我看，那里的魔晶石品质能够和七级魔晶核相比。最里面的，甚至能跟八级魔晶核相比，还有极少数的能跟九级魔晶核相比。”巴克惊叹道。

林雷心底一惊。

“林雷大人，你知道这矿脉的核心处是什么吗？”巴克问道。

林雷摇头。他刚才通过精神力只是发现了这最里面有密集的魔晶石，没有发现其他的。

“到了。”巴克说道。

这条矿道的两侧都是半透明的魔晶石，里面蕴含的能量极为可怕，任意一块都比七级魔晶核的能量多。

林雷看着前方——巴克指向的位置，那是一扇门。

这扇门有着古怪的波动。

刚才林雷用精神力探察时，根本没发现这扇门。

第313章
神秘的门

猎杀八级魔兽、九级魔兽的难度非常大，其魔晶核的珍贵程度可想而知。然而这魔晶石矿脉核心处的魔晶石，竟然达到了七级、八级魔晶核的品质，甚至有极少数的可以和九级魔晶核相比。

在火把的照耀下，半透明的魔晶石反射出迷幻的光芒。

在这条矿道的尽头是一扇门。

在这个位置，本不应该有门的。

“这扇门后面到底是什么？”林雷惊疑起来。

这种神秘地方，难道能擅自闯入？

林雷回头看向巴克：“巴克，你进去过吗？”

巴克点头说道：“进去过，正是因为进去过我才震惊。”

“不过大人，你还是龙化后再进去比较好。在跨入这扇门的时候，会被强烈的气流攻击。若防御力不够，这气流就能让闯入者殒命。”巴克严肃地说道。

林雷心底一惊。

巴克如今可是圣域级不死战士，四大终极战士中防御力最强的一个。他都这么说了，这攻击力之强可想而知。

林雷脱掉外套，露出精壮的身躯，直接变身为龙血战士。泛着光泽的深青色鳞甲瞬间覆盖全身，林雷用暗金色双眸扫了一眼这扇神秘的门，直接走了进去。

哧哧声响起，仿佛刀子一样的气流，在林雷跨入门槛的片刻已经朝林雷切割了千万次，以至于林雷深青色鳞甲的表面迸出火星。

“这里是……”

林雷一进入门内就大为震惊，里面的情景完全出乎林雷的意料。

门后面是一个类似于透明泡泡的微型空间。这个微型空间是一个圆球形的空间，直径只有十米左右。

圆球形空间的内部布置得很简单，只有床、桌子、椅子。这个圆球形空间被一层薄膜保护着，不受外界的侵扰、破坏。

林雷仰头看向上空，再看向四周，在那透明的薄膜之外便是空间乱流。

五颜六色的空间乱流、空间裂缝，时不时出现。那可怕的威力，令林雷感到震惊。

“林雷大人，”巴克也走了进来，“我进来的时候也感到诧异。你说，这是怎么回事？”

林雷深吸了一口气，说道：“据我所知，无数位面其实就是处于空间乱流中，比如玉兰大陆位面。只要一直沿着一个方向走到尽头，便可以看到空间乱流。修炼者实力达到一定程度，就可以在空间乱流中开辟出一个小空间。”

林雷审视了一下这个圆球形空间。

“这个圆球一般的独立空间，估计是一个极为厉害的强者的修炼之所。而且这个强者，应该是玉兰大陆位面的人，或者说他曾经是。”

林雷十分钦佩开辟这个小型空间的强者。

“开辟小型空间！”巴克觉得不可思议。

“四大至高神不是开辟了四大至高位面吗？七大元素主神，不也开辟了七大神位面吗？”林雷笑着说道，“开辟一个属于自己的小型位面，还是有强者能够做到的。”

林雷明白，要在空间乱流中形成一个固定的小型位面，那绝非一般人做得到的。

巴克眼睛一亮，说道：“林雷大人，我现在知道为什么有大型魔晶石矿脉出现了。这密室中的元素浓度大得可怕。连我这种元素亲和力不怎么样的人都能感受到各种元素。而且除了各种元素，还能感受到其他特殊的能量。”

林雷也感应到了周围浓厚的天地元素。

地、火、水、风、雷电、光明、黑暗七大元素，其浓度特变大。除了这七大元素，林雷还感受到了其他澎湃的能量，有和赛斯勒身上类似的能量，有可怕侵略性的能量，还有充满生机的能量……

“那应该是属于四大至高神的能量。”林雷知晓，除了七大元素，还有更加玄奥的四种特殊能量。

林雷看向巴克：“那扇门应该是这个空间位面和玉兰大陆位面的连接点。估计正是这个密室的存在，吸引了大量元素聚集在周围，这才使得以那扇门为中心，出现了一个椭圆形球体的庞大魔晶石矿脉。”

“不过，那神秘强者修炼的事情，应该发生在很久以前。”林雷非常确定。

“哦？”巴克疑惑地看向林雷。

“如果那个神秘强者没有主动修炼，就不会吸引大量天地元素。我们在混乱之岭也有段日子了，如果不勘测魔晶石矿脉，谁会发现这里有大量魔晶石？”

林雷笑着说道：“按照规律，要形成庞大的魔晶石矿脉，之前肯定要有大量天地元素聚集。能形成这样的矿脉，天地元素的聚集程度肯定极为可怕。恐怕整个玉兰大陆的强者都会发现。”

“可是历史上并没有人提过这件事情，所以，这应该是很久很久以前的事了。”说着，林雷忽然闭上眼睛盘膝坐下。

“林雷大人？”巴克轻声喊道。

可是林雷置若罔闻，只是盘膝静静坐着。

大地的厚重……

风的迅猛暴怒、轻柔灵动……

火焰的炽热、狂暴……

水的柔和、变化多端……

在这个微型位面密室中，林雷感觉自己十分贴近自然。此刻，他可以更加清晰地感受大地脉动。

风的奇特律动也在他的心中留下了清晰的轨迹。

即使是他元素亲和力只有中等的火系元素，他同样能清晰地感受到。那种清晰程度，丝毫不亚于在感受地系元素。

就连他平常完全感受不到的水系元素，他也感受到了。

除此之外，他还感受到了四大至高神的奇特能量。

“大地脉动原来是这样。”林雷一阵惊喜。

过去他修炼，好比在数里之外听钟声，钟声听得不清晰。现在他修炼，好比在大钟旁听钟声，可以清晰地听到钟声的奇特之处。

大地脉动蕴含的奥义，他此刻清晰地感受到了。

“二百五十六重振动波？哈哈，原来如此！大地脉动，我之前感觉好像有无数重。现在看来，大地脉动虽然是一重接一重，但是一重就能将二百五十六重的所有奥义诠释清楚。”

林雷瞬间就明白了自己的修炼道路该如何走。

林雷修炼就好比读书。过去，他要将这本书“读厚”；现在，他要将这本书“读薄”。这本书就是地系元素法则中的大地脉动奥义。

“修炼到二百五十六重， 这条路算是走了一半。现在，我要做的就是将大地脉动的威力通过一重就展示出来。”

之前是从一重到二百五十六重，现在则要从二百五十六重回归到一重。

当林雷将大地脉动的威力用一重展示出来时，他才算大成。估计那时候，林雷随意一剑就可以击败对手。

“修炼宝地！”林雷眼睛睁开，眼中尽是惊喜。

“林雷大人？”巴克见林雷醒来，舒了一口气，“大人，你在这里一坐，已经过去了整整三天。”

“三天？”林雷感到惊讶。当沉浸在领悟中时，他感觉不到时间的流逝。

不过，他觉得很值。之前，他的修炼到瓶颈了，而且持续了一年多，他连下一步该怎么走都不知道。

如果没有这神秘密室，或许他会和许多修炼者一样困在瓶颈数十年甚至数百年，直到某一日突然领悟。那样，他才会知道下面的道路该怎么走吧。

“怪不得那位神秘强者会开辟出一个微型位面密室来修炼。的确，在空间乱流中的微型位面密室修炼，可以更好地感受各种元素。”林雷已经知道了这个微型位面密室的好处。

虽然这里面没有神器宝物，但是对于修炼元素法则的强者而言，这个微型位面密室就是无价之宝。

“感谢前辈赐予。”林雷恭敬地行了一礼。

然后，林雷掉头看向有些迷惑的巴克：“巴克，我们先出去吧！估计再过一段日子，科德郡城的大战就要开始了。”

说着，林雷率先走出了这个微型位面密室。

巴克不明白，林雷为什么行礼呢？

他不知道林雷的感触。

一年多来，林雷冥思苦想却无丝毫进步，那种憋屈感可是很难受的。没人知道林雷会困在瓶颈多久。现在有了这个微型位面密室，他对元素法则的领悟就会轻松一些。

“这条矿道封住，不允许任何人进去，以后挖矿也不允许靠近这条矿道。”走出矿道，林雷对着守卫的军官直接下令。

这微型位面密室绝对是可遇不可求的，比神器不知道贵重了多少。

或许，武神、大圣司他们知道了都会眼馋吧。

“下位神应该没有建立微型位面密室的能力。”林雷在心中暗想。

林雷觉得在可怕的空间乱流中开辟一个稳定的位面，即使是再小的位面，也是非常高超的手段。

林雷、巴克二人并肩飞行，朝科德郡城飞去。

二人直接来到了科德郡城总指挥处。

在一座酒店第三层的一间房中，瓦茨和他的副手们正在激烈地争吵着。见到林雷、巴克进来，这一群人立即恭敬地行礼。

“瓦茨，现在局势怎么样？”林雷出声询问道。

瓦茨连忙禀报道：“林雷大人，根据我们探子侦察，光明圣廷、黑暗圣廷两方的大部队正在过流延河。不过他们士兵太多，还有各种攻城器械，估计要完全越过流延河要等到今天天黑。”

林雷微微点头。

“我刚才听到你们在争吵，争吵什么？”巴克疑惑地询问道。

瓦茨回答道：“是这样的，光明圣廷、黑暗圣廷越过流延河的队伍已经有六七十万了。因为过河，这些队伍比较混乱。我的副手有人建议，趁他们混乱，主动出击。”

“不过被我否定了。”瓦茨回答道。

第314章
魔晶炮之威

“哦，否定？”林雷疑惑地看向瓦茨。

林雷认为这个建议还是可行的。对方队伍混乱，趁乱主动出击，的确可以给光明圣廷、黑暗圣廷当头一棒。

瓦茨恭敬地回答道：“林雷大人，属下否定这个建议，主要有三个原因。”

还三个原因？

林雷承认自己对战争方面不懂，所以仔细聆听瓦茨的回答。

“首先，这个方案成功的可能性并不大，因为从科德郡城到流延河有数十里距离。我们如果派军队过去，等到了那里，对方过了河的士兵估计已经上百万，部分队伍都可能整顿好了。”

巴克摇头说道：“要让上百万人摆好阵势准备迎战，这可不是一件容易的事情。”

瓦茨点头说道：“的确如此，我只是说对方应该有部分队伍做好了准备。我们总共五十万人，能派出多少人偷袭？这是第一个。第二个……我相信光明圣廷、黑暗圣廷两方的指挥者，不会犯如此低级的错误。”

“如果我是对方的指挥官，”瓦茨微笑着说道，“我首先要做的就是将精英队伍送过去，让越过河流的队伍弄出一副混乱的假象，吸引敌人来攻击。当敌人来攻击的时候，精英队伍立即痛击对方。”

“须知，我们最大的依仗是这座城池！”瓦茨正色说道，“有了这座城池，他们解决我们一人，我们恐怕已经解决了他们三人。他们就想引诱我们跟他们在平原作战。”

林雷赞同地点了点头。

瓦茨继续说道：“至于第三个原因。这战争，战术是其次，战略是第一。我们的目标是将敌人防御在外，不让他们破城。只要这个成功了，我们这场战争就赢了。所以，我们不需要理会他们露出的破绽。谁知道是不是他们故意做出来的？”

瓦茨浅笑着说道：“我们只需要在科德郡城，依仗城池之利死守。不出意外，胜利就是我们的了。”

一夜过去，天蒙蒙亮。

黑袍大主廷维斯波特骑着一只黑暗魔虎，遥看科德郡城的方向。

“吉尔默，我感觉这场战争，我们恐怕会打得很艰难啊。”维斯波特皱着眉说道，“我已经尽量让我们渡河的速度变慢，让河对面的队伍显得混乱，可是对方仿佛没发现一样，根本没派人来攻击。”

吉尔默点头。

他们早就准备了“大餐”等待敌人，可惜失败了。

现在大军已经全部过河了，并且休息了一整夜，如今正以稳定的速度朝科德郡城进发。黑暗圣廷、光明圣廷两方这次各自聚集了八十万大军，加起来整整一百六十万大军。规模如此庞大的军队，一眼看不到尽头。

“我不怕林雷一方指挥官聪明、狡猾，就怕他跟个乌龟一样缩在城池中。”维斯波特说道。

吉尔默也点了点头。

他们即使能够攻破科德郡城，恐怕损失也极大。他们虽然拥有一百六十万军队，但是也不愿意牺牲太多生命。

“维斯波特，”吉尔默询问道，“那我们该怎么办？”

此次作战的主帅自然是吉尔默、维斯波特二人。不过论计谋，吉尔默比不上维斯波特。

维斯波特微笑着说道："没其他办法，现在我们先去探一探对方虚实吧。"

知己知彼，方能百战不殆。

科德郡城已经成了一座巨大兵城，所有居民早就迁走了。大量的房屋被改造成地道、陷阱……南城城墙和东城城墙上都聚集着大量士兵，而西城城墙、北城城墙上的士兵数量则没有那么多。

各种器具都被运到了城楼上。

林雷、巴克二人都穿着铠甲，如军官般行走在南城的城楼上。城楼上热火朝天，数十里长的城墙上站满了人，单单南城城墙上的士兵就超过了十万。

林雷等人看到了光明圣廷、黑暗圣廷的军队。

实际上，这军队离林雷他们还有很远一段距离。

只是对方军队太庞大，让城墙上的人们老远就看到了。

"好多人。"林雷、巴克看着远处。

光明圣廷、黑暗圣廷一百六十万大军覆盖了大地，仿佛密密麻麻的蝗虫群一样，正不断朝科德郡城赶来。

一百六十万啊！说来轻松，可是当这么多人攻过来时，林雷感到压抑。

令人心颤！

"这一战不知道要牺牲多少人。"巴克低声叹息道。

林雷看着城墙上的士兵们，也感受到了战争的残酷。自从有了人类社会，这战争就没消停过。

"我们去瓦茨那边，他可是指挥官，无论如何都不能出意外。"林雷带着巴克，到了南城门上的城楼处。瓦茨就是在这城楼上的一个不起眼的小角楼里面。

瓦茨看到林雷、巴克二人，立即行礼。

"瓦茨，我和林雷大人来这里，可是来保证你的安全的。"巴克笑着说道。

瓦茨听后，即使再沉稳也有些激动。

林雷笑着说道："好了，你还是专心准备迎敌吧！对这一百多万大军，你有什么对策吗？”

瓦茨笑着说道：“不急，他们用什么手段，我们就用相应的办法对付。”

“你估计他们什么时候攻击？”巴克询问道。

“他们渡完河已天黑了，渡完后并没急着行军而是原地休息，等天亮才行军。我估计再过一个小时，他们就应该到城下了。中午之前，他们应该会发起第一轮攻击。”瓦茨浅笑着说道。

“第一轮攻击应该不会太强，试探为主，你准备怎么应付？”巴克询问道。

“魔晶炮。”瓦茨回答道。

“一来就魔晶炮？”巴克眉头一皱。魔晶炮可是撒手锏，应该在关键时刻用比较好。

瓦茨肯定地说道：“元帅大人请放心，你只要在旁边观战即可，到时候自然会明白。”

“你还跟我故作神秘？”巴克摇头笑道。

林雷在一边静静坐下，战争方面的事情交给这些能手就行了。

过了许久，林雷突然睁开眼睛，对瓦茨说道：“准备开始吧！光明圣廷、黑暗圣廷两方已经派出两支队伍准备攻击了。”

瓦茨惊异地看向林雷。

林雷却没说话。他没有用精神力搜索，但是以他对风系元素法则的领悟，数千米外的情况，林雷如果有心去感受，还是能够清晰地感受到的。

“大人，敌方两支队伍，各两万人，在进攻我们的城门。”一名军官立即跑进来报告。

虽然城墙有数十里长，但是攻城核心一般是在城门这里。

瓦茨佩服地看了林雷一眼，旋即下令道：“按照原先的计划，准备十门魔晶炮，给我们的客人们来个‘见面礼’吧。”

那名军官眼中也有一丝兴奋，说道：“是，大人！”

“走，我们去看看。”林雷起身朝城墙走去。

城墙上，林雷、巴克二人朝下面看去，只见两支队伍共四万人冲了过来。

和一百六十万人相比，四万人似乎不多。可是这四万人同时冲过来，还是有种恐怖的感觉。

“冲——”

下面四万人举着盾牌，持着武器朝城门冲过来，他们的怒吼声仿佛雷鸣声一般响起。部分士兵则举着巨大的云梯冲了过来，这些举着云梯的士兵最担心城墙上有弓箭射来。

然而令他们惊讶的是，没有弓箭射来。

“射击！”一声命令响起。

十门魔晶炮炮身的魔法纹路几乎同时亮了起来，可怕的元素能量在酝酿。随后，魔晶炮发出了可怕的声音，十团光芒同时轰击对方军团的阵营。

“魔晶炮！”惊恐声响起。

火红色的光团落地，附近的几个士兵瞬间就被烧焦了。至于那火红色光团，落地后立即化作火焰圆环。这火焰圆环开始扩张，仿佛水面的波纹一样朝四面八方荡去，凡是被这火焰圆环波纹碰到的士兵立即惨叫起来。

火系魔法——炽炎火环！

仅仅一炮，便有上百人殒命。

青白色的光团落地，附近的几个士兵瞬间就被冻住了，而后变得粉碎。这青白色光团落地后，猛地爆裂开来，竟然化为千百根可怕的锋利箭矢，朝四面八方射去。

不少士兵被射中。在这一炮的轰击下，周围惨叫声一片。

水系魔法——怒海箭雨！

不同属性的魔晶石让不同类型的魔晶炮释放出不同的威力。

毫无疑问，这十门魔晶炮仅仅第一轮轰击，就让上千人殒命。

紧接着，魔晶炮再度亮了起来。

“轰！轰！轰！”

十门魔晶炮几乎同时轰击，对方士兵或是被火焰烧死，或者是被冰箭射死，或者是被雷电电死……

十门魔晶炮对准两支队伍，对这两支队伍而言，如末日来临一般。

维斯波特、吉尔默二人在军队后方指挥。

“大人，”一名军官恭敬地汇报，“南城门第一轮攻击的两支队伍已经退下，东城门的一个军团也退下了。我们发现，南城门城墙上有十门魔晶炮，而东城门城墙上有五门魔晶炮。这些魔晶炮都属于大型魔晶炮，魔法威力接近八级魔法。”

吉尔默冷哼道：“我最担心的就是他们有魔晶炮，没想到还真的有，还都是大型魔晶炮。谁卖给他们的？”

维斯波特微笑着说道：“现在，我们关心的不是这个。他们有魔晶炮在我们的预料当中，不过既然东城门城墙上只有五门魔晶炮，这样……明天，我们正式发动第一轮总攻。”

“总攻？”吉尔默看向维斯波特。

维斯波特点头说道：“对，我们表面上重点攻击南城门，同时派遣少部分队伍去攻击东城门。可是这少部分队伍，必须是我们两方的精英队伍。”维斯波特铿锵有力地说道。

“维斯波特，你的意思是？”吉尔默看着他，“重点进攻东城门？”

士兵的数量并不代表队伍的实力。派两支精英队伍，十万人的攻击力恐怕比普通常备军队四十万人的攻击力要可怕。

“这实实虚虚，欺骗一下我们的对手罢了。十万精英队伍一口气猛攻，如果东城门没有做足准备，或许我们就可以一口气攻下来。”维斯波特自信地说道。

吉尔默笑了：“如果我是对方的指挥官，看到你一百多万军队在南城门外，只派遣了十万人去攻击东城门，估计注意力也会放在南城门。”

第315章
暴怒

光明圣廷、黑暗圣廷的大军，在科德郡城城南郊野上列阵，如无边海洋。

科德郡城的士兵们都处于警戒中，他们知道城下的这“无边海洋”完全可以瞬间掀起巨大的浪将他们淹没。

此刻，一小部分军队跟大军分流了。

这小部分军队绕路朝科德郡城城东赶去。由于科德郡城的地形，如今光明圣廷和黑暗圣廷只能攻击南城门和东城门，至于北城门和西城门，根本无法行军过去。来到东城门外的军队是两个小型军团组成的。

这两个小型军团，分别来自光明圣廷、黑暗圣廷的精英军团。

黑暗圣廷军团的军团长，有一头蓝色短发，脸色严肃，正看向远处的城楼。在他旁边的是一个金发男子，是光明圣廷精英军团的军团长。

若攻克了东城门，那他们就是此次战争的大功臣。

“五门魔晶炮而已。”蓝色短发男子淡漠地说道，“罗杰斯，这样，我们的部队先冲过去。待靠近城楼的时候，尖兵部队集合，靠着云梯在城墙上打开一个缺口。其他士兵跟上去，只要等我们一上城墙，科德郡城就完蛋了。”

罗杰斯瞥了蓝色短发男子一眼：“普赖恩，那我们就看谁先攻上去。”

“好！”普赖恩目光中尽是骄傲。

时光流逝，这两个精英军团都默默地等待着。

忽然，他们听到了可怕的厮杀声。魔晶炮的咆哮声、战士们的怒吼声、弓箭的呼啸声接连响起，仿佛海啸一样席卷天地。

“那边已经开始了。”普赖恩的嘴角有着一丝笑意。

罗杰斯微微点头：“我们若攻破了东城门，那我们就赢了。”

按照计划，南城门的战斗将会十分疯狂……

那边的战斗大概持续了五分钟，普赖恩第一个大声怒吼起来：“冲——”

早就知道计划的将领们立即带着士兵冲过去。

他们抬着足有四十米长的云梯快速冲向东城门。

大量士兵持着盾牌快速冲过去。

东城门上的五门魔晶炮顿时亮了起来。

“轰！轰！”魔晶炮的轰鸣声响起。

旋即，五个绚丽的光团出现了，一落地便爆发出了刺眼的光芒。顿时，周围士兵死伤大片，可是其他士兵仍继续往前冲。

“速度好快！”东城门上的守城将领发现敌人的奔跑速度很快。

魔晶炮才第三轮轰击，对方士兵离城池已经不足一百米了。

“不好，不对！”守城将领陡然发现，敌人队伍中有一些跑得比较快的士兵竟然非常有默契地朝一处跑去。

显然，这些精英士兵恐怕会联手攻开一个缺口。

“哼，果然如此。”守城将领的脸上露出了一丝冷笑。

“魔晶炮，全部，准备！”守城将领大声地吼道。

于是，又有十五门魔晶炮架在了城墙上。加上原来的五门魔晶炮，赫然有二十门魔晶炮。这二十门魔晶炮炮身几乎同时亮起光芒。

看到这突然冒出的十五门魔晶炮，普赖恩和罗杰斯这两名军团长顿时脸色大变。

“不！”普赖恩表情狰狞，不甘地大声吼道。

“轰！轰！轰！轰！”二十门魔晶炮同时爆发出可怕的轰鸣声。

这二十门魔晶炮的目标很明确，专门对着那些精英，对着那些尖兵队伍轰击。一连串的爆炸声不断响起。

“不！”不少士兵看到快速射来的魔晶炮光团，不甘地叫了起来。

可是轰击的速度太快了，光团一闪就到地面了，士兵们根本来不及逃脱。

射程内的士兵，有的人被冻得裂开，有的人被烧成了焦炭，有的人抱着断腿惨叫……

瞬间，死亡人数超过三千，重伤者也有数千。

太可怕了，而且殒命的大多数是精英！

这么一来，许多普通士兵被吓到了，不过还是有一些士兵继续向前冲。

“冲啊，冲上去为兄弟们报仇！”

“冲上去就赢了。”

然而，他们刚刚把云梯架上去，还没来得及攀爬，东城门上大量守城士兵就端着一口口油锅直接往下面倒，滚烫的热油倒在了他们的身上。

“啊！”许多攻城士兵捂着脸，身体抽搐着，直接从云梯上掉了下来。

“射击！”冷漠的声音响起。

不单单二十门魔晶炮再次朝下方发出死神的召唤，东城门上的守城士兵也拿起点燃的箭朝下方射去。

这箭一射下去，原本只是被热油烫伤的攻城士兵开始燃烧起来。

片刻后，城墙下已是一片火海。

在火海中，众多攻城士兵一个个痛苦地喊叫着倒下了。

二十门魔晶炮的轰击，再次让敌方数千人殒命。

爆炸声在敌方阵营各处响起。

罗杰斯、普赖恩二人都要发疯了，狰狞地怒吼道：“退，给我退！快，撤退!!!”仅仅一会儿工夫，就有上万士兵陨落了，受伤的士兵也有好几千。

最重要的是，那二十门魔晶炮还在轰击。

这二十门魔晶炮将这两支精英军团的士气都打没了。

五门魔晶炮，轰击一次，死伤人数近一千，精英队伍只要撑过两三次轰击就能冲上城墙。可是二十门魔晶炮不同，轰击一次，完全可以让一支精英队伍全军覆没。

二十门魔晶炮的威力太大了。

攻城士兵疯狂撤退，可是依旧被二十门魔晶炮轰击了两轮，又有几千人倒下了。绚烂如同烟花一样的炮火，却是让人心颤的可怕攻击。

“十万人，近两万人殒命，近一万人受伤。”罗杰斯声音低沉，“仅仅一会儿工夫，士气便降到了低谷，士兵们根本没有勇气冲向那二十门魔晶炮了。”

盾牌能抵挡住箭矢，可是抵挡不住魔晶炮，特别是这种大型魔晶炮。

“二十门魔晶炮，怎么会有二十门魔晶炮？”普赖恩愤怒地说道，“主廷大人派我们过来，不是说仅仅五门魔晶炮吗？如果早知道有二十门魔晶炮，我们怎么可能来送死？”

魔晶炮太可怕了。

只要敌人进入魔晶炮射程，性命就会不保。而且，这魔晶炮每一轮的发炮时间间隔都很短。只要有充足的魔晶石，魔晶炮就可以不停地轰击。这可比二十个八级魔导师要可怕得多。

“回去！”罗杰斯看了一下周围的士兵，当即下令。

普赖恩不甘地握紧拳头：“哼，被骗了。这科德郡城的人还真是浑蛋。走，回去！”

现在，他们士兵的伤亡人数比较多，而对方士兵的伤亡人数明显比他们少。

当然，对方损失了大量金钱。大型魔晶炮的每一次轰击，等于是撒出了大量金币。二十门魔晶炮疯狂轰击，一般王国怎么舍得这么用？

实则虚之，虚则实之。

光明圣廷、黑暗圣廷玩了这么一手。

没承想，科德郡城一方隐藏了魔晶炮的真实数量。

实际上，他们一共有三十六门魔晶炮，一开始只拿出了十五门魔晶炮。

在计划中，东城门有二十门魔晶炮，南城门有十六门魔晶炮。

东城门的战斗结束得快，可是南城门的战斗极为惨烈。

“准备！”

南城门上大量士兵向后仰，脚踏弓箭弓身，双手拉弦。巨大的箭矢让人看着都心惊。

这里的士兵，随便一个就可以轻易举起数百斤的物体，然而他们还是用上了双脚双手。如此箭矢，其威力可想而知。

“射击！”

一声令下，无数巨大的箭矢从城楼上向上空射去，伴随着可怕的破空声，又落了下去。

普通的盾牌直接被箭矢贯穿，盾牌后的攻城士兵瞬间倒下。

仅仅片刻，一大批士兵便倒下了。

紧接着，后面又有大量士兵冲上去。

此刻，大量云梯已经架到了城门上，许多士兵甚至冲上来了。

于是，原本隐藏好的六门魔晶炮被拿出来了。十六门魔晶炮疯狂地怒吼着，绚烂的光芒在城下接连亮起，一批批人倒下。

“撤退吧，再这样下去根本是拼谁的人多啊！已经有很多人殒命了。”吉尔默眉头皱起。

这才多久？已经有数十万士兵殒命了。

那十六门魔晶炮的威力太大了，还有那些箭矢、礌石等。

在城门上，对方的确占据优势。不过，科德郡城殒命的士兵也不少，估计上万了。

“我有不好的预感。”维斯波特皱着眉头，看着那十六门轰鸣的魔晶炮，“原本这里只有十门魔晶炮，战斗一开始，又有六门魔晶炮冒出来了。我担心东城门那边……”

吉尔默心底一颤。

“你是说那边也会有更多的魔晶炮出现？”吉尔默摇头说道，“不一定，或许他们是将东城门的魔晶炮转移到南城门了。”

“希望是那样吧。”维斯波特并不在乎逝去的士兵，他要的是胜利。

“主廷大人！”狼狈的普赖恩、罗杰斯二人大喊着直接冲到了吉尔默、维斯波特这里。

“怎么回事？”维斯波特看到二人的模样，知道情况不妙。

普赖恩不甘地怒骂道：“主廷大人，谁查的情报？完全不准！根本不是五门魔晶炮，而是二十门魔晶炮，是二十门魔晶炮啊！仅仅被轰击几次就有两万多人殒命，还有大量受伤的。我们两个军团加起来十万士兵，已经折损了三成战斗力。而且我们军团的精英，那些最有胆量、冲在最前面的，死得是最快的。士兵们现在一点斗志都没有了，完全被吓住了。”

维斯波特脸色一变，顿时完全明白了。

维斯波特看向远处的科德郡城，咬牙切齿：“竟然玩弄我，引诱我去攻击东城门，五门魔晶炮变二十门魔晶炮？”维斯波特此刻气得眼睛都红了，“吉尔默，别管什么计谋了，让那些九级高手都给我上！”

第316章
拼命一战

吉尔默沉吟："好，让他们上吧。"

一会儿，六个看似普通的士兵进入了指挥处。

维斯波特、吉尔默二人对视一眼，旋即，维斯波特对这六人下令道："你们六人先混在大军当中冲向城门。等靠近城门的时候，以最快的速度破开城门，引领大军进入城池内，要让对方来不及反应。"

"是，大人！"其中三人立即应命。

另外三人则看向吉尔默，吉尔默微微点头："按维斯波特说的做吧。"

"是，大人。"

苍茫的大地上，无数士兵如蝗虫一般疯狂地冲向城池，十六门魔晶炮不断地发出耀眼的光芒，带走了大量生命。

科德郡城城墙上，林雷、巴克、盖茨、黑鲨、安科、布恩站在一起。

"他们还真是够疯狂啊！"盖茨感慨道。

黑鲨看向林雷，说道："林雷大人，让我们几个去帮忙吧。"

巴克五兄弟中只有巴克的人类形态达到了圣域境界，其他四人还是九级巅峰，随时有可能突破。

林雷看着下方，微笑着说道："不急，现在不是时候。不过你们记住，尽量守住魔晶石矿脉。"

其实，相比于魔晶石，林雷最看重的是微型位面密室。

他一定要保住这处宝地。

“可惜赛斯勒不在，他也达到了圣域境界，要是让他出手，他一人就能挡住百万大军。”林雷感叹一声。

赛斯勒和林雷达到圣域境界的时间差不多，成为亡灵圣域魔导师后，赛斯勒的实力已然到了极为可怕的地步。

赛斯勒现在要做的就是收服圣域级亡灵。

一个亡灵圣域魔导师，那可是能够收服一群圣域级亡灵的，其可怕程度可想而知。

“那个老家伙整天在深山中苦修，根本不现身。”盖茨撇嘴说道，“上次我去找他，他还派他的一个圣域级亡灵跟我打了一架。不得不说，那个亡灵还真是够厉害的。”盖茨感叹道。

林雷在心中暗笑。

赛斯勒只是和盖茨开玩笑罢了。林雷很清楚，如果赛斯勒来真的，盖茨恐怕瞬间就败了。

亡灵魔法师对灵魂是最了解的，也非常擅长灵魂攻击。

达到圣域魔导师境界后，赛斯勒一旦施展灵魂攻击，就是厉害的圣域级强者恐怕也受不住。

“轰！”

忽然，林雷等人感到整个城墙一阵震动。

巴克脸色一变：“不好！”

林雷通过精神力发现，城墙下方竟然有六个九级战士联手全力攻击，直接将城门轰破了。

“冲啊！”攻城士兵们兴奋地喊道。

顿时，大量攻城士兵朝城里冲，为首的正是六个九级战士。

科德郡城的守城士兵还想阻拦，却被六个九级战士轻易解决了。

此刻，站在城门边缘的一名军官冷漠地看着这一切。

“巨石，落！”军官不慌不忙的声音响起。

顿时，数十个士兵用力拉开机关，咔嚓声响起。旋即，数十米高的巨石轰然落下。

巨石下的士兵想闪躲开，可大多数来不及闪开就被巨石砸中了。

“轰！”

城门被巨石封死！

外面的士兵无法再进来，里面的士兵也出不去。

不过，六个九级战士已经在城内了。

“六个九级战士，还真是够狠的！”盖茨怒吼一声，翻手一柄巨斧出现，直接从城门上跳下。盖茨跳下，布恩、安科、黑鲨三个也接连跳下。

城内。

六个九级战士威力全开，守城士兵根本挡不住他们。

九级战士所过之处，周围尽是一批倒下的人。

“快走！”其中一个九级战士大喝道，旋即用手中的战刀挥向前方的一名军官。

其他九级战士也知道不能久留，便不再管跟他们冲进来的士兵。

其中一个金发独眼男子一蹬地面，整个人飞蹿而起，竟然轻松地越过了三十多米高的城门，到了城外。其他五个九级战士也是猛地一蹬地面——

“想逃？”一声怒吼响起。

旋即，可怕的巨斧幻影劈来，盖茨第一个落下来了。他在半空直接截住了一个九级战士。

那个九级战士竟然用手中的重剑去抵挡巨斧。

轰的一声，巨斧与重剑相撞。

那个九级战士手中的重剑寸寸断裂，整个人被轰得砸在城内的地面上，地面被震得龟裂开来。

盖茨怒吼道：“你还敢冲到城内来？”

可怕的巨斧劈来，周围空间仿佛静止了。

盖茨的修为已经达到势这一层次！

那个九级战士想躲都躲不开。凄厉的惨叫声响起，他直接被劈得吐血，被冲击到了远处，重重摔落到地面上，再也爬不起来了。

虽然两人同是九级，但是盖茨已然达到九级巅峰，又是不死战士，两者实力差距太大了。

布恩、安科、黑鲨三人碰到了其他四个九级战士，此时心中充满战意。特别是安科，竟然一斧头将对方两人逼了回去。

战斗很快就结束了。

“大人，除了属下一人，其他五人都没逃出来。”那个金发独眼男子显得有些不甘。

维斯波特、吉尔默二人的脸色都有些难看。

“怎么可能？你们可都是九级战士！”维斯波特忍不住喊道。

“我刚才看到林雷和那几个不死战士在城墙上。”吉尔默忽然说道。

以吉尔默的实力，即使相距上千米，他也还是看见了城楼上林雷等人。

维斯波特声音低沉：“吉尔默，难道林雷不顾当初的约定对九级战士出手了吗？”

“应该不是林雷。”吉尔默摇头说道，“如果他出手，恐怕六个人一个都逃不出来。我估计是那几个人类形态还没有达到圣域境界的不死战士。以他们的实力，对付一般九级战士没有难度。”

维斯波特的眉头皱了起来。

“你出去吧。”他屏退那个幸存的九级战士。

维斯波特对着传令兵道：“让攻城的军队都撤下来，今天就到此为止。”

“是，大人！”那名传令兵立即跑了出去。

吉尔默则疑惑地看着维斯波特。

维斯波特闭上眼睛，过了许久才睁开，淡然地说道：“吉尔默，等到深夜，我们准备用人海战术吧。在明天天亮前，我们必须将城池攻克下来。”

“深夜？”吉尔默皱着眉看向维斯波特，“即使不顾士兵性命，也很难攻克下来。”

无论是吉尔默，还是维斯波特，对普通军团的士兵性命根本不在乎。他们在乎的是精英军团，如前不久派去攻克东城门的十万人。

“今夜，不顾一切攻城。如果凌晨五点还没有攻克下来，我们就用底牌。”维斯波特看向吉尔默，“吉尔默，你说呢？”

“底牌？”吉尔默沉吟片刻。

吉尔默知道维斯波特说的是什么，微微点头说道：“好吧！”

从深夜零点开始攻击，直到凌晨五点。这一段时间内，即使攻克不了城池，也会让科德郡城的士兵变得极为疲劳。在这种情况下，光明圣廷、黑暗圣廷的底牌亮出来，成功的概率是百分之百。

城下无数士兵如同潮水一般退去了。

瓦茨站在城楼上，面无表情。

林雷在不远处看着瓦茨，眼中有着赞赏。今天在指挥处，林雷已经看到了战争过程中发生的所有事情。无论是应对敌方的几轮攻击，东城门、南城门的布置，还是防御的各种手段，瓦茨都表现得非常好。

“瓦茨。”林雷、巴克、布恩、安科等人走向瓦茨。

瓦茨看到这一群人立即行礼。

林雷笑着说道：“今天战斗已经结束了，你还是好好休息吧！”

“不了，大人。”瓦茨郑重地说道，“今天敌方指挥官连续几次下令攻击，用精英军团突袭东城门，派九级战士攻破南城门，还让大军疯狂地攻城……我觉得这个指挥官不是那种很有耐心的人。我想他的手段会在这两天皆施展出来，比如今夜，他们就很可能偷袭。”

瓦茨说后看向对方阵营。

两军作战，看透对方指挥官的性格，那么就有把握判定对方的行动。

“哦？”林雷的嘴角有着一丝笑意。

盖茨哈哈笑道：“林雷大人，你可别怀疑，瓦茨的判定十有八九是正确的。”

当夜，林雷、巴克等人聚集在庭院中一起喝酒。因为瓦茨判定今夜敌人很可能偷袭，所以林雷他们便在这里等着。

“微型位面密室？”布恩听了林雷所说的话，显得很是惊讶。

巴克也点头说道：“对，连我这种对天地元素没感觉的人，在那密室当中都可以清晰地感受到各种元素。那种感觉很特殊……很亲近自然。”

“安科、黑鲨、布恩、盖茨，你们几个好好修炼，等以后达到圣域境界，你们也可以去微型位面密室进行修炼。”林雷微笑着说道。

一个密室，直径十米，的确可以让几人同时静修。

忽然，激烈的打斗声从远处的南城门响起。紧接着，魔晶炮的轰击声也响起了，凄厉的惨叫声、箭矢的破空声……

林雷、巴克等人对视，都笑了起来。

“瓦茨果然猜得很准，走！”林雷不禁佩服瓦茨。

一群人快速朝南城门赶去。愈靠近战场，声音愈让人心颤。在火把的照耀下，城下满是尸体，而城门上也有众多士兵倒下了。下方的攻城士兵疯狂地将箭矢射上来。

“攻城云楼。”林雷看到远处一排庞然大物正在靠近。

攻城云楼足有四十米高，全身以钢铁、岩石铸造而成。巨大的攻城云楼正在不断地朝城墙靠近，面向科德郡城的一面都是坚硬的钢铁。

“轰！”魔晶炮的炮火轰击在坚硬的钢铁上面。

炽热的火焰只是让足有数米厚的钢铁熔化了表面一层，根本撼动不了这庞然大物。这种攻城云楼足足有十座，分开排成一排，正不断朝城墙移来。

第317章
攻城云楼

十座攻城云楼，仿佛十只钢铁铸造的巨兽缓缓而来，魔晶炮的轰击对攻城云楼的影响不大。

“一旦让攻城云楼靠近城门，那么对方的大量士兵便会通过攻城云楼攻上城墙。”巴克感慨道。在各色光芒的映照下，他的脸显得模糊不清。

安科、黑鲨、布恩、盖茨则神情严肃。

林雷站在城墙上，看着城下密集得如蝗虫群一般的士兵，还有那十座攻城云楼，也觉得棘手。

“即将进入最惨烈的阶段了。”林雷感叹道。

即使如林雷这种对战争一知半解的人，也能够预知即将到来的疯狂时刻。

“冲啊！”攻城士兵面目狰狞，疯狂地怒吼着。

大量云梯搭在城墙上，大量士兵快速地爬到云梯的顶端，想冲上城门和守城士兵战斗。不过，云梯会被人推倒，也会被浇上火油。

每一架云梯最多让两个人冲上城墙，而冲上城墙后的攻城士兵会面对大量守城士兵的刀剑。

站在云梯上的一个士兵跳下云梯，想冲上城门。

扑哧一声，数柄刀剑刺了过来。

这个冲上来的士兵只来得及砍出一刀便跌落下去了。

轰的一声，一架云梯被推倒了，大量士兵从高处跌落下来。从二三十米的高度摔下，实力强的士兵还好，实力弱的士兵直接摔死或者摔成残废。

最要命的是，地面上有大量兵器。他们跌落下去，可能会被兵器刺中。

即便如此，攻城士兵还在疯狂地朝城门上拉弓射箭。密集的箭矢落到了城墙上，甚至落到了科德郡城城内，不少守城士兵被落下的箭矢射中。

不管是守城士兵，还是攻城士兵，每一刻都有大量士兵殒命。不过，攻城士兵死得更多。

“快，快！”远方，在大军后方的黑暗圣廷黑袍大主廷维斯波特口中吼着，“快点，快把攻城云楼推到城门下！”

维斯波特真的看不下去了，期待局势立即转变。

庞大的攻城云楼，正是可以改变战争局面的强有力工具。

可怕的高度、坚硬的材质，攻城云楼如同一面可以移动的城墙。

在攻城云楼上和对面的守城士兵厮杀，攻城士兵将不会有地势上的劣势。

攻城云楼最高处，已有数百人待命。

“对着攻城云楼，射击！”

一名守城指挥官大声下令，立即有几门魔晶炮同时轰击攻城云楼。

可是，攻城云楼的表层防护板足有数米厚。如此厚的钢铁，就是魔晶炮也无法轻易毁坏，最多让攻城云楼震动一下，或者是伤害到攻城云楼上的士兵。

然而，攻城云楼上的士兵倒下了，攻城云楼下的士兵可以冲上去，毕竟攻城云楼的另外一面是斜坡台阶结构，便于士兵冲上去。

“来，第一大队过来，到这里来，准备抵挡这一座攻城云楼！”一名守城指挥官大声喊了起来。应对攻城云楼，肯定要使用精英士兵。

科德郡城一方想方设法地阻拦攻城云楼靠近城门。

可是，这种攻城“巨兽”是无法阻挡的——

砰的一声，一座攻城云楼和城门相连了。

紧接着，连续的撞击声响起，一座又一座攻城云楼接连和城门相连。

“给我拉开！”一座攻城云楼上，一名军官大声地吼道。

周围不少士兵立即去拉攻城云楼中的机关。

咔嚓咔嚓的机关运转声音响起，攻城云楼上一块由钢铁铸造的厚板直接朝科德郡城方向跌落。

“轰！”这足有百米宽、数米厚的钢铁板狠狠地砸在了科德郡城的城门上。

这让攻城云楼和科德郡城之间出现了一条宽百米的通道。攻城云楼本来就比科德郡城的城墙高，这使得光明圣廷、黑暗圣廷一方的士兵们可以通过这条通道快速冲下去。

“兄弟们，冲啊！”

“为中队长报仇，冲！”

无数愤怒的攻城士兵号叫着，通过通道疯狂地冲向科德郡城的城门。他们一直在城门下，被打得太憋屈了。许多士兵都是被弓箭、魔晶炮杀死的，他们连和对手面对面打斗的机会都没有。

这种憋屈感一直存在心底，现在，这些士兵终于爆发了。

大量攻城士兵通过十条通道冲向科德郡城。

科德郡城的士兵们也不退缩，或是用礌石砸过去，或是用火油浇过去……

百米宽的通道上，密密麻麻都是人。

一个士兵好不容易解决对方一个士兵，转眼却被对方另外一个士兵解决了。

攻城云楼和城门连接处的情况简直惨不忍睹！

攻城、守城的士兵在这里短兵相接！

无数士兵举着兵器向敌人冲过去。

为了自己，为了自己的战友，大家都失去了理智。

“轰！轰！”魔晶炮绚烂的炮火专门朝攻城云楼上轰击。

攻城云楼上的士兵太密集了，比下方的士兵还要密集。

无数攻城士兵希望通过攻城云楼冲向城门。

从攻城云楼下面，沿着攻城云楼的斜坡和通道冲上城门，距离不足百米。这距离，士兵们一般十秒之内即可冲过去。他们都抱有侥幸心理，认为十秒内魔晶炮绝对轰击不到他们。

可是魔晶炮随便一轰击，就会让数百人受重伤甚至殒命。不过，魔晶炮的轰击速度远不如两方士兵相互打斗的速度。

科德郡城一方，也出现了大量士兵死亡的情况。

“短兵相接，死亡比例接近一比一了。”巴克看向林雷，“林雷大人，我们这样下去可和对方拼不起啊。”

的确，敌方的兵力原先是一百六十万，虽然在之前的战争中损失了一些，但是对这一百六十万这个庞大的数字而言，根本算不了什么。况且，科德郡城一方只有五十万人。

一比一消耗下去，即使敌方失去三四十万人，兵力也还在百万以上。可是自己这边失去三四十万人，就只剩下十几万人了。

不能再这么继续下去！

“盖茨，你们几个去将那十条通道毁掉。”林雷指向连接攻城云楼和城门的钢铁板。

一旦宽百米、厚数米的钢铁板被毁掉，攻城云楼和城门之间就有近十米的距离。这段距离，需要有一定实力的士兵才能跳跃过去。而一旦从攻城云楼上跳过去，守城一方将会用长枪枪尖迎接攻城一方。

“是，大人！”盖茨大声应道，然后朝通道走去。

安科、布恩、黑鲨也毫不犹豫地跟去了。

盖茨体表斗气萦绕，手持一柄五千三百斤的巨斧，一蹬地面，朝打斗最惨烈的通道跃过去。

百米通道，敌方士兵是人挤人，大量士兵想要冲上城门。

噗的一声，一道可怕的斧刃形斗气飞过来，直接击飞了数十个士兵。

通道中顿时出现了一块空旷的区域。

“砰！”

如魔神一般的盖茨，手持一柄五千三百斤的可怕巨斧直接落在了这块区域。然而，大量敌方士兵瞬间就将这片空旷区域占据了，一个个疯狂攻击盖茨。

“哼！”盖茨持着巨斧，猛然朝下方劈去。

巨斧仿佛轻飘飘的落叶一般，落在了下方的钢铁板上，一个很轻微的声音响起。这钢铁板顿时被劈掉了大半，大量钢铁碎粉随风飘落下去。

举重若轻!

“砰！”盖茨体表的斗气仿佛无数利箭朝四面八方射去，解决了围攻上来的士兵。

“还真是够厚的啊！”盖茨自言自语道。

即使是九级巅峰的不死战士，也无法一次性劈开这足有数米厚的坚硬钢铁板。不过，盖茨刚刚一斧头已经将钢铁板劈掉了大半。现在，那钢铁板不足一米厚了。

“不！”光明圣廷、黑暗圣廷不少人都看到了这一幕，瞪大眼睛惊呼起来。

“破开吧！”盖茨又是一斧头劈下去。

“砰！”钢铁板直接一分为二，分别从城门、攻城云楼上跌落下来，使得攻城云楼的作用立即减掉了大半。大量士兵也随之跌落下来。

攻城士兵若想到达城门，只能从攻城云楼上向对面跳，可是守城士兵都持着兵器，那些枪头、剑尖都对着城外……

砰砰的声音接连响起，是钢铁板跌落的声音。

安科、布恩、黑鲨、盖茨这四个九级巅峰战士，接连劈开了十座攻城云楼上的钢铁板通道。

看到胜利曙光的光明圣廷、黑暗圣廷两方都痛苦起来。

“差点就成功了，浑蛋！”维斯波特愤怒地吼道。

如果之前那种战况持续下去，两方短兵相接，即使自己一方遭到魔晶炮的轰击，维斯波特也相信，最多损失几十万人就可以击败对方。

“维斯波特，现在怎么办？”吉尔默看向维斯波特。

维斯波特也看向吉尔默：“现在还早，等到凌晨五点再说。”

吉尔默、维斯波特都明白对方的意思。

“虽然钢铁板通道被毁掉了，但是攻城云楼还是有作用的。”维斯波特遥看远处。

的确，许多士兵冲上了攻城云楼，然后仗着攻城云楼的高度，使用弓箭、礌石，朝城内发起攻击。

大量士兵甚至直接跳向城门。

一开始，跳过去的士兵死得多，可是跳过去的士兵多了，逐渐占据了一个小空间，还是可以和对方相持的。

“都疯了！”盖茨也感到了压力。

死的人太多了。

时间一分一秒过去。

凌晨三点……

凌晨四点……

黑夜中短短数个小时，守城一方的士兵伤亡人数已经近二十万。就这个数字，完全可以想象光明圣廷、黑暗圣廷一方的伤亡人数。

凌晨五点，维斯波特和吉尔默看向对方。

“维斯波特，按照你说的，该用底牌了。”吉尔默出声道。

第318章
底牌

"轰！轰！轰！"魔晶炮疯狂轰击。

在科德郡城城下，绚烂的光芒在黑夜中是那么耀眼。

远处，指挥处的维斯波特、吉尔默二人的脸也被映照得忽明忽暗。

"底牌？"维斯波特看向吉尔默，低声说道，"吉尔默红衣大主廷，我想，就科德郡城这些疲惫的战士，你们光明圣廷的神圣军团出战，就可以轻易获胜。我们这边就不用出力了吧？"

光明圣廷的底牌——神圣军团！

神圣军团！

光明圣廷在混乱之岭这块区域，花费大量人力、物力，艰难地培养出了一支最强军团——神圣军团，共计三万人。

其中，五千人是七级战士，其余两万五千人是五级战士。一个五级战士在其他军团就是精英了，可在这个军团只是最普通的。

要知道，七级战士凭借弹跳能力就可以跃过三十米高的城墙。

这样的王牌军团一旦加入战斗，局势绝对呈一边倒。可是培养这样的军团太难了，花费的钱财比培养百万军队还要多。

"如果林雷等圣域级强者违背约定，直接出手灭掉了我的神圣军团，这才冤。"吉尔默在心中暗道。

维斯波特和他想的其实一样，他们都担心圣域级强者违背约定，比如圣域级巨龙，林雷等圣域级终极战士。

以光明圣廷、黑暗圣廷的民众基数，几十万的普通士兵还是能招收的，他们接受一两年的训练就可以上战场了。可是王牌军团不同，每一代都经过了数年的积累，若直接被灭了，那才划不来。

“维斯波特，你在开玩笑吗？”吉尔默脸一沉。

维斯波特立即笑道：“吉尔默，别生气，开玩笑的。我们黑暗圣廷的黑暗军团也会同时出发的。”

黑暗军团，是黑暗圣廷当初为了对付神圣军团建立的，与神圣军团实力不相上下。

这是两支可怕的军团。

虽然每方三万人，加起来才六万人，但是在维斯波特和吉尔默看来，他们的王牌军团更有价值。

城门上，林雷、巴克二人如独立于战争之外的人一般看向下方。

此处的守城士兵早就被屏退了。

在战况激烈的时候，很多士兵头脑发热，看到哪里有缺口就朝哪里冲去。

“那里没人！”一个攻城士兵看到一处地方竟然只有两个人。

“快，冲上去！”另一个攻城士兵喊道。

当他们沿着云梯冲上去，还举着兵器号叫着杀向林雷、巴克二人的时候——

哧的一声，密集的风刃瞬间散开。

先冲上来的三个士兵变得粉碎，云梯的上端部分也成了碎片。

这一幕场景在战斗过程中出现过很多次，没有人可以靠近他们二人。

“真憋屈！”巴克骂了一句。

巴克看向林雷，林雷好像没什么感觉。巴克不由得说道：“林雷大人，你就看得下去？”

“有什么看不下去的？”林雷看着下方。

“哦？”巴克疑惑地看着林雷。

林雷淡笑着说道：“我现在有些明白武神的想法了，世俗的一切让其正常发展下去。战争发生，肯定会有人殒命，如果我们没有建立巴鲁克王国，恐怕长期战乱，殒命的人会更多。”

林雷看着下方说道：“世俗有世俗的规则，而我们有我们的规则！”

“那个约定，我会遵守。就是他们冲到了魔晶石矿脉，夺取了魔晶石矿脉，我也不会出手。”林雷淡然说道。

巴克急切地问道：“那我们发现的微型位面密室呢？”

“怕什么？”林雷淡笑着说道，“那个微型位面密室，没有达到圣域境界的人根本进不去。至于圣域级强者，他们敢来我的地盘吗？”

如今的林雷，以超然的目光来看这场战争，无论成败。

“大人说得对。”巴克有些明白了。

达到圣域境界，他们便拥有了永久的生命，超然于普通人类。世俗的战争其实已经与他们无关了。他们虽然明白，但还是有一丝期盼，期盼自己一方能赢。

“不好！”巴克忽然脸色一变。

只见对方大量精英士兵火速冲向城下，密密麻麻的，绝对有数万之多。这些精英士兵奔跑的速度快得可怕，身影一闪，便过去了二三十米。恐怕不用一分钟，他们就可以从远处冲到城门下。

“射击！”

加上从东城门移来的魔晶炮，二十余门魔晶炮几乎同时轰响，绚烂的光团朝下方落去。

嗖嗖声响起，不少精英士兵立即闪开。

不过，魔晶炮的轰击速度太快了。

这些精英士兵，有的躲过了光团核心区域，但是受了点伤；有的比较倒霉，直接殒命。

只是一轮魔晶炮轰击，就有一些精英士兵冲到了城门下。

“人很多，有好几万。哪里来这么厉害的士兵？还有不少七级战士。”巴克感到震惊。

林雷也注意到了城门下突然出现的大量精英士兵。以林雷、巴克的眼力，他们看出了这些精英士兵的实力。

“这么多七级战士！和当年我在神圣同盟见到的王牌骑士团一样。这恐怕是光明圣廷依照神圣同盟培养八大王牌骑士团一样，在混乱之岭培养的一支精英军团。”林雷猜测。

事实正是如此。

大量士兵直接一跃，跃上了超过三十米高的城门。这些士兵，每一个都拥有七级战士的实力。

刀剑挥舞，斗气澎湃。

片刻后，城门上就有一两万守城士兵殒命。守城士兵也就两三级战士的实力，他们当中能有一个五级战士就了不得了。

可这些直接跳上来的都是七级战士，数量还这么多。

守城士兵毫无反抗能力！

同时——

大量五六级战士靠着云梯迅速冲上了城墙。

理论上，南城门上可以布置近十万士兵。实际上，面对这些七级战士的只有两三万人。

“失败了！”巴克叹息一声。

随着神圣军团、黑暗军团的六万人冲上去，数十万大军开始沿着无数云梯上了南城门，整个南城门被完全占领。密密麻麻的敌人，仿佛无边的蚂蚁群一样，向科德郡城内部发起进攻。

林雷、巴克二人所在的区域，即使再多的士兵冲过来，也会被无数风刃绞得粉碎。

“我们走吧！”林雷准备飞离城墙。

“那些魔晶炮可不能给他们留着。”巴克说道。

只见巴克一闪，城门上一门门魔晶炮就被巴克收入了空间戒指。

那些敌人如何挡得住圣域级强者巴克?

“这巴克。”林雷摇头笑了笑。

“好了。”巴克飞到了林雷的旁边。

巴克、林雷二人在科德郡城的上空飞行着，清晰地看到了科德郡城内发生的事情。

瓦茨显然对进行城内巷战有准备，大量军队正沿着西城门、北城门撤退。

同时，还有不少军队待在科德郡城中，准备以巷战来阻止敌人。

科德郡城城北，大量军队撤退。

瓦茨遥看远处的科德郡城，低叹一声，他还是输了。当敌人的两支可怕军团出现的时候，瓦茨就知道怎么都挡不住了。光明圣廷、黑暗圣廷加起来，那六万人的队伍中就有一万人是七级战士。

这种厉害的军队怎么挡？

“瓦茨，伤心什么呢？”盖茨站在旁边，“输了就输了。我当年在北域十八公国的时候，战败也是常有的事情。当然，这心里还是有些憋屈的。”

盖茨也感到无奈。

六万军团同时冲过来，他盖茨一个人又能解决几个？毕竟对方不会主动跑到他的面前。

“如果我是圣域魔导师那该多好，直接施展一个毁灭禁忌魔法就行了。”盖茨腹诽。

就在这时候，林雷、巴克二人直接从高空飞过来，看到了安科、布恩、黑鲨、盖茨等人。

林雷一飞下来就问瓦茨：“瓦茨，你安排多少人进行巷战来抵挡敌人？”

“十几万人。”瓦茨回答道，“我们撤退的士兵一共近十五万，都是没受过伤的。至于留守的十余万人，其中一半是伤员，还有一半有足够的战斗力。他们依靠我们早先设下的陷阱、暗道，绝对可以拖延敌人一个小时。”

“一个小时？”林雷询问道。

“对，一个小时。一个小时后，我安排的人会发出响箭，到时候所有士兵都会投降。”瓦茨感叹道，“没法子，如果让他们硬扛下去，就是让他们送命。”

林雷了然地点头。

在混乱之岭这种地方，战争输了，投降是很正常的。

“一个小时的时间，足够让我们和他们拉开距离。”瓦茨说道。

魔晶石矿脉周围已然驻扎了二十万军队，防御工事早就修筑好了。清晨，瓦茨等人撤退，下午这十五万人就赶到了魔晶石矿脉。他们抵达后，立即到防御工事后面休息、进餐。

傍晚时分，帐篷中。

林雷、巴克等人正围在一起进餐。

这时候，有人走了进来，赫然是迪莉娅。

巴克、布恩、盖茨等人立即向她问好。

“林雷，你还吃得下去？”迪莉娅有些着急。

“怎么了？”林雷看着迪莉娅。

迪莉娅连忙说道：“光明圣廷、黑暗圣廷的联军快到了。怎么办？”

“怎么办？还能怎么办？”林雷无奈摇头说道，“迪莉娅，现在我们的人在快速挖掘魔晶石。如今，魔晶石矿脉，我们已经挖掘了超过四分之一。”

这也是一个办法，尽量多地挖走魔晶石。

忽然——

“老大！”贝贝一闪就到了餐桌上，小眼睛滴溜溜地转着，然后盯着林雷，“敌方都派这么多人了，我已经将赛斯勒带过来了。让赛斯勒直接施展禁忌魔法亡灵天灾，召唤数百万亡灵大军，灭了他们！”

顿时，帐篷门帘被掀开了。

一名披着黑色长袍的老者走进来，瘦得如同骷髅，正是亡灵圣域魔导师赛斯勒。

“林雷大人，我随时听从你的命令。只要你一声令下，外面不足百万的士兵，一个都活不成。”赛斯勒的眼中闪过一道绿光。

赛斯勒的亡灵大军可不只有普通亡灵，还有不少九级亡灵以及圣域级亡灵。

对赛斯勒而言，灭那不足百万的士兵，轻而易举。

帐篷中，一群人都不由得看向林雷。

毫无疑问，林雷是这个圣域级群体的首领。

“老大！”贝贝也看向林雷。

林雷微微摇头，说道：“一旦违背约定，按照约定所说，那么德斯黎一方和光明圣廷、黑暗圣廷两方就会联手来对付我们。”

“还怕他们不成？”贝贝鼻子一皱，恶狠狠地说道，“那些圣域级强者，我直接将他们吃掉！而且老大，那个德斯黎是不会来对付你的，他明显是站在我们这边的。”

不错，德斯黎是站在林雷这边的。

第319章
紫金色鼠王

“赛斯勒施展禁忌魔法，召唤数百万亡灵大军，赢，是毫无疑问的。违背了约定，德斯黎也不会来攻击我们。可是，我们这样做就扫了德斯黎的面子。”林雷缓缓道。

人家给他面子，他总不能让对方难堪。

“哎呀，真是麻烦！”贝贝有些急了，“老大，赛斯勒召唤亡灵，杀死那些士兵的是亡灵。只要不让圣域级亡灵出手就不算违规吧？”

贝贝的这番说辞让迪莉娅都笑了。

林雷一拍贝贝的脑袋，说道：“贝贝，你这是狡辩。你知道施展禁忌魔法亡灵天灾和施展其他禁忌魔法有多大区别吗？论威力，亡灵天灾更可怕，连圣域级亡灵都有。”

“那我们可要输了。”贝贝连忙说道。

林雷叹气道：“输了就输了吧！最大的代价也就是让出魔晶石矿脉，被对方夺走大半罢了。幸好提前让你们去挖魔晶石矿脉核心层堪比七级、八级、九级魔晶核的魔晶石了。贝贝，你们挖得差不多了吧？”

当发现那扇神秘的门时，林雷便灵魂传音给贝贝，让贝贝带领黑纹云豹黑鲁以及三只圣域级巨龙去核心层挖魔晶石。

那些珍贵的魔晶石只能装满一间房屋，可是论价值，赶得上整个魔晶石矿脉的两三成，毕竟它们相当于七级、八级、九级的魔晶核。

“都挖掉了。”贝贝连忙说道，“可是，那些普通魔晶石才挖掘了两三成而已。”

挖走的两三成普通魔晶石，再加上全部挖走的核心层的珍贵魔晶石，价值加起来恐怕还不到整个魔晶石矿脉价值的一半。

密集的军队迅速排成了一列列，宛如巨兽横卧在魔晶石矿脉的防御工事之外。

军队内的维斯波特、吉尔默二人的脸上都有着一丝笑容。

“我们赢了！”吉尔默看到了远处的魔晶石矿脉，笑着说道。

维斯波特说道：“别高兴得太早，不到最后时刻还无法确定。我不在乎林雷这方的普通士兵，只是担心林雷会亲自出手！若那些圣域级魔兽冲过来，一个横冲直撞，我们的军队恐怕就要溃散了。”

“是啊！”吉尔默感叹一声。

当初的约定到底对林雷有多大的约束力?

“先让士兵们休息，战斗了一夜，又赶了近乎一整天的路，士兵们都没怎么休息。”维斯波特说道，“现在天已经黑了，让士兵们休息一夜，等到明天清晨再发动攻击吧。”

现在，战争的优势在他们的手上，虽然普通士兵累了，但是那近六万的精英士兵并不累。

两大军团中，最普通的一个士兵也是五级战士。

在科德郡城，精英士兵们只是在最后一刻突然进攻，而后赶了大半天路罢了。以这些人的实力，就是三天三夜不睡觉也没事。

黑暗之森内部。

簌簌的声音在原始森林中响起，一只只噬石鼠、影鼠出现，密密麻麻的……

灰色噬石鼠、黑色影鼠、银色噬石鼠、青色影鼠、金色噬石鼠、紫色影鼠……各色鼠类魔兽，仿佛潮水一般涌向黑暗之森南部。

其中，三只紫金色老鼠正在半空飞行着。

“大哥，这次我们是不是太狠了？”一只紫金色老鼠说道。

“狠什么狠？”为首的紫金色老鼠哼了一声，“我们可是鼠类魔兽王者，这次我们三兄弟出场……声势自然要大一点。我只是让黑暗之森的一部分鼠类魔兽出来了，还没让全部的上呢。”

黑暗之森是鼠类魔兽的老巢。

在黑暗之森，鼠类魔兽是最可怕的存在，其他魔兽不敢得罪这群鼠类魔兽。

就是圣域级魔兽，也不愿意得罪这三只紫金色老鼠。

这三只紫金色老鼠是鼠王，实力都强大至极。

“那林雷还没见过我们吧？”一只紫金色鼠王笑着问道。

“嗯，他也算立下了大功，照顾贝贝到如今。”为首的紫金色鼠王说道。

“大哥，你别太得意。据我所知，这个林雷龙化后是终极龙血战士，实力可是非常惊人的，而且对元素法则的领悟极高。你恐怕不是林雷的对手。”紫金色鼠王中的老三说道。

为首的紫金色鼠王哼了几声：“他勉强有资格当老大。”

“这速度还真是慢。”为首的紫金色鼠王突然不耐烦地说道。

这只紫金色鼠王忽然一声尖啸，下方鼠群的速度立即变快。

无数鼠类魔兽所过之处，其他魔兽立即逃窜躲避。

没有魔兽敢阻挡它们!

林雷一方的军队藏身在防御工事之后，依仗有利地形阻拦对手。

天蒙蒙亮，还有着雾气。

雾气并不浓，可是如果隔上数百米，数百米外的情景就看不清了。

“敌人动了。”

防御工事后的大量士兵都可以听到密集的脚步声。显然，敌方的士兵正在冲过来。在雾气中，能够模糊地看到大量士兵如同潮水一样涌来。

林雷、迪莉娅、贝贝、赛斯勒、巴克等人都静静地看着这一幕。

“好不甘心！”贝贝在林雷的肩膀上嘀咕着。

贝贝偷偷看了林雷一眼，可是林雷没有说话。

其实，在场的人谁甘心？谁愿意将超过一半的魔晶石矿脉送给敌人？

可是林雷当初签了那约定，他不想让德斯黎等人为难，所以遵守这约定，即使这值数千亿的魔晶石会被敌方夺去。

忽然——

脚步声没了，一个洪亮的声音响彻天地：“你们投降吧！你们已经无法阻挡我们的大军，只要你们投降，我们绝对不会为难你们。”这话说得很委婉。

“还蛮客气的。”盖茨咧嘴一笑。

“那是当然。”旁边的赛斯勒阴沉地哼了一声，“他们这些人是怕我们圣域级强者出手。”

“如果在一分钟内你们放下兵器，走出来投降，我们绝对不伤你们一人，现在开始计时……”

可是，没有一个士兵投降，他们在静静地等候最后一战的开始。

时间一分一秒过去，整个战场陷入了一种压抑的氛围中。

巴鲁克王国一方，不少士兵的额头上冒出了汗珠，握着兵器的手指因为太过用力而发白。

“预备——”一声令下。

在科德郡城一战中几乎没什么损失的神圣军团、黑暗军团，一共接近六万人，他们握着盾牌，举起手中的长枪、战刀。

“要输了！”盖茨低叹一声。

迪莉娅和贝贝都看向林雷，林雷依旧保持沉默。

可是就在这时候——

三道紫金色光芒快速蹿过来，同时兴奋的声音响起：“贝贝，我来了！这次，我连我大哥、二哥都带过来了！”

“圣域级魔兽！”林雷转头一看，赫然是三只紫金色老鼠。

这是林雷第一次看到除了贝贝以外的圣域级鼠类魔兽，而且还是三只。

“什么声音？”林雷已然听到了远处的声音。

那声音正以极快的速度朝这里靠近。

林雷立即用精神力查看，可是这一看——

“好多！”

无数鼠类魔兽，黑色、青色、紫色、灰色、银色、金色……各种颜色的鼠类魔兽，密密麻麻地覆盖了整片大地，仿佛大海一样无边无际，还一个个兴奋地仰头尖啸。

“吱——”

无数可怕的尖啸声瞬间响彻天际。

“什么声音？”出战的神圣军团、黑暗军团的士兵感到心悸。

声音从魔晶石矿脉后方区域传来，声音很大。

维斯波特、吉尔默二人脸色一变。

“到底怎么了？”维斯波特等人感到心颤，可又不知道是怎么回事。

不只是他们，连巴鲁克王国一方的士兵们也感到心悸。

“魔兽群来了，所有士兵都在防御工事内，不要出去，也不要攻击这些魔兽。”林雷的声音响彻整个军营。

林雷这番话让巴鲁克王国一方的士兵们立即欢呼起来，却令光明圣廷、黑暗圣廷一方陷入愁云中。

“魔兽群？”维斯波特、吉尔默二人脸色大变。

控制魔兽群攻击并不算违规，毕竟圣域级魔兽没亲自出手。比如奥布莱恩帝国就拥有嗜血铁牛军团，这个军团便是由数十万嗜血铁牛配上士兵形成的可怕战团。

“魔兽群？哪来的魔兽群？”维斯波特连忙问道。

吉尔默脸色发白，说道：“林雷的那只影鼠魔兽！对，就是那只圣域级黑色影鼠，黑暗之森可是鼠类魔兽的聚集地啊！”

“不应该，黑暗之森的鼠类魔兽有它们的王者。”维斯波特很清楚。

黑暗之森中的鼠类魔兽王者是紫金色鼠王，根本不是贝贝。

这时候——

仿佛无边的潮水一样，无数鼠类魔兽吱吱叫着涌了过来。瞬间，鼠类魔兽群就覆盖了数十里地。数十里地啊，也就是说，一眼看下去，到处都是鼠类魔兽。

“啊！”惊呼声不断从林雷一方的士兵们口中传出。

那些鼠类魔兽都非常规矩地避过林雷一方的士兵，朝光明圣廷、黑暗圣廷一方奔去。

鼠类魔兽一般都是吃石头的，其牙齿、利爪的锋利程度可想而知。

影鼠速度快，噬石鼠防御力强。

鼠类魔兽群冲过去，就是一座山也可以瞬间吃个干干净净。

“啊，老兄，这么猛？”贝贝眼睛瞪得滚圆，看向旁边的三只紫金色鼠王，“你们带了多少鼠类魔兽过来？我的精神力覆盖下去，都感觉不到这群鼠类魔兽的边缘。”

为首的那只紫金色鼠王得意地笑着说道：“不多，不多……也就是我们黑暗之森中的小部分罢了，才几亿而已。”

第320章

鼠潮之灾

在雾气中，无边无际的鼠群涌来，令所有士兵，包括神圣军团、黑暗军团两大精英军团惊悸。

可是再畏惧，他们也必须拿起武器将这些鼠类魔兽杀死。

不是鼠类魔兽死，就是他们死！

“杀！”箭矢仿佛雨一样覆盖了鼠群中的一小块区域。

然而，噬石鼠的身体太坚硬，影鼠的速度太快，只有少数鼠类魔兽被射死。

终于，鼠群和光明圣廷、黑暗圣廷一方的军队相遇了。

咯吱咯吱的咀嚼声音让人心颤。

无数鼠类魔兽围上来，凡是阻挡它们的人类士兵皆被咬死。

神圣军团、黑暗军团加起来，七级战士有一万个。

但是在鼠群面前，一万个七级战士什么都不是。

在鼠群中，达到七级的鼠类魔兽的数量就是一个可怕的数字。一般的五级噬石鼠、影鼠，只要一拥而上就可以咬死七级战士。一万个七级战士，在数亿鼠类魔兽的面前，就好像一个浪花，瞬间就消散了。

“逃啊！”有士兵惊恐地大叫着逃窜了。

其他士兵也开始逃窜，他们根本无法抵挡鼠群。

可是，他们逃也逃不掉！

影鼠、噬石鼠的速度都极快，比人类奔跑的速度要快得多。

逃跑的士兵瞬间就被包围了，无数士兵被吞噬，连吉尔默、维斯波特都被吓得脸色煞白，只能逃跑。

“快，快撤！”维斯波特、吉尔默二人没有丝毫反抗的想法了。

在鼠群的侵袭下，近百万大军只是一会儿工夫就被消灭了近一半，连白骨都不剩。

“林雷，他们投降就行了，不要继续了。”迪莉娅有些不忍。

林雷看向旁边的三只紫金色鼠王。

其中一只紫金色鼠王对迪莉娅咧嘴一笑：“行。林雷，你通知一下，只要那些人跪下，双手举起投降，鼠类魔兽就不会攻击他们。”

林雷微微点头。

“所有人听着，跪下举起双手投降，鼠类魔兽就不会攻击你们！”林雷的声音仿佛雷声一般在天地间回荡。

这声音一出，那些绝望的士兵立即跪下，举起了双手。

同时，紫金色鼠王张开了嘴巴：“吱——”

高亢尖锐的声音响彻云霄，所有鼠类魔兽都得到了命令。于是，凡是跪下举起双手的士兵，鼠类魔兽就会绕过他们，去攻击其他的士兵。

维斯波特、吉尔默二人都施展防御魔法保护自己。

“怎么办？”吉尔默很惊慌。

“我怎么知道？”维斯波特也害怕。

此刻，竟然有十只身躯近一米长的鼠类魔兽在看着他们。这十只鼠类魔兽，身上不是紫色的，就是金色的。而且，紫色的鼠类魔兽隐隐散发金光，金色的鼠类魔兽隐隐散发紫光。

正常情况下——

高等级的影鼠的毛发是紫色的。

高等级的噬石鼠的毛发是金色的。

从七级到圣域级，影鼠的毛发会从紫色逐渐变成紫金色，而噬石鼠的毛发也会从金色逐渐变成紫金色。

这十只鼠类魔兽，很明显都是八级或者九级的鼠类魔兽。

“吱吱——”一只九级噬石鼠猛地扑过来，竟然一口咬掉了吉尔默体表的光明守护，而维斯波特的防御魔法也同样被直接毁掉。

这十只鼠类魔兽并没急着进攻。

它们的智力并不比人类低。

吉尔默、维斯波特二人对视一眼，他们的额头上尽是汗珠，背上都被汗浸湿了。他们明白，只要这十只鼠类魔兽冲过来，他们就会被瞬间咬碎，甚至连骨头渣都不剩。

这时候，林雷的声音响起。

二人对视一眼，不再犹豫。

砰的一声，二人立即跪下，同时双手举起。

顿时，这十只鼠类魔兽中有八只立即离开了，剩余的两只则在这里看着他们。鼠类魔兽很聪明，它们很快就发现吉尔默、维斯波特这两个九级强者是敌方的首领人物。

这种首领人物，当然要活捉。

当清晨淡淡的雾逐渐消散时，林雷等人清晰地看到了大量跪着的敌方士兵，而在这些跪着的士兵周围是密密麻麻的鼠类魔兽。这一幕，令人心颤。

嗖的一声，一道光影闪过，一只隐隐散发紫光的金色老鼠蹿了过来，随即低声吱吱叫着。

“什么？只剩下三十几万士兵活着！”贝贝惊呼道。贝贝自然听得懂鼠类魔兽的语言。

三只紫金色鼠王得意地眯起小眼睛，其中一只看向贝贝：“贝贝，怎么样？”

贝贝看了那无边的鼠群一眼，感叹道：“还真是够厉害的。如果这些鼠类魔兽都听我的命令就好了。”

有这几亿鼠类魔兽开路，谁能抵挡？

“这简单。”为首的紫金色鼠王立即高声叫了起来。

旋即，贝贝兴奋起来，林雷则疑惑地看向贝贝。

“老大，从今天起，这几亿鼠类魔兽就听我的号令了，哈哈！”贝贝得意得很。接着，贝贝也高声叫了起来，声音传遍了整个战场，无数鼠类魔兽向贝贝恭敬地低下了头。

林雷心底一惊。

噬石鼠群、影鼠群的可怕之处，林雷从小就听说过。在林雷看来，几百万鼠类魔兽就已经很可怕了。如果是几亿鼠类魔兽，那实在太吓人了。

“这几亿鼠类魔兽，什么军队挡得住？”林雷在心中暗自摇头。

当初，魔兽山脉的魔兽冲出来，芬莱城瞬间被攻破，整个神圣同盟、黑暗同盟就被占领了近三分之一的土地。魔兽群的厉害可想而知。

黑暗之森是鼠类魔兽的老巢，其中一小部分的鼠类魔兽便足以横扫一个帝国。当然，前提是圣域级强者不插手。

为首的紫金色鼠王，对着林雷一笑，说道：“自我介绍一下，我叫哈里！”

“我叫哈特，排行第二。”另一只紫金色鼠王立即说道。

最后一只紫金色鼠王准备开口，林雷却道：“你叫哈维，对吗？我经常听贝贝提起你。”

贝贝在黑暗之森中真正结交的紫金色鼠王只有哈维，与其他两个交情不深。

“三位，你们真的将这鼠群交给贝贝？”林雷询问道。

这鼠群实在太庞大了，鼠王就这样轻易将它们交给贝贝统领？

紫金色鼠王哈里不在意地说道：“你不知道，其实在黑暗之森中，每过一段时间，鼠群之间就要彼此厮杀，死去一大半，淘汰弱者。”

“死去一大半？”林雷感到惊讶。

排行老三的紫金色鼠王哈维说道：“很简单，因为越是等级低的鼠类魔兽，繁衍速度就越快，一窝能生下十几只。如果这么下去，黑暗之森都不够养活它们。所以要厮杀，淘汰弱者，减少数量……”

林雷明白了。

如果任凭鼠类魔兽繁衍，恐怕整个黑暗之森都会被吃光。数量那是肯定要控制的。

“所以贝贝，”紫金色鼠王哈维用小爪子搂着贝贝的肩，亲昵地说道，“这鼠群你尽管调遣，死得再多也没事。我们黑暗之森的鼠类魔兽必须保持在一定数量之内，那些弱的鼠类魔兽早晚都会死去。”

怪不得这鼠群中等级高的鼠类魔兽较多，原来弱的已经被淘汰掉一部分了。那些灰色的、黑色的，是处于成长期的鼠类魔兽。

“放心，我一定完成你的任务。”贝贝嘿嘿笑道，随即看向林雷，“老大……要不，我们用这鼠群来统一混乱之岭吧？”

“统一混乱之岭？”林雷微微一怔，旋即笑了。

“大人，敌方两个首领押到。”一名军官说道。

维斯波特、吉尔默二人被押了过来。

“吉尔默？”林雷看着吉尔默，这可是老熟人了。

吉尔默在林雷的面前努力挤出一丝笑容。

林雷淡笑着说道：“你们光明圣廷、黑暗圣廷，这次把我逼得还真是够憋屈的。因为约定，我只能眼睁睁地看着战斗进行，不能出手。”

吉尔默、维斯波特此刻十分害怕。

“没事，我也会让你们黑暗圣廷、光明圣廷尝尝这个滋味的。”

林雷看向贝贝，笑着说道：“贝贝，从今天起，你就和盖茨他们联合，让鼠群和人类军队一同出发，分成十支队伍，开始攻克光明圣廷、黑暗圣廷在混乱之岭的其他领地。”

“是，我一定做到！”贝贝故意腆着小胸脯，行了一个很不标准的军礼。

盖茨也是眼睛放光：“林雷大人尽管放心，有了这鼠群，统一混乱之岭轻而易举。”

如今，光明圣廷、黑暗圣廷最厉害的神圣军团、黑暗军团都被击败了，还有谁可以阻挡鼠群？

吉尔默、维斯波特顿时脸色煞白。二人对视一眼，眼中尽是惊恐，他们完全可以想象即将发生的事情。

玉兰历10022年9月。

史称“鼠潮之灾”的战争开始了。数亿之多的鼠群被分成了十部分，每一部分的鼠群数量都达到了数千万，每一部分的鼠群和巴鲁克王国士兵共同行动。

二十万王国士兵和数亿鼠类魔兽一样，被分成了十部分。

一共十支队伍，分别进攻光明圣廷、黑暗圣廷在混乱之岭控制的区域。

八级、九级这些高等级的鼠类魔兽是听得懂人类语言的，于是巴鲁克王国中一些八级、九级强者，跟这些厉害的鼠类魔兽缔结了灵魂契约，这样也利于管理鼠群。

鼠群无法阻挡!

鼠群袭来，即使对方落下巨石死守城池，可是以石头为食的噬石鼠、影鼠们可以轻易地将城墙咬出一个大窟窿，然后仿佛洪水一样冲进城池。那些城池的守军根本无法抵挡。

鼠群所过之处，城池皆被征服。

这鼠潮之灾，恐怕也只有玉兰历10000年的毁灭之日可以比拟。而且，这次和毁灭之日还有所不同。不同之处在于，这次的鼠群完全由林雷一方控制。

这个消息很快就被奥布莱恩帝国、玉兰帝国等各大势力知晓。

同样地，情报也疯狂地朝光明圣廷、黑暗圣廷的总部传去。

光明圣廷、黑暗圣廷又会有何反应呢？毕竟，林雷这次可没有派圣域级强者参战，只是派出了魔兽军队。

第321章

邀见

圣岛，光明神殿第九层。

此刻，这里的气氛极为压抑，空气仿佛凝滞了一般。

光明廷皇海廷斯、裁判长乌森诺、狂信者军团团长雷鸣、苦修者领袖落叶，这四名高层人物齐聚在这里。他们看过传来的消息后，脸色都变了，变得极为难看。

沉默!

得到消息后，一时间没有人开口，所有人都意识到了事情的严重性。

或许对林雷而言，世俗的领土、王国都不算什么，就算巴鲁克王国没了也不算什么大事。

可是这些东西对光明圣廷很重要。

“鼠群，竟然是鼠群！”落叶眉头紧锁，消瘦得只剩下一层皮的脸上有的只是苦涩，“黑暗之森最可怕的鼠群，为什么会听林雷一个人类调动呢？这可是从来没有过的事情。”

海廷斯开口，声音低沉：“估计是林雷的魔兽，那只圣域级黑色影鼠控制了鼠群。”

“圣域级鼠类魔兽是紫金色鼠王！”乌森诺摇头说道，“虽然林雷的那只鼠类魔兽也是圣域级魔兽，但是黑暗之森的鼠类王者是紫金色鼠王一族。所有影鼠、噬石鼠可都是听紫金色鼠王号令的。”

这是事实，是玉兰大陆很多强者都知晓的事实。

玉兰大陆巅峰的五大神级强者，最神秘的莫过于黑暗之森的那位王者。在光明圣廷的记录中，大圣司都还没出生，那位黑暗之森的王者就存在了。

他是五大神级强者中最古老的一个，最神秘的一个，不争霸，不露面……

可是没人敢得罪他，无论哪方大势力都不敢得罪他。

各大势力都知晓，这位神秘的黑暗之森王者有个爱好，非常喜欢鼠类魔兽。在他的帮助下，鼠类魔兽一族在黑暗之森中成了最庞大的族群，特别是紫金色鼠王，成了圣域级魔兽中的顶尖存在。

连九头蛇王、大地之熊、血睛鬃毛狮等圣域级魔兽，实力也不比紫金色鼠王强多少。

“好了，”海廷斯眉头一皱，“不要谈为什么鼠群听林雷一方号令。现在最重要的是，这件事情该怎么解决。这件事情的严重性，大家应该都很清楚。”

乌森诺、雷鸣、落叶都保持沉默。

海廷斯看了这三人一眼：“上一次，毁灭之日已经让我们损失了上亿的追随者，以致庞大的信仰之力消失，这让光明之主很不满了。一旦混乱之岭被林雷一方占领，当地光明圣廷的驻地肯定会被他们破坏掉。不需要百年，恐怕混乱之岭就没多少人信仰光明之主了。”

信仰之力，这是光明圣廷存在的最重要意义。

很幸运，上次毁灭之日一事没有让光明之主降下责罚。

如果再损失这么多的信仰之力，后果不堪设想！

“无论如何，我们光明圣廷在混乱之岭的基业不能被毁掉，追随者带来的庞大的信仰之力不能就这么失去。”落叶低沉地说道。

“对，不能失去！”狂信者军团团长雷鸣也说道。

乌森诺嘴角微微上翘：“信仰之力对我们很重要，对林雷不一定重要。那林雷对领土的渴望估计不强烈，我们可以和他谈判。”

“对！”其他三人眼睛一亮。

此事并不是无法解决。

海廷斯斟酌片刻，当即下令道：“既然如此，那这样，雷鸣，你就暂时留在圣岛，圣岛的一切事务由你来主持，防止林雷偷袭毁掉我们的根基。至于落叶、乌森诺，你们二人和我一起，再带领六名圣域级天使前往混乱之岭。”

落叶微微点头。

乌森诺也赞同。

光明圣廷有人类圣域级强者，可是人类圣域级强者的潜力比天使大得多。光明圣廷宁愿拿天使当炮灰，也不愿让人类圣域级强者去面对危险。

以光明廷皇海廷斯为首的三大巨头——海廷斯、乌森诺、落叶，这三人带领六名圣域级天使直接飞离圣岛，横渡海洋，朝混乱之岭赶去。

而黑暗圣廷一方，他们对信仰之力的重视程度不亚于光明圣廷。

黑暗廷皇等诸多巨头，同样带领一批圣域级强者前往混乱之岭。

混乱之岭中南部，荒凉的官道上，浩浩荡荡的鼠群井然有序地跟在士兵的旁边，一同进发。

当初的数亿鼠群和二十万士兵，分成了十支队伍。

每一支队伍都有数千万鼠类魔兽以及两万士兵。

士兵的作用主要是为了安抚城池的居民。在人群中，有一辆马车，这是整个队伍中唯一一辆马车。

马车内只有贝贝。

宽敞的马车内，贝贝跷着两只后爪子，悠闲地躺着，同时还跟林雷灵魂传音：“老大，我控制的五支队伍已经连续攻克了六座郡城和数十座小城，你怎么了？在微型位面密室修炼？好吧……我不打扰你了。”

“真无聊。”贝贝无奈地叹息一声。

贝贝所在的地方距离魔晶石矿脉足有两千里，但是林雷、贝贝的精神力都极强，加上林雷、贝贝之间的契约属于平等契约，他们之间灵魂传音的距离是林雷和黑纹云豹黑鲁的两倍。

十二年前，林雷和黑纹云豹黑鲁在千里之内就可以灵魂传音了。

如今，林雷和黑纹云豹黑鲁在两千里范围内就可以灵魂传音，更别说林雷和贝贝了。

“喂，到哪里了？距离前面的郡城还有多远？”贝贝对着外面的护卫大声喊道。

顿时，一名护卫拉开了马车上的车窗窗帘，恭敬地说道：“贝贝大人，根据地图，我们距离前面的郡城还有五十多里的路程。”

“怎么还有这么远？”贝贝嘀咕一声，随即闭上小眼睛，“我还是睡上一觉再说。”

“鼠群来了，鼠群来了！”惊慌的声音在城墙上响起。

这座郡城城墙上的数千士兵脸色煞白。看到漫山遍野的老鼠还不惊慌的人，至少在这个郡城中找不到。此时，这座郡城城主的额头上在不断冒汗。

“怎么办？”郡城城主完全蒙了。

旁边的管家惊慌地说道：“城主大人，这鼠群太可怕了，我们可是挡不住啊，还是投降吧！”管家说到这里，声音都低下来了。

郡城城墙上的众多守城士兵，发现鼠群中竟然有一支人类军队。

“投降，不杀！”

“投降，不杀！”

“投降，不杀！”

这一支人类军队声音洪亮，再加上鼠群，竟然让不少守城士兵直接将兵器放下了，毕竟这些人早就听说过鼠群的可怕之处了。

“贝贝大人。”

马车骤然停止，马车内的贝贝也睁开了惺忪的小眼睛。忽然，它一双小眼睛瞪得滚圆，然后直接消失在马车内了。

原本，无尽鼠群准备进入郡城，可此刻一动不动。

此时，天空中正有数人凌空而立，为首的正是身材瘦长的光头老者海廷斯。一股威压以海廷斯为核心，直接朝下方散开。

鼠群竟然都趴了下来，不再动弹。

“圣域级强者！”下方大量士兵感到一丝惊恐。

海廷斯见到这一幕，脸上露出了一丝淡然的笑容。

空间一震，贝贝直接出现在半空。贝贝一双小眼睛死死盯着海廷斯，声音高亢至极：“你这个死光头，连乌森诺都站在你的后面，你就是光明圣廷的那个什么廷皇？”

死光头？

在海廷斯身后的乌森诺、落叶以及六名圣域级天使都感到可笑。

海廷斯却依旧淡笑着，用如同慈父一般的温和目光看着贝贝：“你就是林雷的魔兽吧？我正是光明廷皇海廷斯，今日我来这里，是希望能够和林雷好好商谈一番。”

“哦？”贝贝一双小眼睛滴溜溜地转着。

“好，你们等一下。”贝贝大声说道，“我老大他现在还在王国内，我在这里无法通知他，你们要等半天时间。”

海廷斯微笑着点头，说道：“可以，会面地点，也可以由林雷来决定。”海廷斯的态度非常谦和。

贝贝眼睛滴溜溜地转着，随即大声说道：“行，你们就在这个郡城，过会儿我来找你们。”

说着，贝贝尖啸一声，下方无数鼠类魔兽非常听话地往回撤，最终停在郡城外，也不攻城。

海廷斯、乌森诺、落叶见到这一幕，一阵惊叹。

贝贝则化为一道黑光直接朝北方飞去，同时，贝贝跟林雷灵魂传音：“老大，快过来，别闭关修炼了，出大事了！”

魔晶石矿脉处，一阵微风吹过，林雷的身影便出现在半空，赛斯勒也随即从下方飞了上来。

“林雷大人，这个微型位面密室的珍贵程度绝对赶得上神器啊！”赛斯勒惊叹道。这是赛斯勒第一次进入微型位面密室，刚才他便是和林雷在这里面修炼。

赛斯勒拥有亡灵传承，对于许多秘密，可比林雷知道得多。

赛斯勒很清楚，下位神绝对没有能力开创一个独立的微型位面。

“别谈这个了，刚刚巴克的魔兽过来通知我，说黑暗圣廷的众多高手来了，连贝贝也传消息给我了。”林雷的嘴角有着一丝笑意，“这黑暗圣廷和光明圣廷都急了。”

“那是自然。”赛斯勒笑了，“林雷大人，你不怎么在乎领土，可是他们非常重视。如果损失一大块区域，说不定光明之主会直接降下责罚。”

“他们的军队攻击我的地盘，我一直忍着。这些人现在却跳出来了，我看他们能说什么！”林雷目光冷厉。

“赛斯勒，我们走！”林雷快速朝南方飞去。

赛斯勒笑吟吟地跟着，只是赛斯勒的“笑”配合他那骷髅一般的模样以及泛着绿光的双眸，让人心颤。

飞行途中，林雷灵魂传音给黑纹云豹黑鲁：“黑鲁，你和那三只圣域级巨龙一起过来。”

片刻后，圣域级魔兽——黑纹云豹黑鲁、霸王龙、黄金龙、雷龙，同时飞离黑乌山。

第322章
无耻

浩浩荡荡的流延河上，一艘大型楼船正漂泊着。这一艘楼船的甲板上没有一个人。

楼船的顶层大厅中，高手云集，无一不是圣域级强者。

大厅中放着九把椅子，分三组摆在三个方位。

林雷、巴克、赛斯勒三人，并排坐下。

光明廷皇海廷斯、裁判长乌森诺、苦修者领袖落叶三人，并排坐下。

黑暗廷皇阿弗莱克、裁决大长老奥凯西、堕落天使首领克莱默森三人，依次坐下。

在光明圣廷和黑暗圣廷两方身后，分别是圣域级天使和圣域级堕落天使。

海廷斯和阿弗莱克二人对视一眼，心底都感到一丝怪异。

他们二人是两大圣廷的首脑，一直是对立关系。今天，他们却是盟友关系。

促成这一切的正是林雷，一个快速成长起来的拥有天赋的人。他年纪轻轻，在玉兰大陆的巅峰强者中就有一席之地。连光明廷皇、黑暗廷皇在他的面前都必须低下高贵的头，和他好言相谈。

“海廷斯、阿弗莱克，”林雷的嘴角有着一丝笑容，“不知道你们请我来，到底有什么事情呢？”

贝贝趴在林雷的大腿上，一双小眼睛看着光明廷皇、黑暗廷皇。

黑暗廷皇阿弗莱克，皮肤如年轻女人一般白皙细嫩，声音轻柔温和：“这一次，我们黑暗圣廷这么多人过来，主要是想让你退让一步，让你的鼠群大军停止进攻。我想，海廷斯他们跟我们一方的想法差不多。海廷斯，我说得对吧？”

海廷斯轻轻颔首，旋即看向林雷，柔和的目光竟然让人有一种如沐春风的感觉：“林雷，不知道你能否做出让步呢？”

“你们是不是在做梦？”林雷哭笑不得。

海廷斯淡笑着说道：“林雷，只要你退让一步，我们光明圣廷会给你好处，并绝对会让你满意。”

“我们也是如此，肯定会让你满意。”阿弗莱克说道。

两大廷皇，此刻都向林雷屈服了。

他们不想对林雷用武力。

第一，他们没有理由用武力，若用武力就给了德斯黎一方插手的理由；第二，光明圣廷定下过约定，二十年内不得主动攻击林雷，现在时间还没到。

“林雷，你以为如何？”海廷斯看着林雷。

林雷对光明圣廷很讨厌。对于暴虐残忍的人，林雷只是不喜欢，而对那种伪善的，如海廷斯这种表面亲切得跟亲人一般，可实际上心狠手辣的人，林雷从心底厌恶。

光明圣廷、黑暗圣廷两方人都看着林雷。

林雷脸上露出了一丝笑容，却说道：“不行！”

海廷斯、阿弗莱克二人顿时愣住。

这时候，克莱默森冷哼了一声：“林雷，难道你想跟黑暗圣廷和光明圣廷对立吗？”

“克莱默森！”黑暗廷皇阿弗莱克立即呵斥一声。

林雷看向克莱默森，轻笑一声，说道：“据我所知，天使降临需要好的身体当载体。克莱默森先生，你的实力这么强，这个身体恐怕有七八级战士的实力吧。你们黑暗圣廷从哪里找来的这种身体？”

林雷很清楚。

一般人类，身体能修炼到六级便是天赋了得，修炼到七级就是千百年一遇了。只有四大终极战士家族的人，单靠身体修炼才能创造奇迹。

当初，巴克五兄弟的身体素质就达到了八级战士的水平，因此引起了光明圣廷的注意。

这个克莱默森的身体，恐怕就是四大终极战士家族的人的身体。

“对啊，你这身体哪里来的？”巴克冷冷地看向黑暗圣廷一方。

当初，他们五兄弟可是差点死去，差点成为天使身体的载体，对这个是非常敏感的。

“这是我黑暗圣廷的秘密。”阿弗莱克微笑道，“好了，林雷，我们还是谈刚才的事情。你真的不愿意退让？你如果愿意退让，会赢得我们黑暗圣廷永远的感激。”

感激？

听到这个词语，林雷、赛斯勒、巴克都笑了，连在林雷大腿上的贝贝也捂着小肚子笑了起来。

“林雷，你还是好好考虑考虑。”海廷斯看着林雷。

林雷陡然神色严肃，视线扫过这几人，郑重地说道：“海廷斯、阿弗莱克，你们听好了。我林雷今天在这里明说了，无论如何，这大军绝对不会收回。统一整个混乱之岭，势在必行，无法阻挡！”

“林雷，你别太过分了。”乌森诺冷哼一声。

论“忍”的能力，乌森诺显然不如海廷斯和落叶。

“过分？”林雷眉头一皱，目光如同锋利的刀一样扫向乌森诺，“乌森诺，你别在我的面前摆架子。今天，我的话已经很清楚了，想要让我退兵，不可能！”

楼船顶层大厅中的气氛瞬间变得压抑。

“还有什么事情，说吧。”林雷倒是随意得很。

贝贝也道：“对，你们有什么事情快说，我还要带着我的鼠群大军继续扩大领土呢。”

赛斯勒泛着绿光的眼睛扫向顶层大厅中的几人，低声阴笑了几声，却什么话都没说。

大厅里安静了片刻。

“好吧。”海廷斯叹气道，“我们光明圣廷可以再次做出让步。我们控制的领土，可以完全交由你们巴鲁克王国统治。”

“哦？”林雷有些惊讶。

这个海廷斯什么意思，准备让自己统一混乱之岭？

“我们也愿意做出这一让步。”阿弗莱克也说道。

林雷看了一眼海廷斯，又看了一眼阿弗莱克，在心中暗道：“这两个廷皇到底在打什么主意？”

海廷斯看向林雷：“我们的要求很简单，只要你愿意让我们光明圣廷在你的王国正大光明地传播信仰，不进行打压，那就行了。”

“传播信仰？不进行打压？”林雷眉头一皱。

阿弗莱克也点头说道：“我们的要求也一样，能让我们黑暗圣廷公开传播信仰，不进行打压。”

林雷笑了，明白对方的意思了。

光明圣廷、黑暗圣廷看重的是信仰之力，至于领土是否由他们统治，并不是很重要。

对他们而言，重要的是必须保持信仰之力。

“林雷，我们在混乱之岭传播信仰，对你的统治也没多大影响。这一点，你应该还是能够接受的吧？”阿弗莱克劝说道。

海廷斯则静静地看着林雷，等待着林雷的回答。

“让我统一，你们只是传播信仰？”林雷看向这二人。

“是的，”海廷斯当即点头，“这已经是我们最大的让步了。林雷，你如果答应，那么我们两方也可以成为朋友，过去的那些事情都可以忘掉。”

如果林雷答应，那么光明圣廷、黑暗圣廷以后自然要给林雷面子。

以后，林雷在玉兰大陆将如鱼得水。

可是，他们什么都不知道。

林雷不在乎称霸，却重视亲人，重视那次铭刻在心的誓言。

那是德林爷爷死后，他离开赫斯城的誓言！

那是要将整个光明圣廷连根拔起的誓言！

“成为朋友？和光明圣廷成为朋友？”林雷在心中冷笑不已，“统一混乱之岭？若能够让我的父亲、母亲、德林爷爷复活，就是放弃整个混乱之岭，甚至放弃我的势力我也愿意！”

林雷心底激荡起来。

“成为朋友？还让你们继续传播信仰？”林雷虽然心中怒意滔滔，但表情依旧淡漠得很。

众人都看向林雷，等待着林雷的回答。

让林雷一统混乱之岭，两大圣廷传播信仰，这已然是两大圣廷的底线。如果林雷不答应，的确会惹恼两大圣廷。

在光明圣廷、黑暗圣廷众多圣域级强者期待的目光下，林雷嘴角微微上翘：“我的领土范围内，不允许任何组织传播信仰，发现一个，毁掉一个！”

海廷斯、阿弗莱克、落叶、奥凯西等人脸色都变了。

“听清楚了吗？”林雷看着这一群人，“这就是我的回答！”

嗖的一声，裁判长乌森诺和堕落天使首领克莱默森站了起来，二人都阴冷地看向林雷。

这一次，海廷斯和阿弗莱克并没有阻止他们二人。

“林雷，这是我的底线，也是光明圣廷的底线。你知道侵犯光明圣廷的底线，那是什么结果吗？”海廷斯淡漠地道。

阿弗莱克也冷漠地看着林雷。

一瞬间，整个大厅的温度仿佛下降了。恐怕没达到圣域境界的人在这里，会感到无法喘息。

啪的一声，林雷一拍椅子的扶手，目光冷厉，扫了众人一眼：“怎么，你们在威胁我？”

光明圣廷、黑暗圣廷两方都保持沉默，可是他们的意思很清楚。

他们的确是在威胁林雷！

“海廷斯，难道你忘记了十二年前立下的约定？”林雷淡漠地看向这两方人。

按照约定，圣域级强者不允许加入到世俗战争中。而且二十年内，光明圣廷不得主动攻击林雷。

如果没有圣域级强者参战，光明圣廷、黑暗圣廷根本无法抵挡鼠群。

一旦打破约定，光明圣廷、黑暗圣廷就能派出圣域级强者来阻碍鼠群，也能主动攻击林雷。

“林雷，是你太过分了。”海廷斯低声说道。

阿弗莱克也说道：“林雷，做人还是退一步好。”

“无耻啊无耻！”林雷站了起来，笑着摇头说道，“我从来没有见过你们这么无耻的人。你们的联合军队攻击我方军队，就是冲到了魔晶石矿脉，我也没出手，因为我遵守约定！可你们呢？”

林雷含有一丝讥讽的目光扫向光明廷皇、黑暗廷皇：“你们这些人，可是两大圣廷的顶层人物。战争才开始，你们知道要输了，就过来插手，还说我过分？我看你们这些人才是最无耻的人！”

林雷这一席话，让黑暗圣廷、光明圣廷两方人的脸色都变得难看起来。他们何等身份，被林雷如此羞辱，怎么忍得住？

“嘴巴放干净点！”乌森诺呵斥道。

林雷眼睛一亮，大厅中顿时亮起一道耀眼的紫色光芒。

乌森诺被吓得立即分成四道身影飞退。

“啊！啊！”连续两声惨叫响起。

第323章
一触即发

原先站在乌森诺身后的两名圣域级四翼天使，直接倒在了地上，鲜血染红了地面。

风的律动第二层次——空间停滞和空间叠影融合！

乌森诺捂着胸口，惊骇地看着林雷。

“乌森诺，就你这点本事，别在我的面前大呼小叫。”林雷冷冷地看向乌森诺，“要解决你，我连变身都不需要！”

乌森诺心底惊骇至极：“好……好快！”

刚才，他的四道身影竟然几乎同时中招。如果不是紧急时刻他用两名圣域级天使当盾牌，恐怕仅仅一个照面，他就被林雷解决了。

其实，人类形态下的林雷，实力比乌森诺强不了多少，主要是林雷刚才突然袭击。

等乌森诺反应过来时，林雷的剑就已经到了乌森诺的面前。如果乌森诺事先有所准备，就不会如此狼狈了。

“林雷，你这是什么意思？”海廷斯呵斥道。

同时，海廷斯、落叶二人站了起来，黑暗圣廷的阿弗莱克、奥凯西、克莱默森也同样站了起来，都看着林雷。

玉兰大陆的两大组织——光明圣廷和黑暗圣廷，此刻都有了共同的敌人——林雷·巴鲁克！

看着海廷斯、阿弗莱克、落叶等人的目光，林雷反而感到喜悦。

“德林爷爷，你看到了吗？”林雷在心中暗道。

二十多年了！

离开赫斯城踏入魔兽山脉，那一年正是玉兰历10000年，那时候的林雷还没到二十岁。当初，林雷就发誓一定要将光明圣廷连根拔起。不过他很清楚，必须一步步来。

如今，损失了三分之一领土的神圣同盟，人口只有四五亿。而光明圣廷在混乱之岭控制的区域，人口有两亿之多。

如果林雷统一了这一块地方，禁止传播信仰，对光明圣廷而言，这将是前所未有的打击。

“当年在我看来，光明圣廷难以对抗，而如今……”林雷看了一眼捂着胸口的乌森诺，“连裁判长乌森诺都不是我的对手了。德林爷爷，你看着，快了，快了……将光明圣廷连根拔起的日子快到了，现在只是第一步！”

德林·柯沃特，在林雷心中的地位非常高。

林雷从小就被德林爷爷无私地教导，无论是魔法修炼，还是平刀雕刻，的确是德林爷爷成就了林雷。

危险时刻，德林爷爷即使灵魂消散也要救出林雷。

对光明圣廷下狠手，林雷早就在等这一天了。

现在，光明圣廷往枪口上撞，林雷还会手下留情吗？

“怎么？”林雷扫了一眼对方人马，“你们想要动手吗？”

海廷斯、阿弗莱克刚要说话，林雷的身体瞬间就发生了变化。

深青色的鳞甲覆盖了林雷的全身，他身上的长袍爆裂开来，布料碎片仿佛利箭一样射向前方。

光明圣廷一方、黑暗圣廷一方的高手都轻易地挡下了这些碎片。

林雷那条龙尾甩动，发出了空气仿佛被划破的声音。林雷用暗金色瞳孔扫了一眼这群人：“想要动手，我随时奉陪！”

“我也等着你们！”巴克浑厚的声音响起，同时身体也发生了变化。

巴克的身体陡然膨胀起来，瞬间就变成了三米高，皮肤泛着青色，凸起的青筋仿佛蛇一样盘绕在他的身上。如岩石一般的白色铠甲迅速冒出来，而后覆盖了他全身。

圣域级终极战士——不死战士！

“嘿嘿——”冷笑声从旁边响起，赛斯勒用泛着绿光的双眸扫了一眼这群人，“我赛斯勒自从达到圣域境界后，还没有好好战斗过一场呢。光明圣廷，你们当年对我的恩惠，我现在可要好好报答报答。”

“哈哈，打架，当然少不了我贝贝哦！”贝贝悬浮在林雷的旁边。

局势瞬间就恶化了。

光明廷皇海廷斯和黑暗廷皇阿弗莱克对视一眼，他们早就想清楚了。虽然林雷一方有四大强者，但是论实力，赛斯勒估计还威胁不到海廷斯、阿弗莱克。

巴克这种圣域级不死战士可能棘手一点。

那个贝贝，威胁也不比巴克小。

威胁最大的就是林雷。他不但是圣域级龙血战士，对元素法则还有一定的领悟。

大多数终极战士对元素法则没什么领悟，能够达到林雷这种程度的，玉兰大陆过去根本就没有过。

林雷是有史以来最强的龙血战士！

“我使用大预言术，应该能牵制林雷，再和落叶联手，也有可能击败林雷。”海廷斯在心中暗想。

大预言术的威力，不是乌森诺的化影分身术可以比拟的。

海廷斯、阿弗莱克只是对视一眼，便明白了对方的心思。

“哈哈哈！”海廷斯连笑三声，得到暗号的落叶、乌森诺等人立即动手。

“砰！”

楼船的顶层爆裂开来，十几道身影仿佛利箭一样直射天空。

这一艘大型楼船的船体已经裂开了，下方控制楼船前进的船员们都跳入了河水中，朝岸边游去。

在游向岸边的时候，这些船员都仰头看向空中。

他们都是巴鲁克王国的士兵，被调过来的时候，知道在船上谈事的正是巴鲁克王国的精神支柱——林雷。

“啊，那是什么，传说中的凤凰吗？”船员们震惊得张开了嘴巴。

只见高空当中，双翼展开就超过百米的飞禽全身冒着火焰，黑色的羽毛覆盖了全身。如同皇冠一样的翎毛，令这只黑色飞禽更显高贵。这正是圣域级魔兽，传说中的地狱火凤凰！

地狱火凤凰是黑暗、火双属性圣域级魔兽。

在万里长空中，这一只地狱火凤凰仿佛黑云一样笼罩在流延河上空。

克莱默森站在地狱火凤凰的背部，冷漠地看向远处凌空而立的林雷。

“嗷——”一个可怕的吼声响起。

一只有着巨大肉翅、身体如小山般大小的黑色巨龙飞来了。黑色巨龙的眼眸仿佛燃烧着火焰一般，滔天的气势令空气都开始震荡起来。黑暗廷皇阿弗莱克就站在这只圣域级黑龙的头顶上。

黑暗圣廷一方，竟然有两只圣域级魔兽潜藏在不远处，此刻都现身了。

光明圣廷一方，也有一只圣域级魔兽。

华美的银色鳞甲覆盖全身，在阳光下，这一条银龙显得那么优美。在龙族当中，银龙被称为“优雅的贵族”是有道理的。这条超过百米的银龙，竟然有两个脑袋。

变异圣域级魔兽——圣域级双头银龙！

此刻，苦修者领袖落叶正站在这条圣域级双头银龙的身体上。

河岸上的这些船员，感到自己的心脏快速跳动起来。老天，一下子就看到了三只庞大的圣域级魔兽，最重要的是，空中竟然有那么多人悬浮着。

这些可都是圣域级强者啊！

“这么多圣域级强者，还有圣域级魔兽，见到这些，就是死也值了。”一个船员仰头崇拜地看着这一切，口中喃喃道。

此刻，这些船员的感觉，就和林雷小时候看到两大圣域级强者战斗时的感觉一样。在他们的眼中，这些圣域级巨龙、强者都是高高在上，超然于凡人的。

“看，那是龙血战士，我们的林雷大人！”许多船员看到了龙化后的林雷，眼中满是崇拜，也有着一丝骄傲，为自己是巴鲁克王国子民而骄傲。

“林雷大人好像要和那些圣域级强者战斗了，对方好多人。”船员们开始议论起来。

“林雷大人肯定会胜利的！”崇拜林雷的船员坚定地说道。

流延河上空，林雷、巴克、赛斯勒、贝贝都悬浮着。

此刻，赛斯勒还在默念咒语。只是一会儿，三道光芒突然出现在赛斯勒的后方，三大圣域级亡灵降临了。

其中两个是骷髅，不过它们的骨头如钻石一样，散发着耀眼的光芒，这正是圣域级骷髅王者！另外一个是穿着破烂长袍的人形怪物，正是力大无穷的圣域级老尸妖。

光明圣廷、黑暗圣廷毫不担心，对付这种圣域级亡灵，有圣域级天使和圣域级堕落天使就够了。

“林雷，我们只是要求传播信仰，你依旧可以统治混乱之岭。我希望你还是考虑考虑。”海廷斯嘴上说着，可是手中已经出现了那件光明圣廷的重宝——光明圣籍。

泛着柔和光晕的光明圣籍飘浮在海廷斯的面前。

“考虑什么啊。”贝贝深知林雷的心思。

统一混乱之岭只是一件小事，灭光明圣廷才是大事。

“不要再幻想了，混乱之岭是我的地盘，任何人都不得染指。至于你们……”林雷凌空而立，“要不乖乖滚回你们的地盘，要不就靠拳头说话！”

海廷斯、阿弗莱克不由得大怒。

愤怒高亢的鸣叫声从庞大的地狱火凤凰的口中响起。旋即，地狱火凤凰口吐人言：“你这个可恶的人类！”随即，它口中一道黑色火焰朝林雷喷去。

黑色火焰裹住了林雷。

体表有斗气萦绕的林雷却丝毫无损。林雷用暗金色瞳孔扫了一眼这群人："是你们先攻击我的！"说着，林雷陡然快速移动起来。

林雷龙化后，加上对风系元素法则的领悟，他的速度比乌森诺还要快。

没有风声，空间仿佛扭曲了一下，林雷就出现在了地狱火凤凰的身旁。

地狱火凤凰如车轮大的双眸立即发出黑色丝线，直接射向林雷。

克莱默森扇动黑色六翼，直接冲向林雷。

"哈哈！"林雷大笑着，完全展示了龙血战士可怕的力量。特别是林雷将龙血战士的能力跟通过对元素法则领悟出来的技巧融合，使他的实力提升了不少。

他仿佛一阵柔和的风，轻松避开了黑色丝线。

旋即，林雷伸手，带着龙血战士无穷力量的一记手刀朝地狱火凤凰劈去。

空间受到了影响，时而停滞，时而产生奇特叠影。

林雷整个人变得模糊起来。

地狱火凤凰惊恐得高亢鸣叫，同时身体急剧缩小，打算闪躲。

堕落六翼天使克莱默森则一声暴喝，用手中的黑色长剑刺向林雷。

噗的一声，已经缩小到只有十余米长的地狱火凤凰没了气息，被林雷紧紧抓在手中。

圣域级魔兽只施展了一招，就被龙血战士形态的林雷解决了。

林雷的速度太快了，特别是龙化后。地狱火凤凰即使身体变小了，也根本来不及闪躲。

林雷这招正是风的律动第二层，是慢奥义中的空间停滞与快奥义中的空间叠影融合的一招。

这也是如今林雷物理攻击中最厉害的一招。

嗖的一声，克莱默森的剑离林雷越来越近。

林雷体表脉动防御的防御力很强，克莱默森的一剑没有破开脉动防御。

"什么？"克莱默森不敢相信，他的攻击竟然破不了脉动防御。

林雷用暗金色双眸看向克莱默森，嘴角微微上翘："下一个就是你了！"

说着，他将手中之物抛下。

扑通一声，地狱火凤凰的尸体漂浮在滔滔的流延河上，以致部分河水都变红了。

第324章

全面开战

流延河河水滔滔，那庞大的地狱火凤凰的尸体随着水流漂下去，河岸上的船员们看着都感到心颤。

他们仰头看着如魔神一般的林雷，心中只有一个感觉——强大！

“林雷大人是最强的！”船员们心底满是崇拜。

此刻，因为地狱火凤凰之死，一场激战全面爆发。光明圣廷、黑暗圣廷和林雷一方彻底开战！

轰隆隆的响声不断响起，众多圣域级强者的激战，使得空间气流变得混乱起来，仿佛飓风来袭一样，令下方流延河河水像被巨人搅动一般震荡起来。

“好可怕的终极战士！”克莱默森惊惧。

旋即，一个仿佛野兽咆哮的声音响起：“嗷——”

克莱默森仰头怒吼，额头上浮现出黑色的魔法印记，体表竟然燃起了幽幽火焰，令周围的温度瞬间降低了许多。他的体表浮现出闪着暗金色光芒的铠甲，正是传说中的黑暗圣甲，这和地系魔法中的大地守护铠甲很相近。

“你吼得再大声也没用。”林雷淡漠的声音响起。

林雷覆盖鳞甲的右手握紧，猛地朝克莱默森击出。凡是拳头所过之处，空间都产生了虚幻的叠影。

克莱默森的手中，一柄萦绕诡异火焰的黑色长剑快速刺出，宛如闪电一般。

覆盖鳞甲的拳头和萦绕诡异火焰的黑色长剑剑尖相撞！

锵的一声，宛如金属撞击的声音响起。

“堕落天使是为战斗而存在，我怎么会怕你？”克莱默森十分自信。

然而仅仅片刻，克莱默森双眼、鼻孔、嘴角、耳朵，冒出了鲜血，从高空中坠落下去。

那身躯坠入流延河河水中，随水漂走了。

大地奥义——二百五十六重振动波！

一个正面交手，克莱默森的身体内部就完全被震碎了。

“一个六翼堕落天使也敢和我近战？”林雷目光冷厉。

如今的林雷，可是圣域级终极龙血战士，单论力量、斗气，比一般圣域级强者强上十倍！

他本身就基础好，又领悟了风之奥义和大地奥义这两种极为厉害的近战攻击方式，两者相辅，就是德斯黎这个级别的强者，也不会选择和龙化后的林雷近战。和对元素法则领悟较深的终极战士近战，那是找死。

“不要和他近战！”海廷斯在远处大声喝道。

“林雷的攻击很诡异，大家小心！”乌森诺也大声喊道。此刻，他正跟变身为圣域级不死战士的巴克交战。

而黑暗廷皇阿弗莱克和裁决大长老奥凯西的脸色都变了。黑暗圣廷的第三大巨头、堕落天使首领——克莱默森，竟然就这么陨落了。

站在圣域级黑龙头顶上的阿弗莱克，手中出现了黑色水晶球。

阿弗莱克脸色肃穆，嘴唇微微动着。

“嗯？”林雷脸色一变。

“什么东西？”林雷清晰地感到一股无形的阴冷力量竟然渗透自己体内，而他的脉动防御完全没有发挥作用。那股阴冷的力量迅速朝林雷的脑部袭去。

黑暗系禁忌魔法——邪恶之力！

这是黑暗廷皇使用圣廷至宝，来自黑暗神界的水晶球才能施展出来的。只要敌人中了邪恶之力，在一段时间内就会完全受其控制。这受控制的时间长短，和被施法者的精神力有关。

如果向圣域魔导师施展邪恶之力，或许无法控制对方，可是能够令圣域魔导师脑袋眩晕，一时间来不及反应。

林雷的脑海中，灵魂海洋。

无边的精神力仿佛海水一样翻滚着，神秘的半透明七彩晶体在其中悬浮着。当这股邪恶之力直接冲入脑海，冲击到无边精神力的时候，与精神力中蕴含的淡青色光晕撞击在一起。

黑暗廷皇阿弗莱克冷冷地凝视着林雷。

“去，杀死那只鼠类魔兽。”阿弗莱克轻声说道。

“不对，奥凯西，快杀死他！”阿弗莱克忽然脸色一变。

阿弗莱克清晰地感到林雷的精神力竟然在反抗。虽然林雷受到了邪恶之力的影响，但是邪恶之力根本无法侵袭林雷的灵魂。

奥凯西手持足有两米长的裁决之刃，那如弯月的裁决之刃带着诡异的波动劈向林雷。

裁决之刃直接劈在林雷体表的脉动防御上。

噗的一声，仿佛气泡破裂一样，没有被林雷控制的脉动防御破裂开来。

只有在林雷的控制下，脉动防御的防御力才会很强。如果他不控制脉动防御，其防御力并不强。

然而，林雷龙化后身上的鳞甲不同。不管林雷是否意有意控制，鳞甲都能起到防御作用。特别是圣域级终极龙血战士，鳞甲的防御力十分强。当年，巴鲁克家族先辈可是仗着这个纵横玉兰大陆的。

裁决之刃犹如普通砍刀砍在了铁块上，产生了火星，勉强让一片鳞甲出现了裂痕。

“再来一刀就可以破开了。”奥凯西在心中暗道。刚才那一刀，脉动防御卸掉了部分力量。

奥凯西右手再次挥起裁决之刃，朝刚才的裂痕处斩去。

哧哧声响起，仿佛着火一般，林雷的体表再次冒出深青色斗气，斗气再次以非常玄奥的规律波动起来。

锵的一声，林雷覆盖鳞甲的手掌直接抓住了裁决之刃。

在林雷手掌和裁决之刃之间，还有一层极薄极柔韧的斗气。

“你没机会了。”林雷用暗金色瞳孔盯着奥凯西。

奥凯西脸色大变：“不好！”

他连裁决之刃都来不及拔出，便往后飞退。在他退开的时候，一道耀眼的紫光划过刚才奥凯西所在的地方。

正是紫血神剑！

奥凯西后背冒出冷汗，差一点他就没命了。

此时，林雷环顾四周，注意了一下战场上的情况。

贝贝跟落叶处于胶着状态，暂时无法解决落叶。

若是论对光明系元素法则的领悟，苦修者领袖落叶是光明圣廷中领悟得最深的一个。当他化为光线后，他的移动速度比当年的奥利维亚要快得多。

林雷一方，即使是速度最快的贝贝，也只是和落叶的速度相当。

“贝贝，别跟那个老家伙纠缠，先解决天使。”林雷立即给贝贝下命令。

“知道，老大。”贝贝也觉得这个老家伙太难缠了。

落叶根本不和贝贝近身作战，只是快速地移动着，而且和蜘蛛一样，发出一条条白色细线。

蕴含了强大光明系火焰力量的白色细线，不断向贝贝袭来。

贝贝即使速度快也没有用。

“和这个老家伙斗，就好像陷入泥潭一样。”贝贝在心中暗骂。

“和这个大块头斗，只能干耗时间。”此刻，乌森诺感到无奈。

以防御力强著称的圣域级不死战士巴克，主要追杀那些实力弱的天使，偶尔也给乌森诺来一下。不过乌森诺的化影分身术太诡异，巴克很难伤到乌森诺。

而乌森诺也伤不了巴克。

“哼，我倒是成了软柿子。”赛斯勒冷笑着看着大量堕落天使、光明天使朝他冲过来。

那三个圣域级亡灵的实力是不错，可是也达不到黑德森的层次，它们只能应付这些堕落天使、光明天使。

可是亡灵圣域魔导师岂会这么简单？召唤术只是亡灵魔法的一个分支罢了。

堕落天使、光明天使同时朝赛斯勒冲过来。

赛斯勒淡漠地停在半空，嘴唇微微动着。随后，一道无形的波浪以赛斯勒为中心朝四面八方荡去。这跟当初德斯黎攻击雷鸣以及圣域级黄金龙攻击林雷时的波浪很像。

可是，这次波浪的范围更广。

靠得最近的两名堕落天使、一名光明天使，受到这无形波浪的冲击，顿时身体一颤。

哧哧声响起，三个圣域级亡灵同时刺中这两名堕落天使、一名光明天使。

转瞬就有三名天使陨落了。

林雷一开始解决了两名天使，贝贝一开始解决了三名天使。

现在，只剩下一名光明天使，三名堕落天使。

场上唯有一人空闲，那就是光明廷皇海廷斯。海廷斯一直手抚光明圣籍，口中一直默念着什么。

他默念的时间太长了……林雷感到一丝担心。

“德斯黎他们来得还真慢。”林雷喃喃道。

这场战斗，林雷其实一直在等。

林雷让黑纹云豹黑鲁离开黑乌山后，就安排它去将德斯黎一群人请过来。

至于那三只圣域级巨龙，则一直潜伏在远处，不到关键时刻，不急着让它们上场。

而现在——

“嗷——”一声怒吼仿佛响雷震动天地。同时，一道电光划破长空，只听啪的一声，一名堕落天使来不及闪躲就被打死了。雷龙的进攻速度，连龙化后的林雷都躲不过，更何况一名堕落天使？

雷龙对付堕落天使，绰绰有余。

“大哥，你给我留一个啊！”浑厚的声音响起，霸王龙巨大的龙尾一闪，想打落要逃跑的光明天使。

然而，三名堕落天使已经殒命了，都是被雷龙解决的。

雷龙的速度太快了。

突然，一道无形的波纹迅速袭来。

“小心！”落叶惊呼一声。

可是已经来不及了，这道无形的波纹连续冲击了乌森诺的四道身影。

乌森诺的三道身影顿时消散，最后只剩一道了。

此招正是黄金龙的绝招——灵魂呐喊！

“哈哈！”一阵大笑声响起，不死战士形态的巴克，手持巨斧朝乌森诺劈去。

此刻，乌森诺灵魂激荡，意识模糊，毫无反应。

噗的一声，没有任何悬念，乌森诺倒下了。

这时候，海廷斯才默念完咒语。

他目光冷厉，指着林雷，口中轻声说道：“生命剥夺！”

一股无形的力量瞬间笼罩了林雷。

第325章

贝鲁特

亡灵魔法、自然魔法、大预言术，各有其玄妙之处。

四大至高位面的强者都很清楚，大预言术是最可怕、最难以捉摸的，因为它的攻击方式太诡异了。大预言术源于四大至高神中的命运至高神。

命运规则化身的至高神，他传下的大预言术，其玄奥可想而知。

“不好！”此刻终于赶来的德斯黎、海沃德、希金森等人，听到了海廷斯口中的“生命剥夺”。

一股无形的力量瞬间笼罩了林雷，令林雷变得僵直再也无法行动。这股无形的力量无视一切阻碍，朝林雷的灵魂冲击而去。

人最重要的就是灵魂！人的肉体没了，灵魂却可以进入冥界进行再生。

然而一旦魂飞魄散，那就什么都没有了。

浩瀚的灵魂海洋，半透明七彩晶体悬浮着，笼罩在精神力周围的淡青色光晕正是终极战士所特有的。

当这股无形的力量冲击过来的时候，淡青色光晕立即变暗了。片刻后，无形力量在变弱，淡青色光晕继续变暗。

大预言术也要看是谁施展的，如果是神级强者施展大预言术，林雷根本毫无反抗之力。

终于，淡青色光晕再也承受不住了，被攻破了。

无形力量虽然变弱了，但是依旧冲向林雷的灵魂——半透明七彩晶体。

澎湃的精神力根本无法抵挡这玄奥的力量，大预言术的无形力量侵袭到了半透明七彩晶体上。

战栗!

从灵魂深处传来的战栗，令林雷全身一颤。

此时，半透明七彩晶体上，同样有淡青色光晕笼罩。当无形力量侵袭到半透明七彩晶体上时，没有人注意到林雷手指上的那一枚盘龙戒指!

一抹淡得几乎看不见的光晕沿着盘龙雕刻流转了一下，然后瞬间消失。

同一刻，半透明七彩晶体上的淡青色光晕似乎得到了能量。

淡青色光晕瞬间就变得耀眼起来，宛如灵魂海洋中的一个青色太阳。

青色光芒照耀整片灵魂海洋，大预言术的无形力量虽然柔韧难缠，但还是如寒冰一般缓缓融化了。

青色光晕亮了许久，最终还是消失了。

“怎么可能？”海廷斯顿时脸色苍白。他吃惊地看了一眼林雷，他全力施展的绝招竟然没有击败林雷。

林雷可还没达到圣域魔导师境界啊！即使是圣域魔导师，也不一定能扛下这一击。

海廷斯瞥了一眼远处的德斯黎一群人，知道情况不妙：“他们也来了！”

“落叶，快走！”毫不犹豫地，海廷斯化为一道白色光线，立即朝西方快速飞去。他旁边的落叶，同样化为白色光线直接朝西方快速飞去。

无论是德斯黎，还是贝贝，都在担心林雷，没空去管海廷斯和落叶。

“咻——”林雷舒了一口气，睁开了眼睛。

实际上，大预言术只是冲击了林雷的灵魂一两秒钟罢了。可是这一两秒钟，足以让海廷斯、落叶二人逃跑。

至于阿弗莱克、奥凯西二人，早在海廷斯二人跑之前，就已经带着魔兽一同溜走了。

“老大，你没事吧？”贝贝担忧地飞过来，一双小眼睛中满是惊恐。

和林雷灵魂相通的贝贝，刚才完全感受到了林雷灵魂的战栗，真的很危险。

“还好，还好。”林雷也是一阵后怕。

林雷还是有些疑惑：“刚才，我感应到龙血战士的守护力量被诡异的大预言术攻破了。可是，后来守护力量为什么大增，破掉了大预言术呢？”

林雷不知道原因，但是刚才灵魂的战栗，林雷很清楚。

他知道，如果刚才没挡住对方的攻击，他的灵魂恐怕会直接消散。

“他们人呢？”林雷立即看向四周。

阿弗莱克、奥凯西、海廷斯、落叶四人早就逃到极远之处了，现在追也来不及了。

德斯黎飞了过来，带着歉意道：“林雷，我来晚了。如果你被海廷斯的大预言术杀死，那我可真的就……”

德斯黎惭愧得很，他可是很清楚大预言术的可怕之处的。

“是我自大了。”林雷自嘲道。

林雷认为自己的防御力很强，不仅有鳞甲还有脉动防御，认为对方奈何不了他。

可是刚才，他差点就没命了。

幸亏最后一刻，灵魂海洋中龙血战士特有的保护力量突然大增，让大预言术的攻击力消散了。

“那四个家伙倒是逃得快。”贝贝恨恨地说道。

巴克也点了点头，大声说道：“林雷大人，我看这光明圣廷、黑暗圣廷也没什么了不起的。现在乌森诺死了，克莱默森也死了。他们已经死了不少天使，势力大减。我看，以我们的实力杀到光明圣廷也不难。”

“对。”赛斯勒阴笑道，“林雷大人，他们这次可是违背了当初的约定，你也不必遵守约定了。”

林雷心中一动。

过去，他有约定在身，要去圣岛也只能一个人去。可是现在，对方已经打破了约定，那么他便可以带领一群人冲到圣岛上去。

“林雷，”德斯黎连忙说道，“公平地说，他们这次的确过分，你也不必遵守约定。可我还是要劝说你，不要去攻击光明圣廷的圣岛。”

林雷皱眉，说道：“德斯黎先生，难道你认为我带着我弟弟、巴克五兄弟，还有贝贝、赛斯勒一起冲过去，还攻克不了圣岛？现在圣岛上，也就海廷斯、落叶以及雷鸣有威胁罢了。”

“不是。”德斯黎摇头说道，“你要知道，我当年可是光明圣廷的一员。”

林雷聆听着。

德斯黎感叹道：“光明圣廷传承了不知道多少年，无论经历了多少大风大浪，光明圣廷都没有被人毁掉，你知道为什么吗？”

林雷疑惑地看着德斯黎。

的确，长久的存在肯定有其依靠。

“首先，圣岛上肯定有光明之主的荣光这个魔法阵。这个魔法阵，没有神级实力根本破不开。”德斯黎说道。

林雷立即回忆起一些事来。当年他还在芬莱城的时候，因为要杀芬莱王国国王，被关押到光明神殿。那一座光明神殿就有这个魔法阵。

有了这个魔法阵，连圣域级强者都破坏不了光明神殿的墙壁。

毁灭之日那天，魔兽山脉王者帝林攻击了光明神殿。他的第一次攻击，令光明神殿部分墙壁上出现了裂痕，不过魔法阵撑住了。他的第二次攻击，令光明神殿倒塌，魔法阵被攻破了。

连帝林这种神级强者都要攻击两次才有用，这个魔法阵的防御力之强可想而知！

“光明之主的荣光不单单是防御魔法阵，只要内部有人操控，完全可以攻击敌人。”德斯黎感叹道，“林雷，你们冲入圣岛，或许可以解决圣岛上的很多人，可是躲到光明神殿中的人，你们是难以对付的。”

林雷眉头一皱，这是事实。

当年，芬莱城的光明神殿被毁的时候，他就在神殿内部，因此躲过一劫。

“好吧，就让他们龟缩在那座小岛上吧。”林雷只能如此决定，“等以后我的风之奥义、大地奥义修炼到极限，或许可以去圣岛，试试这个光明之主的荣光魔法阵的威力。”

如今的林雷，丝毫不惧光明圣廷。

“巴克，你安排一下，将地狱火凤凰的尸体打捞一下，那圣域级魔晶核可不能浪费。”林雷笑道。

“是，大人。”巴克也笑了。

不管如何，这一战是他们胜利了，而且是林雷一方对战光明圣廷、黑暗圣廷两方，还取得了绝对的胜利，连德斯黎等人都没出手。

此次一战，决定了混乱之岭的最终归属。

巴鲁克王国士兵和鼠群混合的军队，所到之处，几乎都是投降归顺。即使还有一些反抗者，在鼠群的力量下，也只能是直接消失……

混乱之岭以惊人的速度开始统一。同时，林雷一方和光明圣廷、黑暗圣廷两方大战的消息迅速传开了。这是巴鲁克王国有意识传播的。

林雷一方战胜两方，使得林雷在玉兰大陆上的地位急剧上升，完全超越了光明廷皇、黑暗廷皇。其地位之尊贵，仅次于武神、大圣司这样的存在。

林雷的故事也在玉兰大陆各地不断流传。

在混乱之岭这块区域，无数人崇拜林雷。许多少年都以林雷为目标，一个个努力苦修。

混乱之岭，巴鲁克城，王宫当中。

天空中飘着雪花，如今已经进入了十二月份，距离玉兰节也没几天了。林雷、迪莉娅、泰勒、莎莎，以及巴克五兄弟、丽贝卡、丽娜、詹尼、沃顿等人都在这里。

丽贝卡姐妹中，丽贝卡比较调皮活泼，她和同样大大咧咧的盖茨整天打闹，二人早在十年前就结婚了。至于文静一点的丽娜，最终和巴克结婚了。巴克五兄弟中的其他三个，也有了各自的妻子。唯有詹尼，经常跟王都中一些好友在一起，但一直独身。

“太快了，这才多久？整个混乱之岭就统一了。”沃顿笑了。

“那还用说？”泰勒自豪得很，“我父亲是最厉害的。”

见到泰勒这样，林雷也笑了起来，抚摸了一下泰勒的脑袋，旋即看向沃顿：“沃顿，记住，一定要禁止信仰传播。若是让他们传播，以后子孙管理国家就管理不好了。”

“我知道，最近一段时间，有不少追随者在闹事。”沃顿感叹道。

光明圣廷对国家的威胁太大了。

如今，林雷一方已经一统混乱之岭，巴鲁克王国恐怕也要改名为巴鲁克帝国了。

林雷虽然不重视帝国权力，但是必须为家族的子孙考虑。

“林雷，贝贝。”三只紫金色鼠王一闪，出现在大厅当中。

紫金色鼠王老大哈里直接说道，“林雷，我们来这里，是邀请贝贝去我们黑暗之森一趟的。”

“邀请我？”贝贝正站在餐桌上。

“谁邀请的？”林雷疑惑地询问道。

“我们的父亲。”紫金色鼠王老三哈维骄傲地说道，“也就是黑暗之森的王者，也是整个玉兰大陆的王者，最强大的存在！”

三只紫金色鼠王都很骄傲。

黑暗之森的王者？玉兰大陆的王者？一群人立即看向这三只紫金色鼠王。

林雷一惊：“这黑暗之森的王者也是玉兰大陆的王者吗？难道他比武神、大圣司们都厉害？”

林雷忽然心中一动，连忙询问道：“请问，你们的父亲叫什么呢？”

紫金色鼠王老二哈特说道：“林雷，你可以称我们的父亲为贝鲁特大人！”

“贝鲁特！”林雷脑中一阵轰鸣。

贝贝震惊得眼睛都瞪圆了。

第326章

帝国成立

贝鲁特！

林雷、贝贝对视一眼。

林雷还记得贝贝当初说过，在贝贝出生后不久，它连眼睛都睁不开，有一个非常亲切的声音告诉它，它是贝鲁特家族的。

“贝鲁特大人？”贝贝道，“好，我跟你们去。”

林雷看向贝贝，看到贝贝的眼中此刻满是郑重以及一丝激动！

贝贝一直不知道自己的身世。当年它睁开眼睛后，它周围根本没有任何鼠类魔兽。

贝贝一直怀疑，那个亲切的声音或许来自它的母亲。可惜贝贝没有见过，唯一的凭证就是“贝鲁特”三个字。

紫金色鼠王老大哈里笑道：“你们别这副模样。父亲大人请贝贝过去，肯定不是坏事。”说着，它看向贝贝，“贝贝，我们一起走吧！”

其他两只紫金色鼠王也看向贝贝。

贝贝点了点头。

“这次贝贝去黑暗之森，估计会待一段时间，你们就不要太着急了。”紫金色鼠王老三哈维说道。

林雷点了点头，对贝贝嘱咐道：“贝贝，如果有什么重要事情，直接通知我。”林雷和贝贝灵魂传音的距离很远，在黑暗之森中，他们可以用灵魂联系。

“知道，老大。”贝贝咧嘴一笑。

林雷则鼓励一笑。

身世之谜，贝贝一直记在心底，现在有机会弄清身世，它自然不会犹豫。

鹅毛般的大雪打着转儿飘下，宫廷内一群人讨论得万分激烈。

“原来，最神秘的黑暗之森的王者竟然叫贝鲁特！”丽贝卡捂着胸口说道。

玉兰大陆的五大神级强者，的确是值得所有人仰视的。神级强者的实力远超圣域级强者。如当初，施特勒在希塞的面前，连动弹的能力都没有。

“父亲，”泰勒那双有神的、不含一丝杂质的眼睛看向林雷，“那个贝鲁特很厉害吗？比父亲还厉害？”

林雷、沃顿等人都笑了。在孩子的眼中，林雷是最无敌的。

“贝鲁特大人……”林雷遥看北方，似乎看到了黑暗之森中那位站在玉兰大陆巅峰的强者，“按照三只紫金色鼠王的话，贝鲁特大人恐怕是玉兰大陆最厉害的神级强者。”

林雷抚摸着泰勒的脑袋，宠溺地说道：“泰勒，你的父亲我，还没有挑战他的实力。”

“父亲以后一定会超过他的。”泰勒很确定地说道，“我父亲是玉兰大陆最伟大的天才，是历史上最强的龙血战士。”

“哈哈！”林雷笑了。

林雷看向沃顿，道：“沃顿，我明天准备去地底密室修炼，巴鲁克帝国的成立庆典我就不来了。”

所谓的地底密室，正是那个魔晶石矿脉核心的微型位面密室。

“哥，你不参加庆典？”沃顿很吃惊。帝国成立，这可是大事。

“算了。”林雷回答后，看向迪莉娅。

如今，迪莉娅魔法、精神力的修炼速度很快。就是达到了九级大魔导师境界，她的修炼速度也还在变快。在迪莉娅的身上，没有瓶颈一说。

这种可怕的速度令林雷震惊。

"迪莉娅，我估计在帝国成立的庆典上，玉兰帝国肯定有使者过来，你的父母或者其他人也许会过来，你就先在王宫中待着。"林雷说道。

"行。"迪莉娅的脑中不禁浮现出自己父母的模样。

当初，她离开家族的事还历历在目。十二年多的时间，家族早就跟她和好了。只是因为双方距离太远，见面次数极少。

这一次，巴鲁克帝国成立的庆典上，她的父母应该会来。

林雷继续嘱咐道："迪莉娅，那地下密室足有十米高，我已经将其分隔成两层。等你忙完后，你去找我。到时候，我帮你进入那间密室，你跟我一起修炼。我估计你要不了几年，就能在我之前达到圣域魔导师境界。"

迪莉娅的眼中顿时有了一丝喜色。林雷一修炼，不知道要花费多久时间，迪莉娅自然想跟林雷在一起。

"嗯，到时候我一定去找你。"迪莉娅连忙说道。

第二天，林雷飞到了魔晶石矿脉处。

大战后，魔晶石矿脉就以最大规模被开发挖掘。短短一个多月时间，魔晶石矿脉就被挖掘了六七成，只剩下少量矿脉还在挖掘中。

当然，那扇神秘的门周围建造了大型地底建筑。

林雷走在地底建筑通道中，推开一扇石门，来到了这扇神秘之门前。林雷的体表立即浮现出一层深青色斗气，旋即，林雷跨入这扇门中。

哧哧声响起，如刀子般的可怕气流割向林雷，不过被林雷体表的脉动防御挡住了。

在微型位面密室中，林雷就觉得心底一阵舒畅。地、火、水、风各种元素都那么亲近，连大地脉动都那般清晰。一仰头，他便可以透过薄膜，看到外面五颜六色的空间乱流。

"我的大地奥义已经停留在二百五十六重振动波很久了，希望这一次能够突破。"林雷当即盘膝坐下，开始静静领悟起来。

上一次在微型位面密室中，林雷是有所领悟。可是那次，他只是知道自己应该将二百五十六重振动波融合成一重振动波，这样才能完全施展出大地脉动的威力。至于该如何修炼，林雷还不是很清楚。

在微型位面密室中修炼，他根本感觉不到时间流逝。

玉兰历10022年12月28日，再过几天便是玉兰节了。这一次的玉兰节会比历史上其他玉兰节更加特殊，因为在这一天，巴鲁克帝国将正式成立。

如今，巴鲁克城更加热闹了，到处都是外地来的人。

十几名护卫保护着一辆朴素大气的马车，行驶在巴鲁克城的街道上。这些护卫个个都有五级战士以上的实力，可见，这马车中不是一般人。过了许久，这一支队伍来到了一家酒店前。

护卫们皆下马。

“夫人，到酒店了。”马夫在马车旁恭敬地说道。

“知道了。”轻柔的声音从马车内传来，只见一双白皙如玉的手拉开了门帘。旋即，一位贵妇人便下了马车。这位贵妇人穿着紫衣，披着黑色的袍子。如果林雷在这里，一定会认出她——艾丽斯！

距离毁灭之日，快二十三年了。

当年还很年轻的艾丽斯，如今也有了优雅的贵妇人气质。

“二十三年了。”艾丽斯看着这座城池，感慨万千。她知道这座城池的名字——巴鲁克城。这座城池是以林雷的姓氏命名的。玉兰大陆第五大帝国，会在玉兰节那天正式成立，名字就是巴鲁克帝国。

“林雷·巴鲁克。”艾丽斯口中低吟出林雷的全名。

当年，她和卡蓝等人在魔兽山脉中遭遇危机，是林雷突然出现救下她的。当年的林雷是一个有潜力的少年，她是美丽的无忧无虑的少女，卡蓝是大贵族的继承人。

二十三年后，林雷已经站在了一个让她无法企及的高度。

艾丽斯从心底感激林雷。当年毁灭之日，正是林雷将她交托给迈亚馆长，迈亚馆长看在林雷的面子上，一路带着她和罗琳。在逃难路上，迈亚馆长对这一对女孩也很好。

后来，艾丽斯、罗琳成了迈亚馆长认的女儿。

随后，艾丽斯便帮忙管理普鲁克斯会馆业务。罗琳不擅长业务管理，艾丽斯却很擅长，于是，迈亚馆长便逐渐放权给艾丽斯。

这一次，迈亚馆长更是让艾丽斯来巴鲁克城，目的是要在巴鲁克城建造一座普鲁克斯会馆。

一般的大型城池都会有普鲁克斯会馆。巴鲁克城，以后会是巴鲁克帝国（混乱之岭）的中心，自然也应该有一座普鲁克斯会馆。

“夫人？”旁边的护卫轻声提醒道，“外面下着雪呢。”

“哦。”艾丽斯这才从回忆中清醒过来，旋即淡然一笑，“走吧。”

艾丽斯在护卫们的保护下，入住了这家酒店。

她身后的那些护卫对艾丽斯都非常尊敬，也知道艾丽斯的丈夫在毁灭之日中殒命了。

不过，他们十分疑惑：为什么艾丽斯没有再结婚呢？

玉兰节这天，巴鲁克帝国成立了。

这一天，各国使节到来，巴鲁克城也是全城欢庆。然而，玉兰大陆上一些潜修的强者开始蠢蠢欲动了，因为他们接到了来自神级强者的命令。

奥布莱恩帝国，帝都城外，武神山上。

“恭迎老师！”近二十个圣域级强者恭敬地站着。

赤红色长发飘逸的武神奥布莱恩，旋即落到了山上。

武神奥布莱恩微微点头，旋即下令道：“卡斯罗特。”

卡斯罗特立即上前一步，听候武神的命令。

武神奥布莱恩淡漠地说道：“你立即出发前往混乱之岭，通知林雷，于明年3月3日在我武神山集合。”

“是，老师。”卡斯罗特连忙应声。

“兰科。”武神奥布莱恩又开口道。

兰科立即上前一步。

武神奥布莱恩下令道："你出发前往北海那座小岛，告诉肯范德，务必在明年3月3日前，到我武神山一聚。"

"是，老师。"兰科也立即应命。

武神奥布莱恩又开口道："凯尼恩。"

凯尼恩也立即上前一步。

武神奥布莱恩继续道："你出发前往……"

武神奥布莱恩一口气连续安排了十二名弟子，旋即又将自己弟子中的十个人留了下来。

这十个人是武神亲传弟子中实力极强的，其中便有第一亲传弟子法恩。

"你们十个好好准备，我不希望你们和你们的三师兄他们几个一样。"武神奥布莱恩淡漠地说道。

"是，老师！"这十人恭敬应命，他们都知道老师说的是什么。

"如果怕死，你们可以选择放弃，想要这种机会的圣域级强者很多。"武神奥布莱恩淡然地说道，随即看了一眼这十名弟子。见到十名弟子坚定的神色，武神奥布莱恩这才满意地点点头，然后离开了。

地底建筑的一个大厅中，卡斯罗特坐了下来。他飞行了许久才到巴鲁克城，又在巴克的带领下来到大厅中。卡斯罗特原本以为林雷居住在黑乌山。

"卡斯罗特，你先在这里等一下，我去通知林雷。"巴克微笑着说道。

"行。"卡斯罗特很是客气。

巴克随即离开大厅，朝那扇神秘之门走去。

卡斯罗特非常规矩，没有用精神力来偷看。毕竟巴克是圣域级强者，可以轻易察觉到他的精神力。

巴克来到那扇门前，一步便进入了微型位面密室中。

第327章

突破

微型位面密室分为两层，上面一层是原先就有的。林雷现在就是在这一层修炼，至于下面那一层，此刻是迪莉娅在修炼。

迪莉娅修炼完毕，睁开眼睛。

看着前方薄膜外的空间乱流，迪莉娅现在已经见怪不怪了。当初，她第一次看到时觉得很震撼。

迪莉娅仰头，透过通道，能够看到林雷盘膝而坐的身影。看到林雷的身影，迪莉娅就感到一种源自心灵的宁静。她脸上露出一丝恬静的笑容，旋即闭上眼睛，继续沉浸在玄奥的魔法海洋中。

大地脉动的奇特波动时而如奔雷在心中响起，时而如潺潺溪水流过心田……二百五十六重振动波在林雷的脑海中演示着。

大地脉动奥义，皆在这二百五十六重振动波中。

源自天地的大地脉动，每一重波动蕴含了大地脉动的所有奥义。

林雷苦修近二十年，才从第一重修炼到二百五十六重。

“二百五十六重振动波，能勉强展示出大地脉动的威力。现在不仅要减少波动，还要将大地脉动奥义全部蕴含其中……”林雷在脑中不断演练着，各种可能仿佛流星一般划过。

不过，没有一种方法是对的！

错!

错!

都是错!

无数修炼方法浮现在脑海中，都被林雷一一否决。

“不对，不对。”林雷的额头上尽是汗珠，他却毫不在意。

不知道过了多久，也不知道他否决了多少种可能。

忽然，盘膝坐着的林雷眉毛一动，整个人站了起来，一翻手，手中出现了黑钰重剑。

林雷竟然闭着眼睛挥舞起黑钰重剑，但并没有施展大地奥义。

咚的一声，响彻林雷心田。

“对，就是这样！”林雷的眼睛陡然睁开，其中尽是惊喜。

刚才，林雷将第一重振动波和第二重振动波融合成了一重振动波。

“两重振动波融合成一重振动波……”林雷眼中尽是狂喜，“对，一步步来，不奢望一次将二百五十六重振动波融合成一重振动波，先把振动波两两融合成一重再说。”

第一重振动波和第二重振动波融合为一。

第三重振动波和第四重振动波融合为一。

以此类推，第二百五十五重振动波和第二百五十六重振动波融合为一。

最后，二百五十六重振动波就缩减成一百二十八重振动波!

分开来研究，明显轻松得多。而且，林雷已经将第一重振动波和第二重振动波融合为一了。

“对，肯定对！”林雷对自己很有信心，只是融合过程有些难度。

每一重振动波蕴含的奥义都不同，每一次融合，林雷需要花费大量心思来推演、验证。

“林雷大人！”

林雷正沉浸在推演中，忽然听到了熟悉的声音。

于是，他干脆让脑子略微休息一下。

之前，他已经推演了许久、验证了许久。刚刚，他又将第三重振动波、第四重振动波融合为一了。他现在就是要一步步地融合下去，直至第二百五十五重振动波和第二百五十六重振动波融合为一。

到时候，林雷估计自己的实力会大大提升。

“两重振动波融合成一重振动波就这么难了，要是再从一百二十八重振动波融合到六十四重振动波，难度估计更大。”

这种融合，用浅显的例子来说，就好像将东西塞到箱子里。有四个装了物品的箱子，将第一个和第二个箱子的物品塞到第三个箱子里，过程比较难，但或许能成功。在此基础上，再将第三个和第四个箱子里的东西，塞到一个箱子里，难度就更大了！

这种难度，不是苦思就可以解决的，需要对大地脉动有更深的领悟。

推演的过程，其实就是领悟的过程。

想到这儿，林雷睁开眼睛，看到了巴克。

在下一层修炼的迪莉娅也醒了，直接跃了上来。毕竟这两层只相隔两米，以迪莉娅的实力自然可以轻易上来。

“巴克，你怎么来了？”迪莉娅笑吟吟地说道。

“巴克，发生什么事情了？”林雷也询问道。

“林雷大人，武神门的卡斯罗特现在正在外面。他这一次来，是奉武神的命令来找你的。”巴克立即说道。

林雷不由得眉毛一挑，立即站了起来：“走，我们出去看看。”

林雷把手搭在迪莉娅的肩上为她护航，顿时，深青色斗气覆盖了迪莉娅体表，按照奇特的节奏波动起来。

跨过那扇门，林雷等人转了几个弯，来到了地底建筑的大厅中。

卡斯罗特正闭眼安静等着，听到林雷等人的脚步声，立即睁开眼睛，同时站了起来。

看到林雷的第一眼，卡斯罗特脸上露出笑容，同时心中一惊：“林雷比当时在帝都要内敛多了，怪不得连大师兄都说林雷如今可以和他一战了。”

“卡斯罗特，好些年没见了，快坐。”林雷微笑着说道，随后也坐下了。

卡斯罗特道：“是好些年没见了。这些年我是没什么变化，可你的变化太大了。你不单单实力大增，还有了妻子、孩子。我在巴鲁克城见过你的两个孩子，特别是那个叫泰勒的，很可爱。”

听到别人夸赞自己的孩子，林雷自然高兴。

迪莉娅也笑了起来：“卡斯罗特先生，你这次来是？”

卡斯罗特笑着说道：“这次我来，是奉了老师的命令，来传达一个消息给林雷的。”

“什么消息？”林雷疑惑地道。

“明年3月3日，你必须赶到武神山。”卡斯罗特嘱咐道。

林雷、巴克、迪莉娅三人相互看了看，疑惑得很。

林雷问道：“卡斯罗特，你能告诉我，武神让我明年3月3日前赶到武神山，到底有什么事情吗？”

“这……”卡斯罗特沉吟片刻。

“有关那个秘密？”林雷猜测道。

卡斯罗特点了点头，林雷心中不由得一动。

当初，武神告诉过林雷，玉兰大陆还有一个说法叫众神墓地，而众神墓地中有众神陨落后留下的重宝，如神格。

“能说清楚些吗？”林雷追问并解释道，“巴克是圣域级强者，我妻子是九级大魔导师，快踏入圣域魔导师境界了，不必掩饰。”

“那好吧！”卡斯罗特点头说道，“这一次老师让你过去，十有八九是准备前往众神墓地。来之前，老师就和我的十位师兄专门交谈了一下。那十位师兄，大多数修炼时间超过三千年了。”

“众神墓地？”迪莉娅、巴克惊呼一声。

迪莉娅听林雷说过众神墓地的事情。毕竟他们二人是夫妻，林雷怎么会隐瞒迪莉娅？

“你的意思是，你们武神门有十位亲传弟子会出发前往众神墓地？”林雷询问道。

“反正你明年也会知道，我就不必隐瞒了。我们武神门，的确会派出十名亲传弟子。”卡斯罗特郑重地说道，“不过林雷，进入众神墓地非常危险。不是实力强就一定能活下来。”

“哦？”林雷眉头一皱，有些疑惑。

卡斯罗特解释道：“老师只是选择了最厉害的十位师兄过去，你就应该猜测到了。众神墓地，一般的圣域级强者过去就是送死。只有达到一定境界的强者，才有希望保住性命。”

“可实力强，如果运气太糟糕，也可能丢掉性命。”卡斯罗特苦笑道，“我们武神门历史上，就有好几个强者陨落了，如我们的三师兄。他当年的实力和大师兄不相上下，可是在众神墓地中殒命了。”

林雷微微点头。

武神门弟子，肯定去过众神墓地好几次了，比较有经验。

“很危险？”迪莉娅担心地询问道，她知道林雷是要进入众神墓地的。

卡斯罗特点头，郑重地说道：“是的，我老师说过，在众神墓地中，如果横冲直撞，别说是圣域级强者，就是老师这种存在也可能陨落。所以在众神墓地中，一要有实力，二要谨慎小心，当然也要一些运气。”

卡斯罗特忽然笑了：“不过你们也别担心，我只是听一些师兄说的，我自己也不清楚。不过，我估计不会太危险。像大师兄，他去过众神墓地四次了，不是还活得好好的？”

此刻，迪莉娅担心得握住了林雷的手。

林雷感受着迪莉娅柔软手中传来的温度，心中一暖，旋即安慰道：“迪莉娅，没事的。我防御力强，速度也快。更何况在修炼这条道路上，不能一有困难就退缩。”

林雷对众神墓地是很期待的。

五千多年前，众多异位面强者降临，四大终极战士突然诞生……到底是什么原因？

“嗯。”迪莉娅乖巧地应了声。

“卡斯罗特，我能去吗？”巴克忽然说道，“阿曼达家族的创始人，第一代不死战士也经历了五千多年前的那次剧变。众神墓地，我也想进去看看。”

“这很难。”卡斯罗特摇头说道，“每次进入众神墓地的名额是有限的，我老师总共就那么多名额。十个师兄，还有其他依靠老师的十二个潜修者，已经有二十二个了。”

林雷安慰巴克：“巴克，别急，到时候我再问问。”

卡斯罗特这时候笑着站了起来：“林雷，既然我已经将这个消息告诉你了，那我就先回去了。”

卡斯罗特见林雷等人要留他，笑着说道：“不用了，老师还等着我回去复命呢。”

“那我也不勉强你了，等到明年，武神山再见。”林雷站起来送客。

待卡斯罗特离去，林雷、巴克、迪莉娅三人议论起了众神墓地的事情。

“众神墓地必须去，若能够弄到神格，即使自己不用，给你们用也好啊！”林雷淡笑道，“即使弄不到神格，也许能得到其他物品。我总有一种感觉，这众神墓地，我必须去。”

林雷觉得那里有什么在呼唤自己。

“咦？贝贝终于要回来了。”林雷眼睛一亮。

贝贝去黑暗之森了解身世，那贝贝的身世到底是什么呢？

第328章

贝贝的身世

广袤无垠的黑暗之森上空，一道黑色残影瞬间划破长空，消失在天际。

贝贝那双小眼睛中满是悲愤。

“不能让他们好过！”贝贝咬牙切齿，朝林雷潜修的地方飞去。

嗖的一声，一道残影一闪而逝。

大白天有军队驻守。不过，那些普通士兵没有察觉到，一只魔兽已经进入了地底建筑中。

地下大厅中。

巴克已经离开了。

林雷和迪莉娅没急着修炼，而是静静等待贝贝的到来。

“老大！”贝贝带着哭腔，直接跃到了林雷的怀里。

“怎么了，贝贝？”林雷和迪莉娅都有些吃惊。

在林雷怀中的贝贝，扬起小脑袋，那双炯炯有神的小眼睛看着林雷：“老大，我的父亲和母亲都已经死了，呜……”

贝贝一直期望见到父母，没想到最后是这样的结果。

“怎么回事？说清楚，”林雷连忙安慰，“不要哭。”

林雷知道贝贝的心理年龄如少年一般，远不如成年鼠类魔兽成熟。

贝贝点头说道：“我已经见过贝鲁特爷爷了。贝鲁特爷爷告诉我，我的父亲是一只噬石鼠，母亲是一只影鼠。它们都很厉害，都已经达到了九级，可还是被人害死了。”

“是谁害死的？”林雷疑惑道。

“星空剑圣蒂隆和地系圣域魔导师鲁迪。”贝贝咬牙切齿地说道。

林雷一惊。

他立即回忆起八岁那年发生在乌山镇的那次圣域级大战。林雷当时清晰地听到了那两个圣域级强者怒喝对方的声音。那个圣域级战士就是蒂隆，而那个圣域魔导师就是鲁迪。

“是他们害死了你的父母？”林雷问道。

那一次大战，林雷为救弟弟沃顿，被砸伤了脑袋，鲜血流入盘龙戒指，使得德林爷爷从盘龙戒指中出来，林雷因此走上了修炼魔法的道路。在修炼了近半年后，林雷在自家废弃的祖屋院子中发现了贝贝。

“半年……对，以贝贝的成长速度，半年时间，一个刚出生的幼鼠，差不多可以长到我见到它时的那个样子。”

无论是时间，还是其他方面，都很符合。

林雷当年一直很疑惑，两大圣域级强者为什么在乌山镇这种地方战斗。现在看来，跟贝贝的父母有关系。

“他们为什么杀你的父母？”林雷追问。

贝贝抽泣着回答：“老大，黑暗之森是鼠类魔兽的老巢。魔兽山脉中的鼠类魔兽虽然也多，但是远不及黑暗之森。”

林雷听到这里点头，鼠类魔兽本来就善于繁衍。只要有魔兽聚集地，一般都会有鼠群存在。

“魔兽山脉中的鼠类魔兽虽然数量不多，但也有上千万。”贝贝说道。

黑暗之森随便一弄就有数亿鼠类魔兽，而魔兽山脉中的鼠类魔兽才上千万，双方差距的确很大。

贝贝继续说道：“魔兽山脉中没有圣域级鼠类魔兽，那上千万鼠类魔兽的鼠群首领就是我的父母，一只九级噬石鼠和一只九级影鼠。”

林雷和迪莉娅都了然了。

上千万鼠类魔兽中，出一对九级鼠类魔兽也了不得了。

“当时，蒂隆和鲁迪都想收服一只魔兽。蒂隆发现了我的父亲和母亲，便想收服我的父母。毕竟收服了它们，等于收服了上千万鼠类魔兽。”贝贝眼中尽是怨恨。

林雷有些明白蒂隆的想法了。

上千万鼠类魔兽，威力绝对赶得上数百万大军。如九级黑龙和九级噬石鼠、九级影鼠，同样是九级魔兽，估计大多数强者会选择九级影鼠或者九级噬石鼠。

“然而，我母亲当时怀孕了。”贝贝咬牙切齿地说道，“鼠王是高傲的，我父亲仗着噬石鼠防御力强去阻拦蒂隆，让我母亲逃跑。”

噬石鼠的防御力很强，九级的噬石鼠，连一般的圣域级强者都要费一番功夫对付它们。

“我父亲是鼠王，蒂隆当然想要收服，便和父亲斗了起来。哪想我父亲根本不屈服，一直和蒂隆战斗……最终，父亲还是被蒂隆杀死了。”贝贝哭泣着。

统领一个族群的鼠王，其高傲可想而知。

而且它还在拖延时间，让贝贝的母亲有机会逃掉。

“影鼠以速度出名，我母亲是九级影鼠，速度是很快的。母亲虽然是怀孕状态，但是趁父亲和蒂隆厮杀，还是逃出了魔兽山脉，直接朝西方逃逸，而后来到了乌山镇。”

林雷恍然大悟。

“母亲或许是担心我遭难，便想办法让我提前降生了。”贝贝眼中的泪水在打转，“贝鲁特爷爷说了，我们噬神鼠如果足月出生，一生下来就有六七级魔兽的实力。”

林雷感到疑惑。

噬神鼠?

这是什么族群？难道是贝贝的种类?

林雷看到贝贝此刻的状态，没有打断贝贝的话，准备之后再询问。

“我提前降生，对母亲的身体造成了很大的损伤。在那种状态下，母亲嘱咐我，让我在那个破败的院落内不要乱跑。幼鼠状态下的我，没人知道我的底细，我便在那里吃石头悄悄成长。

“母亲当时告诉我，它是贝鲁特家族的。所以，我也算是贝鲁特家族的。”

贝贝悲愤地说道：“母亲为了不连累我，将我留在那里，而后继续逃往西方。没承想，它当时撞见了鲁迪。鲁迪自然要追我的母亲，因为他也想收服我母亲，做他的魔兽。”

林雷完全可以想象那种情况。

“我母亲是九级影鼠，因为生下我不久，实力大减，便拼命朝东方逃。这时候，蒂隆又来了。蒂隆是战士，凭着速度抓住了母亲。”贝贝此刻更加激愤了，“而后，那个蒂隆和鲁迪为了九级影鼠的归属权开始战斗了。”

林雷明白了。

蒂隆抓住了影鼠，而鲁迪要夺回去，两者就在乌山镇东方的高空中斗了起来。那一场大战，使得乌山镇遭受了大难，连沃顿也差点被砸死，幸亏林雷保护了他。

林雷则机缘巧合，让盘龙戒指认主了。

“对。”林雷立即回忆起当年的事情。

当初，他清楚地听到蒂隆愤怒的声音——“鲁迪，我得不到的，你也休想得到！”

而后，蒂隆双手光芒大放，爆炸声响彻天地。

“是的，影鼠一般都比较小，平常都如贝贝一样只有二十公分，巴掌大小。战斗的时候可以变大一点。”林雷不禁点了点头。

当时，贝贝的母亲就被蒂隆抓在手中。只是蒂隆距离林雷千米，林雷连蒂隆都看不清，怎么看得清蒂隆手中的影鼠？

影鼠是以速度快、攻击力强出名，但防御力不强，远不如噬石鼠。

蒂隆是圣域级战士，体内斗气充足，对付一只刚刚生下幼鼠、实力大减的九级影鼠是轻而易举的事情。

“真相大白！”

林雷已经完全明白，为何两个圣域级强者会在乌山镇东方的天空中战斗。

当时蒂隆所说的东西，原来是贝贝的母亲。

在那场战斗半年后，林雷就遇到了贝贝。

而后，林雷和贝贝的传奇旅程就开始了。

“怪不得，怪不得。”林雷终于知道为什么贝贝说仇人是鲁迪和蒂隆了。

如果没有蒂隆，贝贝的父亲不会死；如果没有鲁迪，或许贝贝的母亲也不会死。

林雷看着贝贝。

贝贝一双眼睛中满是泪花，也满是愤恨：“这两个浑蛋，我不会让他们好过的！”

“咦？”林雷又有了一堆疑惑。

贝贝的父亲是九级噬石鼠，母亲是九级影鼠，为什么贝贝会这么厉害？而且，它的实力还在不断提升。

当年的事情，应该只有蒂隆、鲁迪二人知道，还有贝贝死去的父母知道。可是贝贝是从黑暗之森回来的。黑暗之森的那位神级强者怎么会知道？

难道神级强者的精神力可以从黑暗之森蔓延到万里之外的乌山镇？

难道神级强者能一直释放精神力？他如果当时发现了这一幕，为什么不救贝贝的父母？

“贝贝，你怎么知道这些细节的？”林雷追问。

迪莉娅也同样疑惑地看着贝贝。

“是贝鲁特爷爷告诉我的。”贝贝回答。

林雷疑惑地说道：“这位贝鲁特大人即使是神级强者，也不可能拥有知道过去的能力吧？他是怎么知道这件事情的？而且还知道得非常详细。”

贝贝解释道：“老大，是这样的。贝鲁特爷爷后来发现了我的存在，专门派紫金色鼠王前往魔兽山脉，在鼠群中探察了一下。而后，贝鲁特爷爷亲自搜索了蒂隆和鲁迪的记忆。”

“什么？”林雷和迪莉娅都惊呼起来。

搜索记忆?

亡灵圣域魔导师赛斯勒可以做到。可是一旦这样做，被施法者就会魂飞魄散。然而，蒂隆和鲁迪还活得好好的。当年，奥利维亚还击败过蒂隆。

蒂隆和鲁迪一旦死去，这种大事，林雷肯定会知道。

“贝鲁特爷爷很厉害的。”贝贝解释道，“他说过，只要对方还没有成神，他就可以搜索任何人的记忆。即使是圣域级强者，他也可以在对方毫无察觉时搜索对方的记忆。”

林雷不敢相信，这实在太逆天了!

圣域级强者都毫无察觉，这实力完全不像是一个下位神。

“贝鲁特爷爷，他是玉兰大陆位面第一强者，”贝贝解释道，“绝对的第一强者。连武神、大圣司他们，都要听他的话。就是那个位面监守者霍丹，在玉兰大陆位面也不敢得罪贝鲁特爷爷。”

“贝鲁特爷爷就是玉兰大陆位面的王。”贝贝紧接着说道。

林雷、迪莉娅对视一眼，林雷忽然回忆起当初三大紫金色鼠王邀请贝贝时说的话。当时，它们也说过，贝鲁特是玉兰大陆位面的王!

“贝鲁特爷爷，他可是无数位面中第一只噬神鼠!连噬神鼠的名字也是贝鲁特爷爷起的。”贝贝自豪地说道，“而我是无数位面中第二只噬神鼠!”

第329章
神级魔兽

“噬神鼠？”林雷和迪莉娅对视一眼。

玉兰大陆第一强者，贝鲁特的本体竟然是噬神鼠。

单单听名字，林雷就知道这种魔兽肯定极为可怕。噬神，一般魔兽又怎么敢取这样的名字？林雷用疑惑的目光看着贝贝。

迪莉娅疑惑地问道：“贝贝，你的父亲和母亲不都是九级魔兽吗？这……这怎么回事？”

“老大，这跟你们龙血战士家族有点像，不过还是有区别的。”贝贝仔细地说道，“贝鲁特爷爷降生后，他是第一只噬神鼠。后来，他和卡莱罗娜奶奶有了三个孩子，也就是哈里、哈特、哈维三只紫金色鼠王。”

林雷在心中记住了“卡莱罗娜”这个名字。

“因为卡莱罗娜奶奶并不是噬神鼠，所以她和贝鲁特爷爷的孩子自然不会是纯种噬神鼠，血脉等级会降低。在正常情况下，紫金色鼠王达到成年期就是圣域级魔兽。”贝贝详细说道。

“等级降低？”林雷追问道，“贝贝，你的意思是？”

迪莉娅也听出贝贝话里的含义了。

贝贝眼中有一丝自豪：“噬神鼠是神级魔兽！即使不修炼，自然成长到成年期就会达到神域境界！”

“神级魔兽？”林雷一怔。

太逆天了！

这比四大终极战士还要可怕。四大终极战士还要修炼下去才可以达到圣域级巅峰。

圣域级魔兽，只要到成年期，就达到了圣域境界。

而神级魔兽，只要到成年期，就达到了神域境界！

“对其他族群而言，这太不公平了。其他族群怎么和它们斗？”林雷感叹不已。真不愧是噬神鼠，只要达到成年期就是神级强者，的确是上天的宠儿。

贝贝摇头说道：“贝鲁特爷爷说了，神级魔兽是无法形成族群的。一般神级魔兽都是单独的一个！因为只有一个，所以不可能再找到一只雌性噬神鼠当妻子。

“他的孩子血脉不纯，只能成为圣域级魔兽紫金色鼠王。”

“三只紫金色鼠王都是雄性，它们的孩子血脉也不纯，只能降为九级魔兽。不过黑暗之森中，九级鼠类魔兽中有不少雌性。九级魔兽配对，它们的孩子大多也能达到九级。而我的母亲，也算得上贝鲁特家族一员，只是比哈里、哈特、哈维它们三个晚了数十辈。”

贝贝似乎不认为哈里它们是它的祖宗。

实际算来，哈里它们比贝贝高很多辈分。

可贝贝是噬神鼠，是除了贝鲁特外，唯一的噬神鼠。

“哦。”林雷点了点头。

“至于我是噬神鼠一事，”贝贝说道，“按照贝鲁特爷爷的说法，我母亲体内蕴含了贝鲁特家族的少量血脉，又和一只九级噬石鼠配对，后代血脉可能发生了变异。”

“配对的九级鼠类魔兽非常多，可是除了我，它们的后代都没出现过噬神鼠。”贝贝继续说道，“这种情况不单单发生在玉兰大陆位面，就连贝鲁特爷爷去过的无数位面也是这样的。”

“无数位面？”林雷和迪莉娅对视一眼。

这位贝鲁特大人，还真的很厉害。

根据霍丹的说法，一旦去了至高位面想要回来就非常难。可是听贝贝的一番话，贝鲁特不仅离开过玉兰大陆位面很多次，还去过很多位面。

“怪不得号称玉兰大陆位面的王者，连武神、大圣司也必须听他的号令。”林雷暗想，“他是什么级别的神，中位神，抑或是上位神？”

下位神到中位神，大圣司花费了上万年都没成功，其难度可想而知。

中位神到上位神，难度更大。

“成为神级魔兽，条件比成为终极战士要苛刻得多啊！”林雷感叹道，“虽然终极战士血脉日渐凋零，但是偶尔还会有终极战士诞生。可是这噬神鼠……你贝鲁特爷爷去过大量位面，也就只有贝鲁特大人和你这两只噬神鼠。”

林雷、迪莉娅都感叹不已。

神级魔兽确实比圣域级魔兽罕见得多。

不过，也难怪会这样。如果神级魔兽那么简单就能出生，就没有其他族群生存的空间了。

“神级魔兽一般都是一个。比如魔兽山脉的王者，那个帝林，他也是神级魔兽。”贝贝说道。

“帝林？”林雷、迪莉娅都好奇起来。

林雷到今天都不知晓，那个帝林就是他放出来的。

贝贝点头说道：“帝林也是神级魔兽，他的本体像狮子，叫‘狁狻’，又称‘吞天兽’。”

林雷和迪莉娅都心中一颤。这个帝林还真是厉害，竟然号称“吞天兽”。一个噬神鼠，一个吞天兽，名字就很惊人。

“贝鲁特爷爷说了，帝林的实力很强。一口气吞掉一座山、吞掉一座城池，那都是轻轻松松的。”贝贝感叹道，“可他也和我们噬神鼠一样，他找不到另外一只狁狻。他也有孩子，当初一共有五个孩子。他的孩子和紫金色鼠王一样都是圣域级巅峰魔兽。”

林雷、迪莉娅明白了。

神级魔兽的孩子，血脉不纯，等级就会降低。可等级再低，在圣域级魔兽中也是拔尖的。

“他的孩子被称为‘六目金猊’。六目金猊本体比较像狮子，体形如巨龙一般大。六目金猊有六只眼睛，还有一双巨大的翅膀。”贝贝感叹道，“六目金猊实力很强，虽然没有神级魔兽猊狻可怕，但是也可以轻易吞下上百只巨龙。”

林雷、迪莉娅一惊。

神级魔兽的后代虽然不如长辈，但是实力同样不可小觑。

当初，林雷拔出紫血神剑，让帝林和他的三个孩子逃出戈巴达位面监狱。他并不知道，那三个孩子正是六目金猊。

那三只六目金猊出来后，直接将迷雾峡谷中上百只巨龙吞噬干净，显然充分展现了六目金猊的特性。

“六目金猊是圣域级魔兽，后代却是九级魔兽。魔兽中有一个族群，老大你应该知道的，九级魔兽狮狻。”贝贝说道。

林雷立即点头。

狮狻，九级魔兽，攻击力极强，模样和狮子非常相近，体形如巨龙一般。

“九级魔兽狮狻一族极为稀少，不是和虎类魔兽交配，就是和狮类魔兽交配，于是就有了金眼狮獒和碧眼虎獒这两个八级魔兽族群。”贝贝显然很熟悉魔兽族群的变化。

林雷恍然大悟。

当初在魔兽山脉中，林雷第一次激发紫血神剑煞气的时候，就曾经解决了一个金眼狮獒的族群。

“没想到，这魔兽族群还真有意思。”迪莉娅听了很感兴趣，“这金眼狮獒、碧眼虎獒如果追究其祖宗，还能算到神级魔兽猊狻的头上。”

“你的意思是，这帝林很早以前就在我们玉兰大陆位面了？”林雷忽然反应过来。

过去的魔兽山脉可是没有神级强者的。

也就是说，至少有一千年，帝林不在魔兽山脉。如果帝林没来过玉兰大陆位面，又怎么能说那些狮狻、碧眼虎獒、金眼狮獒是他的子孙呢？

“是的，按照贝鲁特爷爷所说，帝林在万年以前就在我们玉兰大陆位面了。”贝贝解释道，“那些什么金眼狮獒、碧眼虎獒、狮狻都算得上他的子孙。”贝贝说着笑了起来。

其实，这与噬神鼠一样。

噬神鼠的大量子孙，不也是演变成噬石鼠和影鼠两个族群了？

“不过贝鲁特爷爷说了，帝林的孩子，过去是有五个的，好像在什么戈巴达位面监狱死了两个，现在只剩下三个了。”贝贝说道。

林雷微微点头。

对于玉兰大陆的历史，林雷连五千多年前的那一段都不怎么清楚，更何况是万年以前的？书中关于万年前的记载很少，万年前玉兰大陆有什么，没多少人知道。

毕竟史书是从玉兰历元年开始记载的。

“贝贝，你以后不就可以成神了吗？”林雷笑着看向贝贝。

贝贝眼中难得有一丝骄傲，旋即又变得暗淡了：“再厉害又如何？我的父母都不在了。”

贝贝看向林雷，郑重地说道：“老大，你继续修炼吧，我出去一趟。”说着直接朝外飞去。

“贝贝，你要干什么？”林雷立即追问道。

“找那两个浑蛋算账！”贝贝的声音还在地下的大厅中回荡，而贝贝的身影已经消失不见了。

林雷叹息一声。

贝贝去找蒂隆、鲁迪，林雷不会说什么。毕竟如果有人害死自己的父母，自己也会去找对方算账。

“一切都明白了。”林雷心底感叹一声。

当初，武神在他弟弟的大婚上送来贺礼。巴鲁克王国成立时，冰雪女神殿圣女罗莎莉过来了，连大圣司都派弟子过来了。

“他们不是看在我的面子上，而是看在贝贝的面子上，更是看在那位玉兰大陆王者的面子上。”林雷很清楚，自己实力再强，自己的祖宗再厉害，那又如何？

即使龙血战士家族子弟在至高位面地狱中都成神了。对玉兰大陆的武神、大圣司等人又有何影响？

在玉兰大陆位面，武神、大圣司、帝林等人都要听贝鲁特的。

贝贝也说了，就是那位来自地狱的位面监守者霍丹，在贝鲁特的面前也要守规矩。

贝鲁特的权势可想而知。

“他人终究是他人的，自己必须努力。”林雷不喜欢依靠他人。

“迪莉娅，走吧，我们回密室去。”林雷牵着迪莉娅，微笑着说道。

迪莉娅微微一笑，夫妻二人便离开了大厅。

很快，两人进入了微型位面密室中，又开始修炼起来。

不过，林雷心底还存有一个疑惑。

霍丹是位面监守者，来自地狱，背后肯定有至高位面地狱的势力。为什么霍丹在贝鲁特的面前也要守规矩？

贝鲁特到底是什么层次的强者？中位神抑或是上位神？

至于主神，林雷没敢想过。像黑暗系主神，加起来一共才七个，无数位面无数年，才七个主神！其中一个殒命了，才会诞生一个新的主神。亿万年，无数位面都不一定有一个新的主神诞生。

其实，在至高位面还有一个常识——主神是无法进入普通物质位面的。

单单主神那力量，就足以让物质位面崩溃！

第330章

贝贝的复仇

玉兰帝国，帝都郊外一座叫莫勒的小镇。

莫勒镇虽然只是一个镇子，但是其地位比一般的郡城低不了多少，因为莫勒镇的上千名居民都是同一个家族的。这个家族在数百年前还不出名，可是出了地系圣域魔导师鲁迪后，整个家族的地位疾速上升。

然而此刻，这个小镇中央的建筑倒塌了。

一只庞大的九级魔兽黑龙的尸体正躺在废墟中。小镇的居民们都惊恐地看着半空发生的一幕。

他们心中至高无上的圣域魔导师鲁迪，此刻毫无反抗之力地被一只黑色鼠类魔兽蹂躏。

鲁迪衣服破烂，他的大地守护圣铠，在贝贝连续抓了十八下后，早就破开了。贝贝的纯力量攻击比林雷都要强，而且这十二年来，它对元素法则有了一些领悟。

刚才连续击出的十八爪，便是贝贝擅长的一招。

即使圣域级大地守护圣铠的防御力很强，也被贝贝破开了。

“你要杀就杀，为什么要这样？是林雷让你来的吗？”鲁迪悲愤地怒吼着。他知道林雷有一只圣域级鼠类魔兽，毛发是黑色的。不过他想不出来，自己跟林雷有何仇怨！

然而，回答他的又是一爪子。

“啊！”鲁迪疼得全身抽搐。

贝贝攻击得非常有分寸，根本不想一下就解决鲁迪。

“你问我为什么？”贝贝那双漆黑的眼眸中燃烧着愤怒的火焰，“还记得三十多年前，你跟蒂隆争夺一只九级影鼠的事吗？”

鲁迪立即回忆起当年的事情。当时，他还不满，蒂隆竟然最后杀死了那只九级影鼠。

鲁迪此时明白了，眼前的这只圣域级魔兽肯定是为当初那只影鼠报仇的。

“杀影鼠的不是我，是蒂隆。”鲁迪连忙说道，感觉自己看到了生的希望。

鲁迪在贝贝的面前，根本没有反抗能力。

鲁迪默念魔法咒语，天地元素有些许波动。

贝贝发现了，直接给了鲁迪一爪子。以贝贝的实力，鲁迪即使施展圣域级魔法，恐怕也威胁不到贝贝。

“的确不是你亲手杀的，可是如果不是你，我母亲恐怕早就逃掉了。”

“啊！”鲁迪一声惨叫，他的右臂废了。

“如果不是你，蒂隆会直接杀死我母亲吗？”

又是一爪子，又是一声惨叫，鲁迪的左臂也废了。

堂堂圣域魔导师鲁迪，竟然被蹂躏到了这个地步。可是在贝贝的面前，他一点反抗能力都没有。

“大圣司，你怎么还不来？”鲁迪十分焦急。

在玉兰帝国圣域级强者心中，大圣司就是他们的首领，就好像武神是奥布莱恩帝国的支柱一样。

其他圣域级强者不敢在玉兰帝国撒野，更别说在靠近帝都的一座小镇中了。

“你准备死吧！”贝贝愤愤地说道。

“大圣司一定会帮我报仇的！”鲁迪高声喊道，然后迎接他的又是一爪子。

这一爪子直接刺向他的头。

片刻后，鲁迪的眼神暗淡了。他直接从半空跌落下去，砰的一声砸在废墟中，扬起了灰尘。

半空，贝贝扫视下方，下方那些居民没有人敢吭声。

此刻的贝贝，完全没有了过去的可爱，有的只是属于魔兽骨子里的残忍。

一道黑影划过长空，贝贝消失在了空中。

废墟中的鲁迪，眼睛还瞪得滚圆，他死不瞑目。他至死都想着大圣司为他报仇……可惜大圣司是不会为他出面的，除非大圣司嫌自己活得太长了。

同样地，圣域级强者蒂隆在贝贝的面前也毫无反抗之力。

面对初入圣域境界的奥利维亚，蒂隆都挡不住三招，更不用说是面对圣域级巅峰的贝贝了。

高空中。

四个贝贝分别出现在四个方位，化为四道黑色残影，仿佛踢石头一样，将蒂隆踢来踢去。

砰的一声，蒂隆的腰部被狠狠一踹。

咔嚓一声，蒂隆又被踢向了另外一个方向。

蒂隆立即催动体内斗气，想飞行逃跑。

可是另外一道黑影出现在他的身前，又是一爪子！

“啊！”蒂隆痛得身体抽搐，又咬牙朝另外一个方向冲去。

然而，迎接他的依旧是一道黑影！

面对贝贝的可怕速度和它的化影分身术，蒂隆就算想逃窜，以他的实力也根本逃不掉。

化影分身术！

四个贝贝，在四个方向蹂躏蒂隆。

“为什么啊？我没得罪林雷啊！”蒂隆悲愤地喊着。

看到黑色毛发的圣域级鼠类魔兽，蒂隆就知道眼前的圣域级魔兽是林雷那只出名的魔兽。

“我老大？”贝贝的双眼中燃烧着愤怒的火焰，“谁让你去魔兽山脉杀了我的父亲?!”

“杀它的父亲？”蒂隆心中尽是疑惑，“我杀过强大的鼠类魔兽？”

贝贝又是一爪子，蒂隆再次被踢飞。

以贝贝的速度，蒂隆一秒钟内就要被连续踢上数十次。到现在，他已经被踢得超过千次了。

幸亏他达到了圣域境界，还能保住性命。

“谁让你在鲁迪的面前杀死我母亲！”噗的一声，又是一爪子。

“在鲁迪的面前？啊，是三十多年前在魔兽山脉……”

蒂隆终于知道了，回忆起当年在魔兽山脉中的事情了。原来这只神秘的鼠类魔兽，是当初那两只九级鼠类魔兽的孩子。

扑哧一声，又是一爪子。

“杀了我吧！杀了我吧！杀了我吧！”蒂隆呢喃道，早就没有反抗能力了。

可是贝贝的双眸中没有丝毫怜悯。

旋即，四个贝贝合一，出现在蒂隆上空。

啪的一声，贝贝一爪子狠狠拍在蒂隆的脑袋上。

贝贝挥出这一爪子后，愣愣地停在半空。

贝贝从小就跟林雷一起玩耍，喜欢吃吃喝喝，总是无忧无虑的……

可是贝贝一直在想自己的身世——我到底是哪里来的？我的父亲是谁？我的母亲是谁？

越高级的魔兽，情感就越丰富。

如贝贝这种噬神鼠，在感情方面比人类有过之而无不及。

它期待了三十多年，结果父母都死了！

“父亲、母亲，贝贝很想见你们。贝贝不知道有父亲的滋味是什么样的，有母亲的滋味是什么样的。”贝贝原本清澈的眼眸中起了水雾，“今天，贝贝为你们报仇了。”

两滴眼泪从贝贝的小脸上滑落。

“贝贝这个名字是老大起的，虽然没有了你们，但是贝贝还有老大。在老大怀里一样很舒服……可能，在你们怀里就跟在老大怀里一样吧！”

贝贝在半空沉默许久。

和林雷一起生活的三十多年岁月，贝贝无疑将林雷当成了它唯一的亲人。

贝鲁特，虽然它称之为“贝鲁特爷爷”，但是毕竟才认识不久。

“呼——”一阵风吹过，贝贝已然消失在了东方天际。

魔晶石矿脉，大型地底建筑那扇神秘之门前。

贝贝轻易地穿过了这扇门。神秘之门的攻击仿佛刀子一样砍在贝贝的身上，却丝毫没有伤害到贝贝。

盘膝坐着的林雷忽然睁开眼睛，因为感应到了贝贝。

“老大！”贝贝的一双眼睛红了。

林雷抱着贝贝：“贝贝，没事了，别伤心了。”

“嗯。”贝贝点头。

无论是林雷，还是贝贝，都没有了父母。一人一魔兽从小在一起，是最亲近的生死兄弟。林雷就如兄长，贝贝就是弟弟。

玉兰历10024年3月2日，奥布莱恩帝国帝都城西，武神山上。

不断有光芒从高空射入武神山内。

如今，武神山一座幽静院落外已经聚集了一群人。这座幽静院子是平常武神不闭关时的住处，幽静院子外的空地上，聚集了十几个人，他们都在互相寒暄。

这些人实力了得，没有一个比当初的黑德森弱。

“鲍蒂奇来了。”其中有人说道。

一个银色长发的消瘦男子从空中飞落下来。鲍蒂奇，这个名字在玉兰大陆历史上也曾经响彻天下，不过那是三千多年前的事情了。如今，鲍蒂奇一般都在北极冰原静修。

“鲍蒂奇，你也来了。”空地上的十几人中，一个头发花白的男子说道。

“奥利维亚，你来，我为什么不能来？”鲍蒂奇冷冷地道。他的视线集中在奥利维亚的身上。

如今的奥利维亚，背上不再是两柄剑，而是一柄剑，是一柄散发着寒冷气息的玄冰长剑。

在北极冰原的苦修过程中，奥利维亚曾经和鲍蒂奇交过手。第一次交手，奥利维亚输了，可是八年后再交手，二人已经不相上下了。

很快，一个个强者接连到来。

“肯范德，你这次来得太晚了啊！”强者到来，立即有人笑着去打招呼。

这些潜修数千年的强者，大多数都是相互认识的，他们都是属于武神这一方的。等到傍晚时分，此处已经有二十个人了。按照计划，一共有二十二个人。

十个是武神门的人，还有十二个强者。

“大师兄来了。”有人忽然说道。

一个留着碧青色短发，身形消瘦却散发出一种锋利气息的男子走了过来，他身上的青色长袍随风作响。他正是武神门的大师兄——法恩！

五大圣域级极限强者，法恩便是其中之一！

法恩一来，一群人迎了上去，一个个非常熟稔地打招呼，只有奥利维亚和法恩没见过面。

“嗯？林雷呢？”法恩开口说道，“他还没来？”

如今已经到二十一人，只差林雷一人！

第331章

齐聚

当武神山众多强者聚集的时候，林雷还没出发。

距离林雷闭关，已经过去一年多了。

魔晶石矿脉早就被挖掘光了，这里已经建造了一座方圆足有数里的古朴城堡，这一座城堡的主人便是林雷。每天都有很多崇拜林雷的人来到这座城堡外，瞻仰这座城堡。

城堡之下，微型位面密室中。

微型位面密室之外是可怕的空间乱流，空间裂缝随处可见。林雷则安然盘膝而坐，静静修炼着。

大地脉动仿佛鼓点一样敲击在林雷的心脏上，又宛如雷鸣一般在他的脑海中响起。

大地脉动二百五十六重振动波，正朝大地脉动一百二十八重振动波蜕变。

“成功了！”不知道过去了多久，林雷的眼中有了一丝喜悦，“推演这么久，终于将大地脉动二百五十六重振动波融合成一百二十八重振动波，其威力又大了不少。”

虽然振动波的次数减少了，但是威力大多了。

现在的大地脉动一百二十八重振动波，比当初的一百二十八重振动波，威力不知道大了多少。如今的大地脉动一百二十八重振动波，已经蕴含了部分大地脉动奥义。如果仅仅用一重振动波施展出大地脉动奥义的全部威力，那攻击力就达到神级强者的层次了。

“继续！”林雷再次沉浸在奇特的境界中，不停地推演。而这一次的推演，难度明显要大得多，得花费更多精力才能让两重振动波融合为一。

城堡的客厅中，已经聚集了一大群人，沃顿夫妇、巴克五兄弟，还有泰勒、莎莎等孩子。他们都在等待林雷。

“父亲怎么还不出来？”泰勒有些着急地说道。如今泰勒也有一米七了，这一年来，他的个子蹿得很快。

沃顿淡笑着说道：“泰勒，别急，你贝贝叔已经去叫你父亲了，估计过会儿就到。”

今天是3月2日，武神当初的命令是在3月3日之前抵达武神山，林雷最迟也得今晚过去。

“巴克，你也准备去？”坐在一旁的赛斯勒出声询问道。

巴克微微点头。

赛斯勒眼中绿光一闪：“说实话，我也想去探探传说中的众神墓地。可惜……我的自保能力还远远不够。”

赛斯勒虽然有些不甘，但是也没有办法……

“快来了！”赛斯勒第一个感应到林雷等人。

于是，所有人都看向客厅的侧门。林雷等人要出来也肯定是从地底密室出来，再从侧门进入客厅。

片刻后，肩膀上站着贝贝的林雷和迪莉娅牵着手一起进入了客厅。

林雷来到客厅中感到惊讶，怎么这么多人？

“老大，你跟其他人好好聚聚吧！等下一次见面，可是十年之后了。”贝贝的声音响起。

“十年？”林雷十分吃惊，心道，“不就是进入众神墓地吗？进入一座墓地再出来，一个月时间都嫌长，怎么会要十年？”

林雷疑惑地看着贝贝，大厅中其他人同样疑惑地看着贝贝。

贝贝万分肯定地说道：“众神墓地，千年开启一次。在众神墓地中，要待满十年才能出来……当然，你如果在众神墓地中死了就没办法了。”

“贝贝肯定是从贝鲁特那里知道的，不会有假。”林雷明白，可是这也让他皱起了眉头。

忽然，林雷感觉手中一紧，转头朝旁边的迪莉娅看去。

迪莉娅的眼中满是不舍。

“对不起。”林雷低声说道。这一次出发前往众神墓地，代表他要跟迪莉娅分别十年。

“我没事的，你别担心我。”迪莉娅反而安慰林雷，“我们以后有的是时间在一起，但是你自己要小心。”

迪莉娅没有阻止林雷去众神墓地，因为迪莉娅知道，林雷心中有着攀登修炼巅峰的目标。

众神墓地，无数强者想进入都没机会，林雷怎么会放弃这样的机会？

“谢谢！”林雷十分感动。

“陪陪孩子们吧。”迪莉娅轻声说道。

林雷转头看向自己的两个孩子——泰勒、莎莎，心想：“他们现在都这么大了，等我从众神墓地中出来，他们都不止二十岁了。”

林雷想到要和自己的儿子、女儿分别十年，便跟他们多待了一会儿。

暮色降临。

“泰勒、莎莎，回去吧。”林雷抚摸着两个孩子的脑袋。

“嗯。”泰勒、莎莎乖巧地点头。

旁边的巴克看着林雷：“林雷大人，我的事情还请帮忙。”

林雷点了点头。巴克也想去众神墓地，不过这名额是限定的，林雷得去询问一番才能知晓结果。

“迪莉娅。”林雷紧紧拥抱住迪莉娅。

“小心一点。”迪莉娅轻声说道。

林雷微微点头。旋即，二人轻吻了一下。

林雷和贝贝直接腾空而起，朝西方武神山飞去。

狂风呼啸，林雷、贝贝化作两道光芒穿梭在天际。

“贝贝，在众神墓地为什么要待满十年？”林雷在飞行过程中询问贝贝。

贝贝摇头说道：“我也不知道具体情况，这是贝鲁特爷爷告诉我的。对了，巴克想要去众神墓地，如果你没办法，我可以去求贝鲁特爷爷。贝鲁特爷爷一定会答应的。”

“不急，先问问武神。”林雷说道。

林雷忽然有些疑惑，贝贝也要跟他一起去众神墓地，贝鲁特还答应了。林雷不由得询问道：“贝贝，你贝鲁特爷爷让你去众神墓地，不担心你的安全？”

贝贝撇嘴说道：“贝鲁特爷爷说了，当年他经历九死一生才有后来的成就，他让我好好磨炼磨炼。而且在众神墓地，只要不太贪心，谨慎一点，运气不是太差，保命是没问题的。”

林雷点头。

德斯黎、法恩等人不也是一直活得好好的?

“到了。”林雷已然看到了远处的武神山，一人一魔兽立即俯冲而下。

“好多强者！”林雷发现了那二十一个强者。

在林雷没变身的情况下，二十一个强者中有不少人的实力赶得上他，即使实力比他弱，也弱不了多少。

“我若变身为龙血战士，只有法恩能和我一战。”林雷感慨道。

论对元素法则的领悟，他是不如法恩的。可是龙血战士天赋异禀，这也是事实。比如贝贝，作为噬神鼠，天赋比龙血战士还要厉害。

“真是热闹！”林雷发现二十一个强者中，竟然有几人正在半空切磋。

忽然，一个爽朗的声音响起：“哈哈，林雷，你终于来了。我们一群人可就差你一个了。”

林雷当即向下飞去。

此刻已经是傍晚时分，空地上有不少桌子、椅子，诸多强者正大口喝酒谈笑着，有的兴致来了，还直接在半空切磋比试一番。这些绝顶强者，平常是很少聚集在一起的。

“抱歉，我来晚了。”林雷有些不好意思，连忙打招呼。

法恩笑着走过来：“没事，老师现在也不会见我们。明天一早，老师才会见我们。今天晚上，我们一群人就在这里聚聚，热闹热闹。”

“他就是林雷？”不少喝酒的强者都看向林雷。

这些都是潜修了数千年的强者，一般来说，他们不会太在乎新人。可是，林雷的大名实在太响亮了。特别是林雷还是终极战士中的龙血战士，这也令这些强者不敢小瞧。

“各位。”法恩出声。

所有人都看向法恩，连上方切磋的几对强者也落了下来。

法恩淡笑着说道：“这里大多数人都没见过林雷，你们下午不是一直在谈论林雷吗？现在他来了。对了，克雷，你不是一直喊着，要见识见识龙血战士的厉害吗？”

“见识龙血战士的厉害？”林雷的嘴角不由得有了一丝笑意。

“可惜是龙血战士，不是不死战士。”一个洪亮的声音响起。

一个壮硕的金色短发男子站了起来。他穿着无袖背心，肌肉将背心撑得好像要裂开一样。

金色短发男子看着林雷，笑着说道：“林雷，自我介绍一下，我叫克雷。平常都是在北海的海岛上修炼，早就听说过龙血战士的大名，一直心痒得很。想和你切磋切磋，不知……”

“可以。”林雷微笑着说道。

“痛快！”克雷眼睛一亮，旋即身上肌肉一震。

砰的一声，他身上的背心直接粉碎。他的体表仿佛金属一样，竟然散发金属光芒。

法恩对林雷说道：“克雷修炼的也是地系元素法则，不过论防御力，他比黑德森要强上十倍。”

林雷微微一笑："我知道。"

"克雷的体表金属化，有点像大地守护圣铠。圣域级的大地守护圣铠，表面散发类似于钻石的光芒。"林雷在心中暗想。一个战士，防御力能达到如此地步，的确是超级强者。

林雷翻手取出了紫血神剑。

"林雷，你变身吧！"克雷大声说道。

林雷摇头说道："暂时不用。"

克雷显得有些不高兴，哼了声，说道："林雷，你还真是够自信的。"说着，克雷直接冲天而起。

这里是武神山，他们不敢破坏武神山，自然飞到半空切磋。

林雷一闪就到了半空，速度比克雷还要快。

"哈哈，来吧！"克雷在半空兴奋得大吼一声，而后化作一道残影冲向林雷。他右拳突然击出，伴随着可怕的尖啸声袭向林雷。

拳头所过之处，空间竟然产生了波纹。

"嗯？"林雷脸色一变。他原本准备使用风波动的，可是看到这一拳的威力，立即改变招式。

林雷疾速飞退，同时挥动紫血神剑。凡是紫血神剑所过之处，空间时而停滞，时而产生混乱叠影。紫血神剑的剑刃上还有空间刃，令周围空间产生了清晰的波纹。

风之奥义——风的律动第二层!

紫血神剑直接劈在了发出金属光芒的拳头上。嗡的一声，可怕的力量透过紫血神剑传过来。

林雷体表的斗气涌出，脉动防御护体，这才将可怕的冲击力卸去。克雷则快速飞退，他的拳头上已然有了一丝血印。

"好可怕的防御力，应该赶得上不死战士了！"林雷心底一惊。

"林雷，我认输。"克雷说道，"你还真是个怪物，没变身就这么厉害了，若变身，我估计连反击的机会都没有。"然后，他直接朝下方飞去。

第332章
金属城堡

“这个克雷竟然认输了。”林雷笑了笑，将手中的紫血神剑收入空间戒指中，旋即朝下方飞去。

下方的众多强者，此刻对林雷的实力有了一个清晰的认识。克雷在这一群强者中也属于拔尖的，比他强的也就那么几个。

那些强者清楚，克雷最强的是拳头攻击，身体的防御力比拳头要弱一些。

刚才林雷一剑，已经让克雷的拳头出现一丝血印。如果那一剑劈在克雷的身上，起码会让克雷流血。

“林雷，十三年没见，你的实力竟然强到这个地步了。”法恩的眼中也燃起了一丝战意。

从刚才一战，法恩就知道林雷对元素法则的领悟已经比较深了，再加上龙血战士的天赋，林雷有和他一战的实力了。

法恩此刻也想和林雷切磋一番。

“你们都和我老大打，有本事和我打。”贝贝察觉到法恩的战意，立即飞到法恩的面前。

法恩看着眼前的贝贝，一怔，而后似乎想起什么，连忙说道：“哦，贝贝，对吧？”

法恩不再提切磋的事情，热情地拉着林雷、贝贝一起喝酒闲聊了起来。

半夜，山风很大，早春的夜风很冰凉。当然，诸位强者丝毫不在意，依旧谈笑着。

“奥利维亚和过去不一样了。”林雷瞥了一眼坐在远处的奥利维亚，“过去，奥利维亚偶尔会说说话，可是现在，他一言不发，变得更冷漠了。”

此刻的奥利维亚，仿佛出鞘的宝剑一样，凌厉至极，这使得周围的强者都主动跟他拉开距离。

很明显，这样的奥利维亚不好亲近。

“林雷，这一次我们的队伍中，冒出了你和奥利维亚。奥利维亚的实力虽然不如你，但是比克雷强。”法恩赞叹道，“他的进攻非常惊人。”

“哦？”林雷有些吃惊，奥利维亚的实力，他清楚得很。

林雷在心中暗道：“当年的奥利维亚还输给过黑德森，可是十二年后他一剑解决了黑德森。不过就是十二年，他怎么会进步得如此快？”

林雷因为达到了圣域级巅峰，龙血战士血脉的力量变强了，加上对元素法则领悟的加深，实力才会提升这么多。

可是奥利维亚，斗气力量早就达到了圣域级巅峰，他只能在元素法则领悟方面进步，为何实力还会提升？

“奥利维亚的剑，不但速度快，而且蕴含了黑暗系和光明系两种元素法则。一剑出，就是克雷也不敢硬挡。”法恩赞叹道，“一剑蕴含两种元素法则，这是我平生仅见的，连老师也赞叹不已。”

“什么？”林雷不敢相信。

林雷看着远处的奥利维亚，心底尽是震惊：“一剑蕴含两种元素法则？不同元素法则怎么可以一起用？”

在林雷看来，大地奥义就是大地奥义，风之奥义就是风之奥义。

要让大地奥义和风之奥义融合，这不可能！

毕竟这是两种不同的元素法则。

“是的，奥利维亚一剑出，黑暗与光明并存……当时的黑德森，直接被一剑解决！”法恩赞叹道。

林雷必须承认，奥利维亚那一剑的威力，如果单纯从元素法则方面讲，已经超越林雷风之律动的那一剑了。

“不知他这一剑的威力和我的大地脉动比起来，哪个强。”林雷很自信。

他的大地脉动已经从二百五十六重振动波蜕变到一百二十八重振动波，攻击力可是强了好几倍。

最重要的是，仗着龙血战士的天赋，无论是斗气、力量，还是防御力，林雷都比奥利维亚厉害。

他的起点比常人高太多了。

这也是法恩、德斯黎等人，将林雷当成同层次对手的原因。

在一夜谈笑中，林雷认识了其他强者。能够让林雷记得比较清楚的，也就是克雷、鲍蒂奇以及武神门等人。其他人，他只是大概记了个名字和模样罢了。

早晨。

红通通的太阳出东山，暖洋洋的光辉覆盖武神山。二十二个强者虽然一夜没睡觉，但是都没有一丝不舒服的感觉。到了他们这个层次，早就不需要睡觉了。

嘎吱一声，一直关闭的幽静小院院门开启了。

二十二个强者几乎同时站立起来，都恭敬地看向从院子中走出来的那个人。

那个人有着一头赤红如血的长发，双眼睁开，那霸道的气势让二十二个强者都不敢喘息。

此人正是武神奥布莱恩！

武神扫了众人一眼，在视线触及林雷肩膀上的贝贝时，微微停顿了一下，旋即淡然说道：“既然你们都到了，那就跟我出发吧。”说完，武神直接腾空而起。

“这武神倒也干脆。”林雷不由得笑了。

林雷和其他人一样，非常规矩地飞着，跟在武神的身后一起朝东方飞去。这二十二个人飞行是有一定次序的，在前方的便是法恩和林雷。

大家对自己的实力都有一个认知。

强的在前面，弱的在后面。

“法恩，我们现在是去黑暗之森吗？”林雷看着前方那伟岸的身影，不由得低声询问旁边的法恩。

“是的。”法恩也低声回答道，“每次出发前往众神墓地，玉兰大陆的强者们都会齐聚黑暗之森，毕竟去众神墓地的通道，只有贝鲁特大人才能开启。”

“哦。”林雷心底一动，“看来通往众神墓地的通道很难开启，连武神他们也无法开启。”

“你是贝贝吧？”一个铿锵有力的声音响起。

林雷和法恩都吓了一跳，武神突然出现在了林雷的旁边。

最让人诧异的是，武神的脸上竟然有一丝温和的笑容，连法恩都没见过几次。

“是我。”贝贝看着武神。

武神仔细地观看了贝贝一番，点头说道：“贝鲁特大人竟然舍得让你进入众神墓地？”

“怕什么？老大去，我为什么不能去？”贝贝昂首说道。

武神淡然一笑，没有多说什么。

“武神大人。”林雷开口说道。

武神朝旁边的林雷看来，等待林雷询问。

林雷立即说道：“武神大人，我有一个好兄弟叫巴克，他也想前往众神墓地，不知道……”

“贝鲁特大人只给了我二十二个名额。”武神淡然说道，“如果你想带谁进入众神墓地，你让贝贝去跟贝鲁特大人说吧。毕竟让谁进入众神墓地，是贝鲁特大人决定的。”

说完，武神又飞到了前面。

林雷这才松了一口气：“神级强者谈笑间给人的压力竟然那么大。”

刚才，林雷屏住了呼吸，就仿佛小时候第一次见到迅猛龙一样，那是发自心底的惊惧。

“这或许就是神威吧。”林雷暗道。

一群人迎着朝阳，快速朝黑暗之森飞去。只是一会儿，林雷一群人在武神的带领下就来到了黑暗之森的核心。这是林雷第一次深入黑暗之森。

“传说中的贝鲁特大人会是怎样的呢？”林雷好奇得很。

过了一会儿，一座黝黑的金属城堡出现在大家的面前。

这一座城堡占地方圆数里，跟林雷的那座城堡相当。可是这座城堡通体黝黑，是由一种奇特黑色金属构成的。

“你们就待在城堡外面的广场上，不得擅自进入城堡。”武神淡漠地说道，旋即直接飞进城堡中。

此刻，黑色金属城堡外面已经有不少强者了。

“这些人中不少都是圣域魔导师，应该是大圣司带来的。”法恩从高空落下，同时对林雷解释道。

林雷微微点头。

玉兰大陆的圣域级强者，主要属于几位神级强者阵营。

“一个个别擅自进去，这个金属城堡可是会自动攻击入侵者的。”法恩大声说道。

其实这件事情，也就第一次来的林雷和奥利维亚不知道，其他人都清楚。

“自动攻击入侵者？”林雷很是惊讶。

贝贝低声嬉笑道：“老大，这个金属城堡其实是一个金属生物，它可是有智慧的！”

林雷一惊。

黑暗之森的王者可真了不得，连他的城堡都是有生命的。林雷是第一次见到如此奇特的生命。

“老大，你不是要谈巴克的事情吗？你先待在这里，我去和贝鲁特爷爷说说。”贝贝说道。

林雷微微点头。

贝贝身影一动，直接蹿入了这一座黝黑的金属城堡中。

看到贝贝进去，城堡外面的不少圣域级强者都感到惊讶。他们知道，一旦外来者闯入就会受到金属城堡攻击。可是，贝贝没有受到攻击！

“林雷，你来了。”

听到笑声，林雷转头看去，只见德斯黎、海沃德、希金森三人走了过来。

林雷立即迎上去：“德斯黎先生，你夫人呢？她没来？”

“她的实力弱了些。”德斯黎笑着说道，“不过说来，我还真得恭喜你，竟然拥有贝贝这么一只魔兽。二三十年前，贝鲁特大人亲自灵魂传音给我们几个。我们还疑惑，哪个小子幸运地得到了贝贝这只魔兽呢。”

林雷明白了。

贝贝出生后不久，贝鲁特就偶然发现了贝贝的存在，所以直接灵魂传音给武神、大圣司，以及德斯黎、罗莎莉等圣域级极限强者们，让他们照顾一点。

由此可见，贝鲁特很关注贝贝。

“我们几个，也就是我、罗莎莉、突厉雷和拉瑟福德四个人，是直接听贝鲁特大人号令的。”德斯黎解释道，“在玉兰大陆上，潜修的圣域级强者主要分为三方，分别是贝鲁特大人、武神、大圣司。”

林雷心中了然。

虽然玉兰大陆有五位神级强者，但是帝林和希塞是最近几十年才出现的，依附他们的圣域级强者自然少。

“希塞大人也来了。”德斯黎忽然开口说道。

林雷仰头看去，只见穿着宽松长袍，脸上有着懒散笑容的希塞正朝金属城堡飞去。

“你们几个待在这里，别进去，否则死了可别怪我。”

淡漠的声音响起，林雷等人不由得转头看去。

一个穿着暗金色长袍的妖艳青年，对着跟着他一起来的魔兽吩咐了一下，然后也进入了金属城堡。

“是帝林！”林雷当年在芬莱城可是见过帝林的。

帝林的身后跟着三只“猫咪”，以及六个变得和普通人身高相当的圣域级魔兽。

林雷仔细一看。果然，这三只“猫咪”的背上有翅膀，睁开的双眼上方还有两双闭着的眼睛。

六眼，双翼。

“圣域级魔兽六目金猊，帝林的孩子。”林雷在心中暗道。

这时候，其中一只六目金猊看向林雷，陡然，六目同时睁开，竟然对林雷咧嘴一笑：“林雷，对吧？谢谢你了！”

“谢谢我？”林雷心底一惊。

自己跟这六目金猊是第一次见面，第一次见面，这六目金猊就感谢自己？

什么原因？

“可惜，你出生得晚了点，如果早出生三千年，老四和老五就不会死了。”六目金猊喃喃道。

旁边的两只六目金猊也看了林雷一眼，而后这三只六目金猊飞到旁边，和那六只圣域级魔兽待在一起。

德斯黎对林雷笑着说道：“林雷，你跟它们三兄弟有什么关系？”

“没什么关系啊。”林雷说道。

德斯黎没有多说，但是他的表情表明他不相信。

第333章
三条通道

“过去，能进入众神墓地的魔兽很少，只有黑暗之森的几只厉害的圣域级魔兽可以进去。现在出了一个帝林，连魔兽山脉的魔兽也可以去众神墓地了。”海沃德感叹一声。

林雷看了旁边一眼。

跟六目金猊在一起的六只圣域级魔兽都不是一般的魔兽。

“其中四只，好像是当年冲入芬莱城的圣域级魔兽，或者说是同一个族群的。”林雷一眼就看出来了，那四只圣域级魔兽分别是血睛鬃毛狮、霸王龙、大地暴熊和紫睛金毛猿。

当初一脚踩死卡蓝的就是紫睛金毛猿。眼前的这只紫睛金毛猿，不知道和当初冲入芬莱城的紫睛金毛猿是不是同一只。

众多强者聚集，有人类强者，有魔兽强者，玉兰大陆各个区域潜伏的强者今天齐聚在这里，都在这里小声谈论着。

一道黑影从金属城堡中飞出来，正是贝贝。

在场众多人类强者、魔兽强者，都将目光锁定在贝贝的身上。能够在这座金属城堡中自由出入的，平时也就贝鲁特大人的三个孩子以及几位神级强者罢了，而圣域级强者们一般是没资格进去的。

“老大，事情完美解决了。”贝贝的声音在林雷的脑海中响起，“你让巴克过来吧。”

林雷笑了，贝贝在那个神秘的贝鲁特面前，说话的确很有用。

“黑鲁，你去通知巴克，并且带巴克到我这里来。”林雷直接和黑纹云豹黑鲁灵魂传音。

黑纹云豹黑鲁立即灵魂传音回复：“是，主人。”

大概过了一个小时，巴克在黑纹云豹黑鲁的带领下飞到了这里。

“好多强者！”巴克看着在场的强者们，不由得一惊。

在场的圣域级强者已经超过八十个了。这些强者的实力都很惊人，如果不变身，巴克在这里是最弱的。一旦变身，巴克的实力属于中上水平。

一大群人中，厉害的还是德斯黎、法恩他们五个圣域级极限强者以及林雷。

太阳已经升到天空正中央了，金属城堡前面空地上的圣域级强者都十分有耐心，一个个静静地等待着。

忽然，四道身影从金属城堡中飞出来了，分别是霸气十足的武神，飘逸淡然的大圣司，妖艳的帝林，懒散的希塞。

四大神级强者落到了城堡前。

所有人类强者和魔兽强者都恭敬地听候他们的命令。

一头银色长发飘逸，戴着泛着绿光面具的大圣司开口说道：“你们当中，有过去进入过众神墓地的，也有没去过的。不过这一次和以往不同，所以我必须认真地提醒你们几点。”

大圣司的声音柔和、很中性，有实力的强者听得出这是女声。

“和以往不同？”林雷淡然一笑。过去他可一次没去过，不管过去是什么样的，对他都没影响。

在场的所有强者都仔细聆听大圣司的话。

“去过众神墓地的人知道，前往众神墓地的通道一共有三条，一条是在黑暗之森当中，一条是在北海的一座海岛当中，而第三条是在南海的海底深处。”大圣司的声音依旧温和。

德斯黎、法恩等一些有经验的强者的脸色开始变了。

“三千年前是从南海海底进入众神墓地，两千年前是从黑暗之森进入众神墓地，一千年前是从北海海岛进入众神墓地。三千年一个轮回，这一次，便是从南海海底进入众神墓地。”大圣司的声音传入众多强者的耳中。

林雷心底一惊。

“众神墓地竟然有三条通道？”林雷心底疑惑起来，“可是这三条通道，天差地远。北海、黑暗之森、南海……相差数万里啊。这是怎么回事？”

林雷虽然心底疑惑，但是知道现在不是发问的时候，便耐心听着。

大圣司的声音里似乎带着一丝笑意：“知道这次要进入的通道了吧。那些有经验的十几个人，也应该知道这一次的危险了。好了，德斯黎，你来向大家说一下吧。”

“记住，愿意放弃的可以离开，今天夜里，我们会一起出发。”大圣司的声音依旧温和。

帝林也冷冷地说道：“害怕就别去，没什么好丢人的。现在放弃还来得及，如果到时候到了那里，因害怕而逃走那才丢人。”

四位神级强者直接走到一边，静等夜晚来临，而德斯黎走到了众人的前面。

德斯黎脸色阴沉，林雷从来没有在儒雅的德斯黎身上见过这种表情。

“那些经历过两千年前众神墓地探险的和经历过一千年前众神墓地探险的，都给我听清楚了。”德斯黎冷冷地道，“众神墓地并不是一座，而是三座。三条通道，自然通向不同的墓地！”

“三座？”不少人感到诧异。

林雷此刻也很吃惊，便聚精会神地聆听德斯黎的讲述。

“北海海岛和黑暗之森通往的两座众神墓地，虽然有危险，但是危险并不大，一般谨慎点都能保住性命。可是南海海底通往的那一座众神墓地，非常危险。”德斯黎低声说道，“我甚至认为，我们这八十多个强者即使都小心翼翼，也只能存活下来三分之一。”

“三分之一？”不少圣域级强者惊呼起来。

他们其中不少人去过众神墓地，在前两次的众神墓地中，最多有四分之一的强者殒命。而现在德斯黎说，这次可能会有三分之二的强者殒命。

“这还是最保守的估计，如果你们太贪婪……我估计八十多个强者中，能有十个活下来就不错了。”德斯黎看向眼前的一群人，“你们都记住了，自己死了不要紧，别牵连别人。”

说完，德斯黎直接回到海沃德、希金森的身旁。

气氛很压抑。

“有什么好怕的？越危险，获得神格和神器的机会就越多嘛！”一个声音在人群中响起。

“有命拿再说。”法恩冷漠的声音响起。

法恩的脸色也很难看。

德斯黎、海沃德、希金森三人都沉默着。

林雷靠近德斯黎，低声问道：“德斯黎，到底怎么回事？这次前往的众神墓地很特殊？”

德斯黎看了林雷一眼，叹息一声，说道：“林雷，你还记得当初你第一次去我那个山村，海沃德要跟你切磋的时候，你问他一个圣域魔导师为何没有魔兽的事吗？”

“我记得。”林雷点头说道。

当初，海沃德要跟林雷切磋，林雷认为一个圣域魔导师没有魔兽和自己切磋，那是必输无疑。后来，海沃德就向他展示了圣域魔导师的攻击力。

“你当时还说，他的魔兽为救他死了，是在两千多年前。而且，那次你的一个好兄弟也死了。”林雷回答道。

“对。”德斯黎点头说道，“我说的就是三千年前那次众神墓地探险。”

林雷点头。

“海沃德的魔兽是一只奔雷流电豹。我在贝鲁特大人那里多求了一个名额，是为那魔兽求的。然而就是那次，仅仅在众神墓地第六层边缘，三弟以及那只魔兽就死了。我们三个在第五层，不敢进入第六层，就这样在第五层待满了十年，最后才从通道中出来。”德斯黎的表情很苦涩。

林雷心中一动。

第五层、第六层？

他虽然对众神墓地不清楚，但是现在听来，众神墓地应该分了很多层，而这第六层应该非常危险。

深夜降临，没有一个圣域级强者离开，如果连未知的危险都畏惧，那么这些圣域级强者的心志也太不坚定了。

一道黑色影子忽然出现在众多强者的前方，而后渐渐变得清晰。此人穿着很朴素的黑色长袍，黑色长发披散开来，胡子也到了胸口的位置。看样子，就是一个老年人。

“贝鲁特大人！”大圣司、希塞、武神、帝林四人立即起身，恭敬地道。

所有圣域级强者，不管是第一次见到贝鲁特的，还是第二次、第三次见到的，一个个立即起身恭敬行礼。不管是大圣司、武神等人，还是圣域级强者们，都不敢喘息一下。

贝鲁特有着一双小眼睛，可是很有神，仿佛璀璨的星辰。他的嘴角总是带着一丝笑意。

“贝贝，过来！”贝鲁特看到贝贝，笑开了花。

贝贝直接一跃，到了贝鲁特的怀里。

在场所有强者都看向贝贝。

“贝鲁特爷爷，我们快走吧，在这里等好久了！”贝贝似乎感觉不到贝鲁特的威压。

贝鲁特慈祥地点了点头，旋即抱着贝贝，直接朝南方飞去。

“出发吧。”贝鲁特沙哑的声音响起。

这时候，四大神级强者、八十多个圣域级强者才开始起飞。

在飞行途中，不少人看向林雷。显然，因为贝贝和贝鲁特的亲昵关系，引起了他们对林雷的关注。那些人可都知道，贝贝是林雷的魔兽。

不少人心底打定主意——

先不提能否和林雷交好，至少不能得罪林雷。

在贝鲁特大人的面前，连武神等四人也仿佛孩子一样，大气都不敢喘一下，林雷的魔兽贝贝却能谈笑自如。

“这武神也是够厉害的，从我弟弟的婚礼开始，他就开始示好了。”林雷在心中暗笑，“贝鲁特大人和贝贝的关系，贝贝和自己的关系，自己和沃顿的关系……中间隔了两层啊！”

武神连沃顿的事情都操心，直接命令皇帝乔安让沃顿成为尼娜的丈夫。

由此可见，武神对贝鲁特大人的尊敬、畏惧了。

“哗哗——”南海海水澎湃。

玉兰大陆位面，海洋面积很大。其中，北海已经很大了，而南海更是大得骇人。林雷曾经听霍丹说过，南海的尽头便是混乱的空间乱流。

深夜中，无边的海水显得黑沉沉的。

“就是这里。”贝鲁特停了下来，在海洋上空悬空而立。

“海底的最深处有通往众神墓地的通道入口。那条通道距离水面大概有两万米。”贝鲁特微笑着说道，“相信深海的水压对你们没影响，如果连这点深度的水都潜不下去，你们还是早点放弃好。”

说完，贝鲁特第一个冲入海中。

凡是他所过之处，深海水流自然分开出一条通道。

（本册完）

更多精彩尽在《盘龙 典藏版8》！
